中国磁浮交通
基础理论与先进技术丛书

曾国锋 叶丰·编著

常导高速磁浮轨道结构

Guideway Structure of High Speed
Maglev System

上海科学技术出版社

内 容 提 要

本书以常导高速磁浮轨道结构系统为研究对象，研究领域涉及常导高速磁浮线路轨道系统的设计、制造、现场施工和运维。在分析轨道结构系统特点的基础上，主要阐述了系统构成、设计技术要求、轨道梁型式、结构设计、车-轨动力学、轨道梁的制造和现场施工工艺以及运维中的轨道系统状态监测和评估等方面的内容。

本书是对多年来广大工程技术人员在上海高速磁浮示范运营线建设和"十五"至"十三五"四个五年计划中，通过不懈努力获得的建设、科研和运维经验，以及国家磁浮交通工程技术中心多年来研究成果的梳理和总结。应用范围为常导高速电磁悬浮轨道系统，中速和中低速磁浮等其他磁浮制式亦可借鉴。对正在努力和即将投入高速磁浮系统技术研究事业的设计、建造和科研人员具有一定的参考价值。

图书在版编目（CIP）数据

常导高速磁浮轨道结构 / 曾国锋，叶丰编著. -- 上海：上海科学技术出版社，2024.1
（中国磁浮交通基础理论与先进技术丛书）
ISBN 978-7-5478-6268-1

Ⅰ. ①常… Ⅱ. ①曾… ②叶… Ⅲ. ①磁浮铁路—轨道（铁路）Ⅳ. ①U237

中国国家版本馆CIP数据核字(2023)第134314号

常导高速磁浮轨道结构
曾国锋　叶丰　编著

上海世纪出版（集团）有限公司
上海科学技术出版社　出版、发行
（上海市闵行区号景路159弄A座9F-10F）
邮政编码 201101　www.sstp.cn
上海盛通时代印刷有限公司印刷
开本 787×1092　1/16　印张 18.5
字数 390 千字
2024 年 1 月第 1 版　2024 年 1 月第 1 次印刷
ISBN 978-7-5478-6268-1/U·143
定价：170.00 元

本书如有缺页、错装或坏损等严重质量问题，请向印刷厂联系调换

编委会

中国磁浮交通基础理论与先进技术丛书

主任

陈小鸿

副主任

（以姓氏笔画为序）

丁叁叁　王　平　周晓明　盛雄伟

委员

（以姓氏笔画为序）

万建军　龙志强　刘万明　闫晓言
李耀华　佟来生　张昆仑　徐洪泽
梁　潇　翟　鸣

序　常导高速磁浮轨道结构

在常导高速磁浮交通系统中，轨道结构的轨道梁除了支承列车荷载之外，轨道梁上还附着定子铁心和侧面导向板。定子铁心是牵引列车的直线电机定子的组成部分，表面又是车辆悬浮间隙传感器识别的基准面；侧面导向板则是控制列车转向的导向传感器识别基准面。由于线路有弯道和坡道，在弯道的圆曲线前后还必须设置缓和曲线，系统要求轨道梁安装的定子铁心和侧面导向板的表面与设计的缓和曲线完全吻合，且要求在全生命周期内始终保持这样的状态。这给高速磁浮交通系统的轨道结构带来极其复杂的技术要求，也提高了轨道结构子系统在整个工程中的投资占比。

根据中德双方商定的分工，上海磁浮示范运营线的轨道结构由中方负责。由于德国试验线上采用的轨道梁产生了严重的后期变形，不能参考利用，制造轨道梁的核心技术能否突破便成为能否顺利建成上海磁浮线的关键。于是我们组织国内专家对轨道梁选型、曲线拟合、变形和精度控制、施工工艺、新材料开发等技术难点进行攻关，最终实现了这项"满足机电产品要求的土木工程"，确保上海磁浮线安全稳定地运行至今。在这 20 余年中，我们在轨道结构设计、施工、制造、安装和维护技术中又有了许多积累，对这些积累加以总结，是有重要现实意义的。

本书作者是我的老同事，他们风华正茂之年就加入磁浮队伍，坚持奋战在磁浮技术研发第一线，从事磁浮线路轨道技术的研究工作已逾 20 年。本书以上海磁浮线轨道结构系统以及多年来轨道结构研究成果为依托，全面介绍了常导高速磁浮系统轨道结构设计要求、结构动力性能、结构型式、施工工艺以及运维技术，既包括对上海磁浮线建设过程中所获经验的总结，也涵盖近些年来高速磁浮轨道结构技术研究取得的新成果，对磁浮技术的发展大有裨益。

回顾历史是为了更好地发展未来,希望本书能给有关人员提供有价值的参考。

国家磁浮交通工程技术研究中心原主任
上海磁浮交通发展有限公司原总工程师
上海市磁浮快速列车工程指挥部总指挥

前言 | 常导高速磁浮轨道结构

  2002年12月31日，上海高速磁浮示范运营线投入单线试运行，是常导高速磁浮技术发展史上的标志性事件。上海磁浮线持续以最高 430 km/h 的速度运营至今已超过 20 年，目前仍是世界上商业运营的最快的地面交通线。

  轨道结构是常导高速磁浮直线电机系统的重要组成部分，因而相较于传统的轨道交通结构有着较高的变形和几何精度要求。高速磁浮轨道结构设计和建造中需要解决的问题，本质上是土建结构的应用边界问题。土建在整个高速磁浮工程项目中约占整个系统成本的 45%，其中绝大部分是轨道结构的投入。因此，轨道结构成本控制的好坏严重制约着系统的推广应用。为了进一步推动高速磁浮系统工程应用，轨道结构的优化至关重要。在上海磁浮线的建设过程中，我国广大工程技术人员已经系统地掌握了相关技术，实现了轨道结构国产化。此后，在国家的大力支持下，相关研究单位持续组织了"十五"至"十三五"四个五年计划的研究。与此同时，对轨道结构的运维经验也在不断积累，这些都对轨道结构的进一步发展起到了重要的作用。目前，我国的常导高速磁浮轨道结构技术已经处于世界领先地位。

  作为常导高速磁浮轨道结构研究和运维的参与者，很荣幸能够借此次编撰"中国磁浮交通基础理论与先进技术丛书"的机会，在众多工程技术人员不懈努力获得的上海磁浮线建设、后续科研和多年运维的经验基础上，通过梳理和总结，并结合作者多年研究的体会撰写本书，希望能够为正在努力和即将投入高速磁浮系统技术研究事业的技术人员提供参考。

  本书共分为9章。

  第1章简要介绍了常导高速磁浮线路轨道系统的构成、国内外的研究进展，以及线路轨道系统技术的主要研究范畴。

  第2章介绍了轨道结构设计的技术要求，主要包括系统参数、设计荷载和设计控制条件。

第3章介绍了主要的轨道梁型式,包括复合式轨道梁、整体式轨道梁、板梁、叠合式轨道梁和桥上梁结构,以及各种轨道梁结构的特点。

第4章基于上海磁浮线的经验,着重阐述了梁跨布置和轨道梁设计中的变形控制,以及线路线形的拟合等问题。

第5章基于作者多年以来对磁浮车轨振动的研究,阐述了磁浮车-轨动力问题,包括车-轨-悬浮控制系统动力学模型、轨道不平顺模拟及分析过程和求解方法,并结合实例对车-轨和车-岔动力问题进行了分析。

第6章介绍了轨道梁的制造工艺,包括复合式轨道梁、整体式轨道梁和轨道板的制造。

第7章介绍了现场施工工艺,包括施工测量、复合式和整体式轨道梁的运输、吊装和精调,以及叠合式轨道梁的现场施工。

第8章介绍了下部结构。以高架标准跨度轨道结构为对象,介绍了常导高速磁浮轨道结构中的支座、墩柱和基础结构及其需满足变形控制要求。

第9章结合作者多年以来关于上海磁浮线轨道结构运维技术支持和相关研究实践,阐述了精密测量和线形调整,以及系统状态评估等问题。

感谢国家磁浮交通工程技术研究中心陈小鸿主任一直以来的鼓励和支持,感谢吴祥明老主任在写作过程中提出详尽、中肯的意见和建议。感谢参与轨道结构研究工作、付出辛勤汗水的广大科技工作者。感谢王国强、朱志伟、袁亦玆等同事多年以来在研究工作中的支持。感谢刘鸣博、彭龙、黄诗华、王楷同学协助整理书稿。感谢韩紫平博士对全书进行了校核。

感谢多年以来在科研、设计、施工和运维领域的合作单位上海磁浮交通发展有限公司、上海市政工程设计研究总院(集团)有限公司、上海建工(集团)总公司及所属子公司——上海市建筑构件制品有限公司、上海市安装工程有限公司、上海市机械施工有限公司、上海市第七建筑有限公司、上海建工(集团)总公司总承包部和上海建工(集团)总公司技术中心等一直以来对研究工作的支持。在本书的撰写过程中,参考借鉴了大量的高水平研究成果和国内外参考文献,在此由衷地表示感谢!

  限于作者能力,书中必有许多错漏之处,恳请各位同行、专家及广大读者批评指正。

作者

2023 年 10 月

目录

第1章 绪论	1
1.1 系统构成及特点	5
1.2 国外研究概况	7
1.3 国内研究进展	14
第2章 常导高速磁浮轨道结构技术要求	17
2.1 限界	19
2.1.1 正线	19
2.1.2 停车状态	23
2.2 荷载	24
2.2.1 荷载分类	24
2.2.2 荷载取值	25
2.3 刚度控制条件	38
2.4 变形控制与几何精度要求	39
第3章 常用跨度轨道梁型式	43
3.1 复合式轨道梁	46
3.1.1 预应力混凝土复合式轨道梁	46
3.1.2 钢复合式轨道梁	47
3.2 整体式轨道梁	47
3.3 叠合式轨道梁	49
3.3.1 支承梁	51
3.3.2 轨道板	53
3.3.3 连接机构	55
3.4 组合梁	56

3.5 桥上梁结构 ... 56
　　3.5.1 基本结构型式 ... 56
　　3.5.2 轨道梁与支承桥梁的结合 ... 59
　　3.5.3 轨道梁安装和精调 ... 61
3.6 隧道内轨道结构 ... 63
3.7 道岔和移车台 ... 64

第4章 轨道梁设计 ... 67
4.1 轨道结构选型 ... 69
4.2 梁跨布置 ... 71
　　4.2.1 梁跨布置方法 ... 72
　　4.2.2 上海磁浮线布跨情况 ... 72
4.3 轨道梁变形控制 ... 73
　　4.3.1 预应力混凝土轨道梁的时效变形控制 ... 73
　　4.3.2 "简支-连续"变形控制 ... 91
4.4 轨道功能区设计 ... 103
　　4.4.1 磁浮系统对功能件的要求 ... 104
　　4.4.2 功能件结构型式 ... 105
　　4.4.3 安装连接方式 ... 108
　　4.4.4 功能件的制造公差要求 ... 108
4.5 线路多级拟合技术 ... 109
　　4.5.1 德国TVE试验线的线路实现方案 ... 110
　　4.5.2 多级拟合方法 ... 111
　　4.5.3 拟合误差分析 ... 114
　　4.5.4 误差分配 ... 116

第5章 轨道梁设计中的动力问题 ... 119
5.1 轨道结构模型 ... 122
5.2 车辆模型 ... 124
　　5.2.1 车体 ... 127
　　5.2.2 悬浮架 ... 128
　　5.2.3 悬浮磁铁 ... 130
5.3 悬浮控制模型 ... 132
5.4 车辆垂向运动方程 ... 134
5.5 轨道不平顺的分析和模拟 ... 135
5.6 系统方程及求解 ... 138
5.7 列车通过复合式轨道梁的过程分析 ... 139
5.8 单节车低速通过道岔的过程分析 ... 143

5.9	5节编组列车通过道岔的过程分析	146
5.10	关于车-轨动力学研究的思考	148

第6章 轨道梁工厂制造 — 151

6.1 复合式轨道梁工厂制造 — 153
- 6.1.1 磁浮轨道梁制梁基地工艺布置 — 154
- 6.1.2 高精度可调节钢模板体系 — 155
- 6.1.3 预应力施工技术 — 158
- 6.1.4 功能件制造技术 — 163
- 6.1.5 轨道梁整体机加工 — 164
- 6.1.6 轨道梁出厂前的线形检测 — 170

6.2 整体式轨道梁工厂制造 — 173
- 6.2.1 高精度钢模板体系和混凝土浇筑工艺 — 174
- 6.2.2 定子预埋件和导向板预埋件的定位 — 177
- 6.2.3 机加工前预检 — 178
- 6.2.4 机加工工艺 — 178
- 6.2.5 滑行面磨削和涂装 — 180
- 6.2.6 后加工锪后平面工艺技术 — 180
- 6.2.7 定子安装 — 181
- 6.2.8 导向板制作和安装 — 182
- 6.2.9 总装检测技术 — 182
- 6.2.10 整体式轨道梁机加工应急预案 — 184

6.3 混凝土轨道板工厂制造 — 184
- 6.3.1 制造工艺 — 184
- 6.3.2 机加工工艺 — 187

第7章 轨道梁现场施工 — 191

7.1 磁浮线路施工测量 — 193
- 7.1.1 测量系统精度要求 — 193
- 7.1.2 各施工阶段控制网的精度要求 — 194
- 7.1.3 精密水平控制网布设 — 194
- 7.1.4 测量设备选择 — 195
- 7.1.5 精密高程控制网布设 — 195

7.2 复合式轨道梁现场施工 — 198
- 7.2.1 轨道梁运输 — 199
- 7.2.2 轨道梁吊装 — 200
- 7.2.3 轨道梁精调 — 202

7.3 叠合式轨道梁现场施工 — 204

    7.3.1 预应力混凝土支承梁生产工艺 …… 204
    7.3.2 叠合式轨道梁现场安装工艺 …… 205

第8章 下部结构 …… 217
  8.1 无级可调支座 …… 219
    8.1.1 磁浮轨道梁专用支座的技术要求 …… 220
    8.1.2 支座的摩擦副 …… 221
    8.1.3 支座力学性能试验 …… 223
    8.1.4 支座的调节和安装 …… 224
    8.1.5 支座的防腐 …… 225
    8.1.6 支座与轨道梁的精调 …… 225
  8.2 墩柱和基础 …… 227
    8.2.1 墩柱 …… 227
    8.2.2 基础 …… 228

第9章 轨道结构运维技术 …… 231
  9.1 轨道高精度检测 …… 233
    9.1.1 动态检测 …… 233
    9.1.2 静态检测 …… 239
  9.2 轨道结构状态与长期服役性能评估 …… 249
    9.2.1 线形状态评估 …… 252
    9.2.2 轨道结构状态 …… 254
  9.3 线形维护与调整 …… 260
    9.3.1 轨道调整量的计算 …… 260
    9.3.2 支座调整量的计算 …… 261
    9.3.3 现场实施 …… 265
  9.4 磁浮轨道智能运维 …… 267
    9.4.1 磁浮轨道运维现状 …… 268
    9.4.2 磁浮轨道结构智慧监测系统 …… 268
    9.4.3 初步探索与实践 …… 271
    9.4.4 后续工作展望 …… 273

参考文献 …… 276
致谢 …… 279

第 1 章

绪 论

常导高速磁浮技术起源于德国。1922年，Hermann Kemper提出了磁浮的原理，并于1934年申请了磁浮相关技术专利。自20世纪60年代末开始，德国因环境和能源问题迫切需要新的高速交通体系，开始了对磁浮技术的工程化研究。高速磁浮交通系统利用电磁力无接触地实现列车的支承和导向，利用直线电机实现列车的牵引和制动，避免了传统铁路中车轮和轨道之间的机械接触，克服了传统列车轮轨黏着这一提高速度的主要障碍。目前，高速磁浮交通是世界上唯一实现了以400 km以上时速商业运营的大运量轨道交通系统。

常导高速磁浮系统利用长定子直线同步电机驱动，电机的定子沿线路敷设，转子安装在车辆上，通过沿线地面固定设备调节频率、电压、电流和相位角，实现列车的牵引和制动控制。

德国的常导高速磁浮系统Transrapid采用的是长定子同步直线电机牵引的电磁悬浮技术。1987年，在埃姆斯兰(Emsland)建成总长为31.5 km的TVE试验线(图1-1)。1989年，面向工程应用的TR07磁浮列车投入试验运行。经过近两年的评价和鉴定，系统的各项技术经济指标得到了检验。德国交通部于1991年宣布TR07技术已经成熟，可以投入商业运营。1993年，TR07在载人试验运行中达到了450 km/h的速度。此后，德国为柏林—汉堡线开发了TR08系统，并于1999年10月在TVE线上进行了试验。2001年，TR08系统经改进后应用于上海高速磁浮示范运营线。

图1-1 德国TVE常导高速磁浮试验线

常导高速磁浮列车利用同步直线电机驱动，其工作原理与一般的旋转式感应电机相似，可以看成是将旋转电机沿半径方向剖开展平，展开的定子部分沿线路纵向敷设在轨道梁上，转子部分则支承在车辆的悬浮架上，如图1-2所示。定子产生移动磁场，如图1-3

所示。定子沿线路敷设,定子段长度一般为800~1 200 m,因此常导高速磁浮列车的定子部分又称为长定子。

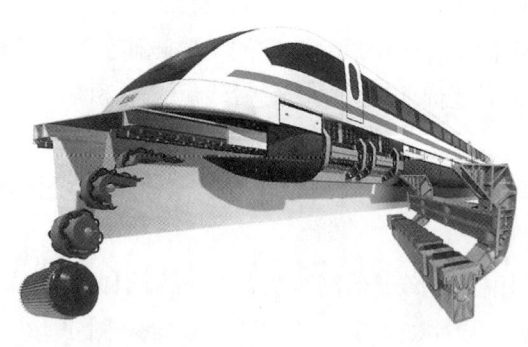

图1-2 磁浮列车的直线电机

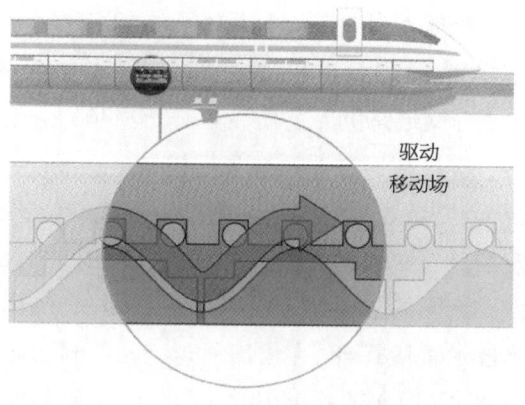

图1-3 磁浮列车的移动磁场

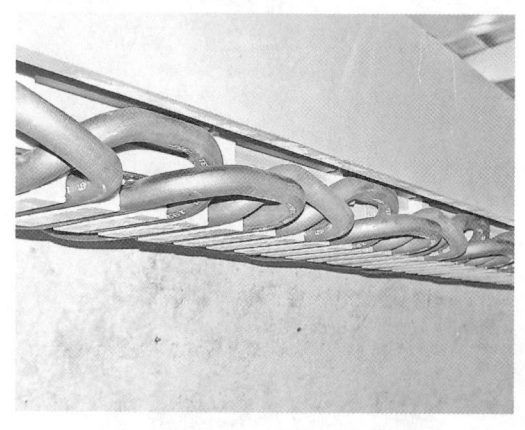

图1-4 轨道的长定子和线圈

长定子由众多定子铁心及叠绕其上的三相线圈构成,如图1-4所示。定子铁心由硅钢片叠合而成。在定子铁心的顶部有3个用于固定的燕尾键,每个燕尾键上有2个螺栓孔,定子铁心底部为用于缠绕定子线圈的齿槽,标准槽/齿周期宽度为86 mm。定子铁心先通过燕尾键插在功能件下翼缘板的燕尾槽内,然后通过燕尾键的螺孔采用高强螺栓固定在功能件的下翼缘板(π型钢)上,如图1-5和图1-6所示。

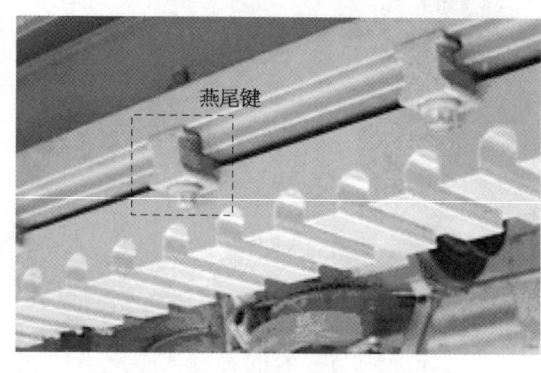

图1-5 定子铁心的固定

图1-6 定子铁心在功能件上的位置

常导高速磁浮轨道不仅对运行中的列车具有驱动和导向作用,还在列车停车时提供竖向支承。在典型的复合式轨道梁上,这些作用是通过集成为一体的功能件实现的。功能件是由腹板、顶板、侧面导向板、下翼缘板、竖向加劲板、横向加劲板等焊接而成的钢结构。顶板用作滑行板,侧板用作导向板,下翼缘板(π型钢)用来固定定子,腹板提供与连接件的连接面,如图1-7所示。功能件通过连接件固定在轨道梁上,承受磁浮列车荷载并将其通过连接件传递到轨道梁上。

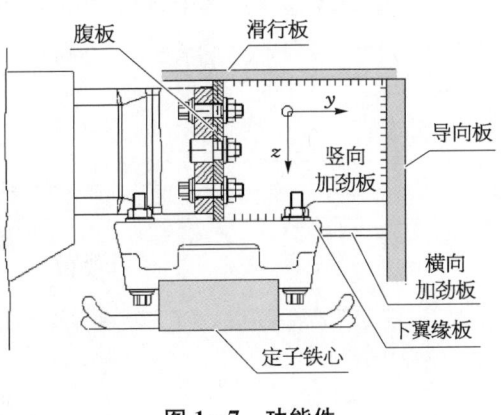

图1-7 功能件

1.1 系统构成及特点

常导高速磁浮列车依靠电磁力实现列车的悬浮、导向和驱动,轨道结构是列车直线电机驱动系统的重要组成部分。在轨道梁顶部的轨道功能区与列车运行过程中悬浮和导向直接相关,并在列车停车时提供支承。轨道功能区有三个工作面,包括顶板滑行面、两侧导向面及定子铁心底面(图1-8)。常导高速磁浮与轮轨系统支承导向的比较如图1-9所示。

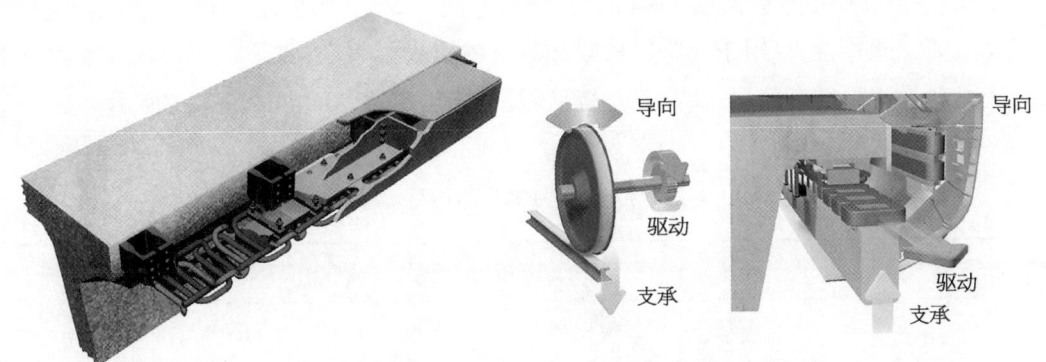

图1-8 轨道功能区示意图　　图1-9 常导高速磁浮与轮轨系统支承导向的比较

轨道结构主要由上部结构和下部结构两部分组成(图1-10)。上部结构主要包括轨道功能区和轨道支承梁。其中,轨道功能区主要由定子、滑行板和导向板组成。定子为列车提供支承力和牵引力,滑行板提供列车降落时的支承面,导向板对列车运行起导向作用。

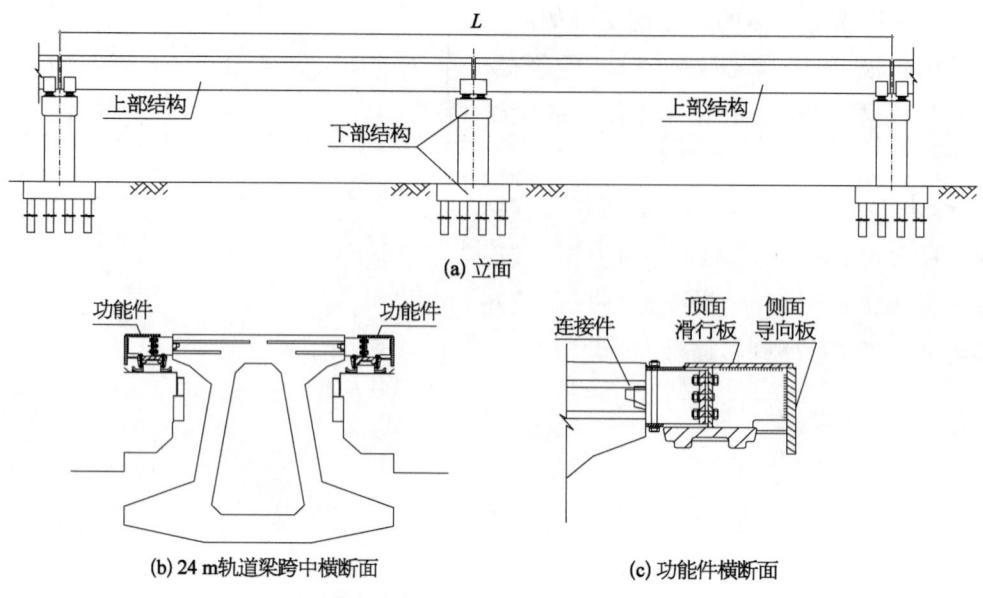

图 1-10　常导高速磁浮轨道结构

轨道功能区安装在支承梁顶面两侧。支承梁有多种形式,轨道结构应满足高速磁浮列车以系统最高运行速度平稳运行的要求。

下部结构主要包括支座、盖梁、墩柱和基础,列车荷载通过下部结构传递到地基。高速磁浮轨道结构的主要组成要素见表 1-1。

总体而言,按线路条件划分,高速磁浮轨道结构可分为高架线路轨道结构和低置线路轨道结构。按轨道功能区型式及其与支承梁的连接方式划分,轨道梁可分为复合式和整体式轨道梁。此外,还有用于大跨度桥梁和隧道的轨道结构,主要是一般的轨道梁和轨道板与桥梁和隧道相结合的形式。上海磁浮线复合式轨道梁断面如图 1-11 所示。

表 1-1　常导高速磁浮轨道结构系统组成要素

项　目	组　成　要　素	
技术要求	结构特性	强度 刚度 动力特性 几何精度
	构造要求	跨径布置 构造形式

(续表)

项　目	组　成　要　素				
轨道结构	一般结构	轨道			
		轨道支承梁			
		下部支承结构	一般结构	支座	
				墩柱	高架
					低置
				基础	
			初级支承结构	桥梁	
				隧道	
	特殊结构	道岔、移车台			
附属设备	定子电缆				
	接地设备				
	动力轨				
	定位标志板				

由于高速磁浮系统实际上是一个长定子直线电机系统，而轨道是这个电机的定子，为了保证列车高速、平稳运行，系统对轨道结构的设计和施工提出了很高的、与机电产品类似的精度要求。磁浮列车的运行速度高、悬浮间隙小，轨道及其支承梁在各种荷载作用下的变形必须严格控制在容许偏差之内，因此高速磁浮线路轨道结构的设

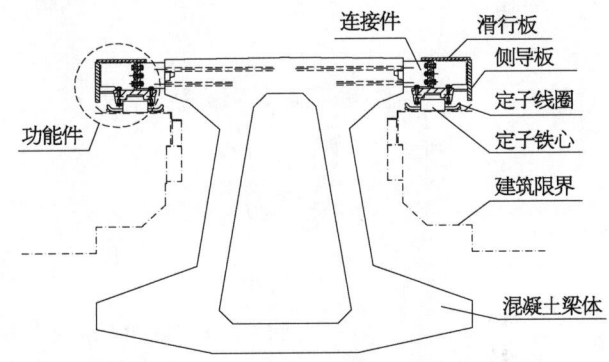

图1-11　上海磁浮线复合式轨道梁断面示意图

计概念与传统的高架桥梁结构有很大的差别。为了保证运行安全、平稳和旅客乘坐舒适性，磁浮列车运行时悬浮和导向磁铁与轨道功能面之间的距离应保持在8～12 mm。轨道的几何精度需要在轨道结构、功能区和轨道梁定位等设计、制造和安装各环节加以保证。

1.2　国外研究概况

20世纪七八十年代，德国建造了世界上第一条常导高速磁浮试验线（TVE），在该试

验线上开展了多种形式轨道结构的研究。此后,在开展柏林至汉堡的磁浮线可行性研究过程中,又针对沿线不同地形、地貌及地物条件,提出了新的轨道结构型式。

TVE试验线全长 31 km,采用了多种高架轨道结构,其标准跨径为 12.384 m、24.768 m 和 30.96 m。结构体系为单跨简支和双跨连续梁两种,大部分采用单跨简支梁。按材料划分,有预应力混凝土梁和钢梁两种,最初都采用整体式结构。

整体式预应力混凝土轨道梁的轨道功能区钢结构直接预埋或在主梁制作完成后与主梁浇筑结合,然后对整梁进行机加工。德国试验线上 24.768 m 单跨简支预应力混凝土梁采用箱形截面,底部为圆弧形(图 1-12)。12.384 m 单跨简支预应力混凝土则采用 π 形截面(图 1-13)。

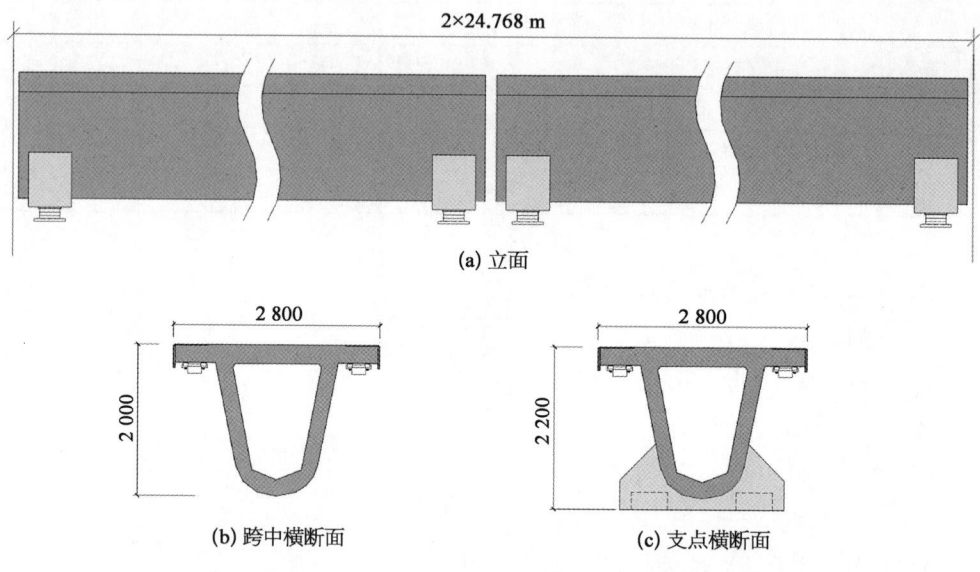

图 1-12 24.768 m 预应力混凝土梁断面

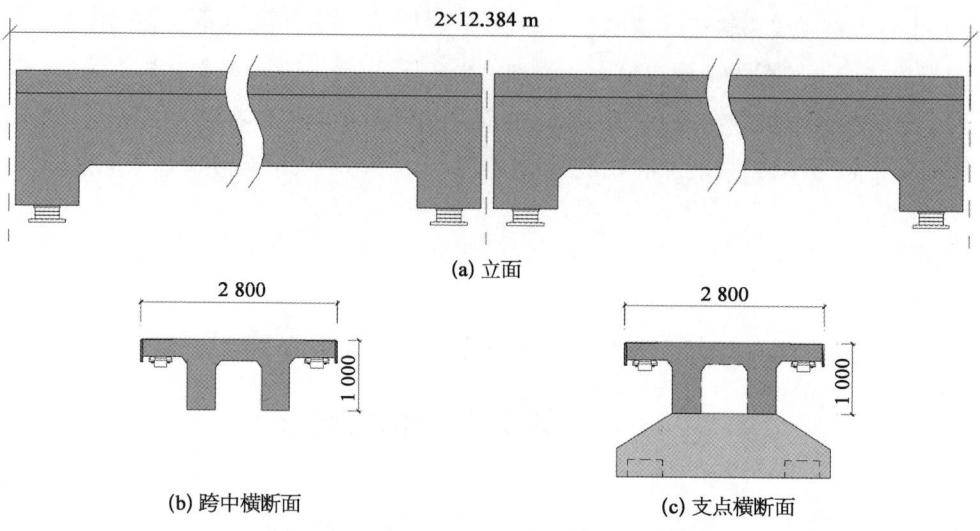

图 1-13 12.384 m 预应力混凝土梁断面

整体式钢轨道梁的轨道功能区与支承梁设计为一个整体,整体焊接完成后再进行加工。TVE试验线上的2×24.768 m双跨连续钢梁断面布置有两种形式,早期采用三角形截面(图1-14),后期采用箱形截面(图1-15)。2×12.384 m钢梁断面也采用箱形截面(图1-16)。

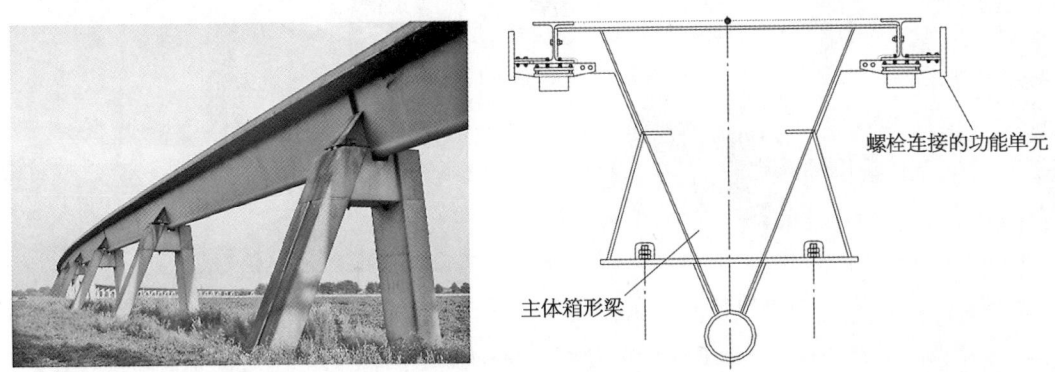

图1-14 德国TVE试验线钢轨道梁

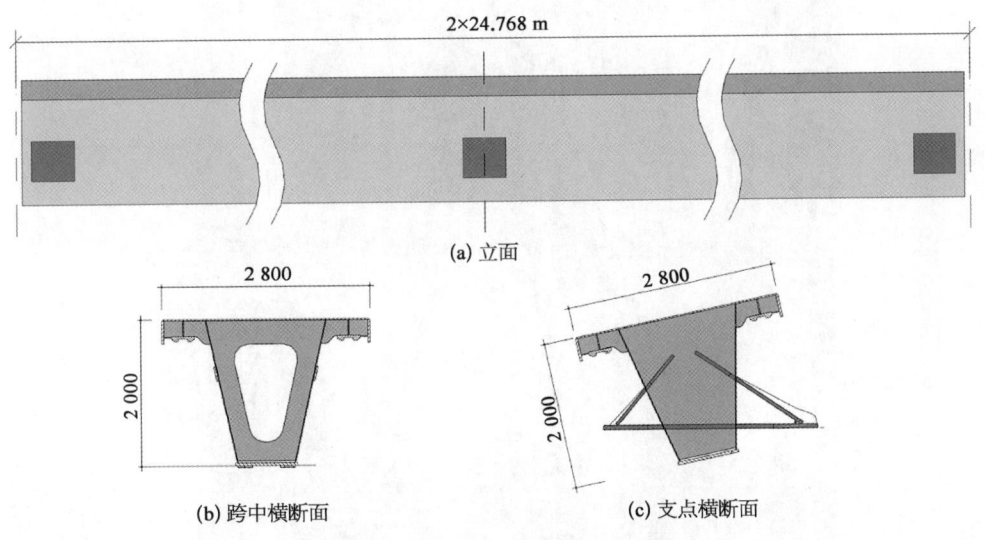

图1-15 2×24.768 m钢梁断面

在TVE试验线上大约31 km长的线路中,20.5 km采用了梁高为1.8 m的预应力混凝土梁。值得注意的是,上海磁浮线建设初期,中方技术人员在考察中发现,TVE试验线上的混凝土轨道梁没有很好地解决混凝土收缩徐变和温度变形的控制问题,难以满足系统的要求。

TVE试验线共建有10.3 km长的钢轨道梁。除66跨为直梁外,其余为曲线梁。钢梁均在生产线上装配,钢梁制成后已安装好功能件的滑行面和侧向导向面,定子则利用专用设备安装(图1-17)。TVE试验线钢梁主要技术参数见表1-2。

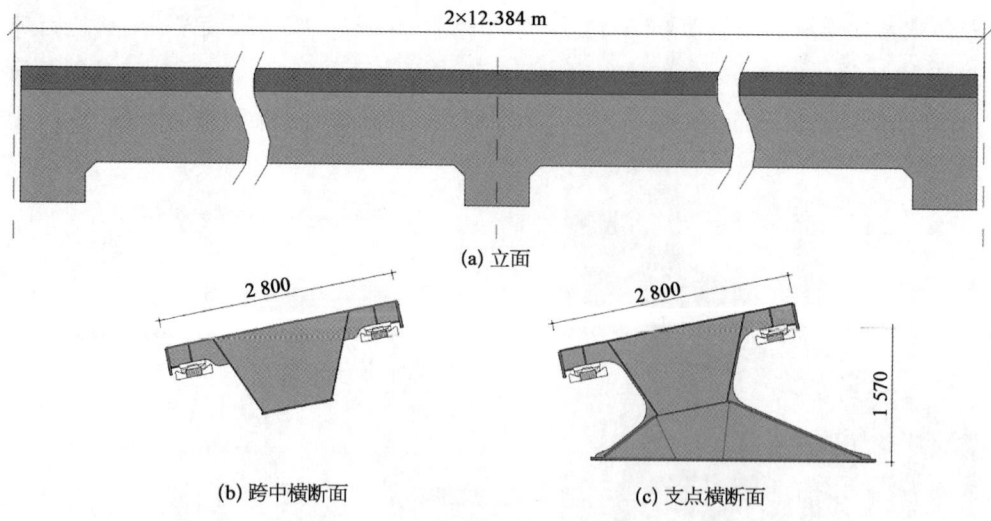

图1-16 2×12.384 m 钢梁断面

图1-17 TVE试验线钢梁

表1-2 TVE试验线钢梁主要技术参数

技术参数	钢梁类型	
	2×30.96 m 梁	2×24.768 m 梁
梁高/mm	2 150	2 150
中心线(z轴)/mm	−544	−484

(续表)

技术参数	钢梁类型	
	2×30.96 m 梁	2×24.768 m 梁
扭转中心(z 轴)/mm	−197	−295
中心线/扭转中心(y 轴)/mm	0	0
惯性矩(I_y)/cm⁴	$10.35×10^6$	$9.49×10^6$
惯性矩(I_z)/cm⁴	$8.09×10^6$	$5.01×10^6$

20 世纪 80 年代末，德国技术人员提出了"复合式轨道梁"的概念，其设计思想是将主体承重结构与轨道功能区分开制作和加工，再通过连接机构连成一体，以达到降低加工难度从而降低成本的目的。德方制造了一根复合式轨道梁，并安装在 TVE 试验线上。值得注意的是，当时仅制造了一根复合式轨道梁，未能获得批量生产和曲线梁的制造经验。尽管如此，2000 年我国决定在上海建设示范线项目时，中方根据已有的工程经验，从经济性和自身具备的加工能力出发，选中的恰恰就是这唯一的一根复合式混凝土梁。以此为原型，我国设计人员通过反复优化，设计了上海磁浮线的复合式轨道梁。2002 年，针对慕尼黑机场线等项目的需求，德国技术人员在上海磁浮线轨道梁型式的基础上开发了一种 π 形复合梁，并在 TVE 试验线上进行了试验。复合式混凝土梁的发展历程如图 1-18 所示。

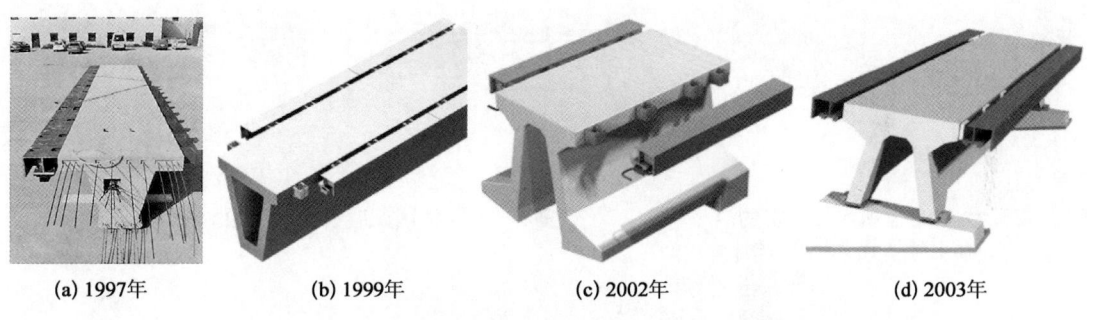

(a) 1997年　　(b) 1999年　　(c) 2002年　　(d) 2003年

图 1-18 德国混凝土复合式轨道梁的发展过程

预应力混凝土复合式轨道梁由预应力混凝土支承梁、连接件、功能件及连接部件(高强螺栓、定位销等)组成。在预应力混凝土梁制作时将连接件预埋在梁体中，预应力混凝土梁制作完成后，利用大型数控机床加工整根梁各连接件的连接面和螺栓孔。同时，完成 3.096 m 长(系统长度)功能件钢结构组焊和机加工，再采用高强螺栓及定位销将两者连为一体，结构布置如图 1-19 所示。

德国建设 TVE 试验线的主要目的是用于系统考核，并为后续工程做准备。2004 年，针对慕尼黑机场线的需求，德方技术人员开发了整体式 π 形断面轨道梁(图 1-20)。

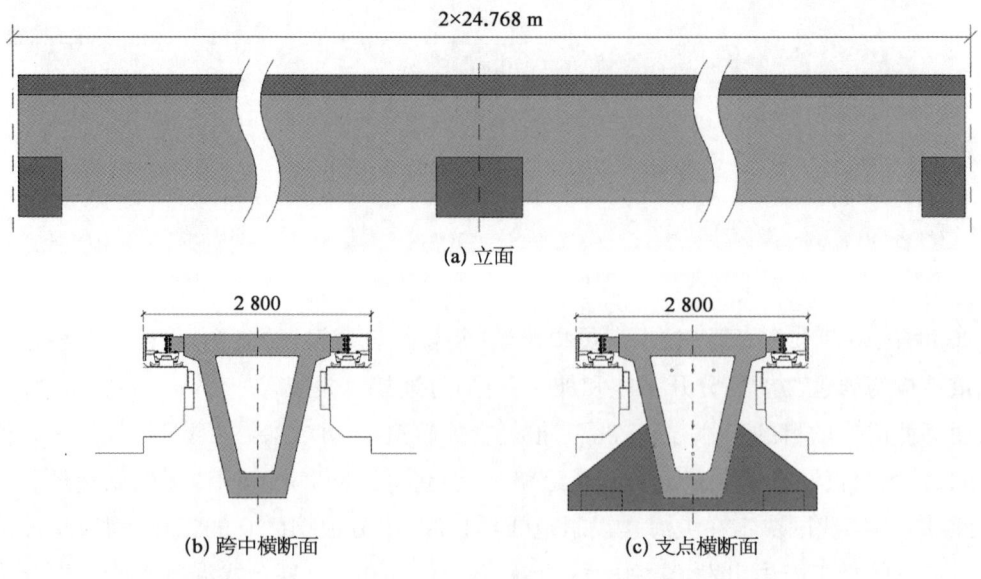

(a) 立面

(b) 跨中横断面　　(c) 支点横断面

图1-19　2×24.768 m 钢筋混凝土复合式轨道梁断面

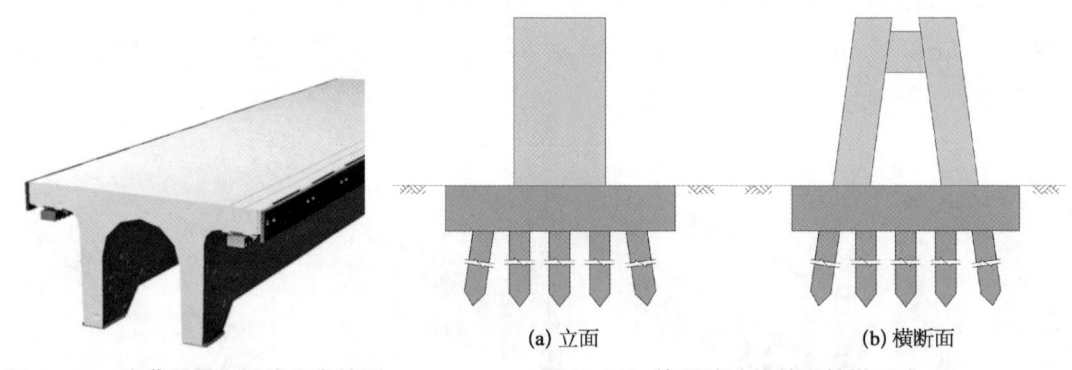

图1-20　为慕尼黑机场线开发的混凝土整体式梁(2004年)

图1-21　德国试验线的双柱墩形式

高架线路下部支撑结构一般采用支墩+桩基础的形式,德国磁浮试验线为单线,支墩为倾斜双柱墩形式(图1-21)。

TVE试验线上建造了一段低置线路,轨道结构由轨道梁和下部支承结构组成。轨道梁有两种形式:第一种轨道梁为6.192 m长的钢筋混凝土板梁,轨道功能区钢结构与钢筋混凝土板整体制作完成后,再对功能区滑行面、侧向导向面和定子铁心固定件进行机加工。下部支承结构为钢筋混凝土支承柱和条形桩基础(图1-22),根据磁浮线路沿线不同地形、地貌情况,板梁顶面距地面高度最大可满足3.5 m的要求(图1-23)。第二种轨道梁为6.192 m长的钢板梁,轨道功能区钢结构与钢梁整体制作加工,下部支承结构为钢梁固定装置和条形桩基础(图1-24)。

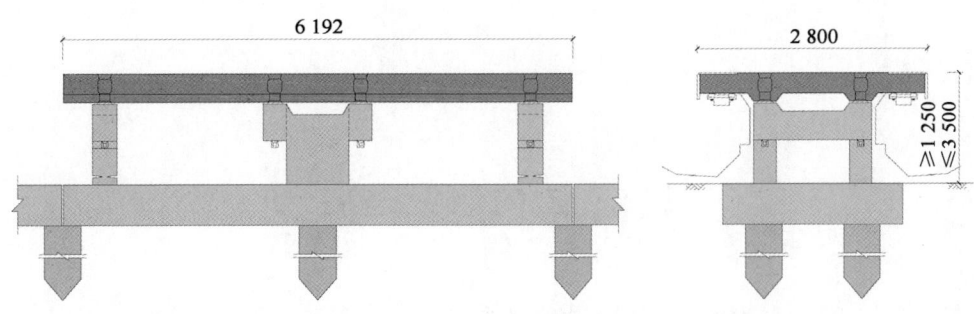

图1-22　6.192 m钢筋混凝土板梁($h=1.25$ m)

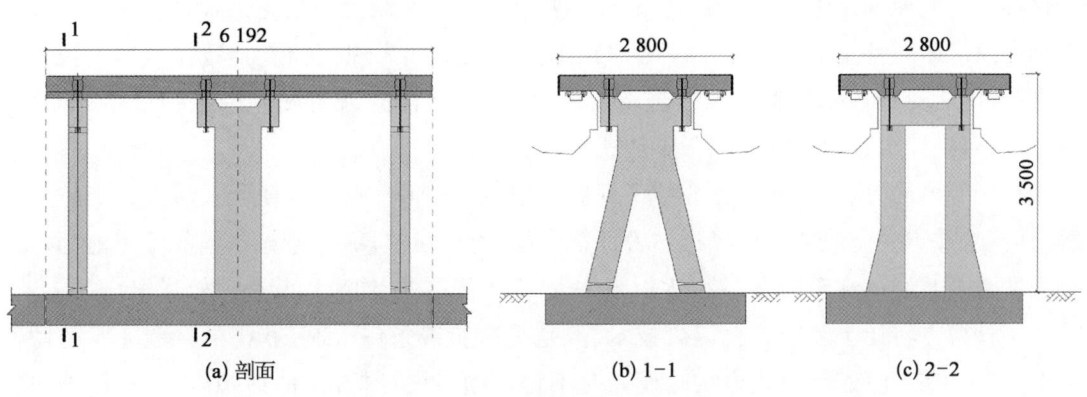

图1-23　6.192 m钢筋混凝土板梁($h=3.5$ m)

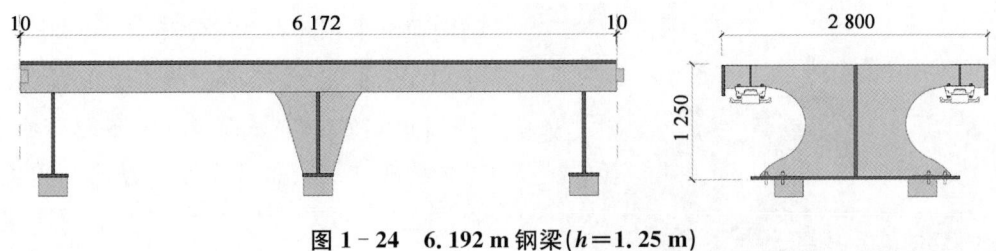

图1-24　6.192 m钢梁($h=1.25$ m)

在德国磁浮技术的发展历程中,曾先后策划了柏林—汉堡线和慕尼黑机场线等项目。遗憾的是,由于德国国土面积小,主要城市之间的距离近,而且已经建立了较为完整的高铁系统,建设时速 300 km 的高速磁浮系统并不经济,因此常导高速磁浮在德国并未投入实际工程应用。目前,TVE 试验线已经被拆除,德国的常导高速磁浮技术研究也陷入停顿。

1.3 国内研究进展

常导高速磁浮系统对轨道结构有很高的变形和精度要求。在上海磁浮线工程可行性研究阶段,德方首先向中方推荐整体式钢轨道梁。整体式钢轨道梁具有整体性好、刚度大及功能区的精度高等优点,但在制造过程中需要对功能面进行机加工,以保证三个功能面(滑行面、导向面和定子面)达到系统的公差要求。对于曲线上的轨道梁,需要用大型专用六轴数控机床对整梁进行机加工。考虑到国内尚无如此大规模的六轴数控机床,若从德国进口,供货受限且无法满足工程进度要求,而且钢结构的造价和后期维护成本相对较高,故上海磁浮线建设过程放弃了整体式钢轨道梁。

在谈判僵局中,德方向中方介绍了 TVE 试验线上唯一的一根复合式轨道梁,经过了解,其技术并未完全成熟。但经过中方评估,其经验可借鉴,综合考虑我国的施工能力、工程进度要求及经济性等因素,最终确定全线除特殊节点外,均采用复合式轨道梁。

尽管德方转让了复合式轨道梁技术,但是受试验线条件限制,获得的经验非常有限,以至于中方在上海磁浮线轨道结构设计时不得不面对设计标准、曲线拟合、工厂制造、现场施工、温度变形控制、沉降控制和大跨越结构等一系列复杂问题。在技术人员的努力下,这些问题得以解决,为上海磁浮线的成功提供了必要的保障。

图 1-25 上海磁浮线复合式轨道梁

复合式轨道梁(图 1-25)的主体承重结构通常采用跨径为 24.768 m 或 30.96 m 的单跨简支梁结构。轨道功能区以 3 096 mm 为一个系统单元,称为功能件,每个功能件上安装 3 个定子铁心。轨道梁制作完成后,对预埋在承重梁中的连接件的连接面进行机加工,然后利用高强螺栓将功能件固定在连接件上。

上海磁浮线最小平曲线半径为 650 m,最小竖曲线半径为 45 000 m。在平面与竖曲线上,均需通过对连接件机加工实现线路线形的"以直代曲"。

为了实现车辆从直线到圆曲线的平稳过渡,在缓和曲线段,横坡需根据一定的规律发生变化。由于定子是通过其顶面上的燕尾销与功能件上的燕尾槽相连接并通过高强螺栓固定于功能件下部的 π 型钢上,如果采用 0.1°/m 横坡扭转率,则每个功能件的 3 个定子须分别按不同的横坡、纵坡和方位角进行铣槽,而且对于不同的曲线半径,铣槽的间距也不同,这无疑会大大增加机加工难度和工作量,不利于功能件的标准化制造。根据当时国内的加工水平和工程进度要求,上海磁浮线以功能件为"以直代曲"的最小单元,即同一功能件上的3个定子在同一平面上。为了实现功能件的标准化生产,并给生产加工一定的公差余量,上海磁浮线采用了0.06°/m的最大横坡扭转率。

德方选线技术指导书确定的标准跨度为30.960 m,但对于上海磁浮线,综合考虑施工能力、运输吊装、环境协调和经济等各方面因素,将标准跨度定为24.768 m,单根轨道梁的重量不超过190 t,方便运输和架设。

虽然复合式轨道梁在上海磁浮线取得了成功,但它仍然存在不足之处。首先,复合式轨道梁需要在恒温车间进行整梁的机加工和功能件的装配,且需在沿线建立设有大型恒温机加工车间的制梁厂。其次,复合式轨道梁自重较大,也带来了大件运输和吊装难度大等问题,这将大大提高工程造价,不利于磁浮交通系统在中长距离线路上的实施。

基于上述问题,自"十五"开始,技术人员就针对长大干线需求开展新型轨道结构研究。2004年7月,在上海磁浮线和前一阶段研究成果的基础上,当时的上海磁浮交通工程技术研究中心线路轨道研究团队提出了轨道梁进一步优化的系统方案,从轨道结构参数、几何精度要求、制造、运输和吊装等各个方面,力求系统地解决轨道梁在中长线应用中大件运输、现场精调定位等关键技术问题,从而降低轨道结构的综合成本。

2009年,提出适用于长大干线的桥上梁轨道结构。该体系下层采用常规的桥梁作为承重结构,上层架设小跨度的轨道梁,相邻承重梁之间以跨梁过渡,以减小基础变位对线路线形的影响。此外,桥上梁结构还为声屏障、牵引供电、运控设备的安装提供平台,为线缆敷设提供通道,为系统的运维、应急救援和紧急情况下乘客的疏散提供条件。虽然该结构方案尚未在工程中实施,但是在上海磁浮线开展了模拟试验(图1-26)。

图1-26 桥上梁结构的模拟试验

为了推动高速磁浮技术在我国的发展,在上海磁浮线建设过程及后续的科研工作中,主要从以下几个方面开展了工作。

1) 建立标准体系

轨道结构技术标准主要依据德国提供的《磁浮高速铁路系统设计系列指导书》和中国铁路有关规范。其中德方提供的《线路设计计算基础》是轨道结构设计的基础性文件,它包括磁浮列车荷载的取值、环境影响因素及系统对轨道结构的变形要求等,而这份文件的编制依据主要是德国或欧洲有关规范和磁浮列车的技术测试报告,并与中欧地理环境条件相适应。因此,该指导书与国内有关规范配套使用并用于国内工程项目设计时,存在一些不匹配之处,主要体现在两方面:结构的目标可靠指标与国内规范要求有差异;源于环境的荷载取值方法也不相同。

2) 研究设计要求

在线路设计方面,磁浮列车的速度远高于一般轨道交通列车,且舒适度要求高,因此对线路设计的要求比一般轨道交通要高。磁浮列车具有良好的小半径曲线适应能力,线路横坡角可以达到12°。同时,磁浮列车的爬坡能力强,最大坡度可达10%,这是一般轨道交通无法比拟的,在线路设计中应充分发挥磁浮系统的这一优势。

在结构设计方面,主要是与列车相关的基本可变荷载,需要根据新车的具体情况进行确定。变形控制条件和动力特性控制条件,需要根据车轨系统动力学分析确定(主要包括动力系数和自振频率)。磁浮列车高速运行导致的车轨系统振动,使轨道梁的动力问题十分突出,甚至可能成为设计控制因素。

TVE试验线没有大跨越要求,也没有桥梁和隧道作为初级支承结构的实践。在德国技术转让的系统规格书中,对于桥梁结构也没有相应的规定;对于隧道虽然提出了断面面积的规定,但由于没有工程实践,还需要进一步的验证;而对于隧道内的限界,则没有提出明确的规定,也需要研究。

此外,德方转让技术仅针对上海磁浮线的建设,有一些参数无法直接应用于未来的新线建设中,需要进一步的修正。

3) 轨道结构体系和型式

"十一五"期间,为了进一步满足长大干线的需求,以磁浮沪杭线为背景,开展了后续的轨道结构研究,如叠合梁、桥上梁、隧道内轨道结构、移车台梁等。

通过多年来的不懈努力,目前可以采用的轨道结构型式有复合式轨道梁、整体式梁、叠合梁和桥上梁等。从型式方面来说,都可以满足要求,但在实际工程中,不可能以某一种梁型解决轨道结构的全部问题,应因地制宜地选择轨道梁型式。

4) 试验、实测与仿真分析

上海磁浮线建设期间,围绕轨道梁组织了大量的试验研究,解决了结构连接、材料性能、温度效应和预应力控制技术等关键技术问题。

在上海磁浮线建成后,利用这一试验平台组织了车轨动力实测、空气动力学测试、舒适度测试和噪声测试等,积累了大量宝贵的技术资料。

与此同时,围绕轨道梁性能、车轨关系等也持续展开了仿真分析研究,并与试验和实测结果互相印证,确保我国磁浮轨道结构技术发展始终处于世界前列。

5) 提高经济性

轨道结构系统在高速磁浮项目中常常占到40%左右的成本,降低轨道结构的造价,提高工程的经济指标,对于工程建设至关重要,是国产化与创新研究工作的重要内容。

通过近20年研究工作,我国已经系统地掌握了常导高速磁浮线路轨道系统技术,为未来磁浮技术进一步的工程应用打下了坚实的基础。

第 2 章

常导高速磁浮轨道结构技术要求

常导高速磁浮轨道结构的技术要求主要包括限界、荷载、刚度控制条件和几何精度等方面。

轨道梁的系统长度需要满足定子铁心安装的模数要求,这一模数与直线电机有关,由系统决定。此外,轨道梁还需要满足轨道附属设备安装空间和强度要求,并便于后续维护。

2.1 限　　界

磁浮轨道结构的型式需要根据线路的具体情况确定,但以下几个方面任何时候均必须严格满足:轨距要求(2 800 mm);功能区与车辆之间的接口关系(相对位置和尺寸);建筑限界要求。

2.1.1 正线

高速磁浮交通限界可分为建筑限界、设备限界及车辆限界三类,分别定义如下:

(1)建筑限界。为保证磁浮列车在线路上运行以及线路上建筑物和设备的安全,要求线路上必须有一定的空间(建筑物及设备不准侵入该空间),该空间称为建筑限界,也称为净空包络限界。

(2)设备限界。在列车运行动态边界线的基础上再计入轨道出现最大允许误差和公差时,引起车辆的偏移和倾斜等附加偏移量,以及在设计、施工、运营中等因素在内的安全预留量,也称为固定设施边界。

(3)车辆限界。在列车轮廓线的基础上,计入列车动态运行可能达到的边界并预留安全量,也称为列车运行动态边界。

磁浮单线、双线限界分别如图 2-1、图 2-2 所示。

磁浮线路横坡角 $\alpha \neq 0°$ 时的限界需要在 $\alpha = 0°$ 的基础上进行加宽。

如图 2-3 所示,当线路有横坡角 α 时,其限界加宽按下列公式计算:

$$L_{bD} = L_1 + S + L_2$$

$$L_h = L_3 + L_4$$

式中　S——线间距。

$$L_i = b_i + \Delta_i, \quad i = 1, 2, 3, 4$$

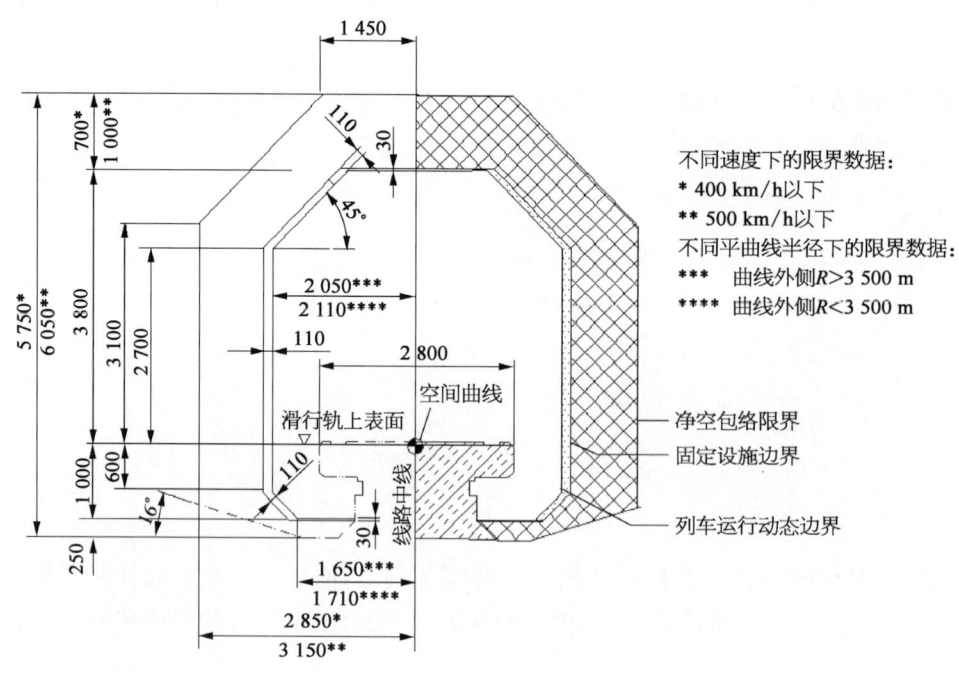

图 2-1 磁浮单线限界图

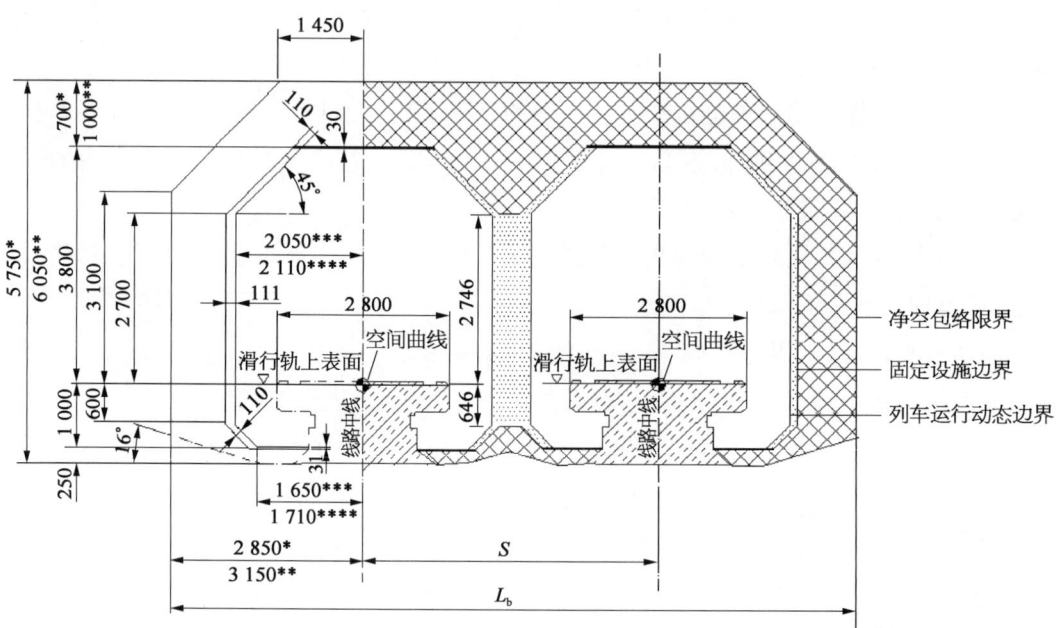

图 2-2 磁浮双线限界图

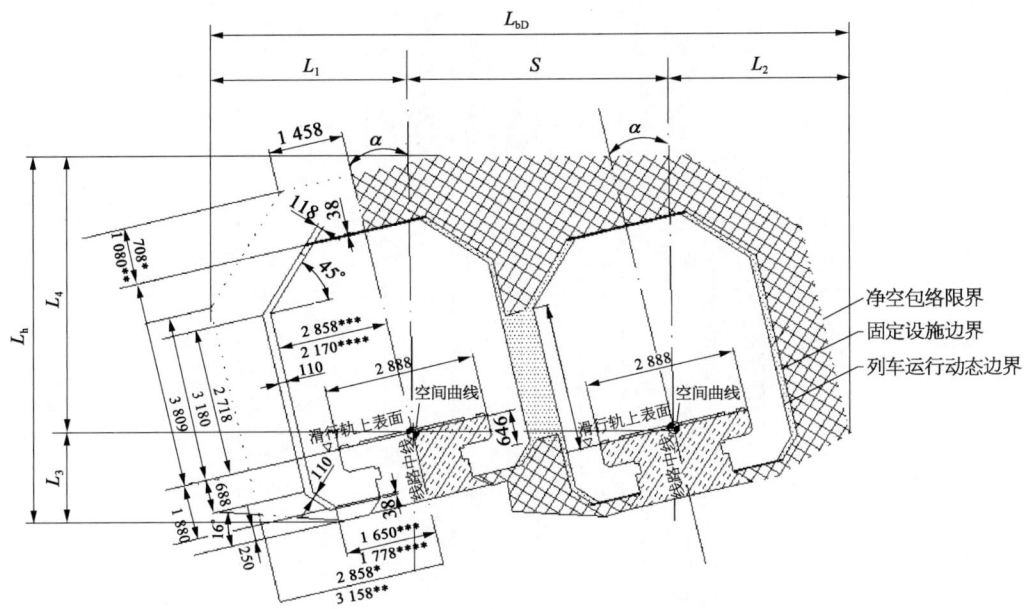

图 2-3 设横坡路段磁浮双线限界图

其中，

$$\Delta_i = \sqrt{a_i^2 + b_i^2} \times \cos\left[a\tan\left(\frac{a_i}{b_i}\right) - \alpha\right] - b_i$$

磁浮线路与横坡相关加宽参数如图 2-4 所示。磁浮车辆限界见表 2-1。

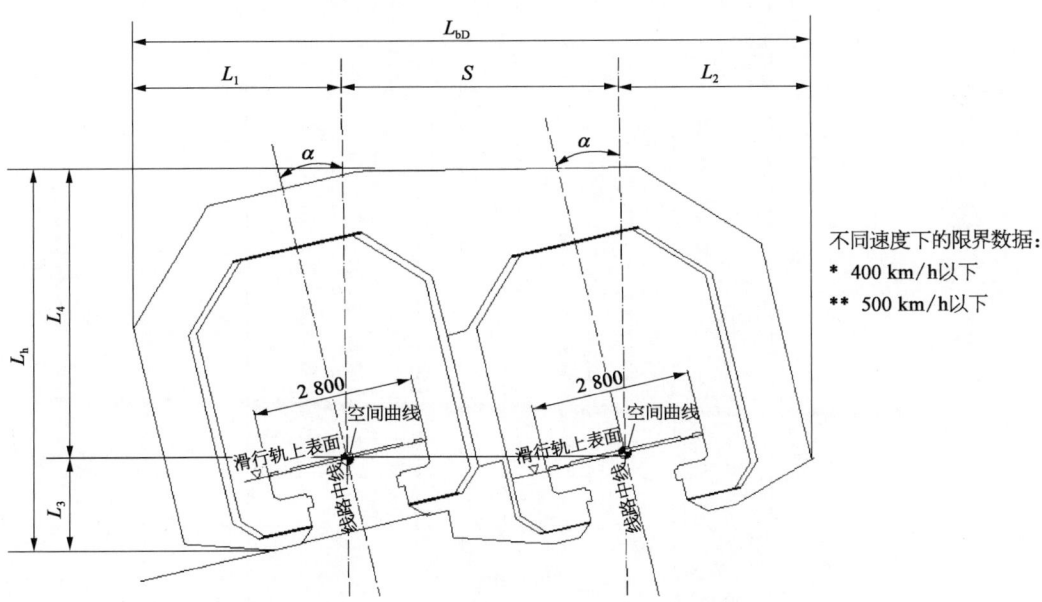

图 2-4 磁浮线路与横坡相关加宽参数示意图

表 2-1 磁浮车辆限界

限界条件	项目/mm		横坡角度												
			0°	1°	1.15°	2°	3°	4°	5°	6°	7°	8°	9°	10°	11°	12°
400 km/h 以下	L_1		2 850	2 904	2 912	2 956	3 008	3 059	3 109	3 158	3 207	3 254	3 300	3 345	3 389	3 432
	L_2		2 850	2 864	2 866	2 878	2 890	2 902	2 913	2 923	2 932	2 940	2 947	2 954	2 959	2 964
	L_3	曲线外侧 $R>3\,500$ m	1 250	1 279	1 283	1 307	1 335	1 362	1 389	1 416	1 442	1 467	1 493	1 518	1 542	1 566
		曲线外侧 $R<3\,500$ m	1 250	1 280	1 284	1 309	1 338	1 366	1 394	1 422	1 449	1 476	1 502	1 528	1 553	1 578
	L_4		4 500	4 525	4 528	4 548	4 570	4 590	4 609	4 627	4 643	4 658	4 671	4 683	4 694	4 703
400～500 km/h	L_1		3 150	3 204	3 212	3 256	3 308	3 359	3 408	3 457	3 504	3 551	3 596	3 640	3 684	3 726
	L_2		3 150	3 164	3 166	3 177	3 189	3 200	3 210	3 220	3 228	3 235	3 241	3 246	3 250	3 254
	L_3	曲线外侧 $R>3\,500$ m	1 250	1 279	1 283	1 307	1 335	1 362	1 389	1 416	1 442	1 467	1 493	1 518	1 542	1 566
		曲线外侧 $R<3\,500$ m	1 250	1 280	1 284	1 309	1 338	1 366	1 394	1 422	1 449	1 476	1 502	1 528	1 553	1 578
	L_4		4 800	4 825	4 828	4 848	4 869	4 889	4 908	4 925	4 941	4 955	4 968	4 979	4 988	4 997

2.1.2 停车状态

当列车处于停车状态时,需满足图 2-5 所示限界要求,当停车位置(车站或辅助停车区)线路处于曲线上时,还需要考虑额外的曲线外侧加宽值。

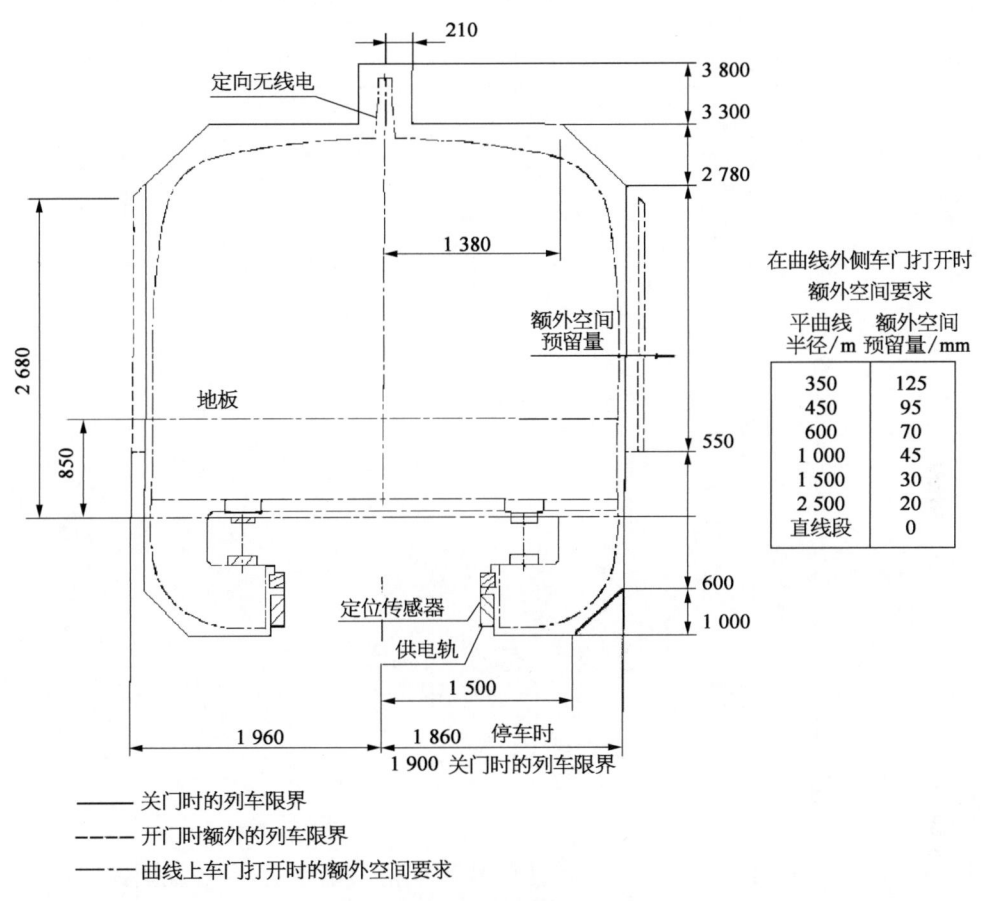

图 2-5 列车停车状态限界图

停车位置限界与列车通过速度相关。当车速低于 200 km/h 时,停车位置限界为车辆停车状态限界;当通过列车速度高于 200 km/h 时,车站限界为车辆运动状态限界(图 2-6)。

车站内车辆限界至站台边缘的间距为 10 mm。考虑通过站台时的空气动力影响,车速为 400~500 km/h 时,车辆限界与站台门或站台基础的距离最小值为 1.2 m。

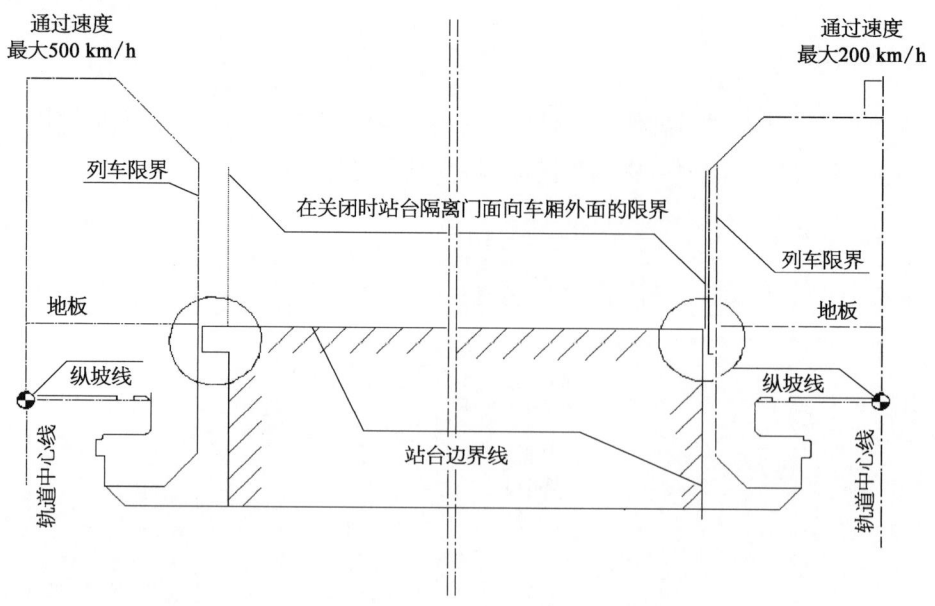

图 2-6 车站上列车限界图

2.2 荷　　载

2.2.1 荷载分类

作用在轨道梁上的荷载系在德国转让的技术规格书基础上,参照我国铁路桥涵设计规范的规定给出。表2-2沿用铁路荷载的分类方法,列出了主力、附加力和特殊荷载,适用于容许应力法。设计时荷载的最不利组合可参照铁路桥涵设计规范的规定执行。

表 2-2　荷载分类和组合

荷　载　分　类		荷　载　组　合
主力	恒载	结构构件及附属设备自重
		预加应力
		混凝土收缩和徐变作用
		静水压力及水浮力
		基础变位的影响
		土压力

(续表)

荷载分类		荷载组合
主力	活载	列车竖向静活载
		列车动力作用
		列车惯性力
		活载引起的土压力
		动态侧向导向力
		小半径曲线约束力
		列车会车空气动力
		检修通道及栏杆荷载
附加力		制动力或驱动力
		风荷载
		温度变化的作用
		流水压力
		冰压力
特殊荷载		施工临时荷载
		船舶或漂流物的撞击作用
		汽车的撞击
		超载
		支承控制回路故障
		导向控制回路故障
		紧急制动力
		地震力

注：1. 荷载组合仅考虑主力与一个方向（顺桥向或横桥向）的附加力组合。
2. 如杆件的主要用途为承受某种附加力，则在计算此杆件时，该附加力应按主力考虑。
3. 流水压力不与冰压力组合，两者也不与制动力或驱动力组合。
4. 汽车撞击力与主力相组合，不与其他附加力组合。
5. 地震力与其他荷载的组合按《铁路工程抗震设计规范》（GB 50111—2006）执行。

磁浮列车产生的各项荷载作用方向与坐标系有关。线路大地坐标系 XYZ 和轨道梁局部坐标系 xyz 的相对关系如图 2-7 所示。

2.2.2 荷载取值

常导高速磁浮系统特有的荷载主要包括列车活载、列车竖向加速度引起的冲击作用、离心力、制动（或牵引）力、侧导向力、小半径曲线约束力、空气动力、悬浮磁铁控制回路发生故障引起的作用力和导向磁铁控制回路发生故障引起的作用力等。

1) 列车竖向活载

(1) 列车总重产生的最大竖向静活载（p_z）为均布荷载 25.6 kN/m。

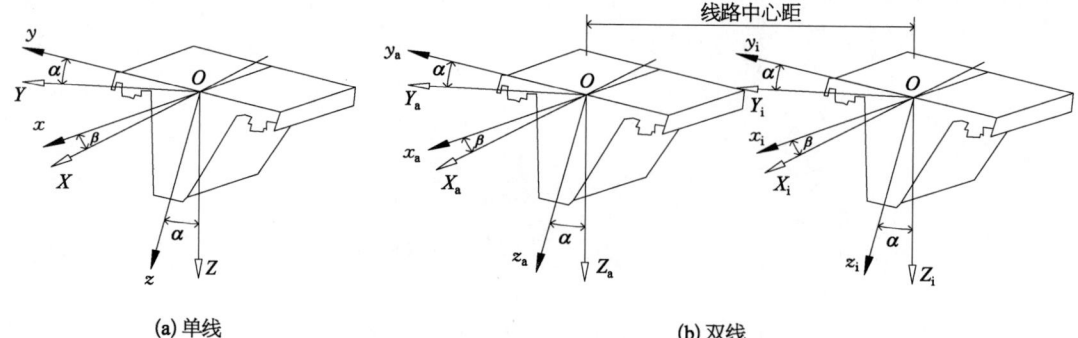

(a) 单线　　　　　　　　　　　(b) 双线

α—线路横向坡度；β—线路纵向坡度；O—坐标原点，位于线路空间曲线与每根梁支座所在断面的交点；
X，Y，Z—线路的总坐标，X 和 Y 为水平方向坐标，Z 为铅垂方向坐标；
x，y，z—线路的局部坐标（x 轴转动了 β 角，y 轴转动了 α 角）；a—外侧线路；i—内侧线路

图 2-7　轨道梁的坐标系统

(2) 载重的横向偏心荷载不与纵向制动力、牵引力等附加荷载组合。

2) 列车活载动力系数

(1) 活载做整体计算时，整体动力系数按表 2-3 取值。

表 2-3　整体动力系数 φ_w

荷载分类	动　力　系　数		
纵向荷载	长定子牵引/制动		$\varphi_{w,x1}=1.3$
	列车安全制动		$\varphi_{w,x2}=1.3$
	控制下落 $v \leqslant 10$ km/h		$\varphi_{w,x3}=1.3$
	单侧下落（下落的一侧）		$\varphi_{w,x4}=1.0$
侧向荷载	以 $v>10$ km/h 正常运行		$\varphi_{w,y1}=1.4$①
竖向荷载	以 $v>10$ km/h 正常运行		$\varphi_{w,z1}=1.2$ 或 $0.9$②
	在 0 km/h$<v \leqslant 10$ km/h 时列车安全制动		$\varphi_{w,z2}=1.2$
	在 $v=0$ km/h 时下落		$\varphi_{w,z3}=1.2$
	单侧下落	下落的一侧	$\varphi_{w,z4}=1.8$
		未动的一侧	$\varphi_{w,z5}=1.0$

注：① 侧向荷载的动力系数仅用于计算侧向加速度引起的惯性力，列车侧向的其他荷载已经包含了动态因素，不需另加。
② 如果列车荷载产生的是有利影响，则在对支座锚固及支墩和基础的验算时可采用 0.9 的动力系数值。

(2) 验算轨道功能区构件时，活载应乘以局部动力系数。局部动力系数最小值为 $\varphi_p=0.8$，最大值为 $\varphi_p=1.2$。

3) 列车正常运行时的惯性力

(1) 列车活载因法向加速度引起的竖向力（$p_{z,az}$，单位：kN/m）为

$$p_{z,az} = \varphi_{w,z1} \cdot p_z \cdot a_z/g$$

(2) 法向加速度（a_z）为

$$a_z = \frac{v(x)^2}{R_H(x)}\sin\alpha(x)\cos^2\beta(x) + \left[g\cdot\cos\beta(x) - \frac{v(x)^2}{R_V(x)}\right]\cos\alpha(x) - g$$

式中　φ——动力系数；
　　　α——横坡角；
　　　β——线路纵向坡度；
　　　R_H——平面曲线半径；
　　　R_V——竖曲线半径。

计算得到的 a_z 应满足 $a_z \geqslant -0.6\ \text{m/s}^2$（竖曲线上凸）或 $a_z \leqslant 1.2\ \text{m/s}^2$（竖曲线下凹）。

(3) 列车活载因侧向加速度引起的离心力（$p_{y,ay}$，单位：kN/m）应按下列公式计算：

$$p_{y,ay} = \varphi_{w,y1} \cdot p_z \cdot a_y/g$$

(4) 侧向加速度（a_y）应按下列公式计算：

$$a_y = \frac{v(x)^2}{R_H(x)}\cos\alpha(x)\cos^2\beta(x) - \left[g\cdot\cos\beta(x) - \frac{v(x)^2}{R_V(x)}\right]\sin\alpha(x)$$

离心力作用点在 $S_z = -0.75\ \text{m}$ 处，同时计入由此产生的力矩。

(5) 列车驱动和制动力应按相应最大牵引和制动加速度计算（单位：kN/m）：

$$p_x = \varphi_{w,x1} \cdot p_z \cdot a_x/g$$

$$p_x = \varphi_{w,x2} \cdot p_z \cdot a_x/g$$

牵引和制动加速度 a_x 应满足 $|a_x| \leqslant 1.5\ \text{m/s}^2$，且应同时计入由此产生的力矩。

(6) 采用两步法供电时，在换步范围以内制动或驱动力只作用于梁的一侧。取值应按下列公式计算：

$$p_{x左} = 0;\ p_{x右} = p_x\ \text{或}\ p_{x左} = p_x;\ p_{x右} = 0$$

其他情况下，制动或驱动力按下列公式取值：

$$p_{x左} = p_{x右} = \frac{1}{2}p_x$$

4) 列车活载通过支承滑橇传递到线路上的动态作用力

(1) 支承滑橇产生的竖向动态作用力可按下式计算（单位：kN）：

$$F_{z,SK} = \varphi_{w,z3} \cdot p_z \cdot (a_z + g)/g \cdot (e_{x,SK}/2)$$

竖向动态作用力每隔 $e_{x,SK}$ 以集中力方式作用于滑行面；$e_{x,SK}$ 为支承滑橇纵向间距，取值为 3 096 mm；滑行板及轨道梁顶面应以该集中力进行局部检算（图 2-8）。

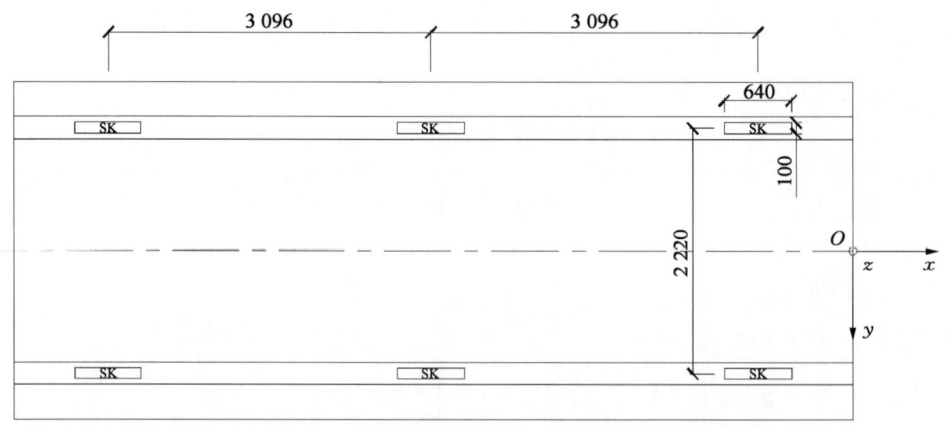

图 2-8 支承滑橇竖向力作用图

(2) 线路有纵坡和横坡时,动态作用力在 x、y 方向应按下列公式计算:

$$F_{y,SK} = F_{z,SK} \cdot a_y/(a_z+g) \leqslant \mu F_{z,SK}$$

$$F_{x,SK} = F_{z,SK} \cdot a_x/(a_z+g) \leqslant \mu F_{z,SK}$$

式中 $F_{z,SK}$——支承滑橇产生的竖向动态作用力(kN);

a_x, a_y, a_z——牵引和制动加速度、侧向加速度、法向加速度;

μ——滑橇和滑行面之间的摩擦系数。

上海磁浮线采用了钢滑行板,列车滑橇为碳纤维合成材料,设计时的摩擦系数 μ 值可参照表 2-4 取值。

表 2-4 列车滑橇摩擦系数

参数	数 值							
$v/(\text{km} \cdot \text{h}^{-1})$	0	10	20	30	50	100	200	>300
μ	0.27	0.24	0.21	0.20	0.18	0.14	0.12	0.10

常导高速磁浮系统的滑行板也可采用混凝土材料,此时需要经适当的试验研究后确定各速度对应的摩擦系数值。

5) 侧导向力

(1) 导向磁铁最大侧导向力(p_y)取值为 3.6 kN/m,作用点在轨面以下 0.17 m 处。

(2) 导向板的公差引起的动态侧向力变化($p_{y,d}$,单位:kN/m)按下列公式计算:

$$p_{y,d} = \begin{cases} \pm(1+v/500), & v>0 \\ 0, & v=0 \end{cases}$$

式中 v——运行速度(km/h)。

6) 小半径曲线约束力

对于同一磁浮列车而言，不同导向磁铁上的导向力会因为导向间隙的不同而有所差异。当线路曲线半径较小时，这种差异应予考虑。图2-9给出了小半径曲线约束力的作用位置，其值见表2-5，中间值通过线性内插确定。图中编号1~16对应表2-5中给出的导向力编号，"+"号表示曲线外侧导向磁铁的拉力，"−"号表示曲线内侧导向磁铁的拉力。

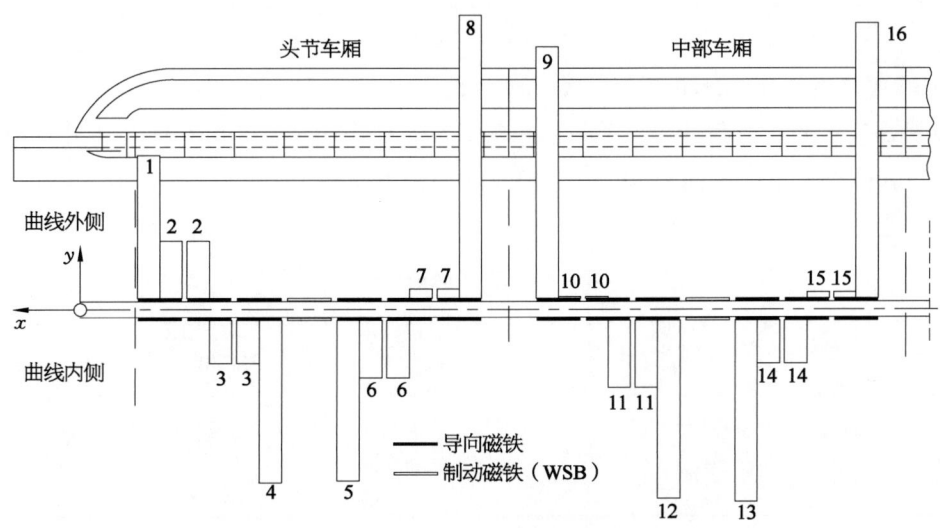

图2-9 小半径(R_H)平面曲线处约束力的位置

（上述约束力的合力作用点在滑行面以下0.17 m处；整个列车长度范围内约束力的合力必须为0）

表2-5 小半径曲线约束力取值

约束力 $p_{y,CR}$/(kN·m^{-1})		R_H		
		350 m	1 000 m	≥2 000 m
端部车厢	$p_{y,CR1}$	9	2.6	0
	$p_{y,CR2}$	3.6	1.6	0
	$p_{y,CR3}$	−2.7	−1.1	0
	$p_{y,CR4}$	−10.2	−3.4	0
	$p_{y,CR5}$	−10.1	−3.3	0
	$p_{y,CR6}$	−3.6	−1.5	0
	$p_{y,CR7}$	0.6	0.5	0
	$p_{y,CR8}$	17.8	6.2	0
中部车厢	$p_{y,CR9}$	15.8	5.2	0
	$p_{y,CR10}$	0.1	0.4	0
	$p_{y,CR11}$	−4.2	−1.7	0
	$p_{y,CR12}$	−11.2	−3.6	0
	$p_{y,CR13}$	−11.4	−3.7	0

(续表)

约束力 $p_{y,CR}$/(kN·m^{-1})		R_H		
		350 m	1 000 m	≥2 000 m
中部车厢	$p_{y,CR14}$	−2.7	−1.6	0
	$p_{y,CR15}$	0.4	0.5	0
	$p_{y,CR16}$	17.3	5.8	0

7) 列车会车导致的轨道结构最大侧向荷载

按 5 m 范围的线荷载计，作用点在滑行面以下 0.17 m 处，其值按表 2-6 中所列速度值之外的其他速度下的侧向荷载值按速度的平方进行插值。

表 2-6 会车时的压力

项 目	数 值		
最大运行速度 v_{max}/(km·h^{-1})	300	400	500
侧向空气动力最大值 $p_{y,TC,max}$/(kN·m^{-1})	3.1	3.9	5.0

注：最高运行速度指另一列车的车速。

隧道内会车应进行专门的空气动力学研究。

8) 露天线路上的气动升力

此类荷载取值分两种情况考虑：无自然风荷载影响与有自然风荷载影响。

(1) 无自然风荷载影响。此时行车气流在列车上产生的升力如图 2-10 所示，端部车厢的荷载值（$p_{z,A1}$ 和 $p_{z,A2}$）宜按表 2-7 的规定取值。中部车厢升力（$p_{z,A3}$）宜按端部车厢的 1/3 计算。

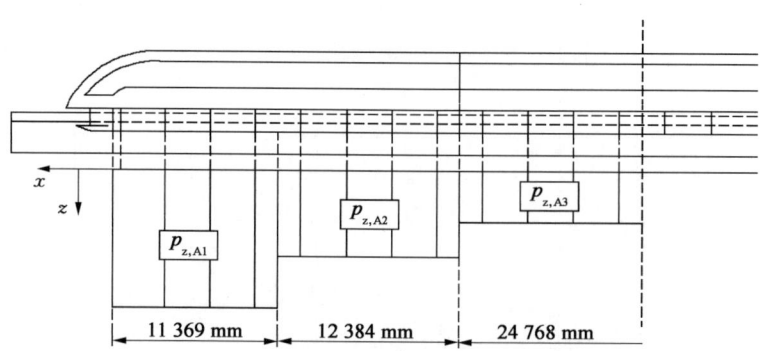

图 2-10 无自然风荷载影响下列车运行时的气动升力

表2-7 无自然风荷载影响下端部车厢气动升力取值

v /(km·h^{-1})	$p_{z,A1}$ /(kN·m^{-1})	$p_{z,A2}$ /(kN·m^{-1})	v /(km·h^{-1})	$p_{z,A1}$ /(kN·m^{-1})	$p_{z,A2}$ /(kN·m^{-1})
0	0	0	260	−1.2	0.4
20	0	0	280	−1.4	0.5
40	0	0	300	−1.7	0.6
60	−0.1	0	320	−1.9	0.7
80	−0.1	0	340	−2.1	0.7
100	−0.2	0.1	360	−2.4	0.8
120	−0.3	0.1	380	−2.7	0.9
140	−0.4	0.1	400	−3.0	1.0
160	−0.5	0.2	420	−3.3	1.1
180	−0.6	0.2	440	−3.6	1.2
200	−0.7	0.3	460	−3.9	1.3
220	−0.9	0.3	480	−4.3	1.5
240	−1.1	0.4	500	−4.6	1.6

行车气流在轨道梁上缘产生的局部压力/吸力按图2-11所示的荷载分布形式计算。当列车速度$v=500$ km/h时,其值宜按表2-8取值。列车在其他速度下的荷载值按速度的平方插值,即$q_v=q_d(v/500)^2$。

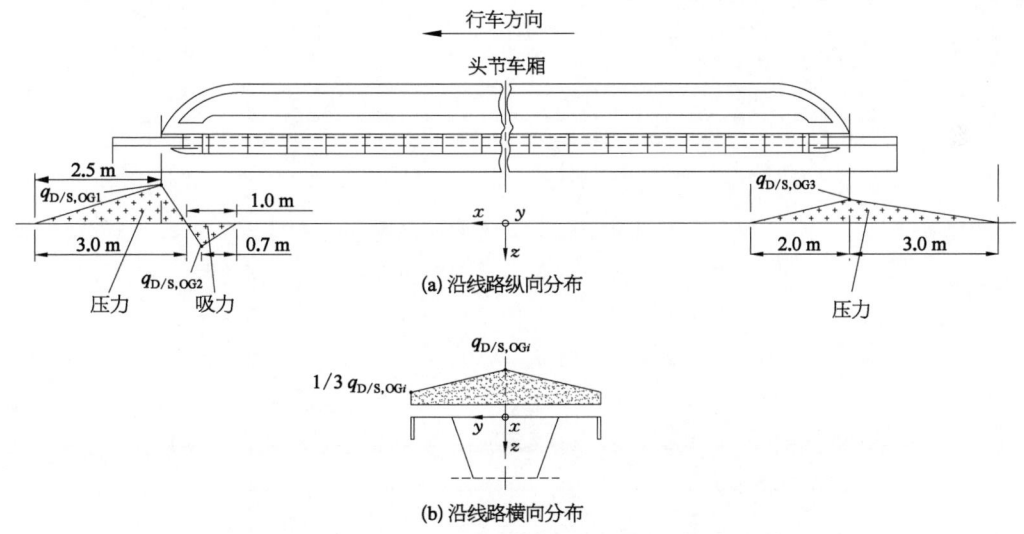

图2-11 作用于轨道梁上缘的局部压力/吸力

表2-8 $v=500$ km/h时作用于轨道梁上缘的压力/吸力   单位:kN/m^2

q_{d1}	q_{d2}	q_{d3}
9.6	−5.2	6.7

轨道梁侧面所受的压力/吸力宜按图 2-12 所示的荷载曲线计算。

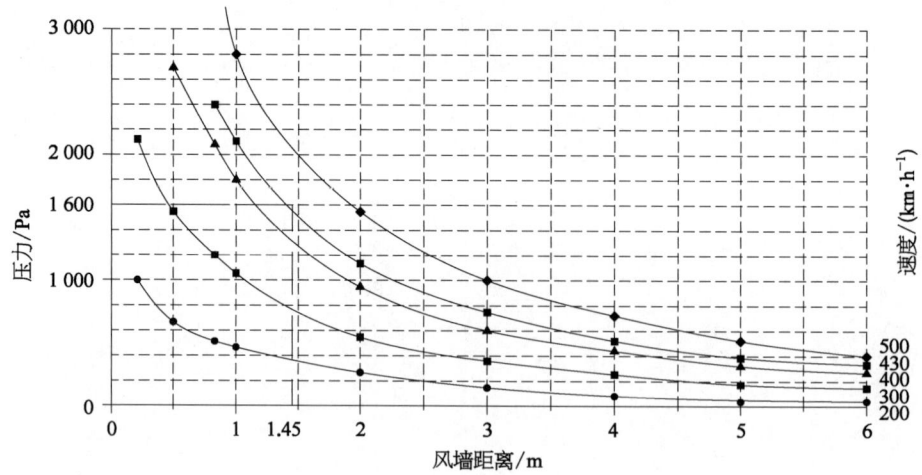

图 2-12 车辆驶过时的压力荷载曲线

（2）有自然风荷载影响。当有自然风时，作用在列车上的气动升力分布情况与无自然风荷载影响情况类似，具体可按表 2-9 和表 2-10 取值。

表 2-9 考虑自然风荷载的头车气动升力 $p_{z,A1}$　　　　　单位：kN/m

列车运行速度 v /(km·h^{-1})	基本风压/(kN·m^{-2})											
	0.4	0.5	0.6	0.7	0.8	0.9	1.0	1.1	1.2	1.3	1.4	1.5
0	−0.5	−0.6	−0.6	−0.7	−0.8	−0.8	−0.9	−0.9	−1.0	−1.1	−1.2	−1.2
40	−1.1	−1.2	−1.3	−1.5	−1.6	−1.7	−1.8	−1.9	−2.0	−2.1	−2.2	−2.3
80	−1.5	−1.7	−1.8	−2.0	−2.1	−2.3	−2.5	−2.6	−2.8	−2.9	−3.1	−3.3
120	−1.6	−1.8	−2.0	−2.2	−2.4	−2.6	−2.8	−3.0	−3.2	−3.4	−3.6	−3.8
160	−1.7	−1.9	−2.1	−2.3	−2.5	−2.7	−3.0	−3.2	−3.4	−3.6	−3.9	−4.1
200	−1.9	−2.1	−2.3	−2.5	−2.7	−2.9	−3.2	−3.4	−3.6	−3.9	−4.1	−4.4
240	−2.0	−2.2	−2.4	−2.6	−2.9	−3.1	−3.3	−3.6	−3.8	−4.1	−4.4	−4.6
280	−2.3	−2.5	−2.7	−2.9	−3.2	−3.4	−3.6	−3.9	−4.1	−4.4	−4.6	−4.9
320	−2.6	−2.8	−3.0	−3.2	−3.5	−3.7	−3.9	−4.2	−4.4	−4.6	−4.9	−5.1
360	−2.9	−3.1	−3.3	−3.6	−3.8	−4.1	−4.3	−4.6	−4.8	−5.0	−5.3	−5.5
400	−3.2	−3.5	−3.7	−4.0	−4.2	−4.5	−4.7	−4.9	−5.2	−5.4	−5.7	−5.9
440	−3.5	−3.8	−4.1	−4.3	−4.6	−4.8	−5.1	−5.3	−5.6	−5.8	−6.1	−6.4
480	−3.8	−4.1	−4.4	−4.7	−4.9	−5.2	−5.5	−5.7	−6.0	−6.3	−6.6	−6.8
500	−4.0	−4.3	−4.6	−4.9	−5.1	−5.4	−5.7	−5.9	−6.2	−6.5	−6.8	−7.0

注：此处基本风压按离地高度 20 m、重现期 100 年、10 min 平均时距风速考虑，表 2-10 同。

表 2-10 考虑自然风荷载的头车气动升力 $p_{z,A2}$ 　　　　单位：kN/m

列车运行速度 v /(km·h^{-1})	基本风压/(kN·m^{-2})											
	0.4	0.5	0.6	0.7	0.8	0.9	1.0	1.1	1.2	1.3	1.4	1.5
0	−0.4	−0.4	−0.5	−0.5	−0.6	−0.6	−0.7	−0.7	−0.8	−0.8	−0.9	−1.0
40	−1.9	−2.1	−2.3	−2.4	−2.6	−2.8	−3.0	−3.2	−3.4	−3.6	−3.9	−4.1
80	−2.1	−2.4	−2.6	−2.9	−3.1	−3.3	−3.6	−3.9	−4.1	−4.4	−4.7	−5.0
120	−2.5	−2.8	−3.0	−3.3	−3.5	−3.8	−4.1	−4.4	−4.7	−5.0	−5.3	−5.6
160	−2.5	−2.8	−3.1	−3.4	−3.7	−4.0	−4.3	−4.6	−4.9	−5.3	−5.7	−6.0
200	−2.3	−2.6	−2.9	−3.2	−3.5	−3.8	−4.2	−4.5	−4.9	−5.3	−5.8	−6.2
240	−1.9	−2.1	−2.4	−2.7	−3.1	−3.4	−3.8	−4.2	−4.6	−5.0	−5.5	−6.1
280	−1.7	−1.9	−2.2	−2.5	−2.8	−3.1	−3.5	−3.9	−4.3	−4.7	−5.1	−5.6
320	−1.4	−1.6	−1.9	−2.2	−2.4	−2.8	−3.1	−3.4	−3.8	−4.2	−4.7	−5.2
360	−1.3	−1.5	−1.7	−1.9	−2.2	−2.5	−2.8	−3.1	−3.5	−3.9	−4.3	−4.7
400	−1.1	−1.3	−1.5	−1.7	−1.9	−2.2	−2.5	−2.8	−3.2	−3.5	−3.9	−4.4
440	−0.9	−1.1	−1.3	−1.5	−1.7	−1.9	−2.2	−2.5	−2.8	−3.2	−3.5	−3.9
480	−0.7	−0.9	−1.0	−1.2	−1.4	−1.7	−1.9	−2.2	−2.5	−2.8	−3.2	−3.6
500	−0.7	−0.8	−1.0	−1.2	−1.4	−1.6	−1.8	−2.1	−2.4	−2.7	−3.0	−3.4

自然风在列车上产生的侧向力和力矩的作用点位置为滑行面以上 0.8 m 处。计算方法如下：侧向力和力矩沿列车纵向的分布如图 2-13 所示，具体数值见表 2-11。设计风荷载介于所列值之间应按线性内插计算。绕纵轴的力矩应按下列公式计算：

$$m_{x,W1} = \frac{2}{3}\sum_{i=1}^{6}(p_{y,WGi} \cdot 3.096)(-z_W)/11.396$$

$$m_{x,W2} = \frac{1}{3}\sum_{i=1}^{6}(p_{y,WGi} \cdot 3.096)(-z_W)/12.384$$

$$m_{x,W3} = 6p_{y,WGi} \cdot 3.096 \cdot (-z_W)/24.768$$

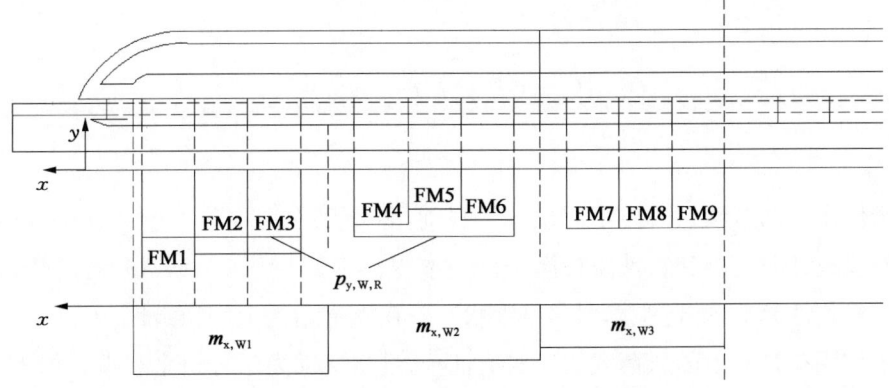

图 2-13 考虑自然风荷载情况下的侧向力

表 2-11　考虑自然风荷载的侧向力 $p_{y,\text{WG1}}$　　　单位：kN/m

列车运行速度 v /(km·h^{-1})	基本风压/(kN·m^{-2})											
	0.4	0.5	0.6	0.7	0.8	0.9	1.0	1.1	1.2	1.3	1.4	1.5
0	1.2	1.3	1.5	1.6	1.8	1.9	2.1	2.3	2.5	2.7	2.9	3.1
40	1.9	2.1	2.4	2.6	2.8	3.0	3.2	3.4	3.7	3.9	4.2	4.4
80	2.8	3.1	3.4	3.7	4.0	4.2	4.5	4.8	5.1	5.4	5.7	6.0
120	3.4	3.7	4.1	4.4	4.8	5.1	5.5	5.8	6.2	6.6	7.0	7.4
160	3.9	4.3	4.7	5.0	5.4	5.9	6.3	6.7	7.1	7.5	8.0	8.4
200	4.2	4.6	5.0	5.5	5.9	6.4	6.8	7.3	7.8	8.3	8.8	9.3
240	4.4	4.9	5.4	5.9	6.3	6.8	7.3	7.8	8.3	8.9	9.4	10.0
280	4.8	5.3	5.8	6.3	6.8	7.3	7.8	8.3	8.9	9.4	10.0	10.6
320	5.1	5.6	6.1	6.7	7.2	7.8	8.3	8.9	9.4	10.0	10.6	11.2
360	5.3	5.9	6.4	7.0	7.6	8.1	8.7	9.3	9.9	10.5	11.1	11.8
400	5.6	6.1	6.7	7.3	7.9	8.5	9.1	9.7	10.3	11.0	11.6	12.3
440	5.9	6.5	7.1	7.7	8.3	8.9	9.5	10.1	10.8	11.4	12.1	12.8
480	6.0	6.6	7.2	7.8	8.5	9.1	9.7	10.4	11.1	11.8	12.5	13.2
500	6.1	6.8	7.4	8.0	8.7	9.3	10.0	10.6	11.3	12.0	12.7	13.5

用于后续导向磁铁的换算系数

$k(\text{GM2})=k(\text{GM3})$　　　0.83

$k(\text{GM4})$　　　0.50

$k(\text{GM5})$　　　0.29

$k(\text{GM6})$　　　0.36

$k(\text{GM}i, i=7,8,9,\cdots)$　　　0.43

换算公式：
$p_{y,\text{WG}i}=p_{y,\text{WG}_1}\cdot k(\text{GM}i)$
中间数值可用线性插值计算

当车速小于 100 km/h 时，列车端部车厢范围内的侧向风荷载可按下式给定的均布线荷载简化计算：

$$p_{y,\text{W,R}}=\sum_{i=1}^{6}(p_{y,\text{WG}i})/6$$

9）暴风作用

暴风作用应结合项目具体情况确定。目前，将暴风作用定为大于 37 m/s 瞬时风速。上海磁浮线设计时，按当时《铁路桥涵设计基本规范》(TB 10002.1—1999)对轨道结构进行强度和稳定性验算，并应验算列车停驶状态下在轨道结构上的稳定性。

暴风作用在列车上的风荷载如何取值，应通过空气动力学分析来获得。如无，可参考表 2-12 取值。

表 2-12 考虑暴风作用的气动力

基本风压/(kN·m^{-2})	$p_{y,SG1}$/(kN·m^{-1})	$p_{z,SA1}$/(kN·m^{-1})	$p_{z,SA2}$/(kN·m^{-1})
0.4	3.2	−1.2	−1.0
0.5	3.8	−1.5	−1.2
0.6	4.5	−1.8	−1.4
0.7	5.3	−2.1	−1.6
0.8	6.1	−2.4	−1.9
0.9	6.9	−2.8	−2.1
1.0	7.9	−3.2	−2.4
1.1	8.8	−3.6	−2.7
1.2	9.9	−4.1	−3.0
1.3	11.1	−4.6	−3.4
1.4	12.3	−5.2	−3.8
1.5	13.6	−5.8	−4.2

注：表中第一列对应侧向力，第二和第三列对应升力，类似于表 2-7 规定。

10) 列车悬浮磁铁控制回路发生故障引起的作用力

该荷载一般适用于轨道功能区构件局部验算，考虑两种情况：

(1) 单个悬浮磁铁控制回路发生故障时，发生故障的半磁铁的支承力由相邻的半磁铁承担，并应计入局部构件的动态特性。在长度为 1.548 m（半个悬浮磁铁长度）范围的最大磁力为

竖向： $p_{z1}=44$ kN/m

纵向： $p_{x1}=\pm 3$ kN/m

(2) 两个悬浮磁铁控制回路发生故障时，相应的滑橇下落到滑行板上，对应的竖向荷载为集中冲击荷载。最大冲击荷载为 100 kN，由该冲击荷载引起的纵向摩擦力为 27 kN；滑橇引起的最大集中静荷载为 50 kN，由该静荷载引起的纵向摩擦力为 14 kN。支承滑橇与滑行板之间的摩擦升温可按 8℃计，并应与环境温度效应叠加。

11) 列车导向磁铁控制回路发生故障引起的作用力

该荷载一般适用于轨道功能区构件局部验算。考虑两种情况：

(1) 单个导向磁铁控制回路发生故障时，发生故障的半磁铁的导向力由相邻的半磁铁承担，应计入局部构件的动态特性。

在长度为 1.548 m（半个悬浮磁铁长度）范围的最大磁力为

侧向： $p_{y1}=37$ kN/m

(2) 两个导向磁铁控制回路发生故障时，一对导向磁铁通过机械运动将导向力（压

力)传递到导向板。导向板所承受的最大冲击力为

无风情况下：　　　　　　　　$F_y = 63$ kN

风速为 10 m/s 时：　　　　　$F_y = 71$ kN

风速为 25 m/s 时：　　　　　$F_y = 115$ kN

上述侧面导向冲击力引起的纵向摩擦力可按 0.3 倍侧向冲击力计算。

12) 列车制动力

安全制动设备产生的荷载如图 2-14 所示,按速度区间划分为下列三个阶段：

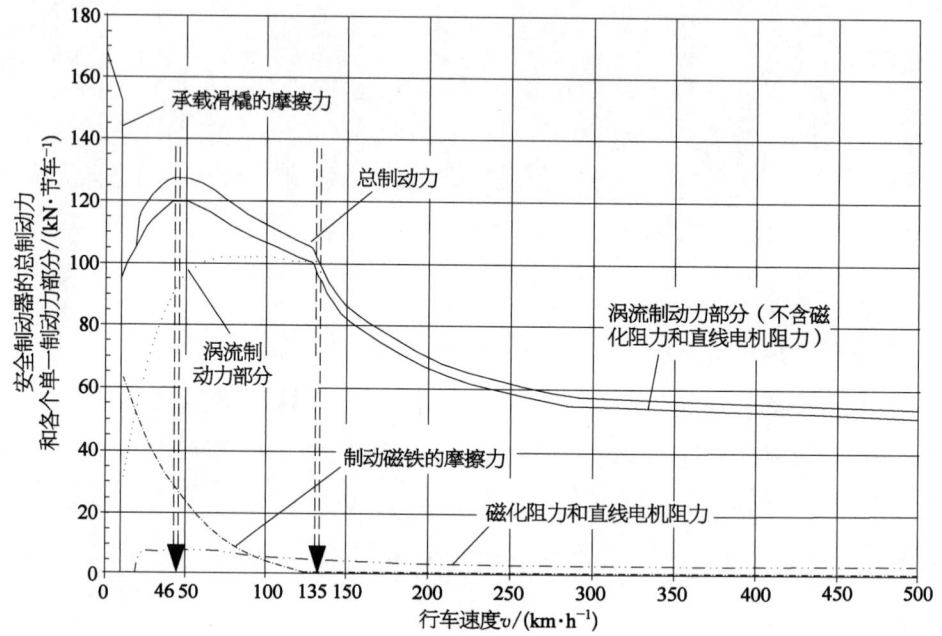

图 2-14　车辆制动力曲线

(1) 130 km/h$\leqslant v \leqslant$500 km/h 的涡流制动产生的纵向力为

$v = 130$ km/h：　　　　$F_{x\max} = \varphi_{w,x2} \times 105$ kN/节车

$v = 500$ km/h：　　　　$F_{x\max} = \varphi_{w,x2} \times 53$ kN/节车

作用在导向板上的最大拉力为

直线段：　　　　　　　$p_{y,BM} = 25$ kN/m

曲线段：　　　　　　　$p_{y,BM} = 37$ kN/m

(2) 当 $v < 130$ km/h 时,涡流制动产生的纵向力与逐渐减小的制动磁力共同产生制动力。列车速度降至 46 km/h 时制动力达到最大值,可按 $F_x = \varphi_{w,x2} \times 130$ kN/节车计

算。作用在导向板上的最大拉力为 $p_{y,BM}=37$ kN/m。

(3) $v \leqslant 10$ km/h 时涡流制动停止,列车依靠滑橇作用于滑行面的摩擦力实现制动,其摩擦力可按 $F_x=\varphi_{w,x3} \times 170$ kN/节车计算。摩擦引起滑行面的温升为 8℃。

13) 列车牵引故障导致的长定子中纵向推力

最大值为 170.6 kN/节车(中车),由于中速磁浮车辆单节车厢长度减小,按每延米的荷载计,最不利纵向动态荷载暂定为

$$p_{xmax}(左或右)=6.6 \text{ kN/m}$$

$$p_{xmin}(右或左)=2.4 \text{ kN/m 或 } 1.9 \text{ kN/m}$$

14) 一个长定子绕组发生短路时的荷载

车辆一侧落到滑行面上,另一侧仍处于悬浮状态。在考虑车辆自重和载重的情况下,线路两侧的分布荷载应按照下式计算:

(1) 下落的一侧:

$$q_z=\varphi_{w,z4} \times p_z \times (a_z/g+1)/2$$

(2) 悬浮的一侧:

$$q_z=\varphi_{w,z5} \times p_z \times (a_z/g+1)/2$$

(3) 下落一侧的滑橇集中力为

$$F_{z,SK}=q_z \times 滑橇长度$$

此外,应根据相应的摩擦系数计算作用于滑行板上的摩擦力;因正常悬浮一侧和下落一侧在纵向的荷载不同,应在局部验算时考虑由此引起的导向板上额外承受的侧向力。

15) 温差梯度

轨道梁温差梯度应结合工程项目所在地的条件,通过试验梁或者仿真分析确定。上海磁浮线在建成后曾做过相关研究。针对复合式轨道梁,基于实测数据和仿真分析,参考国内外相关规范,提出了适用于上海地区的用于挠度和应力控制设计的高速磁浮混凝土轨道梁截面温度作用模式,包括截面温差梯度和等效线性温差,可为高速磁浮轨道梁相关设计规范的修订提供参考。研究结果表明,基于现场实测推算的挠度结果比我国铁路规范模式计算结果偏小,而应力结果则偏大。

在设计阶段,若不具备上述条件,可参照现行《铁路桥涵混凝土结构设计规范》(TB 10092—2017)的温差梯度模式执行,但宜在建成后补充相关实测研究。

2.3 刚度控制条件

1) 列车活载作用下的变形要求

(1) 按 y 向均布荷载 3.9 kN/m 作用于轨道梁上，要求控制轨道梁 y 向变形最大值：

① 单跨梁：$L_{st}/15\,000$；

② 双跨梁：$L_{st}/18\,000$。

③ 多跨梁：边跨符合双跨梁要求，中跨符合单跨梁要求。

(2) 按 z 向均布荷载 25.6 kN/m 作用于轨道梁上，要求控制轨道梁 z 向变形最大值：

① 单跨梁：$L_{st}/4\,000$。

② 双跨梁：$L_{st}/4\,800$。

③ 多跨梁：边跨符合双跨梁要求，中跨符合单跨梁要求。

2) 温差梯度作用下的变形要求

(1) 在 y 向温差梯度作用下，要求控制轨道梁 y 向变形最大值的绝对值：

① 单跨梁：$L_{st}/5\,800$。

② 双跨梁：$L_{st}/6\,960$。

③ 多跨梁：边跨符合双跨梁要求，中跨符合单跨梁要求。

(2) 在 z 向温差梯度作用下，要求控制轨道梁 z 向变形最大值的绝对值：

① 单跨梁：当轨道梁上表面温度高于下表面温度时为 $L_{st}/6\,500$；当轨道梁上表面温度低于下表面温度时为 $L_{st}/5\,400$。

② 双跨梁：当轨道梁上表面温度高于下表面温度时为 $L_{st}/8\,000$；当轨道梁上表面温度低于下表面温度时为 $L_{st}/6\,500$。

③ 多跨梁：边跨符合双跨梁要求，中跨符合单跨梁要求。

3) 混凝土收缩徐变引起的长期变形要求

由混凝土收缩徐变等材料特性引起的长期变形，长期变形值应控制在长波偏离 ±1 mm 容许公差范围内。

2.4 变形控制与几何精度要求

常导高速磁浮交通对于轨道的容许变形及控制误差有着严格的要求。在上海磁浮线设计时,轨道梁竖向一阶固有频率按下列要求加以控制:

$$f_1 > 1.1 \frac{v}{L}$$

式中 v——行车速度(m/s);
L——一阶固有频率单波距离(m)。

此外,高速磁浮还对轨道功能区定子面、滑行面和侧向导向面提出了几何公差和偏差要求,包括长波偏差、短波偏差、功能面不平顺度和错位、偏转等允许公差和偏差要求。各功能面及测点位置如图2-15所示。

各功能面的长波偏差是拟合位置与理论位置比较的差值,短波偏差是拟合位置与实测位置比较的差值。通过控制长波偏差和短波偏差,保证实测值、拟合曲线值、理论位置之间的差值在一定范围之内。功能面的不平顺度则定义为每米长的功能面

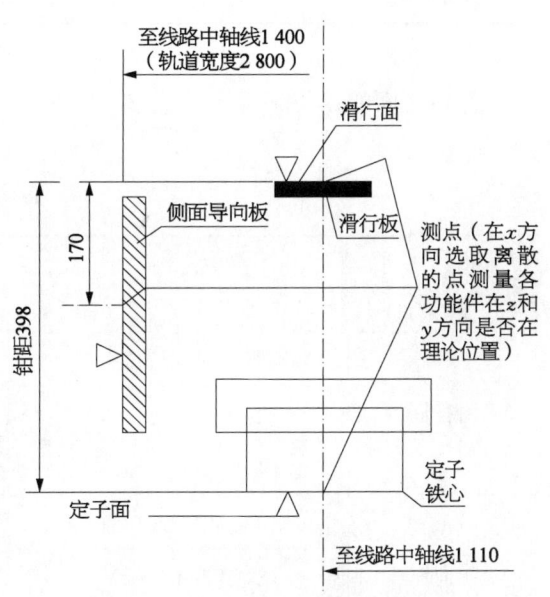

图 2-15 各功能面及测点位置

相对于相邻的每米长功能面的倾斜度的变化值,用以控制各功能面的平顺变化。

各功能面长波偏差、短波偏差、功能面不平顺度(图 2-16)的允许公差满足表 2-13 要求。

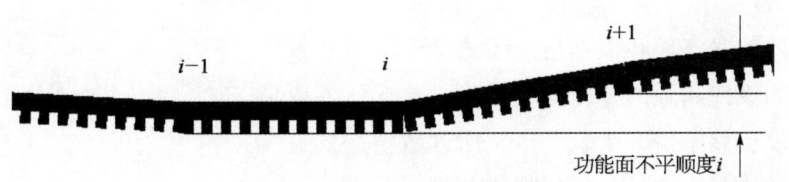

图 2-16 功能面不平顺度

表 2-13 线路长、短波偏差和功能面不平顺度的限值

项目		功能面		
		滑行面(z 向)	导向面(y 向)	定子面(z 向)
长波偏差限值/mm	简支梁	$-3/+5$	$\pm(z_{i理}/z_{max})(L/12384)$	$\pm z_{i理}/z_{max}$
	双跨连续梁		$\pm(z_{i理}/z_{max})(L/12384)(x_i \leqslant 0.421L)$ $\pm \dfrac{L}{12384}(x_i > 0.421L)$	$\pm z_{i理}/z_{max}(x_i \leqslant 0.421L)$ $\pm 1(x_i > 0.421L)$
短波偏差限值/mm			± 2	± 1
功能面不平顺度/($mm \cdot m^{-1}$)	梁跨内	3.0	± 2.0	± 1.5
	梁端	1.5	± 1.0	± 0.75

各功能面的错位不得大于表 2-14 所列数值。

表 2-14 各功能面容许错位   单位：mm

功能面		容许错位	
		梁跨内	梁端
滑行面	x 向(相对理论位置)	± 2	$-1/+5$
	y 向(相对理论位置)	± 16	
	z 向(相邻滑行板)	± 0.2	± 0.6
导向面	x 向(相对理论位置)		$-1/+5$
	y 向(相邻导向板)	± 0.6	± 1.0
	z 向(相对理论位置)	± 10	
定子面	x 向(相对理论位置)	± 2	
	y 向(相对理论位置)	± 2	
	z 向(相邻定子铁心)	± 0.4	± 0.6

各功能面的允许偏转值不得大于表 2-15 所列数值。
各功能面纵向间隙的公差应满足表 2-16 所列要求。
轨道宽度公差不得大于表 2-17 所列数值。
钳距公差满足表 2-18 所列限值范围。

表 2-15　各功能面允许偏转值 $\Delta\alpha$　　　　　　　　　单位：°

功能面		允许偏转值
导向面	梁跨内	$\pm\arctan(1\ mm/155\ mm)$
	梁端	$\pm\arctan(0.5\ mm/155\ mm)$
滑行面		$\pm\arctan(0.5\ mm/75\ mm)$
定子面	底面	$\pm\arctan(0.2\ mm/92.5\ mm)$
	左右侧横坡	$\pm\arctan(2\ mm/1\ 110\ mm)$

表 2-16　功能面纵向间隙的公差　　　　　　　　　单位：mm

功能面		纵向间隙的公差
导向面		±2.0
定子面	梁端	±2.0
	梁跨内	±1.0

表 2-17　轨道宽度公差 Δs　　　　　　　　　单位：mm

位置	公差
梁跨内	±2.0
梁端	±1.0

表 2-18　钳距公差 Δt_{ZM}　　　　　　　　　单位：mm

位置	公差
梁跨内	+3/−5
梁端	±0.6

第 3 章

常用跨度轨道梁型式

高速磁浮线路一般以高架为主。对于高架线路,一般采用常用跨度轨道梁。当有大江大河等跨越要求时,采用大跨度桥梁结构。除了高架线路之外,还有通常所说的低置线路,德国以 3.5 m 高度为高架和低置的界限,其实并不绝对。

上海磁浮线建设中,在引进技术的基础上消化吸收再创新,成功研制了复合式轨道梁。即使在浦东机场站范围内的低置线路地段,也采用了常用跨度轨道梁结构,但将轨道梁直接架设在桩基础支撑的承台上。为了跨越有通航要求的川杨河和浦东运河,采用了连续钢支承梁+复合式轨道板的叠合式轨道梁。

复合式轨道梁在上海磁浮线取得了成功,但是也存在重量大、制造难和造价高的问题。在上海磁浮线建设后期,随着"十五"高速磁浮技术研究项目的启动,针对长大干线降低系统成本和施工难度的需要,我国技术人员对轨道结构进行了大量优化,研制了更多的轨道结构型式。2008 年研制成功整体式轨道梁,梁重和成本均有明显降低。截至目前,试制的试验梁已在上海磁浮线上运用了 14 年,状况良好。

为了满足长大干线建设的需求,"十一五"期间进一步提出了桥上梁结构:将轨道梁架设于支承桥梁上,利用桥梁顶面空间合理布置电缆、声屏障和附属设备,系统地解决紧急救援、人员疏散、系统维护和节约用地等问题。

根据多年研究,常导高速磁浮系统常用跨度轨道梁型式主要有复合式轨道梁、整体式轨道梁、板梁、叠合式轨道梁、桥上梁结构。

叠合式轨道梁在上海磁浮线用于跨河连续梁结构,优点是只需加工轨道板,缺点是轨道板需现场安装,精度不容易控制,安装工效较低。

整体式轨道梁增大了翼缘的抗弯面积,相比较于复合式轨道梁,结构的自重有所减小,但是仍需整梁机加工,同样有很高的加工条件要求。

从上述可见,复合式、叠合式和整体式轨道梁的结构性能在上海磁浮线均得到了验证,但是对于长大干线来说,它们都存在一定的问题。为了满足长大干线要求而提出的桥上梁结构,其主要特征是以传统的桥梁为初级支承结构,在桥梁上敷设轨道梁的结构体系,在相邻的桥梁之间,以轨道梁跨接,从而减小基础沉降对轨道几何精度的影响。

在线路的特殊节点,可能存在以大跨度桥梁跨越和隧道穿越的情况。此时,将大跨度桥梁和隧道作为初级支承结构考虑,而采用小跨度的轨道梁架设在桥梁上或隧道内。

道岔梁是一种特殊的轨道结构,在现有的常导高速磁浮系统中,主要有高速和低速两种道岔,道岔梁均采用连续钢梁结构,高速道岔为 8 跨连续钢梁,总长度为 148.608 m,低速道岔为 5 跨连续钢梁,总长度为 78.432 m。

总体而言,复合式轨道梁、整体式轨道梁、桥上梁结构均适用于高速磁浮系统,但是在具体选用时,必须根据项目情况因地制宜,综合考虑制造、运输、架设、用地和运维等多方面因素。

3.1 复合式轨道梁

3.1.1 预应力混凝土复合式轨道梁

预应力混凝土复合式轨道梁主体采用预应力混凝土结构,安装定子以及滑行板、导向板的功能区采用钢功能件通过梁内预埋的连接件与预应力混凝土主梁连接成整体(图3-1)。上海磁浮线基本上都是采用这种结构型式。

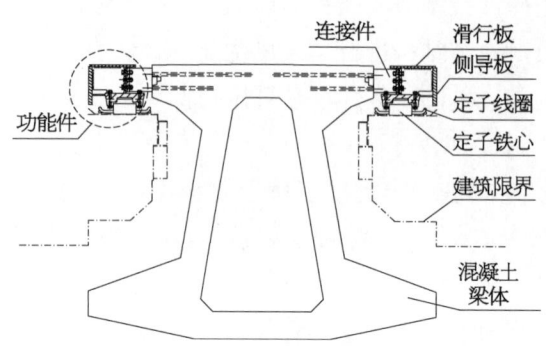

图3-1 复合式轨道梁

上海磁浮线轨道梁标准跨径为24.768 m,其外形尺寸为:截面高度2 200 mm,梁顶面宽1 780 mm。两侧对应连接件预埋 y 方向宽度2 213 mm,平面经铣削后 y 向宽度为2 205 mm,连接件材质为QT500-13球墨铸铁。连接件经端面铣削、钻孔、锪后平面等机加工后,以 $\phi 35$ mm 定位销和 $\phi 22$ mm 高强度螺栓与功能件装配连接。功能件由国内制造厂提供成品,定子铁心镶嵌于功能件下部燕尾槽内并以高强度螺栓紧固。以24.768 m梁为例,其左、右侧功能件各8件,两侧共计16件,连接件每侧25个,两侧共计50个,每个功能件上安装3个定子,整根梁共安装48个定子。

功能件型式如图3-2所示。连接件型式详图如图3-3所示,图中圆孔为轨道梁机加工后形成的,连接件预埋时未钻孔。

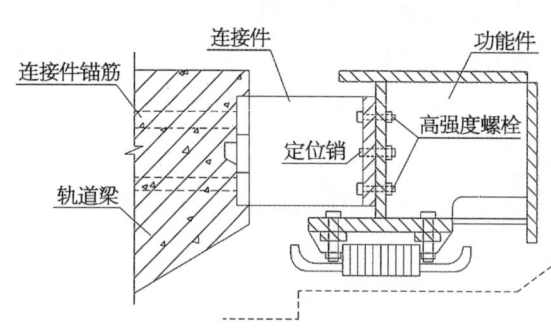

图3-2 功能件

除标准跨径外，上海磁浮线还采用了12.384 m、18.576 m以及21.672 m等其他跨度的复合式轨道梁。为了对比研究结构连续与简支的效果，上海磁浮线A轨采用了简支-连续型式，B轨全线采用简支梁型式。此外，出于试验目的，上海磁浮线还制造了一根2×24.768 m双跨连续预应力混凝土连续复合式轨道梁。

图3-3　连接件　　　　　　　图3-4　钢复合式轨道梁

3.1.2　钢复合式轨道梁

钢复合式轨道梁主体采用钢结构，在钢梁上焊接连接件，类似预应力混凝土复合轨道梁，将连接件机加工后与钢功能件连接。上海磁浮线两跨连续梁采用过这种结构(图3-4)。

钢箱梁制作后运到现场直接吊装就位，安装重量轻，施工方便，在运输及吊装较为困难的节点其优势较为明显，但造价相对较高。

3.2　整体式轨道梁

复合式轨道梁在上海磁浮线的应用无疑是成功的，但是复合式轨道梁自重较大，也带来了大件运输和吊装等一系列问题，如运输沿线路桥加固、构件保护等，对吊装设备要求高，增加成本，不利于磁浮交通系统在中长距离线路上的实施。

由于复合式轨道梁采用了非连续型轨道形式,混凝土梁的上翼缘宽度较小,降低了梁的抗弯能力。因此,为了充分发挥上翼缘的抗弯能力,研发了整体式轨道梁,其特点是设计较宽的上翼缘,将导向板和定子的固定件直接预埋在梁体中。

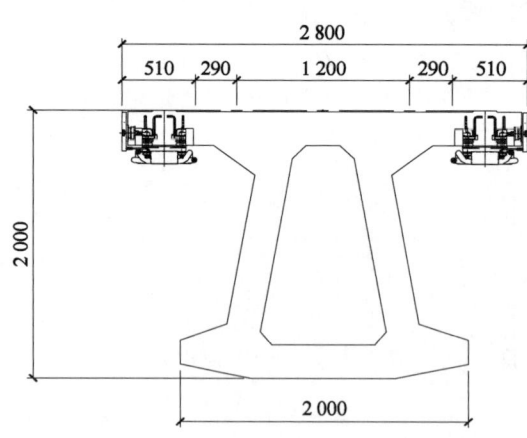

图 3-5 24.768 m 跨度整体式轨道梁

由于上翼缘混凝土功能区对刚度的贡献,整体式轨道梁截面尺寸得到优化,下翼缘收窄且高度有所降低,相较于复合式轨道梁,自重减轻了 30 t 左右。由于取消了钢功能件,功能区钢结构用量大为减少,可进一步降低轨道梁的工程造价。24.768 m 整体式轨道梁断面如图 3-5 所示。

整体式轨道梁利用经过磨削的混凝土表面作为滑行面,利用螺杆将导向板固定在梁体侧面的固定件上,利用高强螺栓将定子固定于上翼缘下表面的定子固定件上(图 3-6)。轨道梁整体制作后,对混凝土滑行面进行磨削,达到系统要求的平整度;采用数控机床对预埋在梁体内的定子和导向板固定件进行精确的定位钻孔,然后安装定子和导向板。与复合式轨道梁相同,整体式轨道梁也需要利用大型数控机床进行加工(图 3-7)。

图 3-6 整体式轨道梁定子螺栓及安装手孔

图 3-7 整体式轨道梁的机加工

对于较小跨度的轨道梁,还可以设计为 π 形断面(图 3-8),仅在梁端将两侧腹板连接为整体,形成工字形断面以保证支座截面的抗剪能力。

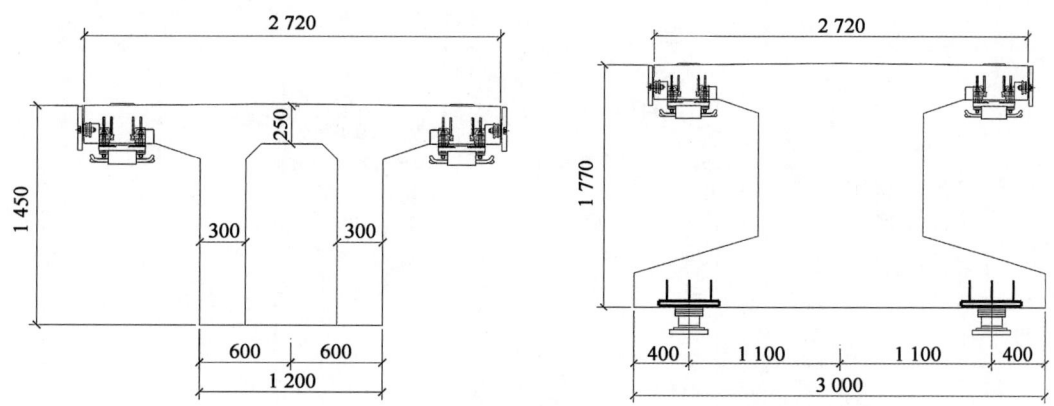

图 3-8　12.384 m 跨度整体式 π 形轨道梁型式

3.3　叠合式轨道梁

无论复合式还是整体式轨道梁,都要求在恒温车间进行整梁的机加工和功能件/功能区的装配。这就意味着当在工程中采用复合或整体式轨道梁时,需要在沿线一定距离内建造大型的恒温机加工车间,对于磁浮长大干线工程来说,会大大提高工程造价。在一些运输条件较差的区域施工时,轨道梁的运输也存在困难。叠合式轨道梁就是针对这种情况提出的,其核心思想是较低制造精度的支承梁与高精度轨道/轨道板相结合,在现场施工时将二者连接为整体。

事实上,上海磁浮线在跨越川杨河和浦东运河时,由于所需的净跨径超出标准轨道梁跨径,已经进行了以钢结构为支承梁的叠合式轨道梁结构的初次尝试。为了跨越通航河道,上海磁浮线的浦东运河桥和川杨河桥均设计为三跨连续梁桥。根据河流的通航要求,两座桥梁的跨径布置分别为 26.789 m+45.408 m+26.789 m 及 23.22 m+34.056 m+23.22 m。为达到施工精度要求,常用跨度轨道梁中预埋连接件的定位与功能件的安装均需要在工厂完成,而三跨连续梁跨径较大,无法在工厂完成整梁制造。浦东运河和川杨河上均采用了如图 3-9 所示的轨道结构,上层为轨道板,下层的支承梁为三跨连续钢箱梁,A、B 轨支承梁之间采用钢横梁连为整体,轨道板与支承梁之间通过工字形断面的钢连接机构相连接,连接机构的下翼缘与支承梁之间采用螺栓连接,连接机构的上翼缘焊有剪力钉,待轨道板就位后,在后浇孔中采用混凝土将轨道板与连接机构连接为整体。

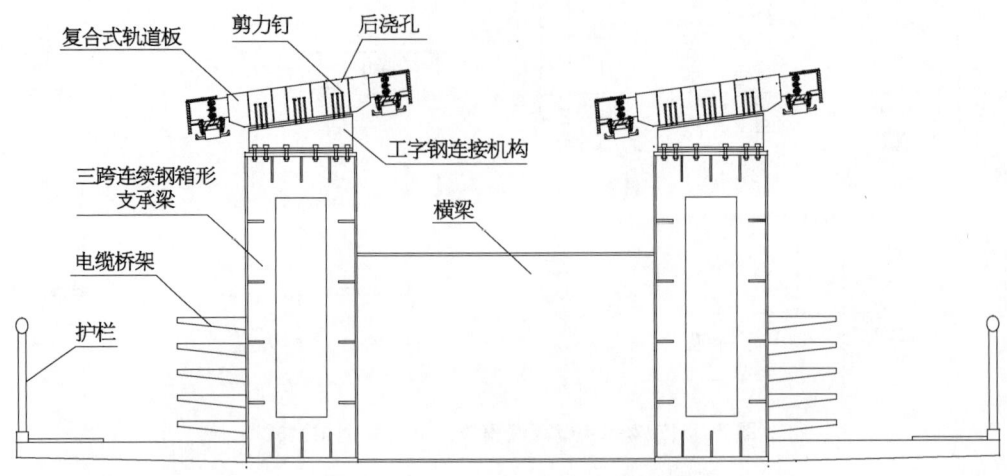

图 3-9 上海磁浮线叠合式轨道梁

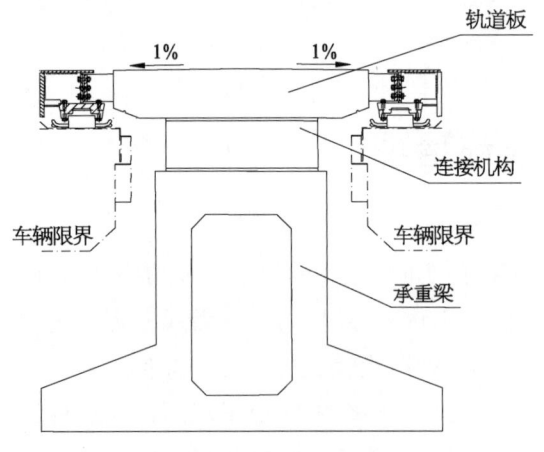

图 3-10 叠合式轨道梁

从上可见,叠合式轨道梁的设计思想是将轨道梁分为轨道板与承重梁两部分,其中轨道板由工厂预制,承重梁为常规的连续梁结构,采用工厂预制、现场制作或拼装等施工方法,将轨道板与支承梁之间通过连接机构在现场连接,形成叠合式轨道梁。其断面布置如图 3-10 所示。

叠合式轨道梁通常由三部分组成:下层承重梁、带有功能区的上层轨道板和二者之间的连接机构。下层承重结构采用常规的预应力混凝土梁或钢梁,混凝土梁可以在工厂或现场预制,也可以现场现浇,钢梁可以工厂制造结合现场组焊。上层轨道板以 6.192 m 或 3.096 m 作为一个系统单元,在工厂制作并进行机加工。将工厂预制的轨道板运至现场,与已经施工完成的下层承重梁通过连接机构将上下层连接起来,形成叠合式轨道梁结构。

叠合式轨道梁有以下特点:

(1) 轨道板在工厂预制,承重结构在现场预制、现浇或组拼,解决了长距离运输问题,对于部分运输困难地区,具有一定的优势。

(2) 轨道板体积和系统长度较小,所需要的机加工车间和数控机床的规模相对较小。

(3) 轨道板的系统长度为 6.192 m 或 3.096 m,连接件或功能区钢结构的预埋精度较容易保证。

（4）叠合式结构要在现场将上、下层结构连接起来，增加了现场测量和精调工作。

（5）叠合式轨道梁总体高度较复合式轨道梁和整体梁高，在景观方面显得不够轻巧。

由于轨道板的重量是支承梁需要额外承担的荷载，因此单根梁的材料成本较复合式轨道梁和整体梁有所增加，但综合考虑运输、安装和机加工等方面的因素，在运输和加工条件受限的区域，叠合式轨道梁仍是一种可以考虑的结构型式。

3.3.1 支承梁

由于叠合式轨道梁需要在现场将上层轨道板和下层支承梁连接为一体，对于曲线梁，如果采用与复合式轨道梁同样的方式将轨道横坡角设置在支承梁上，则对支承梁的制造要求较高，且增加现场施工难度。因此，将横坡设置在轨道板上，而支承梁可采用直壁箱形梁。其基本型式如图 3-11 所示。基于成本因素，通常采用常规的预应力混凝土直壁箱梁。在支承梁与轨道板 H 型钢的连接处预留孔，用于浇捣与轨道板连接的支承台。与轨道板上的预留孔相同，支承梁上预留孔中的钢筋不切断。支承梁上预留的插筋与轨道板的预留孔结合，在两侧的连接机构固定后，同样灌注混凝土，完成轨道板与支承梁之间的固结。

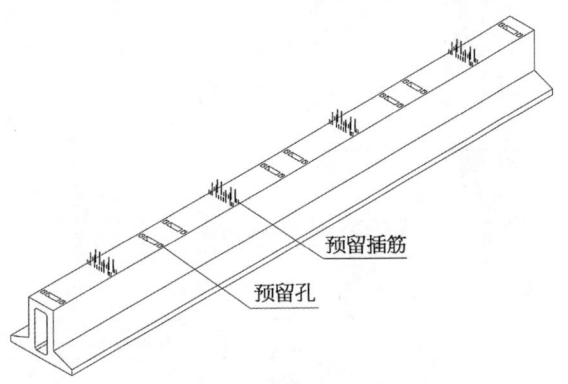

图 3-11 预应力混凝土承重梁

考虑到长线高架线路可能将电缆布置在双线轨道梁之间，综合考虑施工和受力要求，承重梁的底板做成等厚度，宽度为 3.3 m。一种典型的 24.768 m 简支或双跨连续承重结构的技术性能指标见表 3-1，标准横断面如图 3-12 所示。

表 3-1　24.768 m 预应力承重结构技术性能指标

技术指标		简支梁（$l=24.768$ m）		双跨连续梁（$2l=2\times24.768$ m）	
		允许值	计算值	允许值	计算值
车辆荷载作用	竖向 25.6 kN/m	$f_{z,\text{veh}}=\dfrac{l}{4\,000}$ $=6.192(\text{mm})$	2.418 mm	$f_{z,\text{veh}}=\dfrac{l}{4\,800}$ $=5.16(\text{mm})$	1.183 mm
	横向 3.9 kN/m	$f_{y,\text{veh}}=\dfrac{l}{15\,000}$ $=1.651(\text{mm})$	0.331 mm	$f_{y,\text{veh}}=\dfrac{l}{18\,000}$ $=1.376(\text{mm})$	0.164 mm

(续表)

技术指标		简支梁($l=24.768$ m)		双跨连续梁($2l=2\times24.768$ m)	
		允许值	计算值	允许值	计算值
温度影响	竖向上缘升温 22℃(非线性)	$f_{z,\Delta T}=\dfrac{l}{6\,500}$ $=3.810\text{(mm)}$	3.549 mm	$f_{z,\Delta T}=\dfrac{l}{8\,000}$ $=3.096\text{(mm)}$	1.229 mm
	竖向下缘升温 10℃(线性)	$f_{z,\Delta T}=\dfrac{l}{5\,400}$ $=4.587\text{(mm)}$	3.549 mm	$f_{z,\Delta T}=\dfrac{l}{6\,500}$ $=3.810\text{(mm)}$	1.229 mm
	竖向左右温差 10℃(线性)	$f_{y,\Delta T}=\dfrac{l}{5\,800}$ $=4.270\text{(mm)}$	2.534 mm	$f_{y,\Delta T}=\dfrac{l}{6\,960}$ $=4.994\text{(mm)}$	0.876 mm
自振频率		$f_1>1.1\dfrac{V}{l}=6.17$ Hz ($V=500$ km/h)	第一阶:6.66 Hz 第二阶:7.11 Hz	$f_1>1.1\dfrac{V}{l}=6.17$ Hz ($V=500$ km/h)	第一阶:6.73 Hz 第二阶:8.32 Hz

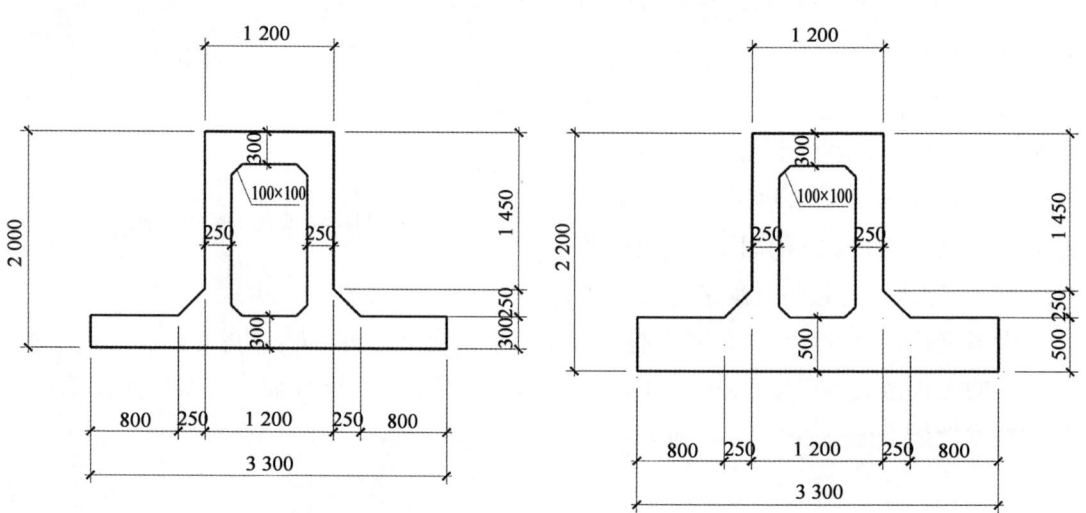

图 3-12 24.768 m 预应力混凝土支承梁横断面

对于曲线上的承重梁,有两种处理方案:第一种方案为承重梁不随线路横坡变化,横断面始终保持水平;第二种方案为承重梁随横坡变化,标准横断面与线路横坡保持一致。第一种方案优点在于整个承重梁的横断面可以保持一致,模板制作相对较为简单;由于上层轨道板倾斜角度与线路横坡相同,考虑到车辆限界的要求,曲线上的承重梁的顶面宽度要小于直线上的承重梁,横向两侧的动力轨位置也不对称,给动力轨支架的设计和安装都带来困难。第二种方案整个横断面随线路横坡倾斜,支点位置通过底部的异形牛腿使支座顶面保持水平,由于上层轨道板与承重梁的横坡一致,承重梁顶面宽度与直线上的承重梁相同,动力轨位置相对于承重梁的顶面也是对称的。

3.3.2 轨道板

如前所述,叠合式轨道梁的上层为轨道板。除了用于叠合梁之外,轨道板还可用于桥上轨道、低置线路轨道和隧道内,此时也称为轨道板梁。

1) 钢筋混凝土轨道板

混凝土轨道板的系统长度一般为 6.192 m,对于平曲线半径较小的路段可采用系统长度为 3.096 m 的混凝土板。根据功能区钢结构与混凝土板连接方式不同有两种轨道板方案:第一种方案为复合式方案,即钢筋混凝土板梁主体与两侧功能件分开制作、加工,混凝土板梁两侧预埋连接件,功能件及连接件机加工完成后,用高强螺栓连成一体,其构造如图 3-13 所示;第二种方案为整体式方案,将功能区钢结构预埋在钢筋混凝土板中,整体进行浇筑,混凝土板制作完成后再进行功能面的机加工和定子铁心的安装,其构造如图 3-14 和图 3-15 所示。

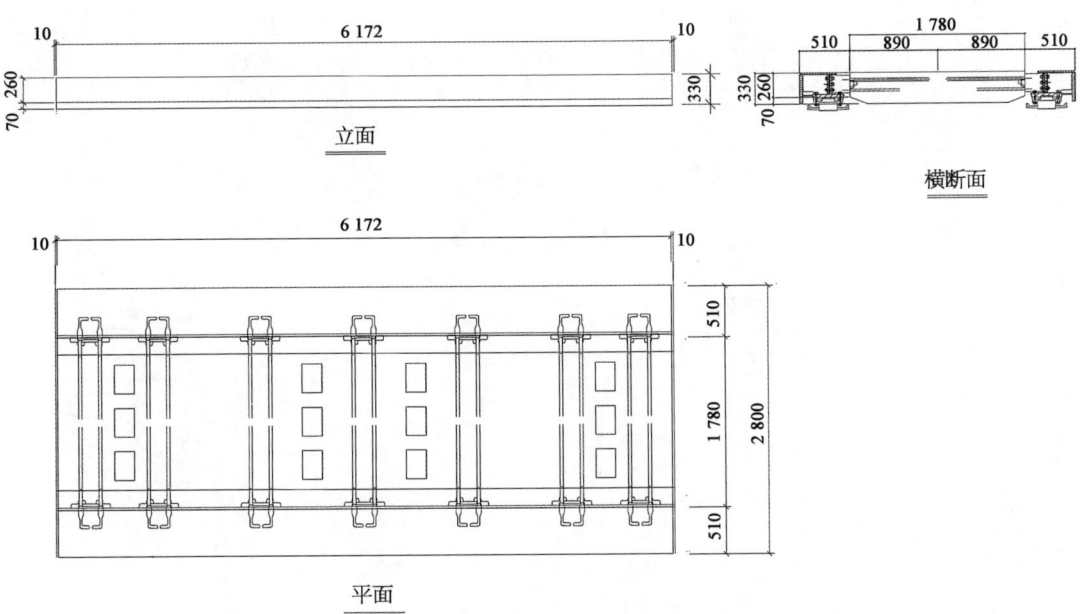

图 3-13 复合式钢筋混凝土轨道板(单位:mm)

2) 钢轨道板

钢轨道板可将主体钢结构与功能区设计成为整体,为全焊钢结构,制作完成后进行功能面的机加工,其构造如图 3-16 所示。为了减轻结构的重量,降低制造难度,还可以采用钢框架形式,如图 3-17 所示。

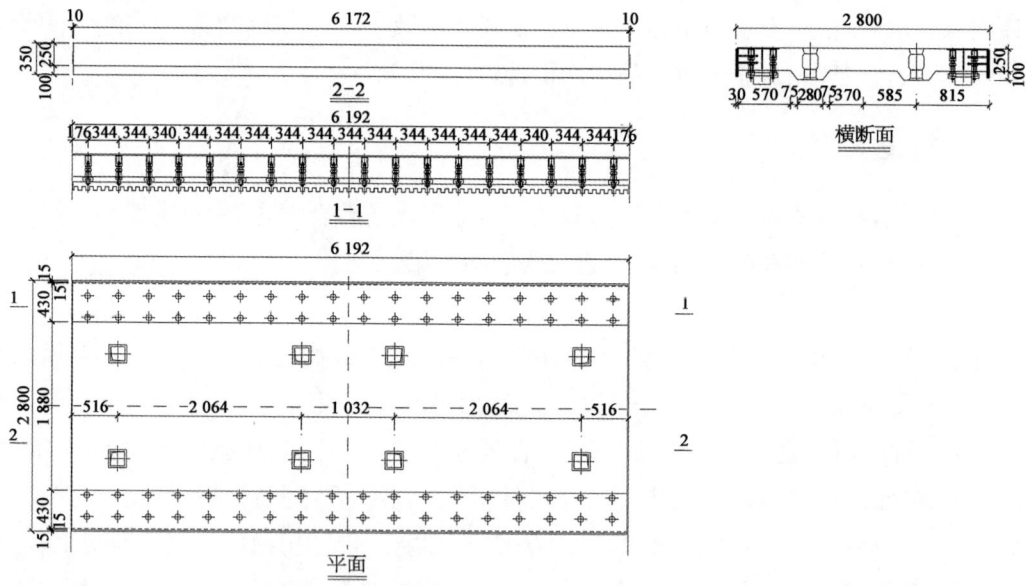

图3-14 整体式钢筋混凝土轨道板(单位:mm)

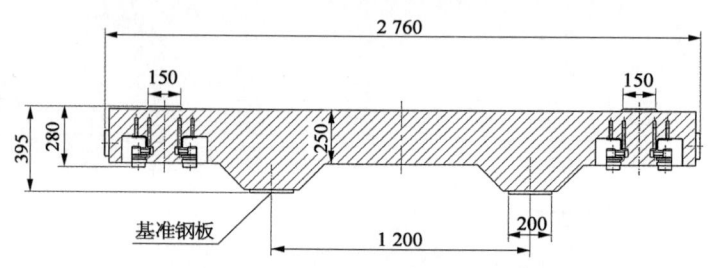

图3-15 整体式钢筋混凝土轨道板

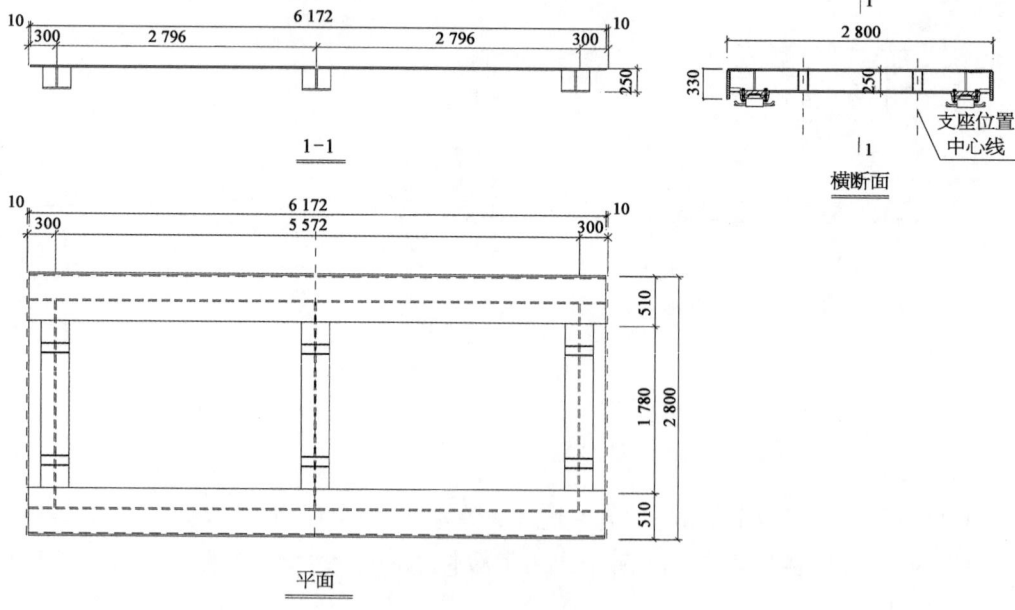

图3-16 整体式钢轨道板(单位:mm)

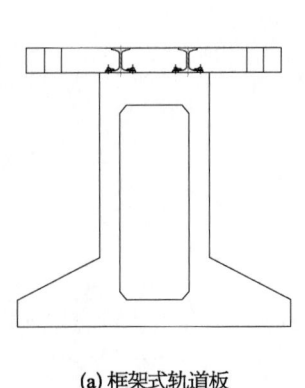
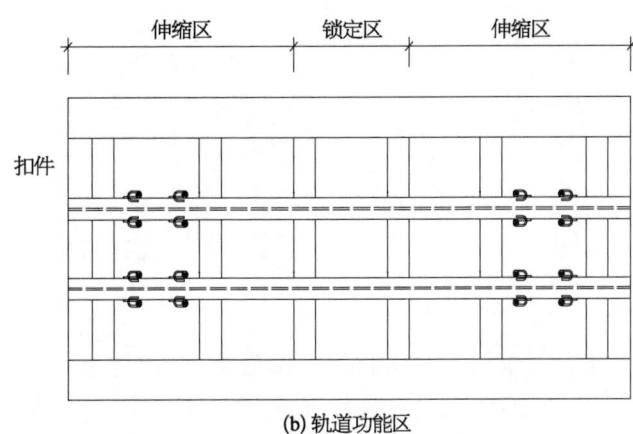

(a) 框架式轨道板　　　　　　　　　　(b) 轨道功能区

图 3‑17　钢框架式轨道板

3.3.3　连接机构

叠合式轨道梁的轨道板与支承梁之间通过连接机构连接为一个整体,连接机构将轨道上传来的列车荷载传递到支承梁,竖向主要传递列车荷载,纵向还要承受列车的驱动和制动荷载,横向承受作用在列车上的风荷载和列车的横向摇摆力的作用。在保证连接机构有效传递荷载的同时,应尽可能减小由于其自身约束产生的额外的附加力,比如温度力应该得到很好的释放。

温度应力的计算结果表明,由于上部轨道板和支承梁之间的温差将导致连接机构中产生较大的应力,但是因为温度引起的变形较小,对于横向 H 型钢连接机构来说,可以利用 H 型钢腹板本身的弹性变形来释放温度应力(图 3‑18),上海磁浮线叠合式轨道梁的连接机构就采用这种方式。从上海磁浮线的实践经验来看,这种方式是可行的。

借鉴铁路轨排的经验,我们还提出了一种沿线路纵向埋设 H 型钢,并以扣件固定的连接机构。在线路 y、z 两个方向上,通过扣件扣紧,在纵向 x 方向上,扣件允许产生一定的位移,以达到释放温度应力的效果。扣件型式的连接结构型式如图 3‑19 所示。

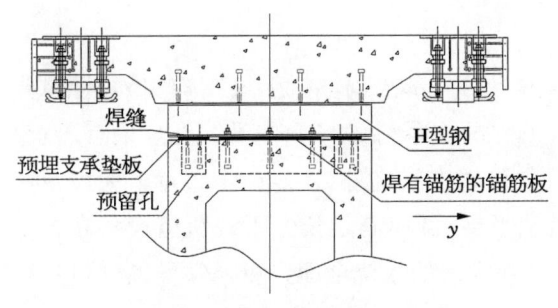
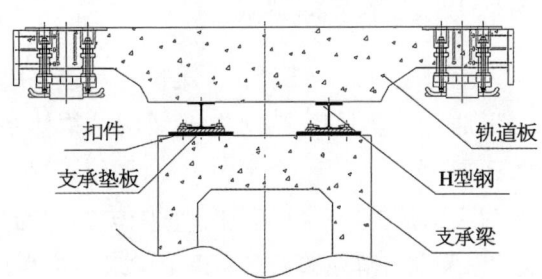

图 3‑18　横向 H 型钢连接机构　　　　　图 3‑19　纵向 H 型钢连接机构

3.4 组合梁

组合梁上层为钢筋混凝土轨道板,下层为支承梁,可采用预应力混凝土结构或钢结构,二者之间通过轨道板中预留孔的后浇混凝土和支承梁上的预埋销钉连接起来共同受力,该结构型式在公路和铁路桥梁中有较多的应用。上层轨道板可采用复合式和整体式结构。钢筋混凝土轨道板与钢支承梁组合梁如图 3-20 所示。上层混凝土轨道板与下层钢结构之间得通过两端预留钢筋及箱形梁顶板预留后浇混凝土连接。该连接方式整体性比较好,且施工技术成熟,但在结合面的长期变形方面是否能完全满足磁浮特殊荷载的要求,还需要通过更多试验验证和检验。

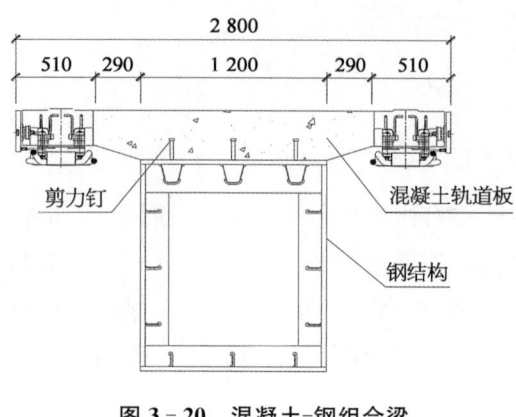

图 3-20 混凝土-钢组合梁

3.5 桥上梁结构

3.5.1 基本结构型式

上海磁浮线沿线设置了维修专用道,并以围栏与外部隔离。桥上梁结构实际上泛指在下部支承梁上架设磁浮轨道梁的结构体系,下部的支承桥梁与叠合梁的支承梁有着很大区别,实际上是一个平台。支承桥梁上除了敷设轨道梁之外,还能用于布置轨旁设备,并为应急救援、旅客疏散和日常维护提供通道和平台,从而满足长大干线轨道设备布置、运维、架设与节地的需求。桥上梁式结构为针对长大线的系统全面升级提供了条件,包括牵引供电系统的配置、现有的紧急停车模式等。在设计时,支承梁作为初级支承结构来考虑。本节着重介绍标准跨度的桥上梁结构,所论述的内容对跨越大江大河的大跨度桥梁亦具有参考意义。

由于高速磁浮轨道交通系统列车抱轨式运行,为列车运营限界需要,轨道功能面需要高于支承桥面一定高度,以最高运行速度 500 km/h 的平直线线路为例,轨道滑行面距离桥面最小高度要求为 1 250 mm。因此,桥上梁结构主要包括支承桥梁、轨道及其在桥梁上的支承。桥上梁结构主要有轨道板梁+立柱+支承梁和轨道梁+支座+支承梁两种形式。桥上梁轨道结构总体布置如图 3-21 和图 3-22 所示。

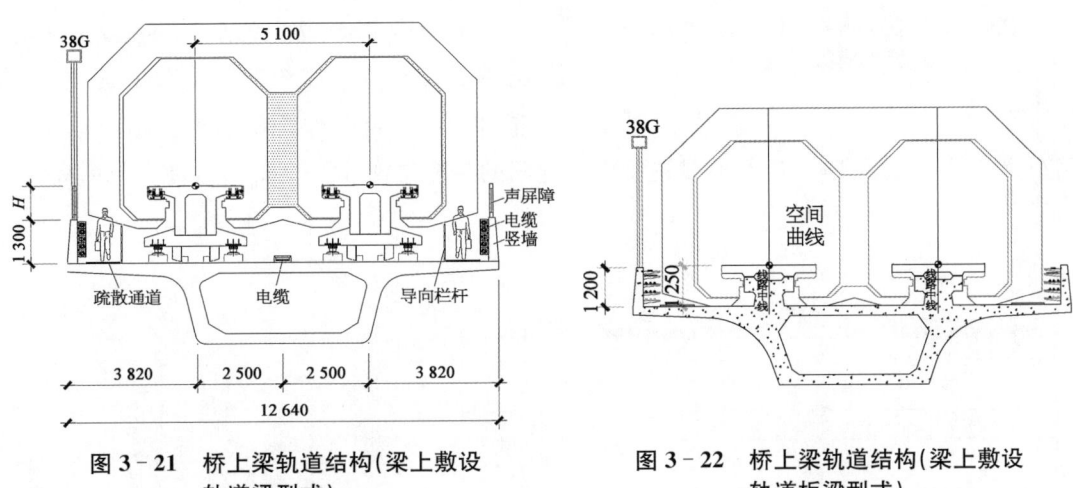

图 3-21 桥上梁轨道结构(梁上敷设轨道梁型式)　　图 3-22 桥上梁轨道结构(梁上敷设轨道板梁型式)

桥上梁轨道结构的主要特征如下:
(1) 高精度的桥上轨道结构与精度相对较低的支承桥梁结构相结合。
(2) 可以利用支承平台布置轨旁设备。
(3) 能为紧急救援和旅客疏散提供平台。
(4) 桥上具有维护空间,满足日常检查和维护需求。
(5) 根据需要,支承梁可以设计为满足运梁要求。

支承梁采用箱梁结构整体性好、抗扭性能好、跨越能力大、结构简洁,总体上较为美观舒适,可以选择为基本跨径为 24.768~30.96 m 的简支预应力单箱单室混凝土箱梁,箱梁上表面可根据需要布置双线或单线轨道梁。

支承梁按照初级支承结构进行设计,须保证轨道变形满足系统要求。根据需要,可作为支承梁的运输平台,在设计时应考虑以运梁车在梁上运输支承梁和轨道梁的施工荷载。布置在支承桥梁上的轨道梁可以采用跨度较小的轨道梁如 12.384 m 整体式 π 形轨道梁,以减小轨道梁机加工难度,方便运输和架设。

支承梁两侧布置侧墙,根据环保需要,可安装不同高度的声屏障。侧墙上通过壁挂式支架固定强电电缆,从而避免地面埋设电缆沟。为了避免电磁干扰,弱电电缆可在双线中

图 3-23 在上海磁浮线进行的桥上梁结构模拟试验

间桥面上纵向布设。用于车地通信的天线杆可安装在侧墙上或双线支承梁面中间。在上海磁浮线进行的模拟试验情况如图3-23所示。

根据牵引系统的轨旁设备布置要求，可以在相应位置安装定子开关站等设备，根据需要对支承梁相应位置适当加宽和加强(图3-24)。

轨道两侧布置应急疏散通道，为车辆在线路任意位置停车疏散创造了条件。疏散通道平时可兼作检修通道。结合地面道路布置条件，沿线每隔一定距离设置桥面到地面的疏散楼梯(图3-25)，方便人员撤离。

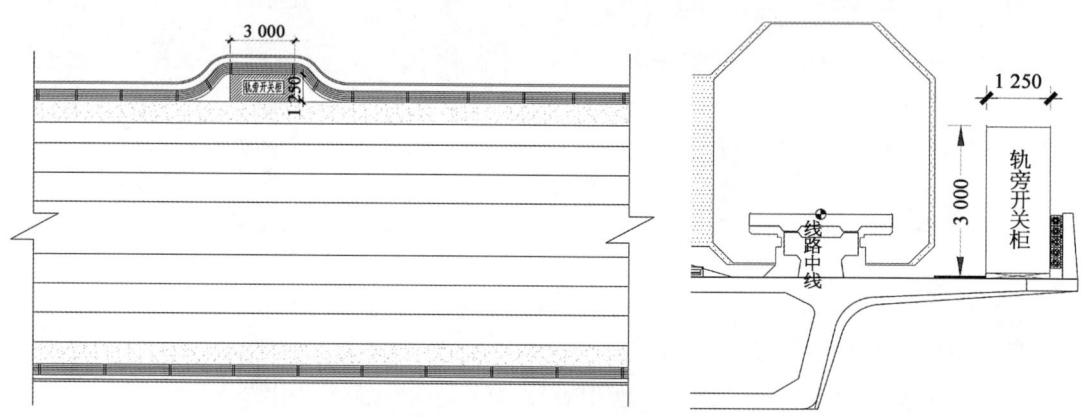

图 3-24 轨旁设备布置示意图

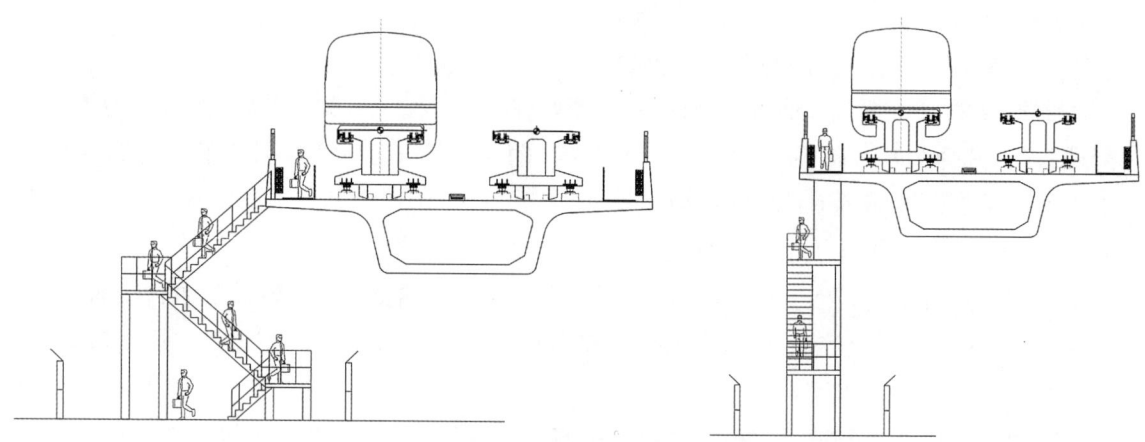

图 3-25 疏散设施布置示意图

上部的轨道梁选型以易加工、体量小、便于运输和安装为原则。根据研究，推荐使用敷设轨道梁的方式。在支承桥梁端部，安装支座可调的跨梁跨过相邻支承梁端缝，以减小支承梁梁端折角对轨道平顺性的不利影响。导致支承梁端折角的主要因素包括支承桥梁温度变形、混凝土徐变变形和下部结构的不均匀沉降。设置跨梁可减小支承桥梁作为初级支承结构的变形对上部轨道变形的影响，提高线路对环境因素影响的适应能力。

当采用 6.192 m 预制板梁时，可以通过设置与支承梁面浇筑在一起的连续式承轨台来支承，也可以采用支墩支承。采用双跨连续结构，沿线路纵向共 3 个支墩，每个支墩上设置 2 套连接装置连接板梁与支墩(图 3-26)。

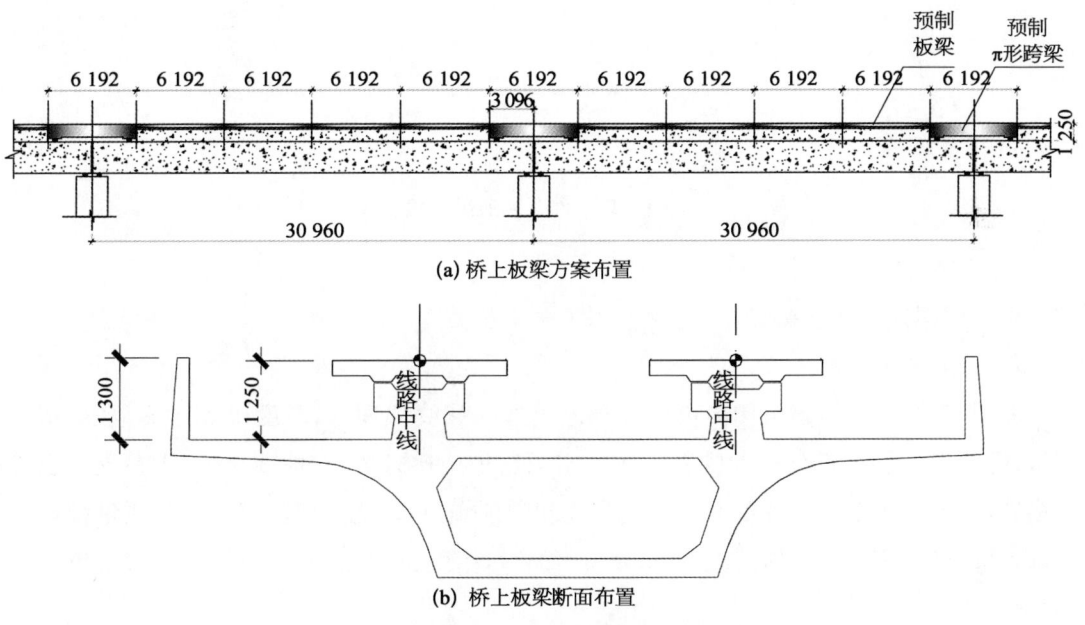

图 3-26 桥上板梁+支墩结构示意图

当采用 12.384 m 整体式 π 形轨道梁时，轨道梁通过支座支承于支承梁上，以 24.768 m 跨度支承梁为例，轨道梁对称跨过支承梁端，通过支座支承在支承梁四分点处，利用对称性，可抵消箱梁的温度变形对轨道线形的影响，减小支承桥梁墩基础不均匀沉降的影响，需要时通过调整轨道梁支座，以保证线路的平顺性(图 3-27)。

3.5.2 轨道梁与支承桥梁的结合

采用桥上轨道梁方案时，轨道梁直接通过支座支承于支承桥梁顶面。为了便于后期线形维护，可采用已在上海磁浮线中成功应用的可调支座。

如采用桥上板梁方案，板梁与承轨台或支墩之间既要可靠地连接，又要便于调节和维

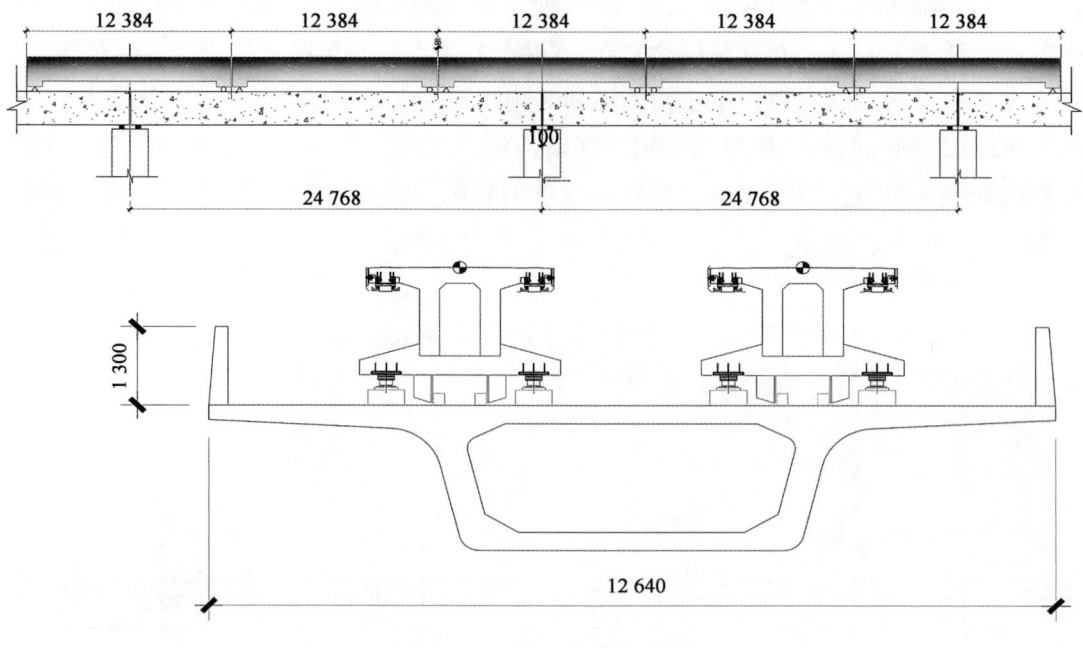

图 3-27 桥上 π 形梁布置

护。可采用螺杆直接连接和板-支墩连接件两种方式。

1) 螺栓连接机构

如图3-28所示,该机构由板梁底部连接处内螺纹预埋件、高度调节垫片、水平定位垫板、螺栓孔套管预埋件以及螺杆组成。采用这种连接方式,在曲线段,如果在支墩上设置横坡,将导致每个墩尺寸都有不相同高度和墩顶倾角,现场土建施工精度和质量都难以保证,因此横坡宜设置在轨道板底部(图3-28b),精度由加工保证,现场安装时轨道板须"对号入座"。

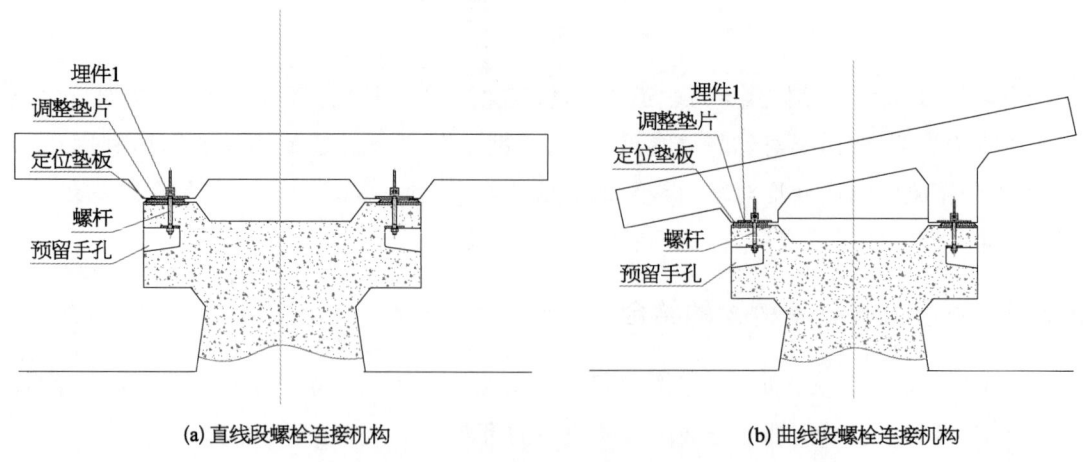

(a) 直线段螺栓连接机构   (b) 曲线段螺栓连接机构

图 3-28 板梁与支承梁的螺杆连接方式

2) 板-支墩连接机构

这种连接方式本质上与上海磁浮线叠合式轨道梁相同,其特点是混凝土支墩顶面水平,轨道板的规格相同,轨道板和支墩之间设置连接机构(图3-29),在曲线段,连接机构为楔形以设置横坡。该方法最大优点是使板梁规格大大减少,易于批量制造加工,虽然在曲线段亦有连接机构对号入座的问题,但是由于连接及机构重量较轻,易于安装。连接机构上、下两个基准面

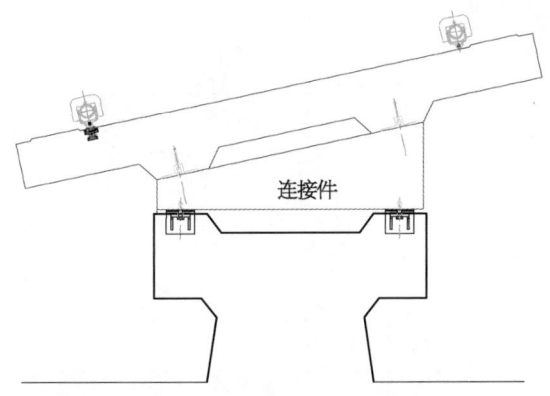

图3-29 板梁与支墩之间的连接机构

须在厂内机加工,由于在现场施工时,其上部与板梁底埋件连接,下部与支墩埋件连接,故连接面的部位须保证一定的加工精度,以确保连接机构与板梁和支墩之间固定时易于满足轨道的精度要求。

3.5.3 轨道梁安装和精调

当支承桥梁上放置轨道梁时,轨道梁的安装和精调可参照上海磁浮线的经验,在轨道梁初步就位后,应放置一段时间,待支承梁和支承梁墩台沉降稳定后再进行精调。

支承桥梁上采用板梁时,可利用专用的板梁定位工装辅助安装和精调(图3-30),该机构主要由两榀小型自走行式龙门架组成,可在支承梁面沿线路方向移动。精调时首先将板梁固定在龙门架上(利用板梁吊装螺孔),利用龙门架底部的丝杆机构或液压装置调整板梁姿态和位置。待板梁就位后,将其与支墩通过预埋件固接在一起。

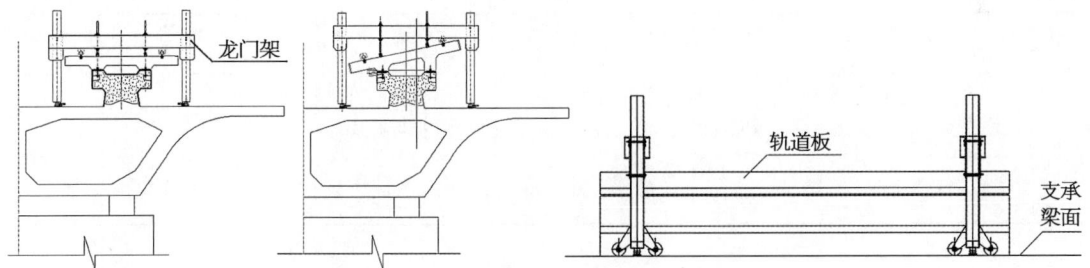

图3-30 板梁现场安装精调工装示意图

为了精调的需要,在轨道梁上需要设置测量基准点。在预制轨道梁时将基准点埋件预埋在梁体中,在机加工轨道梁的同时,对基准点预埋件进行机加工,轨道梁基准点的设置如图3-31所示。

在运维阶段,轨道梁的调整方法与架设阶段相同,考虑到龙门架式工装体量大,不利于线上维护作业,需研制用于维护的简易工装,具体可参照上海磁浮线轨道梁调整的作业

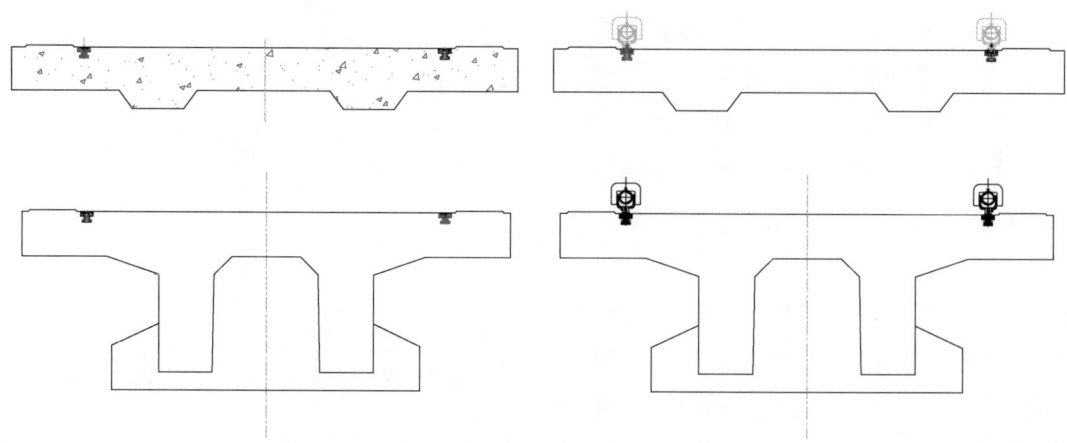

图 3-31 轨道梁精调定位基准点布置

方式,利用小型液压装置实现。

支承梁上采用轨道板＋支墩和小跨径轨道梁＋支座两种型式在技术上均可行。相比较而言,虽然前者具有轨道板重量轻、便于运输的优点,但是轨道板与支承桥梁之间的连接复杂,轨道板跨度小,精调工作量大,且后期线形调整困难;而小跨径轨道梁方案中,轨道梁的安装相对简单,跨接支承梁的方式能够大大减小下部结构沉降对轨道几何平顺性的影响,在运营期线形调整也更加方便,因此较前者更具优势。

对上述各方案的比较见表 3-2。

表 3-2 桥上梁轨道结构比较

序号	方　　案	优　点	缺　点	备　注
1	桥上板梁方案(支墩支承)	板梁操作空间大,机加工体量小	整体刚度较低,轨道板调整机构复杂	板梁机加工
2	桥上π形梁方案	支座简单成熟,调整方便	机加工体量大	π形梁整体机加工

综上所述,采用桥上梁结构,可满足设备安装的要求(包括电缆、38G 天线、定子开关柜和声屏障等),为轨道敷设提供平台,并能提供设备检修和应急疏散通道。支承梁可以采用工厂预制和现场现浇方法施工。虽然总体上结构的成本有所提高,但可避免沿线修建维修便道,减少征地,且给运营维护带来极大便利,综合效益明显。

3.6 隧道内轨道结构

由于地下段(包括盾构、暗埋和敞开段)的结构空间有限,轨道结构运输和架设设备空间受限,隧道内轨道梁的体量应尽可能小,重量应尽可能轻,因此可采用板梁和 π 形梁方案。板梁可采用 6.192 m 跨度连续板梁,π 形梁可考虑 9.288 m 或 12.384 m 跨度。

相比较于 9.288 m 跨度轨道梁,12.384 m 跨度轨道梁重量虽然有所增加,但支座总量相对较少,减小了支座安装和维护的工作量。考虑到隧道内伸缩缝的间距一般为 25 m 左右的要求,对轨道梁采用跨缝布置时可减少隧道沉降影响,因此在磁浮隧道设计时有必要考虑管片宽度与磁浮轨道系统模数之间的关系。

由于盾构和暗埋段没有日照的影响,轨道梁在不均匀温度场作用下的温度变形可以忽略,在轨道梁设计时可仅考虑轨道结构的整体升温或降温,轨道梁高度仅受变形和动力性能控制;但在敞开段仍应充分考虑日照下不均匀温度场对梁体变形的影响。隧道内和敞开段轨道梁断面如图 3-32 所示。

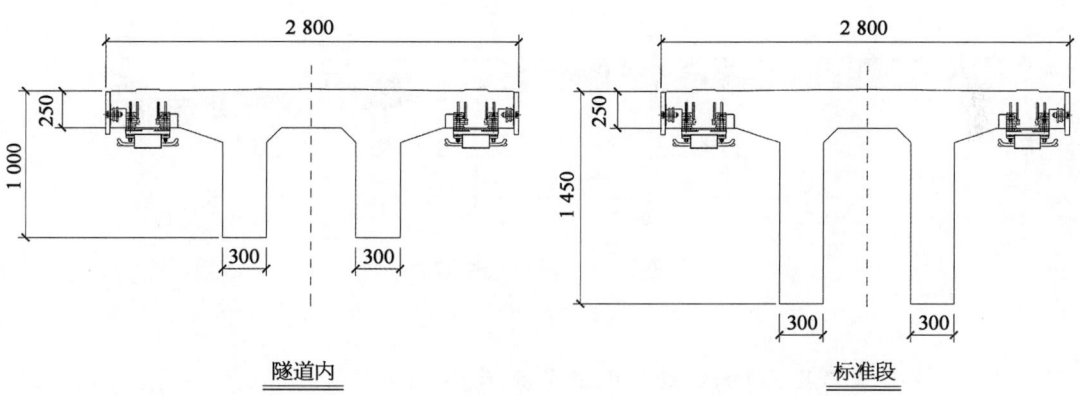

图 3-32 隧道内和敞开段轨道梁断面

3.7 道岔和移车台

道岔为高速磁浮列车的换线设备。根据列车最高侧线通过速度的不同,道岔分为高速道岔(最高侧线通过速度 196 km/h)和低速道岔(最高侧线通过速度 98 km/h);根据磁浮道岔换线方向的数目,可以分为两开道岔(图 3-33)和三开道岔。

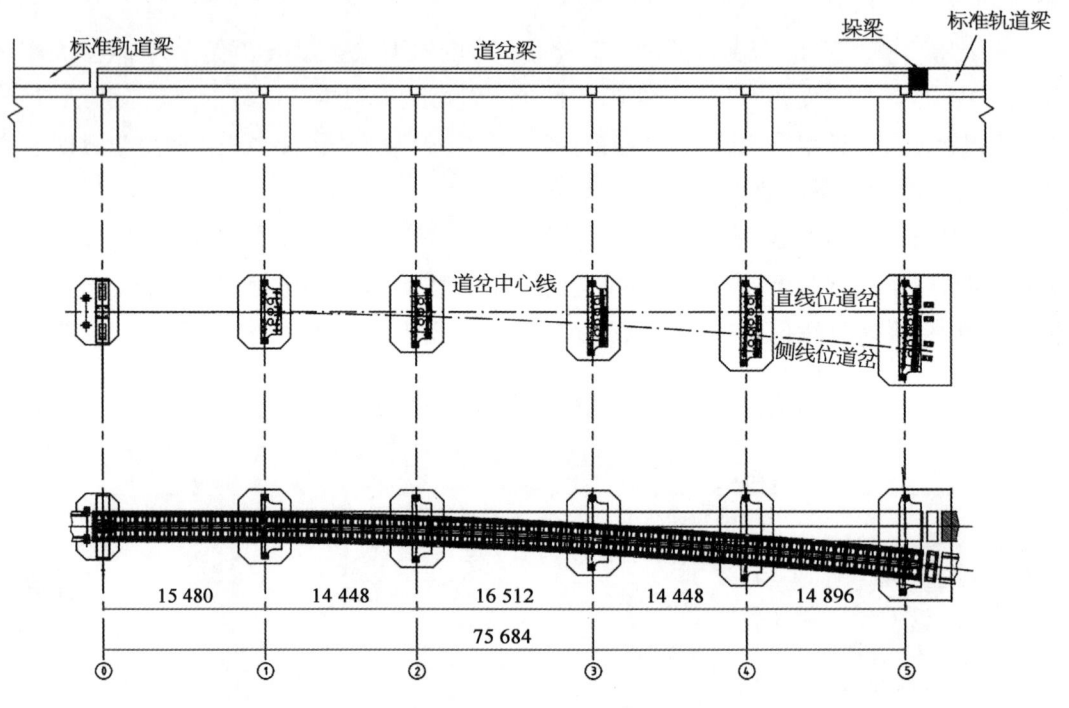

图 3-33 两开低速道岔

道岔主要由道岔梁、基础、驱动和锁定系统、电气控制系统组成。低速道岔的总长为 78.432 m(图 3-34),高速道岔的总长为 148.608 m(图 3-35),道岔的侧线线形为缓和曲线+圆曲线+缓和曲线,缓和曲线理论线形为回旋曲线。高速磁浮系统道岔的主体结构为由若干支点支承的连续钢梁,通过与钢梁下部连接的横梁上的电机驱动实现钢梁的弹性侧弯,并通过安装在横梁上的锁销机构保证道岔的最终线形,从而实现列车的换线。

低速道岔的主体结构是一根连续可弹性弯曲的钢道岔梁,由变频电机驱动钢梁实现在直线和侧线位之间的转换,钢梁下共设置 6 个墩柱(图 3-36),其中 0 号墩柱上设置道

图 3‑34 国产磁浮低速道岔(全长 78.432 m)

图 3‑35 国产磁浮高速道岔(全长 148.608 m)

岔基座(固定支座),1~5 号墩柱上设置了作用在基础底板上的道岔移动横梁,可以在横桥向沿固定导轨移动,在 3 号墩、5 号墩上设有横移驱动装置。低速道岔结构断面如图 3‑37 所示。除 0 号墩外,其余支座上均设置锁定装置,以保证道岔钢梁可以弯曲到设计的曲线位置,另外在道岔末端与正线轨道梁之间设置了作为过渡装置的垛梁,在道岔梁端近梁顶面处也同样设置了防止道岔回弹的锁定装置。

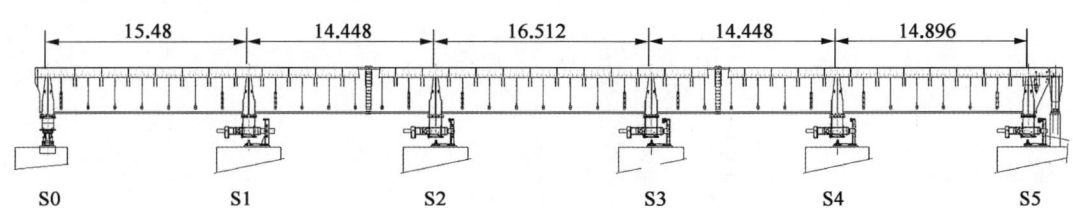
图 3‑36 低速道岔梁跨布置(单位:m)

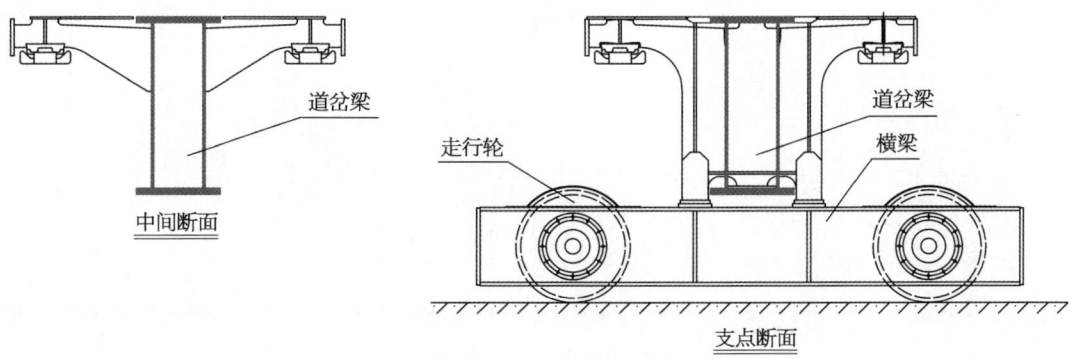
图 3‑37 低速道岔结构断面

道岔的线形是通过大变形的弹性侧弯实现的,道岔梁的设计除了在满足一般轨道结构的强度、刚度和动力性能要求之外,还需满足大变形弹性侧弯的要求。在道岔结构分析时需要将其作为几何非线性问题考虑，并对道岔直线和侧线位分别加以验算，且须特别重视道岔的疲劳性能。由于道岔转辙中弹性侧弯的柔性要求与列车通过状态所需的刚度要求之间存在矛盾，道岔的动力性能一直是磁浮轨道系统的薄弱环节，为了减小列车通过时的车-岔振动，在上海磁浮线道岔梁跨中间设置了阻尼装置（图3-38）。

图3-38 上海磁浮线道岔跨中阻尼装置

第 4 章

轨道梁设计

如前所述，轨道梁是常导高速磁浮直线电机系统定子的载体，这就意味着系统对土建结构提出了机电产品的精度要求，即在各种荷载（包括静荷载、列车荷载、环境温差和基础沉降等）作用下的轨道变形仍须控制在悬浮和导向间隙的允许偏差之内。

磁浮轨道梁与传统桥梁结构的差异反映于应用的边界条件。从设计方法上来说，高速磁浮轨道梁的设计与公路和铁路桥梁无异，需遵循桥梁工程设计的一般准则，同时高速磁浮轨道梁的设计又有其自身特点。虽然列车与轨道之间没有机械接触，但是由于轨道是列车与线路之间荷载传递的关键界面，除了结构性能需要满足的强度要求外，车辆的悬浮平稳性对轨道结构的变形和几何精度提出了非常严格的控制要求。

4.1　轨道结构选型

如前所述，高速磁浮轨道结构的类型多种多样，在高速磁浮系统设计过程中，轨道结构的选型应根据工程实际，因地制宜加以选择，主要应考虑高架线路或低置线路、制造条件、运输条件、安装条件、维护要求、旅客疏散和应急救援等各方面要求。

对于高架线路可以选择轨道梁＋墩柱、桥上梁＋墩柱型式；对于低置线路，可以选择板梁＋立柱和板梁＋条形基础等方案，如上海磁浮线，其采用以常用跨度轨道梁通过可调支座直接支承于桩基础承台上的型式。上海磁浮线采用这种形式的目的是在浦东机场站软土地基发生沉降时便于线路调整。

由于复合式轨道梁需要对整根轨道梁进行机加工，在上海磁浮线建设过程中，建设团队在黄楼建立配有恒温车间的制梁厂，成本较高。对于一个新建项目，轨道梁的制造条件是选型必须考虑的重要因素。

经过多年来的研究，目前常用跨度轨道梁可选梁型包括在上海磁浮线中成功运用的预应力混凝土复合式轨道梁、整体式轨道梁、钢复合式轨道梁、叠合式轨道梁以及公路铁路桥梁建设中常用的组合梁。设计时需要根据各种梁型的技术特点，结合现有的施工条件、沿线运输能力等进行比较和选用。各种常用跨度轨道梁的比较见表4-1。

从表4-1可见：

（1）预应力混凝土复合式轨道梁和整体式轨道梁截面受力合理，且轨道梁施工精度容易保证。与复合式轨道梁相比，整体式轨道梁用钢量小，同样跨度的梁重量较复合式轨道梁轻，造价低，便于运输。由于预应力混凝土梁自重大、对运输和吊装要求高，对小于或等于24.768 m轨道梁较为适合。钢复合式轨道梁重量较轻，但造价相对略高，且后期存在结构养护问题。

表 4-1 各种常用跨度轨道梁的比较

项目	梁型					
	预应力混凝土复合式轨道梁	预应力混凝土整体式轨道梁	钢复合式轨道梁	叠合式轨道梁	桥上梁	组合梁
结构性能和主要特点	①上翼缘较窄，不利于抗弯 ②截面横向和竖向刚度可同时接近系统允许值，截面形式合理	①上翼缘较复合式轨道梁宽，可有效降低梁高 ②功能区用钢量较复合式轨道梁小 ③自振频率较复合式轨道梁有所提高	无长期时效变形问题	①上层轨道板与支承梁整体性差 ②承重梁为预应力混凝土梁时需控制其长收缩徐变变形值	①上层高精度轨道梁与一般土建精度的下层支承结合 ②支承梁作为初级支承结构设计 ③支承梁能够提供设备布置、疏散和维护平台	①轨道板与承重梁共同提供刚度 ②承重梁为混凝土箱梁时需控制其长期收缩徐变变形值
施工工艺	轨道梁施工精度容易保证，技术成熟	轨道梁制造要求较高	箱梁与轨道组焊变形控制难，工艺要求高	现场定位、精调工作量较大，工效低	上层轨道梁工艺要求采用复合/整体式轨道梁相同的高精度要求，支承桥梁采用一般精度要求	在制梁厂进行预拼装时，施工精度容易保证
运输	整梁自重大，对运输要求较高	整梁自重大，对运输要求较高	运输重量小	承重梁与轨道板分别制作，运输方便	可以采用梁上运梁	当承重梁与轨道板分别制作时，运输方便
应用情况	上海磁浮线已应用	上海磁浮线有一跨试验梁	上海磁浮线已应用	上海磁浮线已应用	类似结构在铁路有应用	多用于公、铁路桥梁
运维	较难	较难	较难	较难	较易	较难
应急救援与疏散	需额外架设平台	需额外架设平台	需额外架设平台	需额外架设平台	支承梁可提供救援与紧急疏散的平台与通道	需额外架设平台
长大干线适用性	一般	一般	一般	一般	较强	一般

(2) 叠合式轨道梁中轨道板与支承梁分别制作，轨道板运输重量相对较轻，且已有类似工程应用；轨道板与支承梁整体性相对较差，且现场安装要求高，但是对于沿线制造能力和运输条件受限的区段，仍不失为一种选择。

(3) 桥上梁结构将高精度小跨径轨道梁与一般土建施工精度的支承桥梁相结合，满足系统要求的同时，还能为设备安装、系统维护、紧急疏散提供平台，综合效益高，对于长大干线更具有技术经济优势。

（4）组合梁中轨道板与承重梁可以分开制作，现场拼装，且上下层结构可以整体受力，结构断面形式较为经济。该结构形式在公路桥梁结构中应用较多，但在磁浮系统中应用尚不够成熟，需进一步进行施工工艺和行车试验验证。

4.2 梁跨布置

当线路空间曲线确定后，需进行孔跨布置。轨道梁根据线路中心线的空间曲线进行布置。线路中心线的空间曲线线路平、纵的合成曲线，且空间曲线的选线参数对每条中心线分别进行计算。由于孔跨结构的布置需要考虑磁浮系统要求、定子长度、定子缝隙、定子错位及地形地物等诸多因素，其布置较为复杂。

首先，沿选定线路的空间曲线确定选线的控制节点，包括设计分界点、道岔和车站等线路本身节点，以及沿线河流与现有及规划道路等。具体可以参照以下方式进行梁跨布置：

（1）确定标准跨度。在一般地段以 24.768 m 梁为标准跨度，需要调跨时一般以 12.384 m、15.480 m、18.576 m、21.672 m 梁进行调跨。

（2）线路经过有通航或排灌要求的河流、跨越道路、桥梁及其他构筑物时，在满足净空与净宽要求的前提下尽量采用标准跨度轨道梁通过。当通航或净空要求超过标准轨道梁的跨越要求时，可采用特殊跨度轨道结构。当采用大跨度特殊结构时，桥梁的挠度、混凝土收缩徐变、结构温度变形等都必须保证轨道的几何精度严格控制在系统许可范围内。

（3）线路平面为曲线的双线时，应调整定子铁心的平均间距和轨道梁的长度，使墩顶近似排列在线路平面曲线的径向上。

（4）为了满足车辆维护要求，维修库内按 3.096 m 跨距布置高精度轨道钢梁。

（5）桥上梁结构设计时应考虑设备安装、日常维护和人员疏散的要求。

以上海磁浮线为例，沿线梁跨布置主要有以下控制节点：

（1）道路，主要有罗山路、高科路、张衡路、华夏中路和迎宾大道等。

（2）河道，主要是等级河道，如白莲泾、川杨河、横河港和浦东运河。

（3）立交，如环东二大道立交、华东路立交和上川路立交等。

在根据节点划分区段后，即可分区段地进行结构孔跨布置。磁浮系统齿/槽变化周期长度为 86 mm，定子线圈周期长度（移动磁场的波长）为 516 mm，考虑梁端处定子与定子之间缝隙要求，梁跨需按照一定的模数进行布置。

4.2.1 梁跨布置方法

在直线段,双线采用相同的布跨方式即可;在曲线段,情况相对复杂。在上海磁浮线的设计过程中,对曲线内外侧等跨布置和沿线路外侧径向布置两种布跨方法进行了比较。

(1) 曲线内外侧等跨布置方案。在一个设计区段内,沿内外侧空间曲线按标准跨度24.768 m平行布跨,当由内外侧梁跨端部连线与外侧曲线径向线夹角到一定限值时,内侧孔跨采用缩短的跨度21.672 m,使梁跨端部连线基本呈现径向布置状态。布跨至约束点附近时,双线均按定子布置要求布设一跨或几跨短梁。

(2) 沿线路外侧径向布置方案。在一个设计区段内沿外侧空间曲线按标准跨度24.768 m依次布跨,当空间曲线同向弯曲时,布跨至约束点为止,然后径向推算内侧布跨,内侧梁长按定子铁心模数要求调整。上一曲线段剩余长度大于或等于一个标准梁跨度的一半时,上一个曲线段(外侧)中的最后一跨可以延伸下一曲线段。曲率同向或变换沿线路外侧布跨至约束点附近时,布设以定子铁心长度为缩短量模数的一跨或几跨短梁。

在上海磁浮线设计时,经过综合比较后采用了沿线路外侧径向布置方案。

4.2.2 上海磁浮线布跨情况

上海磁浮线正线(A、B轨)全长29.903 km(双线);维修基地进出线(C轨)2.497 km,检修线(D、E轨)长1.19 km,线路总长折合31.83 km(双线)。

上海磁浮线的梁跨布置,主要采用了系统长度为24.768 m的轨道梁,还布设了部分系统长度为21.672 m、18.576 m和12.384 m的轨道梁,以解决到约束点附近布墩的问题。为了跨越川杨河和浦东运河,在布跨时采用了三跨连续叠合式轨道梁。根据试验的要求,全线布设了一根2×24.768 m钢复合式连续梁和一根2×24.768 m预应力混凝土复合式连续梁。

上海磁浮线共有混凝土轨道梁2 609根:6.192 m板梁58根;12.384 m梁54根;18.576 m梁17根;21.672 m梁187根;24.768 m梁2 291根;双跨连续混凝土梁和双跨连续钢梁各1根。其中曲线梁1 483根,占总数的56.8%。

根据维护的需要,维修基地车库内采用了由轨道功能区和立柱组成的特殊轨道结构(图4-1)。

图4-1 上海磁浮线维修库内轨道结构

4.3 轨道梁变形控制

如前所述,高速磁浮系统对轨道结构提出了非常高的变形和精度要求,本节对轨道梁设计的变形控制技术加以介绍。

4.3.1 预应力混凝土轨道梁的时效变形控制

传统的预应力混凝土梁设计中,按各种荷载引起内力的最不利组合进行预应力设计,多为强度控制。对于预应力混凝土梁制作完成后由于混凝土收缩和徐变造成的预应力损失在计算中予以考虑,而对预应力梁在混凝土收缩、徐变的影响下引起跨中挠度的变化,将是重点的考量。

对高速磁浮系统来说,为了保证列车悬浮平稳性,轨道梁的竖向和横向变形(包括收缩、徐变引起的变形以及制造和施工引起的误差)均须控制在系统要求的长波公差带内。对于复合式和整体式轨道梁,制造和施工引起的误差可以通过整梁机加工得到控制。但是由于混凝土收缩、徐变的长期发展,会导致结构在运营期的梁体内力重分布和时效变形不断增长,导致轨道梁的变形仍有可能大大超过系统允许长波偏差。

在上海磁浮线复合式轨道梁设计过程中,技术人员在对时效变形影响因素进行综合分析的基础上,从材料、预应力布置和施工工艺三个方面采取措施,通过采用低收缩徐变混凝土材料、优化轨道梁预应力设计和施工工艺,成功地实现了轨道梁的时效变形控制。

4.3.1.1 系统对轨道梁时效变形的要求

高速磁浮系统对轨道三个功能面的长波偏差、短波偏差、坡度变化指标(NGK)和相邻功能面之间的相对错位和偏转都有非常严格的要求。虽然机加工后可保证轨道梁的精度满足要求,但是对于预应力混凝土结构,由于混凝土收缩、徐变的长期发展,会导致结构在运营期的梁体内力重分布和时效变形不断增长,导致轨道功能面偏离初始安装位置,必须采取有效措施严格控制时效变形。

1)竖向时效变形

在上海磁浮线设计中,根据系统技术规格书的要求,在结构的使用期内,由混凝土收缩和徐变引起定子面相对于理论位置的长波偏差,连同轨道梁的制造和安装误差,应处于系统长波公差带内。单跨简支梁和双跨连续梁的长波偏差的限值如图 4-2 和图 4-3 所示。

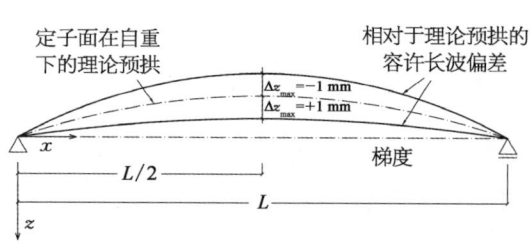
图4-2 单跨简支梁的定子面长波偏差限值

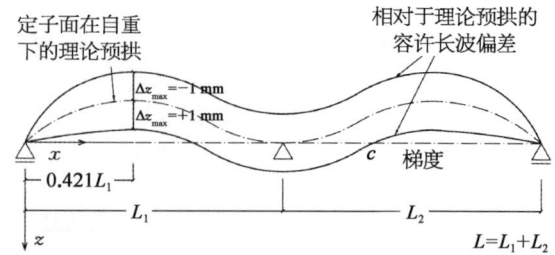
图4-3 双跨连续梁的定子面长波偏差限值

根据上述要求,轨道梁自机加工后功能件安装完成起,在使用年限内,混凝土收缩和徐变引起的竖向最大时效变形连同原有的制造和施工误差,应控制在±1 mm范围以内。

2) 横向时效变形

根据系统技术规格书的要求,在结构使用期内,由混凝土收缩、徐变引起线路侧向导向面相对于理论位置的长波偏差,连同原有的轨道梁制造和安装误差,应控制在系统长波公差带内。单跨简支梁和双跨连续梁的长波偏差限值如图4-4和图4-5所示。

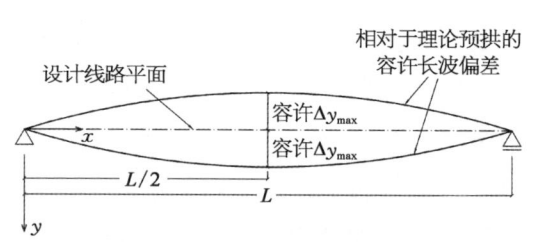
图4-4 单跨简支梁的导向面长波偏差限值

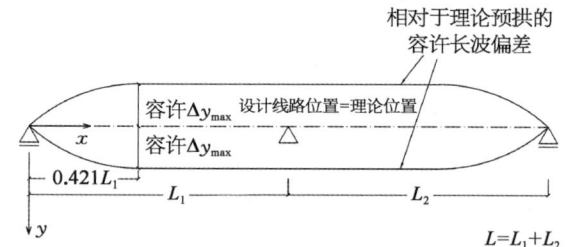
图4-5 双跨连续梁的导向面长波偏差限值

根据上述要求,轨道梁自功能件安装完成起,在使用期限内,混凝土收缩和徐变引起的轨道梁最大横向时效变形连同原有制造和施工误差应控制在$\pm(2.5/30\,960)L_1$(mm)范围内。对于跨径24.768 m的复合式轨道梁,应控制在±2 mm范围以内。

4.3.1.2 德方给出的时效变形控制建议

20世纪90年代末,德国技术人员试制了一根2×30.960 m的双跨连续直线复合式轨道梁,并安装在TVE试验线上。上海磁浮线建设初期,经过现场考察和技术交流,中方技术人员从技术经济性出发,结合当时的制造能力,选择了复合式轨道梁。根据德方的技术转让资料,涉及这根复合式轨道梁的核心技术主要是"零挠度变形控制"。

在常规的预应力混凝土桥梁结构设计中,一般按全预应力设计,即保证在使用阶段最不利荷载(包括全部恒载和活载)的作用下,截面上不出现拉应力。由此,预应力产生抵抗弯矩应大于结构由于使用阶段最不利荷载产生的弯矩。由于预应力等效弯矩超出恒载弯矩较多,轨道梁张拉后必然产生上拱。在混凝土徐变的作用下,该上拱值将会随时间不断增大。

目前国内外采用的混凝土收缩徐变模式和计算方法很多,常用的模式主要有 CEB-FIP 模式、BP 模式、ACI-209 模式及 F.Tells 的解析法等,这几种模式各自考虑的基本参数见表 4-2。

表 4-2 主要收缩徐变模式及其考虑的参数

考虑参数	收缩、徐变模式			
	ACI-209	F. Tells	CEB-FIP	BP
杆件形状和尺寸	√	√	√	√
加载龄期	√	√	√	√
环境相对湿度	√	√	√	√
混凝土抗压强度	√	√	√	√
坍落度	√		√	
加载前的养护温度		√	√	√
水泥类型	√	√		√
水泥含量		√		√
混凝土比重	√			√
水灰比		√		√
砂与骨料比例	√			√
骨料与水泥比例				√
混凝土空气含量	√			
养护条件	√			√

其中,CEB-FIP 模式是欧洲混凝土协会(CEB)和国际预应力混凝土协会(FIP)于 1978 年提出的,我国《公路钢筋混凝土及预应力混凝土桥涵设计规范》所采用的就是这种模式。它将塑性变形分为初始流变和延迟塑性变形两部分,采用滞后弹性变形(可恢复的徐变)与塑性变形(不可恢复的徐变)相加的徐变系数表达式。据此模式分析,长期荷载作用下的预应力混凝土构件的长期反拱值按下式计算:

$$f_c = f_d [1 + \varphi(t_\infty, \tau)] \tag{4-1}$$

式中　f_d——长期持续荷载引起的初始弹性挠度,$f_d = -f_y + f_{g1} + f_{g2}$;
　　$\varphi(t_\infty, \tau)$——混凝土徐变系数终值;
　　f_y——由预应力产生的反拱变形;
　　f_{g1},f_{g2}——一期和二期恒载作用下的挠度。

从上式可知,若 f_d 为零,混凝土徐变只引起轴向变形,如果能够使在梁体自重和预应力共同作用下的竖向弹性变形接近于零,从理论上就可以保证轨道梁的长期竖向挠度满足系统要求,德方将这种以变形作为控制目标的预应力设计方法称为"零挠度法"。

经验表明,混凝土收缩和徐变在初期发展较快。在龄期 7 d、2 周和 1 个月收缩应变分别可以达到其终值的 25%、30%～40%和约 50%,8 个月后收缩应变即可达到终值的 70%～80%。根据目前广泛采用的线性徐变理论,徐变与应力在结构使用阶段呈线性关系,且加荷初期徐变增长速度较快,6 个月一般已完成 50%以上,后期徐变逐渐减小,1 年后趋于稳定,随后缓慢发展,3 年左右基本终止。

综合考虑混凝土收缩和徐变初期发展较快的特点,根据施工进度安排,德方建议 60 d 更换预应力束并重新张拉,以保证在梁体自重和功能件等附属设备作用下保持零挠度状态,并据此提出了以下轨道梁施工工艺:

(1) 支模、绑扎钢筋、穿预应力束和定位连接件。
(2) 张拉先张预应力束。
(3) 浇筑混凝土。
(4) 待混凝土达到设计规定的强度进行先张束放张。
(5) 拆模,将轨道梁吊至存梁区。
(6) 张拉后张预应力束,使轨道梁保持"零挠度"状态。
(7) 存梁 60 d。
(8) 更换后张束,重新张拉,使轨道梁保持"零挠度"状态,然后对预应力管道进行压浆。
(9) 对连接件进行机加工,安装功能件和定子铁心。

由于德方只试制了一根直线复合式轨道梁,其技术转让主要基于这根直梁的设计及制造经验,因此其设计和施工技术很不完善,主要表现在没有批量制造经验,以及没有曲线轨道梁的经验。对于上海磁浮线而言,许多技术问题是德方尚未解决的问题,主要包括以下几点:

(1) 由于后张预应力采用 60 d 换束工艺,60 d 前的预应力束只作为施工临时束,换束后即废弃,增加了工程造价。
(2) 结构自重变形一般较小,加上温度梯度变形以及混凝土材料的不均匀性影响,零挠度的控制目标在实际操作时很难控制,难以满足大规模生产的要求。
(3) 由于采用变形控制,张拉力要根据现场施工的变形观测来确定,导致每根梁要达"零挠度"张拉力可能都不相同,而且由于变形很小,给预应力施工带来很大困难。
(4) 德方没有曲线轨道梁的预应力设计方法和施工控制工艺。
(5) 转让技术中的设计方法均采用德国或欧洲相关的技术规范,所采用的混凝土和预应力束参数等都是按照德国材料确定的,需要针对我国的实际情况进行调整。

4.3.1.3 上海磁浮线复合式轨道梁时效变形控制技术

上海磁浮线预应力复合式轨道梁的标准跨度为 24.768 m,同时还有 12.384 m、

18.576 m、21.672 m 三种非标准跨径。其中 12.384 m 的轨道梁仅用于车站和维修基地，全部为单跨简支结构。预应力混凝土复合式轨道梁断面布置如图 4-6 和图 4-7 所示。

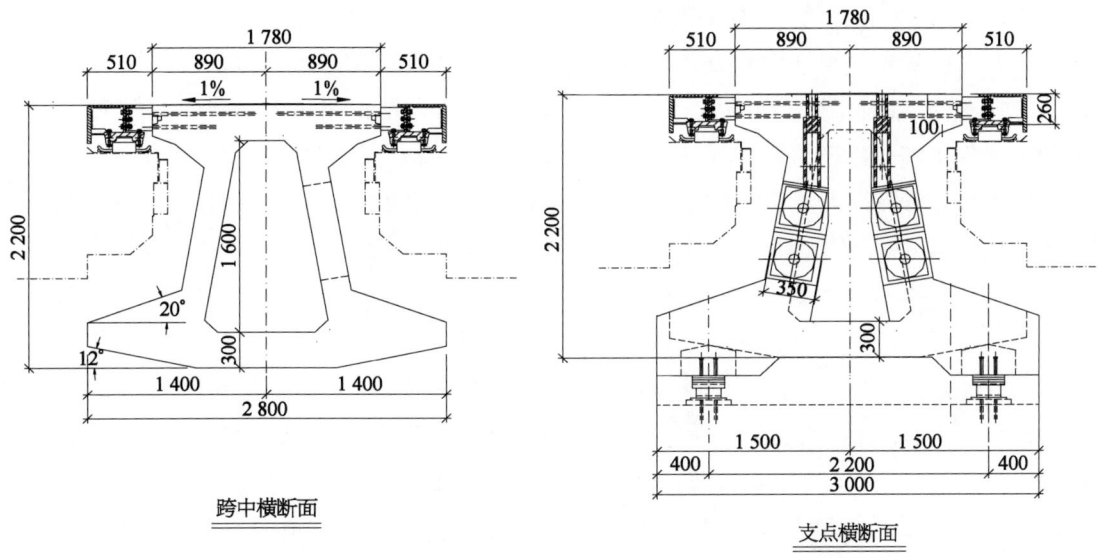

图 4-6 24.768 m 跨度预应力混凝土复合式轨道梁横断面

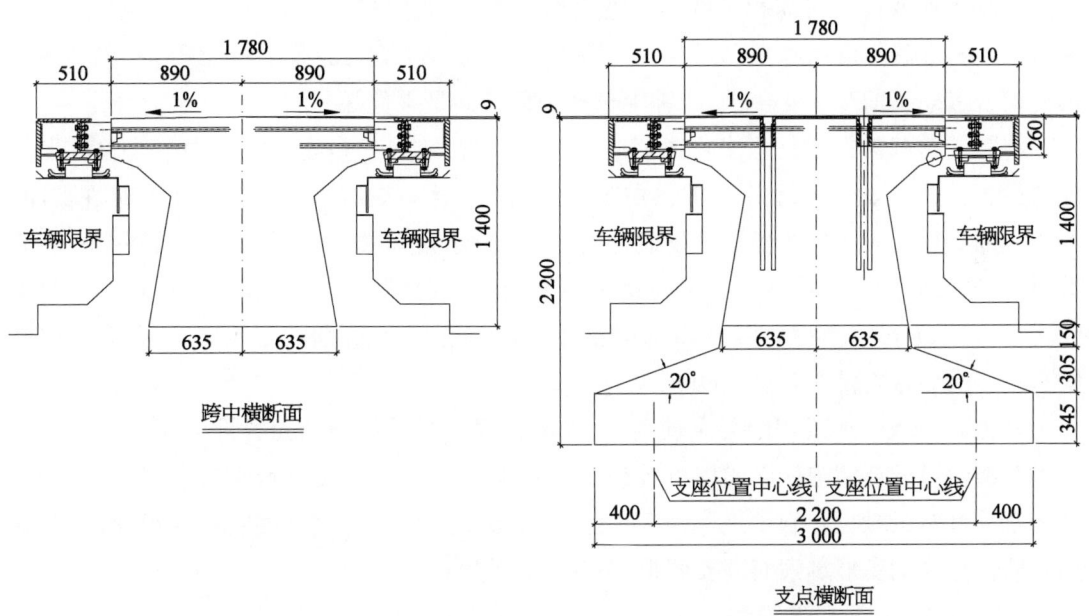

图 4-7 12.384 m 跨度预应力混凝土复合式轨道梁横断面

传统的预应力设计往往是强度控制，按各种荷载引起内力的最不利组合进行应力计算，而变形计算仅作为正常使用状态的校核，对混凝土收缩和徐变引起梁体跨中一定的上拱没有严格的控制要求。对于高速磁浮系统的轨道梁，由于要求其竖向和横向时效变形在系统长波公差带内，变形量为毫米级，因此须对混凝土收缩和徐变引起的轨道梁变形加以严格控制。上海磁浮线设计人员主要从优化变形控制方法、改善混凝土收缩徐变性能和施工工艺三个方面关键技术来控制轨道梁的时效变形。

（1）优化变形控制理论和方法。将德方提出的"零挠度"改为"全截面等压"。保证各施工阶段和使用阶段轨道梁基本上都处于轴心受压状态，使混凝土徐变只引起轴向变形，从理论上保证轨道梁的竖向和横向变形控制在系统的长波容许偏差带内。

（2）改善材料性能。考虑到混凝土收缩和徐变产生的机理和影响因素较为复杂，其离散性也较大，为了保证轨道梁的时效变形满足系统要求，技术人员专门为上海磁浮线轨道梁研发了一种特殊的低收缩、徐变混凝土，减小混凝土材料的徐变系数和收缩应变的终值。

（3）优化施工工艺。由于混凝土收缩和徐变均是随时间增加而不断增加的变形，初期增长很快，而后逐渐减缓。在保留德方提出的消除早期收缩和徐变对梁体变形影响的设计思想的前提下，优化后张工艺，将 60 d 后换后张束张拉改为 60 d 后采用第二批后张束的张拉调整梁的预加应力，即将原方案的一次先张、一次后张、更换后张束再次张拉改为一次先张、两次后张。其中，第二次后张束在第一次后张后的 60 d 张拉，在实现截面应力和变形控制目标的同时，节约成本。

混凝土徐变是与时间相关的非线性变形过程，其终值与加载时混凝土的龄期密切相关。加载时混凝土龄期越长，徐变的终值越小。然而，过长的加载龄期无疑会影响工期，因此综合考虑工期和徐变要求，合理地选择加载龄期是十分必要的。

混凝土加载龄期对徐变变形的影响有两个关键节点，一是先张放张和第一次后张时的混凝土龄期，二是第二次后张时的混凝土龄期。在第二次后张完成到机加工前阶段，混凝土收缩和徐变对变形的影响可以通过机加工消除。经过机加工后架设到线路上的轨道梁，处于正常使用荷载持续作用下，徐变引起的变形将持续累加。在综合考虑施工进度要求之后，技术人员将上海磁浮线轨道梁的第一次后张加载龄期确定为 3 d（采用蒸汽养护），第二次后张安排在存梁 60 d 后进行。

考虑到时效变形机理的复杂性，在上海磁浮线的轨道梁预应力设计中还预留了一旦后期变形时可调节措施。沿梁体折线布置了体外预应力束，在 1/4 跨附近设置转向装置，锚固于梁两端的顶面。自 2002 年年底上海磁浮线开通试运行至今已逾 20 年，尚未发生由于轨道梁时效变形过大而需要调整预应力束的情况。

1）时效变形控制方法优化

在上海磁浮线的建设过程中，最终采用了更为可行的全截面等压应力方案来控制时效变形，即在复合式轨道梁持续时间较长的工况下保持全截面等压应力的状态，从而实现复合式轨道梁长期变形的挠度控制。通过对复合式轨道梁的全寿命期（包括施工和使用期）工况分析，上海磁浮线采用了后张预应力束分两次张拉的方法消除早期收缩徐变产生的轨道梁时效变形。

上海磁浮线复合式轨道梁的主要施工工艺如下:

(1) 立模、绑扎钢筋、穿预应力束和定位连接件。
(2) 张拉先张预应力束。
(3) 浇筑混凝土。
(4) 蒸汽低温养护 36 h,待混凝土达到设计强度的 75% 以上时放张。
(5) 拆模,将轨道梁吊至存梁区。
(6) 将轨道梁置于后张台座上(状态Ⅰ)。
(7) 第一次后张至全截面等压状态,管道压浆(状态Ⅱ),存梁 60 d。在设计先张束时考虑确保在本阶段梁截面不产生拉应力。
(8) 在梁上施加功能件等附属设备的等代荷载(状态Ⅲ),做好机加工准备。
(9) 二次后张至全截面等压状态,管道压浆(状态Ⅳ)。
(10) 轨道梁机加工,安装功能件部件,卸除等代荷载(状态Ⅳ)。
(11) 轨道梁运输到现场,完成架设。
(12) 运营期最终使用状态(状态Ⅴ)。

可以看出,复合式轨道梁从施工过程中持续时间较长的受力工况为状态Ⅱ、Ⅲ、Ⅳ,将这三个工况保持在全截面受压状态就能有效地控制梁体因混凝土材料时效导致的挠曲和横向变形,而通过机加工可将前面工序产生的偏差消除。

轨道梁各主要工况下的受力情况见表 4-3。

表 4-3 上海磁浮线复合式轨道梁各主要工况下的截面应力状态

工况	状 态 描 述	Ⅰ-Ⅰ截面应力/MPa		Ⅱ-Ⅱ截面应力/MPa	
		上缘	下缘	上缘	下缘
Ⅰ	梁自重+先张预应力	−5.33	−2.90	−6.39	−2.31
Ⅱ	梁自重+先张预应力+第一次后张预应力+收缩徐变	−5.10	−5.82	−5.52	−5.80
Ⅲ	梁自重+功能件等二期恒载+先张预应力+第一次后张预应力+收缩徐变	−5.33	−5.01	−5.99	−4.79
Ⅳ	梁自重+功能件等二期恒载+先张预应力+第一次后张预应力+第二次后张预应力+收缩徐变	−5.63	−5.93	−5.91	−6.01
Ⅴ	运营 30 年(梁自重+二期恒载+先张预应力+第一次后张预应力+第二次后张预应力+长期收缩徐变)	−5.43	−5.24	−5.79	−5.23

从表 4-3 可见,通过合理的预应力设计和施工工艺,上海磁浮线轨道梁在持续

时间较长的施工工况和最终使用状态（工况Ⅱ、Ⅳ、Ⅴ），均可基本控制在全截面等压的状态。

2）材料性能优化——低收缩徐变混凝土

混凝土的收缩和徐变均为随时间的延续而不断增加的变形，其中收缩变形是与结构的受力状态无关的体积变化；而徐变变形随荷载持续时间增大而增大。二者都表现为初期增长快，随后逐渐减缓，收缩变形大部分在3~6个月内完成；徐变的变化规律比较复杂，根据线性徐变理论（认为混凝土的工作应力小于其极限强度的50%左右时，徐变变形与应力呈线性关系），加载初期徐变变形增长较快，大部分发生在1年内，主要在3个月内，3年后基本终止（图4-8）。

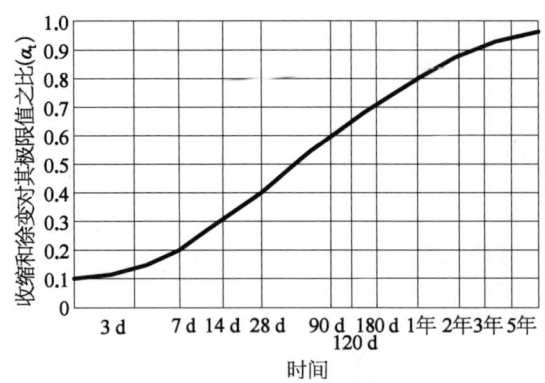

图4-8 混凝土收缩和徐变与时间的关系

上海磁浮线复合式轨道梁采用了截面轴心受压的时效变形控制方法。理想状态下，梁体混凝土在轴向应力的作用下只产生沿梁体的纵向压缩变形。但在实际施工条件下，受各种外界因素影响，轨道梁截面总是存在一定的弯矩。同时，混凝土收缩和徐变造成的预应力松弛，也会导致轨道梁处于偏心受压状态，对梁体的竖向和横向变形造成影响。

为了满足轨道梁的长期变形控制要求，在上海磁浮线建设过程中，技术人员专门研制了低水泥用量和超低用水量的混凝土，在实现高强度（C60）和高早强（1 d达到45 MPa）的同时，具有较低的徐变和收缩变形。

表4-4给出了上海轨道梁混凝土的主要性能，并与德国配比的混凝土性能进行了对比。

表4-4 轨道梁混凝土主要性能

项 目	收缩、徐变模式				
	低热养护 1 d强度/MPa	28 d强度 /MPa	28 d弹性模量 /(10^4 MPa)	1年收缩值 $\varepsilon/10^{-6}$	1年徐变系数 ψ
设计目标	≥45	≥60	3.9~4.1	≤550	≤1.2
上海磁浮线配比	47~52	64~76	3.9~4.2	450~510	0.86~0.96
德国配比	45~51	58~67	4.1~4.3	650~700	1.16~1.33

从中可见，为上海磁浮线研制的混凝土满足轨道梁时效变形控制的要求。在此基础

上,自2002年6月起,将二次预应力张拉时间从60 d调整为30 d,大大缩短了轨道梁的制造周期,为如期完成轨道梁生产提供了保证。

3) 预应力束的合理布置

根据在轴心受压应力控制原则下进行的轨道梁预应力设计,上海磁浮线复合轨道梁的直线和曲线梁的预应力束布置如下:

(1) 24.768 m直线复合式轨道梁。复合式轨道梁的预应力采用一次先张和两次后张的分阶段张拉工艺。先张预应力束布置在截面的顶板和底板上,沿梁长方向采用直线线形。两次后张的预应力束布置在两侧腹板内,为沿梁长方向的二次抛物线线形。支点和跨中截面的预应力束布置如图4-9所示。

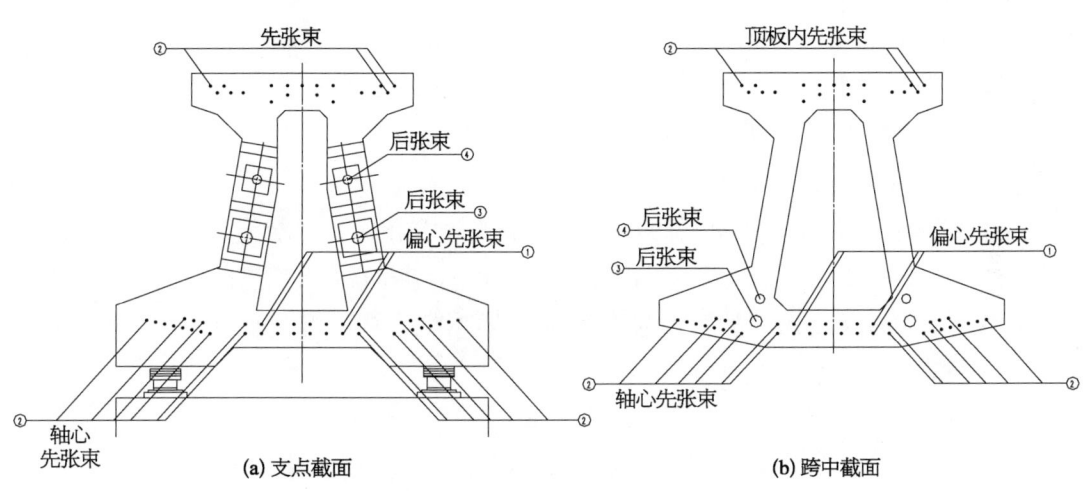

图4-9 直线复合式轨道梁预应力布置

轨道梁施工期主要工况如下:

① 蒸汽养护36 h,先张预应力放张。
② 进行第一次后张预应力束张拉(第3 d)。
③ 施加等代荷载,第二次后张预应力束张拉(第60 d)。

对于这三个施工阶段,轨道梁的弹性变形的变化见表4-5。

表4-5 上海磁浮线24.768 m跨度直线复合式轨道梁的弹性变形情况

工 况	跨中竖向变形/mm
先张预应力束放张	0.00
吊至存梁区处于简支状态	3.26
第一次后张完成	−3.37

(续表)

工 况	跨中竖向变形/mm
施加等代荷载	0.80
第二次后张完成	−1.07

从表4-5可见,对于先张预应力,轴心先张束从理论上讲只产生轴向的弹性变形,不会产生竖向弹性变形;由于偏心先张束只平衡梁体自重的40%左右,加之轨道梁放张阶段放置在刚性很大的底模上,可以认为在此阶段不产生竖向弹性变形。当轨道梁被吊至存梁区处于简支状态时,支撑条件的改变导致向下的弹性变形。在第一次后张完成后,后张预应力会导致梁体产生向上的弹性变形,其数值上与存梁支撑条件改变引起的下挠值基本相等。在第二次后张前,在轨道梁上施加定子、功能件等附属设备的等代荷载,梁体会产生向下的弹性变形。在第二次后张完成后,第二次后张预应力会引起梁体向上的弹性变形,考虑到第二次后张预应力还要平衡此前的混凝土收缩、徐变引起的弯矩,其数值上要大于等代荷载产生的下挠值。

在上海磁浮线设计时,根据《铁路桥涵钢筋混凝土和预应力混凝土结构设计规范》(其中采用了CEB-FIP的混凝土收缩和徐变计算方法),综合考虑轨道梁的施工过程以及混凝土强度和弹性模量随时间的增长等因素的影响,对轨道梁的混凝土收缩和徐变变形进行分析,分析结果见表4-6。

表4-6 上海磁浮线24.768 m跨度直线复合式轨道梁的收缩和徐变变形

时 间 段	跨中竖向变形/mm	备 注
36 h~3 d	0.75	先张预应力放张至第一次后张前
3~60 d	0.95	第一次后张完成至第二次后张前
60~100 d	0.03	
100 d~3年	0.38	
3~30年	0.25	

从表中可见,在轨道梁机加工前混凝土收缩、徐变引起的跨中挠度为1.70 mm,连同其他制造误差,均可通过数控机床的机加工得以消除。第二次后张预应力张拉后(60 d~30年),混凝土收缩和徐变引起的跨中的长期竖向变形为0.66 mm,小于系统要求的±1 mm,能够满足使用年限内时效变形的控制要求。

(2) 曲线上的24.768 m复合式轨道梁。在曲线段,上海磁浮线仍采用直线形复合式轨道梁,但需要为轨道梁设置横坡(图4-10)。由于轨道梁在自重作用下产生横向变形,若预应力束在截面上横向对称布置,混凝土收缩和徐变将引起横向的时效变形。因此,需要在轨道梁对应曲线内侧设置横向先张偏心束,平衡由于梁体自重产生的横向弯矩,支点和跨中截面的预应力束布置如图4-10所示。

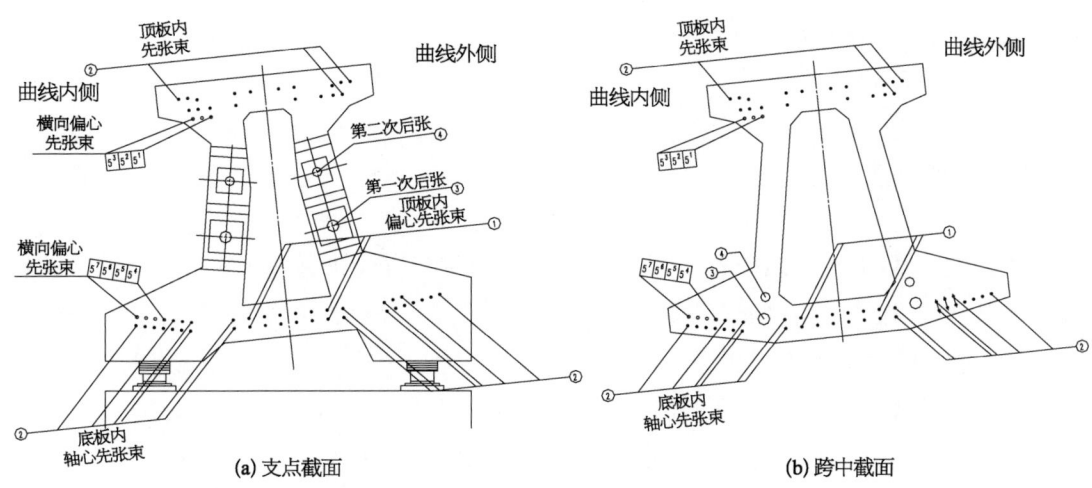

图 4-10 曲线段复合式轨道梁预应力布置

为了适应横坡的变化并便于施工,上海磁浮线复合式轨道梁制造时,在曲线内侧模板上预留7个孔位,根据不同的线路横坡角设置不同的横向先张心束组合(表4-7)。

表 4-7 横向先张偏心束布置

横坡角范围	横向先张偏心束孔位						
	5^1	5^2	5^3	5^4	5^5	5^6	5^7
$11°<\alpha\leqslant12°$	●	●	●	●	●	●	●
$9°<\alpha\leqslant11°$	●	●	●		●	●	●
$7°<\alpha\leqslant9°$	●	●		●	●	●	
$5°<\alpha\leqslant7°$	●	●		●	●		
$2°<\alpha\leqslant5°$			●				●
$0°<\alpha\leqslant2°$							

注:表中●表示此孔位设置横向偏心先张钢束。

复合式轨道梁的弹性变形随着施工阶段而发生变化。各施工阶段的轨道梁弹性变形见表4-8。

表 4-8 曲线段 24.768 m 复合式轨道梁（$\alpha=12°$）不同施工阶段的弹性变形

工况	跨中变形/mm	
	竖向	横向
先张预应力束放张	0.00	1.61
吊至存梁区处于简支状态	3.18	−0.52
第一次后张完成	−3.09	0.00
施加等代荷载	0.78	0.00
第二次后张完成	−1.07	0.00

从表中可见，对于竖向挠曲变形，曲线上的轨道梁与直线轨道梁基本相同。对于横向弹性变形，由于在曲线内侧配有横向先张偏心束，并且考虑到在先张台座内梁体平放，梁体自重不会产生横向弯矩，此时的横向变形完全是由横向先张预应力束引起，其方向朝向曲线外侧；当将轨道梁吊至存梁区时，梁体处于倾斜状态，梁体自重会产生反向的横向弹性变形。曲线上的轨道梁的混凝土收缩、徐变变形见表 4-9。

表 4-9 曲线段 24.768 m 复合式轨道梁（$\alpha=12°$）的收缩、徐变变形

时间段	跨中变形/mm		备注
	竖向	横向	
36 h～3 d	0.71	0.52	先张预应力放张至第一次后张前
3～60 d	0.91	1.08	第一次后张完成至第二次后张前
60～100 d	0.06	0.02	
100 d～3 年	0.51	−0.08	
3～30 年	0.30	−0.03	

从表中可见，在轨道梁机加工前（100 d 以前）混凝土收缩和徐变引起的跨中的竖向时效变形为 1.62 mm。第二次后张预应力张拉后（100 d～30 年），混凝土收缩和徐变引起的跨中的长期竖向变形为 0.87 mm，小于±1 mm，能够满足在使用期内时效变形的控制要求。对于横向时效变形，在轨道梁机加工前混凝土收缩和徐变引起的跨中时效变形为 1.60 mm；自第二次后张预应力张拉后，混凝土收缩和徐变引起的跨中的时效变形仅为 −0.09 mm，满足系统对轨道梁侧向长波偏差小于±2 mm 的要求。

4）混凝土加载龄期的确定

根据上海磁浮线的施工工艺，在第一次后张完成后要求将轨道梁放置 60 d，令收缩和徐变变形趋于平稳再进行第二次后张施工。理论上，增加放置时间有利于机加工后的时效变形控制，但是由于上海磁浮线总工期紧张，技术人员在对收缩、徐变和预应力松弛进

行全面分析的基础上,研究了缩短加载龄期,提前进入机加工工序,以便缩短轨道梁制造周期的可能性,表 4-10~表 4-14 汇总了上海磁浮线标准跨度轨道梁不同时段下各方向收缩和徐变变形影响分析情况。

表 4-10 24.768 m 直线梁(简支)混凝土收缩和徐变引起变形

第二次后张时间/d	第二次后张前		第二次后张后	
	x 方向/mm	z 方向/mm	x 方向/mm	z 方向/mm
14	5.509	1.234	11.626	0.872
28	7.831	1.365	9.258	0.704
45	9.253	1.452	7.805	0.622
60	10.193	1.508	6.568	0.569

表 4-11 24.768 m 直线梁(简支变连续)混凝土收缩和徐变引起变形

第二次后张时间/d	第二次后张前		第二次后张后	
	x 方向/mm	z 方向/mm	x 方向/mm	z 方向/mm
14	5.509	1.234	11.631	0.636
28	7.831	1.365	9.261	0.514
45	9.253	1.452	7.808	0.433
60	10.193	1.508	9.560	0.381

表 4-12 曲线上的 24.768 m 梁($\alpha=12°$简支变连续结构)混凝土收缩和徐变引起变形

第二次后张时间/d	第二次后张前			第二次后张后		
	x 方向/mm	y 方向/mm	z 方向/mm	x 方向/mm	y 方向/mm	z 方向/mm
14	5.571	0.145	1.221	11.719	−0.122	0.592
28	7.906	0.158	1.347	9.336	−0.106	0.477
45	9.338	0.165	1.430	7.873	−0.096	0.401
60	10.280	0.164	1.484	6.916	−0.084	0.351

表 4-13 24.768 m 直线梁由混凝土收缩和徐变引起的功能件之间定子间隙缩小量

第二次后张时间/d	机加工后 x 方向变形 /mm	分配到 1.548 m 范围内变形 /mm	容许值/mm
14	11.631	0.73	0.4
28	9.261	0.58	0.4

(续表)

第二次后张时间/d	机加工后 x 方向变形/mm	分配到 1.548 m 范围内变形/mm	容许值/mm
45	7.808	0.49	0.4
60	6.56	0.41	0.4

表 4‑14　曲线上的 24.768 m 梁由混凝土收缩和徐变引起的功能件之间定子间隙缩小量

第二次后张时间/d	机加工后 x 方向变形/mm	分配到 1.548 m 范围内变形/mm	容许值/mm
14	11.719	0.73	0.4
28	9.336	0.58	0.4
45	7.873	0.49	0.4
60	6.568	0.41	0.4

(1) 不同时间第二次后张结果分析。对在混凝土浇捣完成起第 14 d、28 d、45 d 和 60 d 进行第二次后张进行分析，从以上各表可见，对于 x、y 和 z 方向三个方向的变形，第二次后张的时间越晚，机加工前由混凝土收缩和徐变引起的变形越大，而机加工后的混凝土收缩和徐变变形越小。

(2) 简支与"简支-连续"梁的计算结果分析。对简支和"简支-连续"结构的 24.768 m 轨道梁在不同时间进行第二次后张的分析表明，两种结构体系在第二次后张前 x 方向、z 方向是相同的；第二次后张后，x 方向上混凝土徐变和收缩变形相差很小，z 方向上"简支-连续"结构的混凝土徐变和收缩变形比单跨简支小。

通过对 24.768 m 直线轨道梁和曲线轨道梁（$\alpha=12°$）的不同第二次后张时间分别进行分析（表 4‑10 和表 4‑12），直线和曲线复合式轨道梁第二次后张前和第二次后张后混凝土收缩和徐变变形相差不大。由于上翼缘设有横向偏心束，曲线轨道梁 x 方向变形稍大于直线梁，z 方向变形稍小于直线梁。

(3) 第二次后张对 y 方向和 z 方向变形的影响分析。系统要求由于混凝土收缩和徐变引起的长期变形引起线路相对于理论位置的长波偏离不超过长波偏差范围（z 方向跨中最大 ± 1 mm，y 方向跨中最大 ± 2 mm）。采用各表中不同的第二次后张时间，长期变形均能满足系统要求。

(4) 提前进行第二次后张对 x 方向的影响分析。根据上海磁浮线系统技术规格书"功能件和定子布置的基本原则"中的要求，梁跨内功能件系统轴线定子之间的设计间隙的允许范围为 3.5～4.0 mm。在此基础上制造和安装容差为 ± 1 mm，即在标准条件下，安装完成后定子之间的容许间隙为 2.5～5.0 mm，并要求机加工后混凝土收缩和徐变造成的功能件之间轴方向上的 1.548 m 范围内的间隙变形最大容许值为 0.4 mm。

对于 24.768 m 跨度轨道梁,从不同第二次后张时间的混凝土收缩和徐变造成的功能件之间轴方向上的 1.548 m 范围内的间隙变形量情况可以看出,14 d 后进行第二次后张及机加工后的收缩徐变变形,较 60 d 第二次后张最大增加 5.071 mm,分配到 1.548 m 范围内比最大容许值 0.4 mm 约增加 0.33 mm(超容许值)。如果采用将 60 d 后进行第二次后张缩短至 28 d 后进行第二次后张和机加工,可基本达到间隙变形量最大容许值 0.4 mm 的要求,超过的一小部分则可以利用定子铁心制造公差来调节(定子铁心的制造公差为 0~0.5 mm)。

4.3.1.4 实测与理论的对比分析

1) 上海磁浮线试验梁施工过程的变形监测

为了掌握轨道梁在施工过程中的变形情况和对设计理论分析结果进行验证,在上海磁浮线制梁基地对 6 片轨道梁进行变形监测,其中 2 片为直线轨道梁,4 片为用于曲线上的轨道梁(表 4-15)。对施工过程中各轨道梁的横向弯曲、竖向挠曲和纵向收缩变形进行监测。

表 4-15 试验梁的编号和梁型

轨道梁编号	跨度/m	位　　置	横坡/(°)
GL1187	24.768	直线段	0
GL1182	24.768	直线段	0
GR0846	24.768	曲线段	12
GR0847	24.768	曲线段	12
GL0855	24.768	曲线段	12
GL0856	24.768	曲线段	12

根据施工过程设定观测频次,保证轨道梁先张预应力放张前后、吊至第一次后张区、第一次后张前后、吊至第二次后张区(施加等代荷载后)及第二次后张前后八个关键施工阶段进行变形观测。对于混凝土收缩、徐变时效变形的观测,自第一次后张完成起,每周进行一次。

(1) 测点布置和测量方法。结合轨道梁的施工工艺并考虑到观测作业速度要求,测点应尽可能布置在梁体顶面及功能件部位。观测点布置如图 4-11 所示。

(2) 梁体竖向弯曲变形监测。利用精密水准仪进行梁体竖向弯曲变形观测。观测点设置在轨道梁的顶面,在梁顶面两侧往中约 10 cm 位置,以 3 m 间距在第 1、4、7、10、13、16、19、22 和 25 连接件相应位置设置共 18 个测点,在梁体中部以 6 m 间距增设 3 个校核点,每根轨道梁共设 21 个挠度观测点。测点采用不锈钢水准标志,各测点在混凝土浇筑前与钢筋焊接固定。

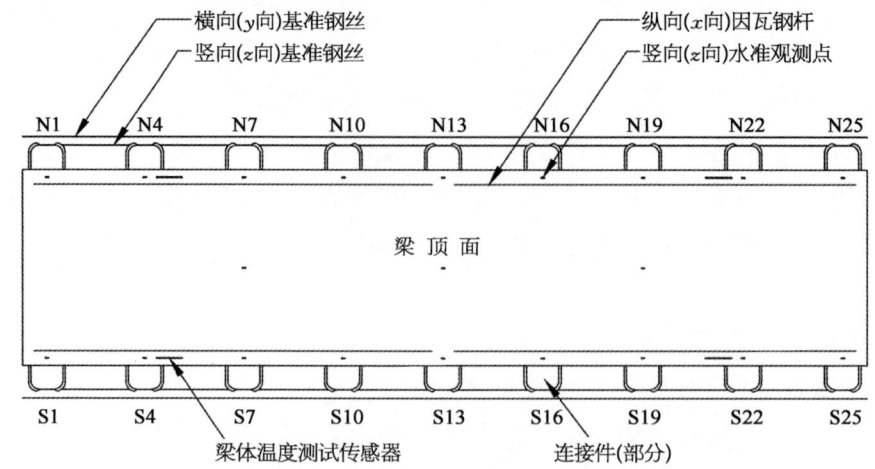

图 4-11 变形观测点布置示意图

为保证水准测量精度,观测中采取了以下观测措施:
① 使用高精度电子水准仪,标称精度达到±0.3 mm/km。
② 每次施测前后精确检测仪器 i 角,确保仪器性能。
③ 各观测点均采用双站法两次测定高程。
④ 每次观测固定仪器、固定测站、固定观测次序。
⑤ 各观测点视线长度均不小于 10 m,不大于 25 m。

实际测量过程中,水准测量同点两次读数误差不大于 0.15 mm,两次读数取平均能满足观测精度要求。

(3) 梁体横向弯曲变形监测。梁体横向弯曲变形采取在梁体连接件两侧布置两根基准钢丝测定。基准钢丝两端用特制的连接架与梁体首尾两连接件固定,固定时对钢丝施加 441 N 的拉力。

首次测量前,以约 3 m 的间距在相应连接件外侧面布置特定观测点(作"+"字标记),在梁体两侧的 1、4、7、10、13、16、19、22 和 25 连接件相应位置设置共 18 个观测点。每次仔细量测"+"字标记与基准钢丝的距离,以测定梁体横向弯曲变形。梁体横向弯曲变形采用数显游标卡尺测定,实际操作中证明多次读数互差能确保小于 0.10 mm。

(4) 梁体纵向收缩变形。梁长纵向(x 向)变形采用特制因瓦钢杆装置测定。利用因瓦钢线膨胀系数($1.0 \sim 1.5 \times 10^{-6}$)比混凝土梁线膨胀系数($1.0 \sim 1.5 \times 10^{-5}$)小一个数量级的特性,从理论上确保观测精度。

沿梁体顶边两侧向梁中心线内侧 20 cm 各布置一条 $\phi 8$ mm 的因瓦钢杆,因瓦钢杆两端固定于梁体两端,中部为断开的自由端,自由端空隙随着梁体的伸缩而变化,每次测定自由端空隙间接测定梁体长度变化。试验梁因瓦钢杆安装如图 4-12 所示。

两端固定标志在混凝土浇筑前与钢筋焊接,沿因瓦钢杆长度方向每 70 cm 设置一个固定于梁体顶面的限位器。

为了满足长期监测需要,因瓦钢杆塞入充满黄油的 $\phi 20$ mm 的钢管内,并与钢管一同埋入梁体,保证因瓦钢杆两端固定于梁体两端,中部为自由端,梁面中部开小量测孔。

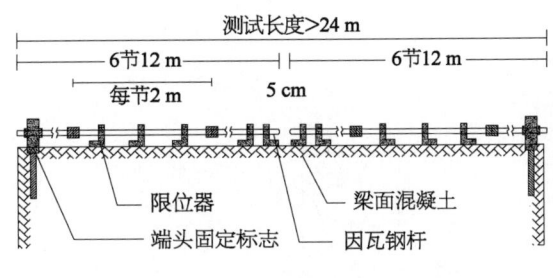

图 4-12 因瓦钢杆安装示意图

梁长纵向(x 向)变形采用数显游标卡尺测定,实际操作中证明多次读数互差能确保小于 0.05 mm。

2)实测结果与理论结果的对比

(1)关键施工阶段的弹性变形。在轨道梁施工过程中,对先张法预应力放张前后、吊至存梁区前后、第一次后张前后以及第二次后张前后四个阶段进行观测,实测和理论计算结果对比见表 4-16~表 4-19。

表 4-16 先张预应力放张前后跨中截面弹性变形汇总

梁编号	x 方向(纵向)			y 方向(横向)			z 方向(竖向)		
	实测值/mm		计算值/mm	实测值/mm		计算值/mm	实测值/mm		计算值/mm
	左侧	右侧		左侧	右侧		左侧	右侧	
GL1187	−2.94	−3.06	−3.19	0.12	0.09	0.00	0.21	0.10	0.00
GL1182	−3.13	−3.22		0.08	0.01		0.08	0.05	
GR0846	−3.46	−4.18	−2.85	1.43	1.38	1.61	−0.06	−0.10	0.00
GR0847	−3.47	−4.03		1.52	1.63		0.03	0.06	
GL0855	−6.11	−6.97		1.40	1.54		0.02	0.10	
GL0856	−5.88	−6.60		1.55	1.38		0.15	0.09	

表 4-17 吊至存梁区前后跨中截面弹性变形汇总

梁编号	x 方向(纵向)			y 方向(横向)			z 方向(竖向)		
	实测值/mm		计算值/mm	实测值/mm		计算值/mm	实测值/mm		计算值/mm
	左侧	右侧		左侧	右侧		左侧	右侧	
GL1187	−5.62	−5.43	−3.34	−0.10	−0.16	0.00	3.56	3.43	3.37
GL1182				−0.08	−0.02		3.22	3.41	
GR0846	−6.96	−6.31	−3.88	−0.46	−0.47	−0.52	3.85	3.64	3.18
GR0847	−6.84	−5.79		−0.54	−0.55		3.56	3.21	
GL0855	−5.05	−4.75		−0.35	−0.42		3.11	3.44	
GL0856	−4.93	−4.52		−0.54	−0.53		3.42	3.32	

表 4-18　第一次后张前后跨中截面弹性变形汇总

梁编号	x 方向（纵向）			y 方向（横向）			z 方向（竖向）		
	实测值/mm		计算值/mm	实测值/mm		计算值/mm	实测值/mm		计算值/mm
	左侧	右侧		左侧	右侧		左侧	右侧	
GL1187	0.95	0.98	−0.11	−0.10	−0.22	0.00	−3.51	−3.55	−3.37
GL1182				−0.05	−0.08		−3.42	−3.31	
GR0846	0.04	−0.09	−0.24	−0.19	0.03	0.00	−2.94	−3.04	−3.18
GR0847	−0.05	0.12		−0.49	−0.17		−2.92	−3.04	
GL0855	−0.35	−0.24		−0.21	−0.10		−3.35	−3.42	
GL0856	−0.44	−0.23		−0.10	−0.20		−3.02	−3.18	

表 4-19　第二次后张前后跨中截面弹性变形汇总

梁编号	x 方向（纵向）			y 方向（横向）			z 方向（竖向）		
	实测值/mm		计算值/mm	实测值/mm		计算值/mm	实测值/mm		计算值/mm
	左侧	右侧		左侧	右侧		左侧	右侧	
GL1187						0.00			−1.07
GL1182									
GR0846			−0.2			0.00	−0.91	−0.98	−1.07
GR0847							−1.15	−0.95	
GL0855	−0.1	−0.3		0.02	−0.05		−1.00	−0.95	
GL0856	−0.1	−0.2		0.10	−0.04		−0.94	−1.01	

从表中可见，关键施工阶段的跨中截面弹性变形的实测值与计算值吻合较好。

（2）混凝土收缩、徐变引起的梁体变形。由于机加工时要拆除连接件两侧的基准钢丝以及吊梁进度要求，变形观测在第二次后张完成后就不再进行。

被测轨道梁混凝土收缩和徐变变形实测值和计算值对比如图 4-13 和图 4-14 所示。

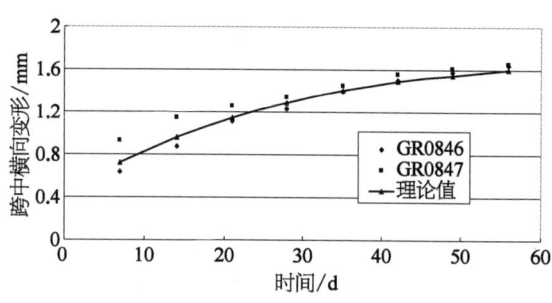

图 4-13　混凝土收缩、徐变引起的横向变形

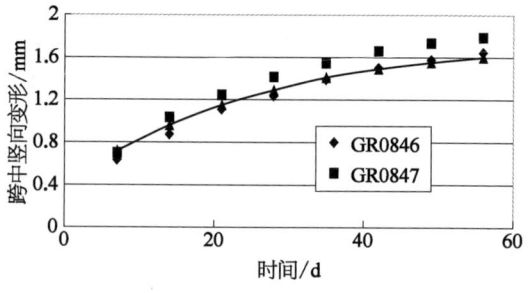

图 4-14　混凝土收缩、徐变引起的竖向变形

可以看出,理论计算值和实测结果随时间的变化趋势相同,数值吻合较好。由此可以推断出,所采用的控制措施是行之有效的,计算方法是可行的。

图 4-15、图 4-16 分别给出了试验梁在第二次后张后其纵向(x 向)和跨中竖向(z 向)时效变形情况,从图中曲线发展可以看出因收缩徐变引起的变形随时间总体趋近于稳定,最终变形数值可以控制在允许的偏差范围内。

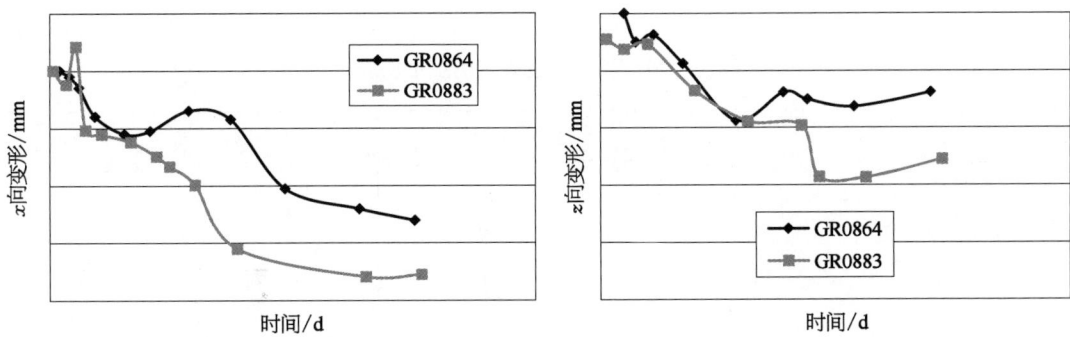

图 4-15　轨道梁第二次后张后的纵向(x 向)变形　　图 4-16　轨道梁第二次后张后的竖向(z 向)变形

4.3.1.5　实践结论

通过上海磁浮线轨道梁设计和施工的实践,可以得到如下结论:

(1) 在德国复合式轨道梁技术转让的基础上优化轨道梁的预应力设计,将德方提出的以变形作为控制目标的零挠度法改为以轴心受压为目标的平衡设计法,简化了预应力的施工工艺,大大提高了施工效率。

(2) 采用一次先张和两次后张的施工工艺,相较于德方提出的换预应力束施工工艺减少了预应力束的用量,降低了工程造价。

(3) 采用专门开发的低收缩和徐变混凝土材料对控制时效变形起到重要作用。

(4) 上海磁浮线投入试运行至今已超过 20 年,前期的理论分析和试验验证以及多年来的运营实践都证明,上海磁浮线所采用的时效变形控制方法完全能够满足系统的要求。

4.3.2　"简支-连续"变形控制

高速磁浮轨道结构对于在列车荷载和温度荷载作用下的变形控制要求十分严格。轨道梁在静载下的变形控制可以通过轨道梁预设反拱和施加预应力来解决,而列车移动荷载和温度作用下的变形控制则是一个较难解决的问题。在 TVE 试验线上初期建成的 I 形梁一般为简支梁,试验结果发现在日照较强的天气里车辆高速运行时的故障率很高,分析发现是由于日照引起轨道梁过大的温差变形对磁浮列车的高速运行产生影响。为解决温度变形问题,德国工程师曾尝试了多种解决方案,如轨道梁顶面设置隔热层或在梁顶面涂白色反光的涂料等方法,但均未取得理想的效果。

与相同面简支梁相比,双跨连续梁在控制(移动荷载和温差梯度引起的)变形方面具有优越性,因此德方推荐上海磁浮线采用双跨连续的轨道梁结构形式。

根据设计要求,对 24.768 m 的简支和双跨连续复合式轨道梁在列车荷载的温差作用下的变形分别进行分析,其中列车荷载垂向按 25.6 kN/m、横向按 3.9 kN/m 的均布荷载计算,同时按照垂向 22℃、横向 10℃ 的温差计算变形值,计算结果与控制指标的对比见表 4-20。

表 4-20 复合式轨道梁的变形验算

分 项	控 制 指 标	简支梁计算值	连续梁计算值
竖向车载变形/mm	$f_{z,\text{veh}} = L/6\,000 = 6.192$	2.232	1.052
竖向温差变形/mm	$f_{z,\Delta T} = L/6\,500 = 3.82$(顶板升温)	7.051	2.044
	$f_{z,\Delta T} = L/5\,400 = 4.587$(底板升温)	3.205	0.929
横向车载变形/mm	$f_{y,\text{veh}} = L/15\,000 = 1.651$	0.484	0.233
横向温差变形/mm	$f_{y,\Delta T} = L/5\,800 = 4.27$	2.518	0.783
自振频率/Hz	$f_{1,\text{limit}} > 1.1\dfrac{V}{L} = 5.305(V=430\text{ km/h})$	$f_1 = 5.966$	$f_2 = 5.807$

从表中的数据可看出简支梁温差引起的竖向变形计算值为 7.051 mm,超出设计要求。该计算过程所取温度梯度为基于德方试验线的测试环境及欧洲气象标准制定的近似线性梯度,与上海磁浮线的实际应用场景不完全相同。经现场试验校验,实际温度场的等效线性梯度约为表中计算值所取温度梯度的一半,根据中国铁路规范计算得到的正温差下的变形值为 3.637 mm,可知各向温度变形均满足控制指标要求。

双跨连续梁的温差引起的竖向变形值仅为 2.044 mm,为控制值的 53.5%;而简支梁的横向变形为 2.518 mm,虽然小于系统要求的控制值 4.27 mm,但相对于连续梁而言大很多。通过比较可见:

(1) 双跨连续复合式轨道梁在一阶振动频率上与简支梁接近,但无论在控制车载变形还是温差变形方面,其性能优于简支梁。

(2) 简支复合式轨道梁除了其竖向(z 向)温差变形超标外,其余均能满足控制指标的要求,因此只需设法控制其竖向(z 向)温差变形即可。

虽然采用双跨连续轨道梁对变形控制有利,但是在应用于上海磁浮线时遇到了两大难以解决的问题。

首先,在轨道梁的制造、运输和吊装等施工方面,双跨复合式轨道梁不仅体积大,每根梁总重量达约 350 t,而且是需要三点支承的外部超静定结构,若任一支点相对于其他两个支点具有过大的位移,就可能造成梁的结构性破坏。这不仅给制造、运输和吊装带来很大的难度,同时也增加施工成本。

其次,在日照的作用下,梁的侧向(y方向)也将产生温差变形。双跨连续梁侧向(y方向)也是超静定结构,由于轨道梁侧向刚度也较大,梁的侧向温差将导致轨道梁对下部结构的水平反力很大。通过对线路下部结构的计算,发现上部轨道梁的侧向温差变形在下部结构横向总变形的控制中占60%以上。为了满足系统对下部结构的横向变形要求,下部结构需要设置大量的斜桩,将导致整个线路下部结构的工程量大幅度增加。

通过反复研究,上海磁浮线设计人员提出了简支-连续变形控制方案,竖向工作状态接近连续梁,有效控制变形,而横向工作状态近于简支,不会显著增大横向反力。

4.3.2.1 方案的提出

在预应力混凝土桥梁施工工艺中,有一种采用后张预应力束将分段浇筑的梁段张拉连接的后连续方式。由于高速磁浮轨道结构的高精度要求是通过数控机床对整梁的精密加工实现的,如果在现场利用后张束张拉连接,将不可避免地引起已加工安装好的轨道结构发生变形。

根据前面的分析,由于主要需解决的是竖向问题,因此只要在竖向平面内连续,而在侧向平面内基本保持简支,则既能够控制轨道梁的竖向变形,又不至于产生较大的水平反力。同时,该体系能够在制造、运输和吊装环节按简支梁生产,在精确定位后,能够很方便地连接起来,使上述问题得到解决。上海磁浮线工程技术人员根据磁浮轨道结构受力的特点,深入分析简支复合式轨道梁及其经过体系转换后的温度变形控制问题,创造性地提出了适用于高速磁浮系统的简支-连续体系及其施工工艺。

1)轨道梁温度变形分析

(1)简支轨道梁的温度变形。假定简支梁(图4-17)截面刚度为EI,截面高度为h,材料的线膨胀系数为α,梁上、下边缘的温度分别为t_1和t_2,且$t_1 > t_2$。

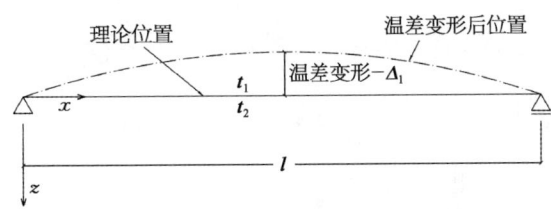

图4-17 温度荷载作用下的简支梁

当上下表面温差$\Delta t = t_1 - t_2$时,根据梁结构力学原理,由温差导致的跨中竖向位移为

$$\Delta_1 = \frac{\alpha \Delta t}{h} \int_0^l \bar{M} \mathrm{d}x = \frac{\alpha \Delta t}{h} \frac{l^2}{8} \tag{4-2}$$

式中 $\bar{M}$——在跨中施加单位荷载在梁中产生的弯矩。对于简支梁,温差不产生内力。

(2)连续轨道梁的温差变形。双跨连续梁为一次超静定结构(图4-18),在温差作用下将产生温度内力。根据结构力

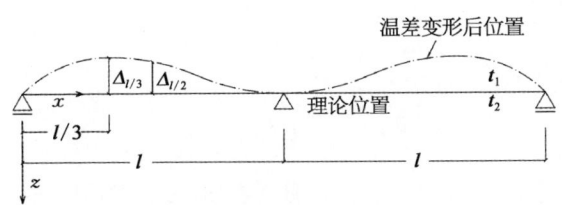

图4-18 温差荷载作用下的连续梁变形示意图

学原理,可得距左支座 x 处的上拱变形 Δ_x 为

$$\Delta_x = \frac{1}{EI}\int_0^l \bar{M}M\mathrm{d}x - \frac{\alpha\Delta t}{h}\int_0^l \bar{M}\mathrm{d}x = \frac{Q_A}{6EI}(l-x)^2(2l+x) - \frac{\alpha\Delta t}{2h}(l-x)^2$$

$$= \frac{\alpha\Delta t}{h}(l-x)^2\left(\frac{2l+x}{4l} - \frac{1}{2}\right) = \frac{\alpha\Delta t}{h}\frac{x(l-x)^2}{4l} \tag{4-3}$$

由上式,最大位移发生在 $x = l/3$ 处,其值为

$$(\Delta_x)_{\max} = \Delta_{l/3} = \frac{l^2}{27}\frac{\alpha\Delta t}{h} = \frac{8}{27}\Delta_1 = \frac{1}{3.375}\Delta_1 \tag{4-4}$$

跨中位移为

$$\Delta_2 = \frac{l^2}{32}\frac{\alpha\Delta t}{h} = \frac{1}{4}\Delta_1 \tag{4-5}$$

(3) 弹性连续的轨道梁的温差变形。与连续梁类似,弹性连续梁也为一次超静定结构(图4-19),在温差作用下将产生温度内力。此时,根据结构力学原理,利用力法求得各节点的温度内力后,即可求出距左支座 x 处的位移 Δ_x 为

$$\Delta_x = \frac{\alpha\Delta t}{h}\int_0^l \bar{M}\mathrm{d}x + \frac{1}{EI}\int_0^l \bar{M}M\mathrm{d}x$$

$$= \frac{\alpha\Delta t}{h}\frac{1}{2}x(l-x) - \frac{Q_A l}{EI}\left[\frac{1}{2}\frac{x^2(l-x)}{l}\frac{2}{3}\frac{x}{l} + \frac{1}{2}\frac{x(l-x)^2}{l}\frac{1}{3}\frac{l+2x}{l}\right]$$

$$= \frac{1}{2}x(l-x)\frac{\alpha\Delta t}{h}\left(1 - \frac{K_\mathrm{m}}{3i+2K_\mathrm{m}}\frac{l+x}{l}\right) \tag{4-6}$$

其中,$i = EI/l$;K_m 为连接节点刚度。

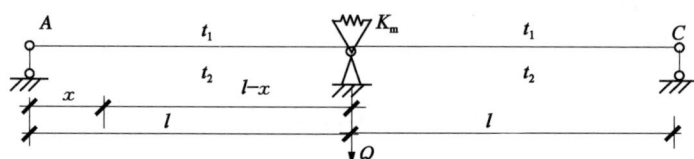

图 4-19 弹性连续梁结构

从上式可得跨中温差位移为

$$\Delta_3 = \frac{l^2}{8}\left(\frac{\alpha\Delta t}{h} + \frac{M_B}{2EI}\right) = \frac{l^2}{8}\frac{\alpha\Delta t}{h}\left(\frac{6i+K_\mathrm{m}}{6i+4K_\mathrm{m}}\right) \tag{4-7}$$

由式(4-7)可见,当连接节点刚度 $K_\mathrm{m} = 0$ 时,$\Delta_3 = \Delta_1$,弹性连续梁即为两个独立的简支梁;当连接节点刚度 $K_\mathrm{m} \to \infty$ 时,$\Delta_3 = \Delta_2$,弹性连续梁即为标准的连续梁。

对比式(4-2)和式(4-7)可见,双跨连续梁由于受两跨连接节点刚度作用,跨中温差变形只有简支梁的1/4;弹性连续梁的温差变形则介于简支梁和连续梁两者之间,其大小取决于连接刚度 K_m。通过适当选取 K_m,可使先简支后连续的轨道梁在垂向平面内接近连续梁,在侧向平面内接近简支梁,从而达到既控制轨道梁的竖向温差变形又不导致过大水平反力的目的。

2)"简支-连续"轨道梁的参数研究

由上述可知刚度 K_m 与控制垂向温差变形与侧向温差内力之间的关系,为了实现设计意图,需要适当地选择的 K_m。

(1) 竖向连续刚度分析。

令 $k=K_m/i$,由式(4-5)和式(4-7)可得,连续梁与弹性连续梁在相同温差下的变形比为

$$\gamma = \frac{\Delta_2}{\Delta_3} = \frac{1}{2} \frac{3i+2K_m}{6i+K_m} = \frac{3+2k}{12+2k} \tag{4-8}$$

两种结构形式的温差变形比 γ 与连接节点相对刚度 k 之间的关系如图4-20所示。从图中曲线可以看出,γ 随 k 的增加而迅速增加并很快趋向近于1,当 k 增大到一定程度后 γ 的增大趋于平缓,继续增加 k 对改善为简支后连续的效果将不再明显。这说明节点连续刚度对弹性连续梁的温差变形控制灵敏,意味着在工程应用时只需要较少的连接材料即可达到接近连续梁的效果。

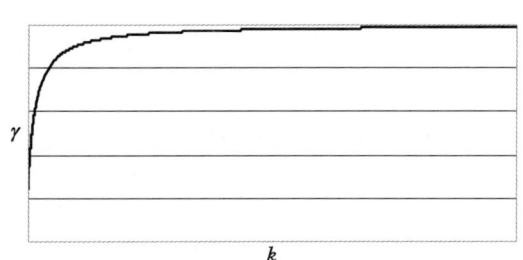

图4-20 简支变连续梁节点刚度与温度变形的关系

为确定合适的 k 值,需要分析 γ 随 k 增加而下降的速率变化。将式(4-8)对 k 求一阶导可得:

$$\frac{d\gamma}{dk} = \frac{18}{(12+2k)^2} \tag{4-9}$$

由式(4-9)可知,当 $k=10$ 时,γ 的变化率已非常小,因此"简支-连续"梁的连续节点相对刚度只要取10左右即可,继续增加意义不大。

(2) 上海磁浮线"简支-连续"结构参数。

根据以上分析,上海磁浮线轨道梁截面的相应参数取为:截面高度 $h=2.2$ m;截面积 $A=2.3179$ m^2;绕 y 轴惯矩 $I_{yy}=1.3914$ m^4;绕 z 轴惯矩 $I_{yz}=0.96994$ m^4。

由上述参数可知,竖向线刚度为

$$i_{yy} = EI_{yy}/l = 3.6 \times 10^{10} \times 1.3914/24.768 = 2.0224 \times 10^9 (\text{N/m})$$

侧向线刚度为

$$i_{zz} = EI_{yz}/l = 3.6 \times 10^{10} \times 1.3914/24.768 = 1.4098 \times 10^9 (\text{N/m})$$

上海磁浮线采用在复合式轨道梁的顶面与底面分别设置两片钢板作为连续节点构造,在有效控制竖向变形的同时,侧向刚度较小,且便于实施(图 4-21)。

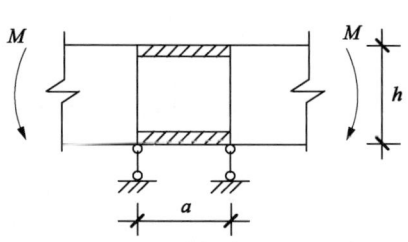

图 4-21 钢板连续的计算简图

从图中可见,当连接节点传递的弯矩为 M 时,钢板承受的轴向力为 $N = \dfrac{M}{h}$。则轴向变形为 $\Delta = \dfrac{N}{E_s A} a = \dfrac{M}{E_s A} \cdot \dfrac{a}{h}$。其中,$E_s$ 为钢材的弹性模量,A 为连接钢板截面积。假设连接钢板厚度为 d,宽度为 b,则 $A = bd$。

连接节点左右端面相对转角为

$$\theta \approx \tan\theta = \dfrac{2\Delta}{h} = \dfrac{2M}{E_s A} \cdot \dfrac{a}{h^2}$$

从而可得抗弯连接刚度为

$$K_m = \dfrac{M}{\theta} = \dfrac{E_s A}{2} \cdot \dfrac{h^2}{a} = \dfrac{E_s bd}{2} \cdot \dfrac{h^2}{a} \tag{4-10}$$

假定"简支-连续"节点相对刚度不小于 k_1,则从式(4-10)可得:

$$\dfrac{bd}{a} \geqslant \dfrac{K_m}{E_s h^2} = \dfrac{2k_1 i_{yy}}{E_s h^2} \tag{4-11}$$

可根据上式确定满足设计要求的钢板尺寸。上海磁浮线"简支-连续"梁采用两块连接钢板,上部连接板尺寸为 —2 100 mm × 800 mm × 25 mm,下部连接板尺寸为 —1 890 mm × 800 mm × 25 mm,上海磁浮线最终确定的连续节点相对刚度为 $k = 10.25$。

(3) 侧向刚度分析。

侧向的要求与竖向相反。当侧向刚度为 0 时,"简支-连续"轨道梁侧向变为静定的简支梁,温度变形对下部结构不产生侧向作用力。由于连接钢板的存在侧向刚度不可能为 0,只能在满足竖向刚度要求的前提下尽可能减小侧向刚度。

根据竖向刚度要求,连接钢板尺寸取为 —800 mm × 25 mm,则节点的侧向抗弯刚度为

$$K_{mz} = \dfrac{E_s I_z}{a} = \dfrac{E_s db^3}{6a} = 9.350 \times 10^8 \text{ N} \cdot \text{m} \tag{4-12}$$

侧向相对抗弯刚度为

$$k_z = K_{mz}/i_{zz} = 0.6632 \tag{4-13}$$

由式(4-7)和式(4-5)可得跨中侧向温度变形为

$$\Delta_3 = 3.08025\Delta_2 = 0.7701\Delta_1 \tag{4-14}$$

由上式可知"简支-连续"梁因温度变形导致支座承受的侧向力只有连续梁的23%。如果减小连接钢板的宽度,减小侧向温度内力的效果将更加明显,但为保持连接件的稳定性,在设计时还是保持了一定的板宽。

3) 竖向荷载下的内力传递分析

在列车均布荷载作用下,连续梁在竖向均布荷载作用下中支座的弯矩为

$$M_1 = \frac{1}{8}ql^2 \tag{4-15}$$

"简支-连续"梁在竖向均布荷载作用下中支座的弯矩为

$$M_2 = \frac{1}{8}ql^2 \left(\frac{2}{3/k+2} \right) \tag{4-16}$$

根据前面分析,$k=10.25$,从而可知 $M_2=0.872M_1$。说明在均布荷载作用下"简支-连续"梁中支座节点传递的竖向弯矩与连续梁相差不超过13%,因此说明"简支-连续"梁竖向传力效果良好。

4) "简支-连续"轨道梁的动力性能

与连续轨道梁相似,"简支-连续"轨道梁的振型也分为反对称和正对称两组,分别为奇数阶振型和偶数阶振型。两者反对称振型(奇数阶)及其频率完全相同,正对称振型(偶数阶)的振型函数形式相同,但因频率不同量值有差别。

取"简支-连续"轨道梁节点的竖向相对抗弯刚度 $k=10.25$,计算正对称频率与振型并与连续轨道梁比较。"简支-连续"轨道梁与连续轨道梁的前10阶正对称振型(相当于总体前20阶振型)的圆频率比较见表4-21。从中可见,"简支-连续"轨道梁的频率比真正连续轨道梁的频率有所降低,这是因为"简支-连续"的节点难以做到绝对刚接。但总的来说频率下降的幅度很小,两者自振频率较为接近。

表4-21 简支变连续轨道梁与连续轨道梁正对称振型的频率比较

振型阶数 i	连续梁频率 ω_i	简支变连续频率 ω_i	简变连频率降低率/%
1	6.83×10	6.29×10	7.91
2	2.21×10^2	2.06×10^2	6.88
3	4.61×10^2	4.33×10^2	6.12
4	7.89×10^2	7.45×10^2	5.59

(续表)

振型阶数 i	连续梁频率 ω_i	简支变连续频率 ω_i	简变连频率降低率/%
5	1.20×10^3	1.14×10^3	4.78
6	1.71×10^3	1.63×10^3	4.87
7	2.30×10^3	2.20×10^3	4.47
8	2.97×10^3	2.85×10^3	3.90
9	3.74×10^3	3.60×10^3	3.79
10	4.59×10^3	4.43×10^3	3.51

图 4-22～图 4-26 给出了"简支-连续"复合式轨道梁与连续轨道梁的前 5 阶正对称振型(相当于总体前 10 阶)的比较。由于左右两跨振型是对称的,振型图中只画出了左跨。从中可见,"简支-连续"复合式轨道梁与连续复合式轨道梁频率和振型相当接近。

4.3.2.2 "简支-连续"构造设计

根据前面的分析可知,采用钢板连接的结构方式取决于连接钢板的厚度。在上海磁浮线采用了 25 mm 厚的连接钢板。根据钢板几何特点,其侧向的连接刚度较小,基本保持了简支状态。

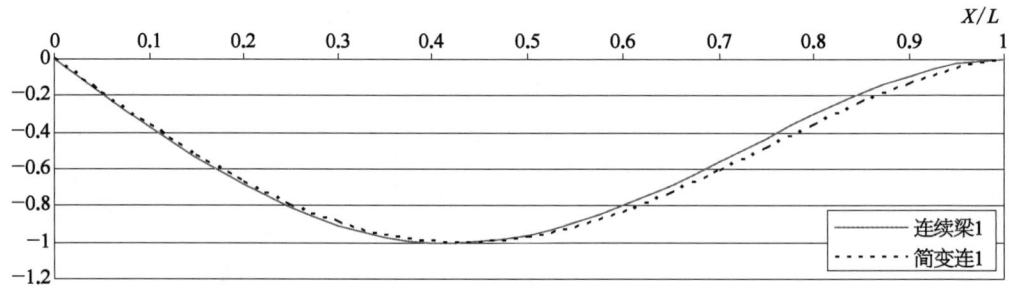

图 4-22 简变连与连续梁振型比较(正对称 1 阶)

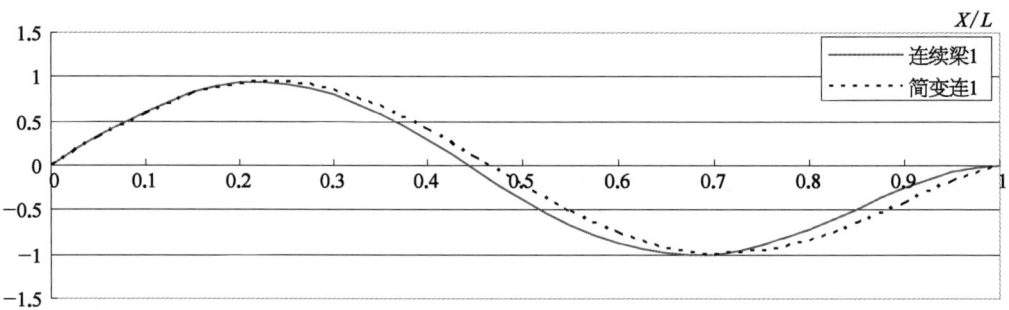

图 4-23 简变连与连续梁振型比较(正对称 2 阶)

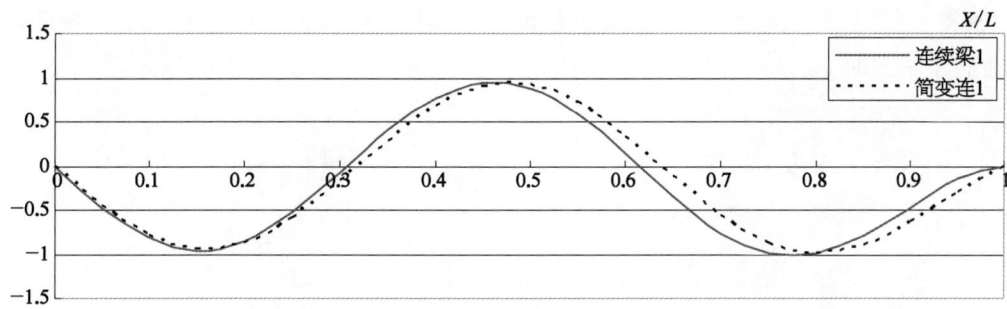

图 4-24 简变连与连续梁振型比较(正对称 3 阶)

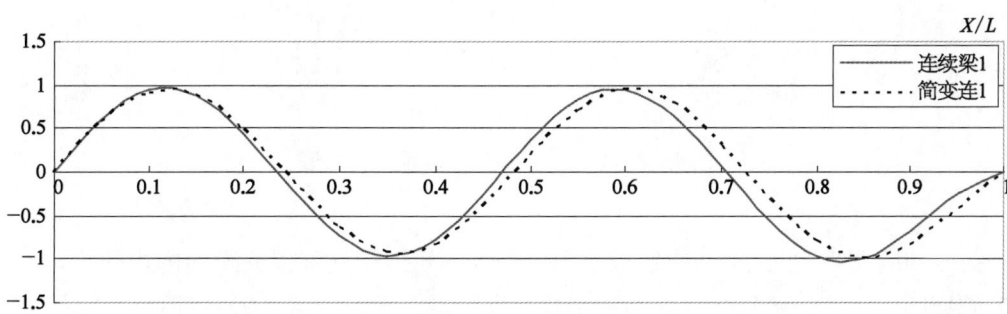

图 4-25 简变连与连续梁振型比较(正对称 4 阶)

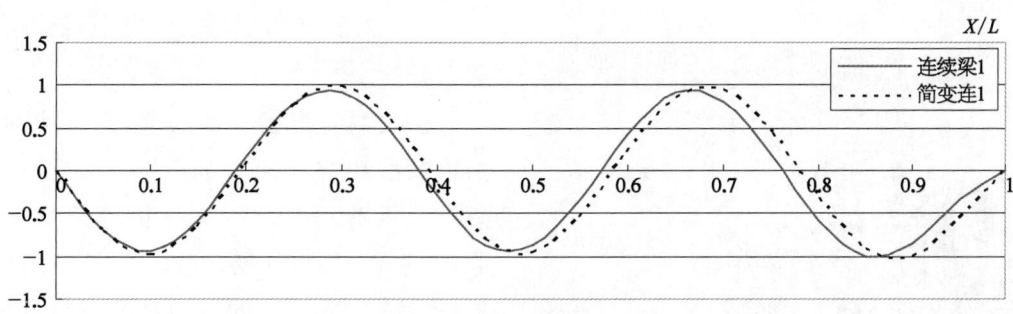

图 4-26 简变连与连续梁振型比较(正对称 5 阶)

上海磁浮线复合轨道梁采用的"简支-连续"的节点构造设计如图 4-27 所示。采用钢板预埋件的形式在浇筑混凝土时将钢板预埋件固定于梁的一端。为保证钢板预埋件与

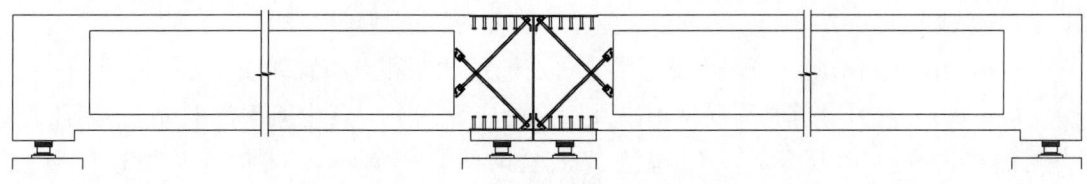

图 4-27 "简支-连续"的复合轨道梁

梁段混凝土的可靠结合,除在钢板预件上设置了锚钉、水平钢筋外还采用了斜向轧丝斜锚,如图4-28所示。

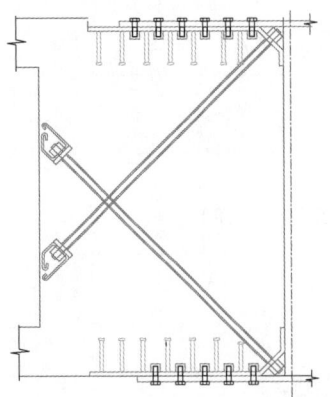
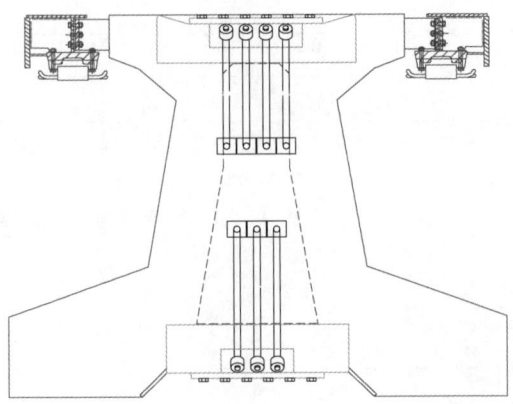

图4-28 "简支-连续"轨道梁节点构造

在最初的方案中,上下两块钢板分别与预埋在轨道梁端部混凝土内的内螺母、高强销钉等的预埋件用高强螺栓将两根轨道梁连接在一起。通过对高强螺栓连接与焊接两种方式进行比较,并经实际应用及实验验证,高强螺栓连接方式的构造及施工较为复杂,采用焊接连接较为简洁可靠。

4.3.2.3 "简支-连续"节点性能试验验证

图4-29 试验现场

在梁端的连接节点部位,先张法预应力钢绞线束、后张法预应力钢绞线束、支座加强钢筋、预埋件、夹丝锚等交织在一起,节点部位受力较复杂。为了验证"简支-连续"构造设计的可行性和可靠性,在上海磁浮线轨道梁研制过程中,采用1:1的足尺模型试验(图4-29)对节点构造、受力特性等进行了试验研究,测试了连接节点在正常使用状态和极限承载状态下的受力性能。

1)试验方案

位移测试分别采用百分表和千分表,人工读数,试验测点布置如图4-30所示。

应变测点包括连接钢板、混凝土以及钢筋的应变测点。其中典型的上部连接钢板应力测点如图4-31所示。为实现测试试验梁的自振频率测试布置了加速度测点(图4-32)。此外,还布置了支座反力测点(图4-33)。

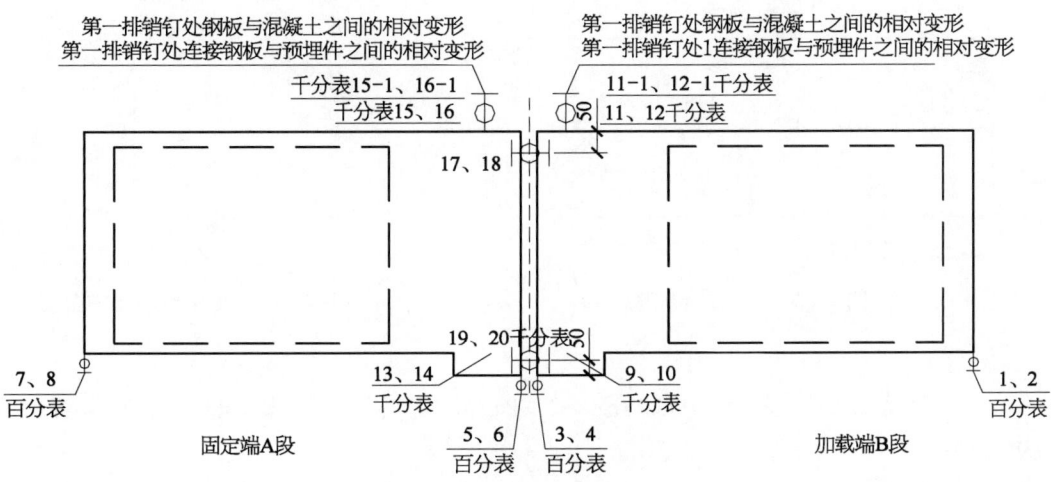

图 4-30 位移测点布置图

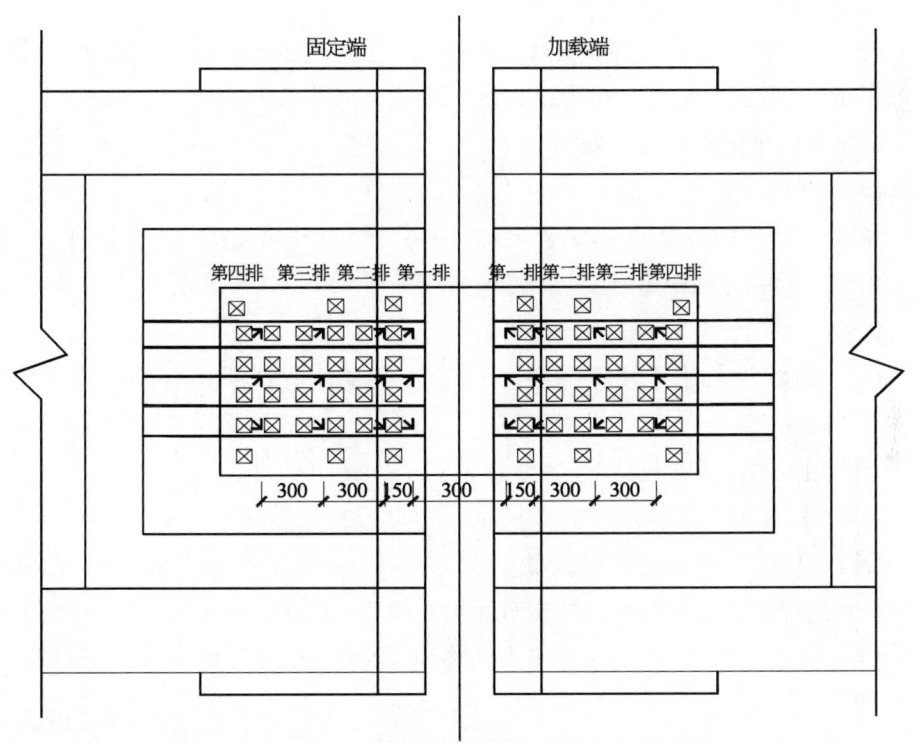

图 4-31 上部连接钢板应力测点

2) 试验过程

对钢连接节点在正常使用状态和极限承载力状态的受力性能的试验研究,主要包括以下几点:

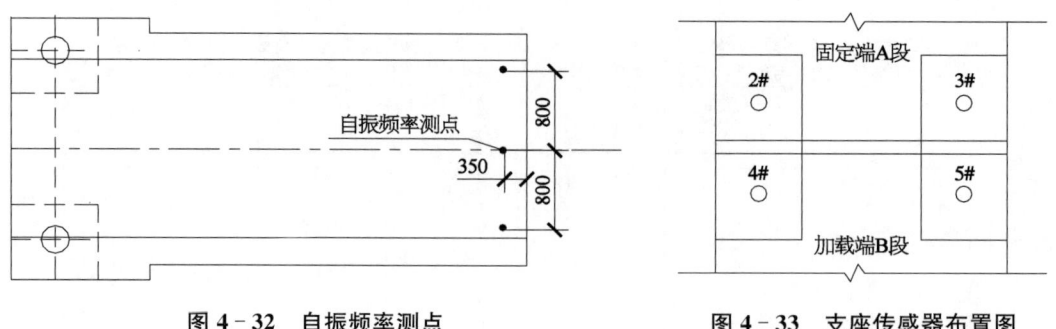

图 4-32 自振频率测点　　　　图 4-33 支座传感器布置图

（1）放张先张预应力，根据埋设在混凝土内部的钢筋应力计测点的应变，计算混凝土的初始预应力。

（2）张拉夹丝锚，研究夹丝锚张拉对混凝土初始预应力的影响。

（3）拆除 B 段试验梁下支承，测量试验梁自重的影响。

（4）测试试验梁的自振频率。

（5）进行正常使用状态下的疲劳和静载试验，包括正常使用状态下的静载试验、正常使用荷载下的疲劳试验、疲劳试验后正常使用荷载下的静载试验。

（6）试验梁的极限承载力试验。

3）试验结果

（1）经过 20 万次疲劳试验后，试验梁及钢连接节点在正常使用状态下没有出现异样。

（2）在极限承载力试验中，最早的破坏荷载为 1 000 kN（出现混凝土裂缝）。破坏荷载为正常使用荷载（450 kN）的 2.2 倍。

（3）在简支-连续梁中采用钢连接节点能达到设计所预期具有部分连续梁特征的要求。

（4）所采用的简支-连续梁钢连接节点是安全、可行的。

4.3.2.4 轨道梁变形验算

上海磁浮线"简支-连续"复合轨道梁在车辆荷载及温差荷载下的变形验算见表 4-22。通过与简支梁和双跨连续梁对比可以看出，上海磁浮线"简支-连续"轨道梁的竖向变形（包括车载与温差）均与双跨连续梁接近，而侧向变形（包括车载与温差）则与简支梁接近，说明"简支-连续"复合轨道梁方案很好地实现了设计目标。

极为严格的变形控制是高速磁浮轨道梁设计区别于常规桥梁结构的重要特征，尤其是混凝土长期时效影响和不均匀温度场下的温度变形，是设计中必须着重解决的问题。在上海磁浮线的实践中，技术人员通过轨道梁预应力优化设计、低收缩徐变混凝土，较好地实现了结构长期时效变形的控制；利用新型的简支-连续结构实现了竖向连续、横向简支的连接体系，既较好地控制了竖向温度变形，又不显著增加横向温度力，且连接构造受力合理、可靠，满足轨道梁节点长期静力和动力荷载作用的要求。

表 4‑22　上海磁浮线复合轨道梁变形验算

分　项	简　支　梁	"简支-连续"梁
竖向车载变形 $f_{z,veh}$/mm	2.232	1.303
竖向温差变形 $f_{z,\Delta T}$/mm	7.051 (顶板升温 22℃)	3.234
	3.205 (底板升温 10℃)	1.470
横向车载变形 $f_{y,veh}$/mm	0.484	0.457
横向温差变形 $f_{y,\Delta T}$/mm	2.518	2.329
自振频率 f_1/Hz	5.966	6.049

4.4　轨道功能区设计

常导高速磁浮的轨道功能区包括长定子、线圈、滑行板、导向板和定位标志板。对于复合式轨道梁而言,将这些轨道设备组合在一起的主要结构称为功能件(图 4‑34)。功能件是轨道结构系统中最基本也是最重要的部件之一,承担和传递磁浮系统所产生的悬浮力、驱动力和导向力。

上海磁浮线功能件共 34 种型号,定子铁心按长度分为 M、EA 和 EE 三种型式。

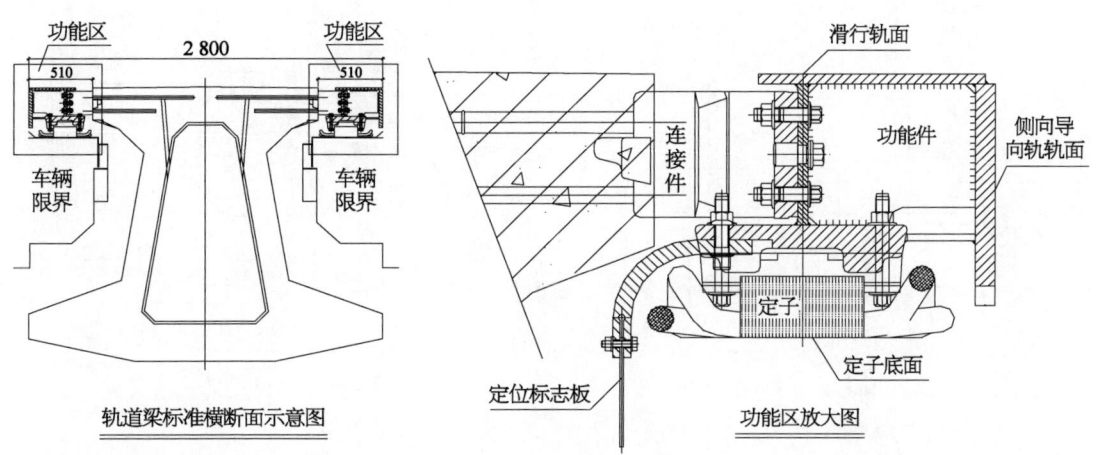

图 4‑34　复合式轨道梁及功能件

4.4.1 磁浮系统对功能件的要求

1) 功能要求

功能件下部设有定子翼板(π型钢)，每根π型钢上铣有槽口，用来安装长定子、定子线圈和定位标志板。当列车所在的定子段通电时，定子铁心与车辆的悬浮磁铁之间形成由定子和转子构成的直线电机系统，从而产生竖向的悬浮力和沿线路方向的牵引力。

功能件的顶面为滑行板。磁浮列车正常运行时，列车滑行面无接触。当磁浮列车的悬浮磁铁控制回路单元发生故障而无法维持悬浮时，滑行板就会受到来自磁浮列车支承滑橇的竖向压力和接触面上的摩擦力。

功能件侧面布置了导向板，它与列车两侧的导向磁铁形成闭合磁路。电磁铁线圈通电后，产生横向电磁力，使得车体与导向板之间始终保持一定的间隙。当磁浮车辆正好位于轨道梁中心线位置时，轨道梁两侧的导向力大小相等，方向相反，互相平衡。一旦磁浮车辆产生横向位移偏差时，位移传感器会检测其变化，通过控制系统改变磁浮车辆左右两侧的导向磁铁线圈电流的强度和频率，使间隙小的一侧电流减小，电磁力减小；间隙大的一侧电流增加，电磁力增大，最终使得总的导向恢复力与使列车发生偏移的力相平衡。此外，如果磁浮列车的导向磁铁控制回路单元发生故障，功能件的导向板还要承受横向的局部机械压力和沿线路方向的摩擦力。

功能件的功能示意如图4-35所示。

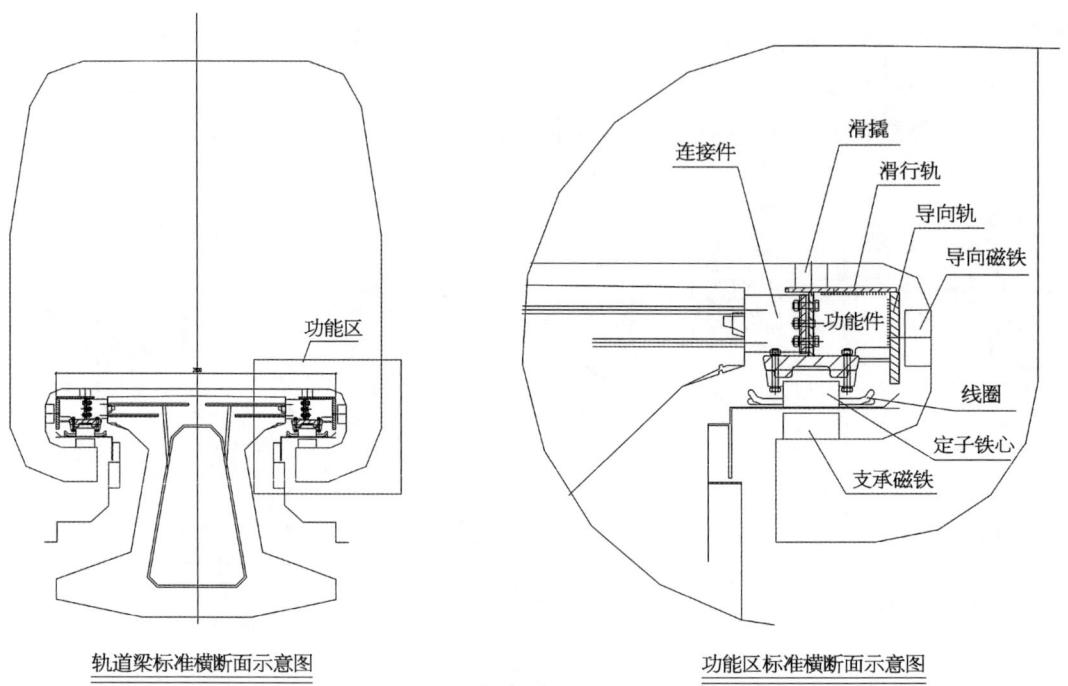

图 4-35 功能件的功能示意图

2) 环境要求

由于在不同气温变化范围下,功能件各构件之间的膨胀及收缩相差较大,因此需要依照所在地的平均气温确定功能件的制造和安装温度。功能件之间的间隙也要根据环境温度做适当的调整。

3) 强度要求

功能件是直接承受磁浮系统磁场力的重要部件,它主要受到来自磁浮列车的悬浮力、导向力、驱动力以及环境荷载等多种荷载的作用,因此要求功能件必须具有足够的强度,以保证磁浮车辆在最高允许速度和最大荷载下安全运行。

4) 变形要求

在列车自重和有效荷载的作用下,功能件定子翼板和滑行板的最大竖向变形应小于 0.6 mm;在列车自重和有效荷载中的横向作用力下,功能件导向板的最大横向变形应小于 0.3 mm。

5) 材料要求

一般来说,功能件应选用重量较轻,有足够高的强度、塑性和韧性,抗疲劳,减震性能好,导磁、导电等物理特性适宜,加工工艺性能优良,以及具有良好焊接性能的材料。

上海磁浮线功能件的材料除导向板选用软磁钢材料外,其他构件均参照德国标准(DIN EN10113-1993-1 及 DIN17102-1983)规定,选用国内生产的可焊接细晶粒钢板 S355N 钢。

6) 寿命要求

设计和制造功能件时,应考虑在预期的环境条件下,根据轨道梁的使用寿命,在使用期限内不需对功能件进行较高费用的维护,而又能保证功能件的安全性、适用性和耐久性。一旦功能件的耐久性难以保证,在一定的使用时间后,应能够使用比较方便的维修或更换寿命短构件方法来保证其使用功能。因此在功能件设计时,应考虑采用适当的构造措施,保证功能件各零部件能够及时更换。

4.4.2 功能件结构型式

功能件由三个主要功能构件以及联系各构件之间的连接板构成(图 4-36)。

1) 滑行板

功能件的上表面为一矩形平板,称为滑行板。磁浮列车在运行时,车体底部与滑行板之间保持一定的间隙。当列车处于非悬浮状态时,列车底部的滑橇直接下落在顶面滑行板上。滑行板的材料为 S355N 钢板,厚度为 15 mm,宽度为 360 mm,长度与功能件相同。

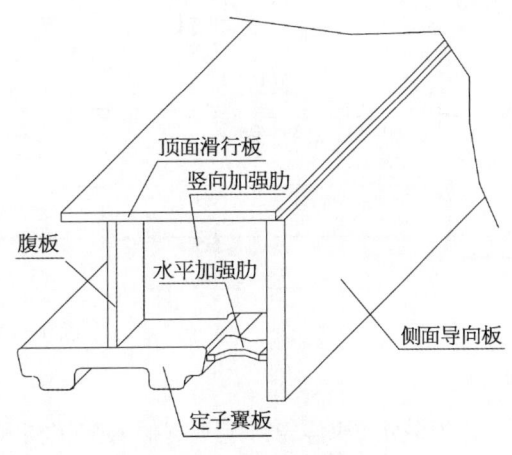

图 4-36 功能件示意图

滑行板两端的过渡区域，需要进行一定的处理，以避免一旦发生与车辆滑橇发生碰撞时，由于相邻滑行板的错位而卡住列车滑橇。德方要求在 22 mm 长度内采用 R50 的圆弧圆顺(图 4-37)，除了增加结构加工难度外，由于导向板面为凹凸不平的非加工毛面，圆弧与导向板面衔接会出现棱边。因上海磁浮线建设时间紧张，将板端部倒圆改为倒棱，棱边采用 R50 的圆弧圆顺(图 4-38)。该方案能够降低对机加工刀具的要求，减少加工时间，节约成本。实践证明，这种结构未对列车的滑橇产生不利影响。

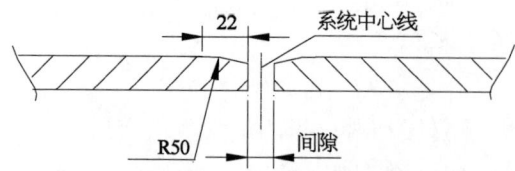

图 4-37 德方提出的滑行板端部处理方式

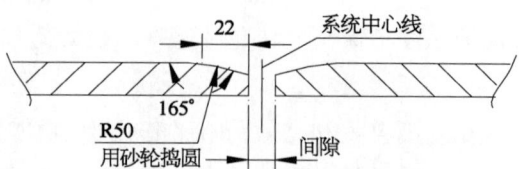

图 4-38 上海磁浮线的滑行板端部处理方式

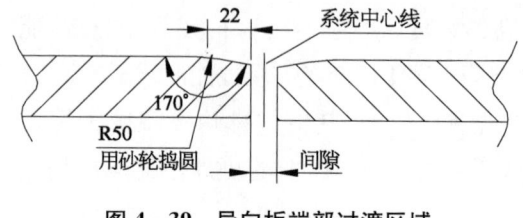

图 4-39 导向板端部过渡区域

2) 导向板

导向板位于功能区的外侧，采用 30 mm 厚软磁钢板制作，宽度为 305 mm，其长度与功能件的相同。导向板两端的过渡区域采用与滑行板相同的处理措施(图 4-39)。

3) 定子翼板

定子翼板位于功能件的下部，为一轧制 π 型钢。定子翼板沿着轨道方向铣有多个凹槽(燕尾槽和矩形槽)和螺栓孔，用于固定定子铁心(图 4-40)，该构件与腹板呈丁字形焊接，长度与功能件相同。

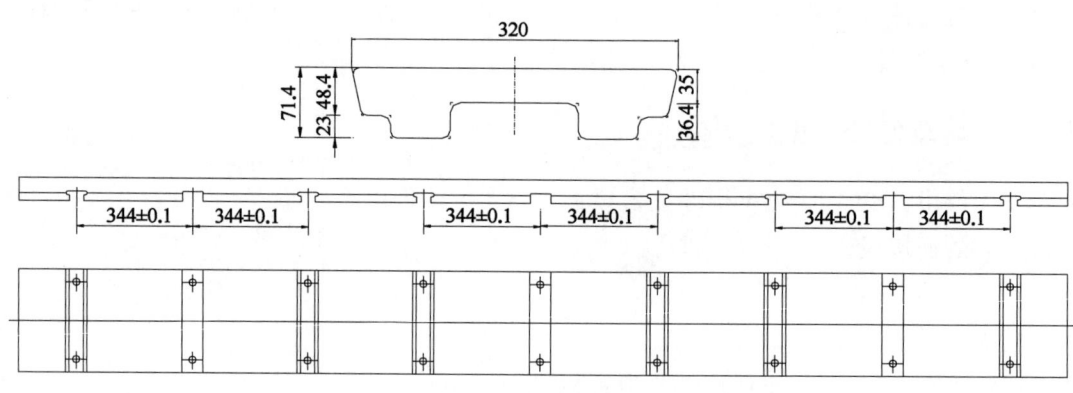

图 4-40 定子翼板

安装定子时，先将定子键插入燕尾槽和矩形槽中，再利用高强螺栓将定子固定在定子翼板上(图 4-41)。在列车运行过程中，如果发生定子螺栓断裂的情况，由于燕尾槽的特殊构造,定子仍能嵌固在定子梁上不至于脱落,即便是在最恶劣的情况下6颗定子固定螺栓均发生断裂,也只是导致定子面下降1 mm,不会导致行车安全问题。

4) 腹板

腹板是连接滑行面和定子翼板的构件。腹板上钻有多个螺栓孔和定位销孔,便于功能件与预埋在轨道梁侧面的连接件之间的固定。腹板材料为S355N钢板,厚度为17 mm,宽度为213 mm(图4-42)。

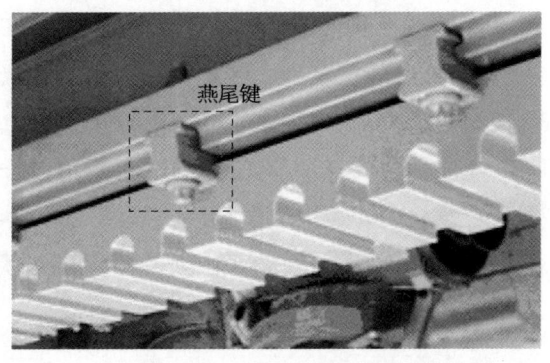

图 4-41 定子铁心的固定

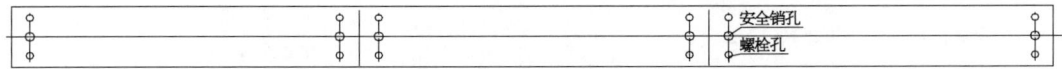

图 4-42 功能件的腹板

腹板上的定位销孔又称安全销孔。列车运行一段时间后,功能件与连接件之间的螺栓可能会因荷载作用而发生微小的伸长,导致功能件和连接件的高强螺栓摩擦面出现一定程度的削弱,螺栓会因为与螺栓孔的间隙发生变位,导致功能件下沉。一旦轨道面的公差超过系统公差要求时,就会给磁浮列车的营运带来负面影响。因此定位销的安全保障对功能件起到了双重保险的作用。

5) 加强肋

加强肋可分为竖向加强肋和水平加强肋(图4-43)。竖向加强肋与滑行板、定子翼板、腹板和导向板相连接。水平加强肋与侧向导向板和定子翼板相连接。竖向加强肋有20 mm和15 mm两种厚度;水平加强肋厚度为10 mm,宽度为190 mm。材料均为S355N钢。

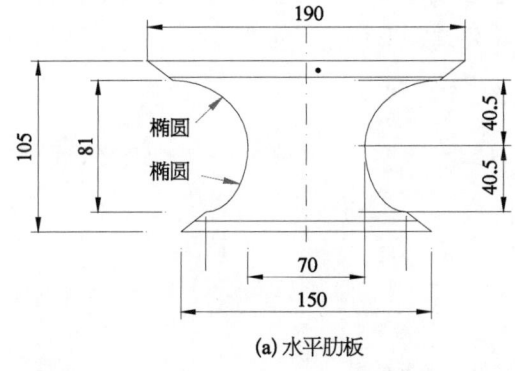

(a) 水平肋板

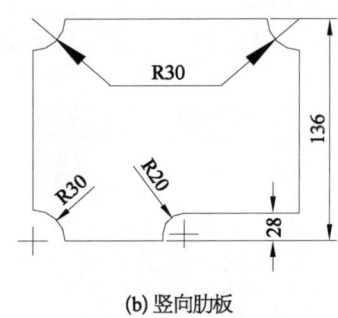

(b) 竖向肋板

图 4-43 功能件加强肋

水平加强肋采用了燕尾造型,能够有效降低荷载作用下构件可能发生的应力集中问题。发生故障时,水平肋板能够最大限度地吸收荷载能量,避免将过大的荷载传递到定子翼板上,从而有效保护定子铁心和线圈。

竖向肋板的三个顶角采用 R30 倒角,便于焊接和涂装的施工。右下角的凹缺形状,为定子螺栓的安装留出了扳手空间。为了使功能件受到的横向荷载直接有效地传递到混凝土梁上,竖向肋板在功能件上的位置与连接件翼板位置相对应。

4.4.3 安装连接方式

如图 4-44 所示,功能件通过高强度螺栓、定位销,安装在混凝土梁两侧的连接件上,定子铁心通过高强螺栓固定在功能件的定子翼板上。

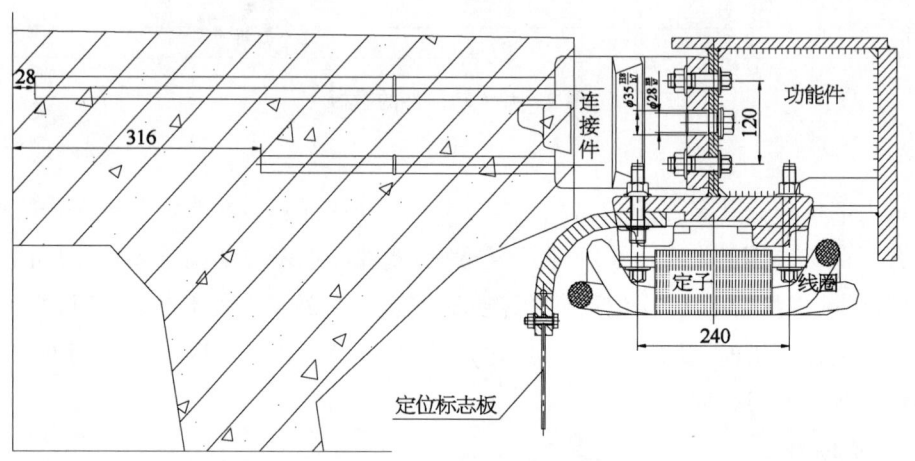

图 4-44 功能件安装示意图

4.4.4 功能件的制造公差要求

对于复合式轨道梁,轨道的精度最终体现在功能件上。功能件的检验测量位置和尺寸公差如图 4-45 和图 4-46 所示。其他尺寸公差和形位公差如图 4-47 所示。滑行板的平面度误差和导向板面的平面度误差均为 1/1 000 mm。

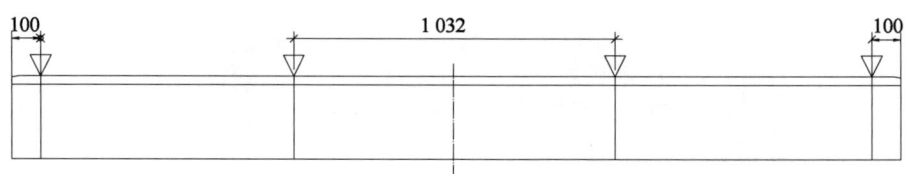

图 4-45 功能件检测测量位置

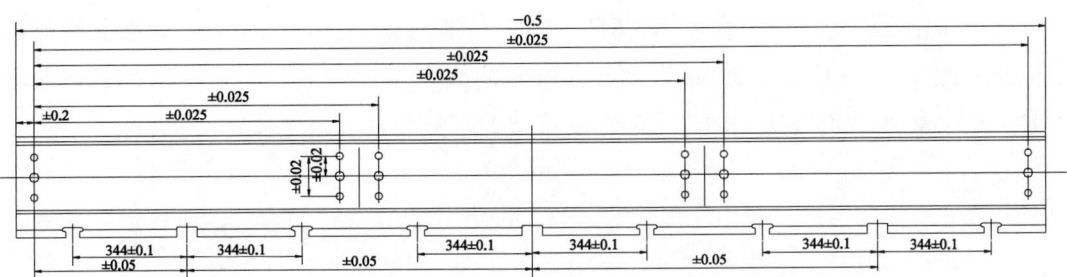

图 4‑46 功能件公差

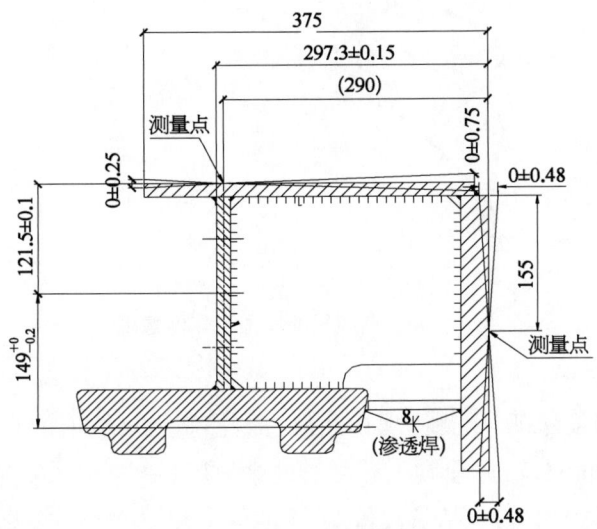

图 4‑47 功能件测量点及公差

4.5 线路多级拟合技术

理论上说，高速磁浮轨道功能面是存在扭曲的复杂空间曲面，但是定子铁心为系统长度等于2个线圈周期（1 032 mm）的直线刚体，安装于车辆悬浮架上的转子为系统长度等于3 096 mm的直线刚体。如何通过标准化、工厂化和系列化的构件生产，实现复杂的线路空间线形尤其是曲线段轨道的空间扭转曲面，是一个影响工程成败的关键问题。在上海磁浮线建设过程中，工程师们利用曲线拟合技术实现了这一目标，经过专用轨检设备测试和舒适度测试，线路线形满足舒适性要求。

常导高速磁浮的轨道包含左、右两侧各三个功能面,在直线段,相应的轨面之间保持共面或平行关系,但是在线路曲线(尤其是缓和曲线)段,理论上三个功能面都是扭曲面(图4-48),因此轨道各功能面之间的空间位置关系就变得十分复杂。

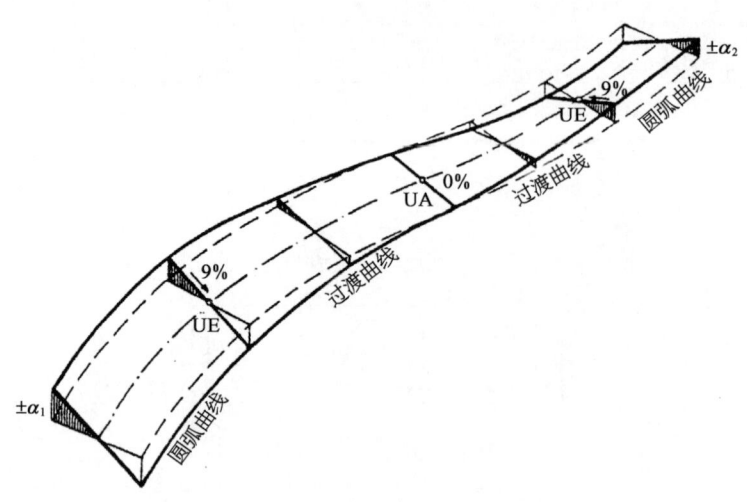

图4-48 曲线段的轨面变化示意图

轨道功能面的精度保证,主要体现在几何公差控制上。轨道的几何公差主要包括位置偏差、错位、扭转、间隙、轨宽和钳距等可通过测量得到的量。在此基础上,通过计算可以得出几何公差的各控制量,包括长波偏差、短波偏差和坡度变化标指标等。在轨道安装和运维过程中,轨道几何精度就是根据这些计算出来的值进行控制的。

如前所述,高速磁浮系统对土建结构提出了机电系统的精度要求,但是由于制造、施工等误差的累积,如此高精度的控制殊为不易。根据轨道的结构特点,定子只能是直线的,在设计中就会引入几何公差,这是常导高速磁浮系统轨道与轮轨系统轨道的重大区别。设计占用的公差越多,对施工过程的精度要求就越严格,或者意味着功能区的构造更加复杂;反之,为了提高施工中保证精度的可行性和工效,适当降低施工过程的精度要求就意味着线路设计线形的要求就更苛刻,在确定曲线设计参数时(图4-48),不得不采用更大的曲线半径或增加缓和曲线长度,大大增加工程造价。因此,轨道几何精度如何控制,在设计和施工各环节进行公差的合理分配是常导高速磁浮轨道结构设计中关键问题。

4.5.1 德国TVE试验线的线路实现方案

在TVE试验线上,轨道梁有两种形式:一种是整体钢梁,功能区的滑行板、导向板和定子翼板与钢梁为一个整体,长度与轨道梁相同;另一种是预应力混凝土直线复合式轨道梁(仅有一根),功能区以钢功能件的型式通过连接件固定在轨道梁上,功能件的系统长度3 096 mm。

借助于精密数控机床,在TVE试验线实现了轨道功能区三个扭曲面的精密机加工。其中,定子面的扭曲是通过调整功能件下翼缘板上的铣槽深度和方向来实现的,即在 3 096 mm 范围内,三个定子铁心可以分别具有不同的横坡、纵坡和方位角。在曲线段,三个定子的底面位于三个不同的平面内,对于复合式轨道梁意味着在线路扭转段每个功能件都是不同的。

出于减少钢材用量、降低工程造价及后期维护成本的考虑,上海磁浮线采用了预应力混凝土复合式轨道梁,功能件通过连接件与混凝土梁体结合在一起。在线路扭转段,如果采用德方提出的方案,对线路的三个功能面分别按扭曲面进行加工,由于线路曲线半径和横坡扭转率的不同,每个曲线功能件尤其是扭转段的功能件可能都不相同,致使曲线上每个功能件都需要特殊加工,对于上海磁浮线批量制造来说,会大大提高功能件机加工的工作量,从而影响工期和建造成本。

为了实现产品的系列化和标准化,满足大规模生产的要求,上海磁浮线建设过程中并未采用德国的制造工艺,而是探索了新的功能件制造方案,在满足系统要求的前提下,采用了以直拟曲的曲线段复合轨道梁制造方案,可以完全满足曲率半径 650 m 及以上曲线地段轨道梁的要求。

4.5.2　多级拟合方法

1) 直梁主体,曲线翼缘

在此拟合方式下,梁的底部为直线,而梁的上翼缘为曲线(在制梁时通过曲线布置的模板实现)。

2) 直线拟合和曲线拟合功能件

为了解决机加工问题,在上海磁浮线项目中,根据线路的不同曲率,用"直线拟合"和"曲线拟合"的设计思想对功能件进行拟合设计,以降低功能件机加工难度,减少机加工工作量,保证施工工期。拟合方法是:

(1) 在一个功能件范围内,用直线拟合定子下底面中心的理论轴线,用平面拟合定子下底面理论扭曲面。

(2) 在一个功能件范围内,用直线拟合功能件滑行板面中心线,用平面拟合滑行板面理论扭曲面。

(3) 在一个功能件范围内,用曲线拟合功能件导向板面中心线,用平面或圆柱面拟合导向板面理论扭曲面。

这种拟合方法,体现在具体实施时就是:

(1) 在一个功能件范围内,将功能件的腹板和下翼缘板做成沿长度方向的平面直板,通过在下翼缘板上铣出相同深度的燕尾槽来保证将定子固定于功能件上时,定子的下底面保持在同一平面内。

(2) 将功能件的滑行顶板做成平面直板。

(3) 将功能件的侧面导向板做成平面直板或圆柱面曲板。

采用这种拟合方法,不仅大大简化了功能件的制造,降低了加工难度,而且大大减少了功能件的种类,不仅有利于功能件的标准化和批量化生产,而且备件种类也大为减少。表 4-23 列举了上海磁浮线应用的 29 种类型功能件,共计 34 种型号。上海磁浮线共有 40 206 个功能件,分类数量见表 4-24。

表 4-23 上海磁浮线功能件类型

功能件位置		平曲 $R_h \geqslant 3\,400$,侧面导向板 $R \to \infty$	平曲 $1\,000 \leqslant R_h < 3\,400$,侧面导向板 $R = 1\,550 \pm 1.4$	平曲 $R_h < 1\,000$,侧面导向板 $R = 790 \pm 1.4$
跨中		M1A、M1B M1C、M1D	M8A、M8B M9A、M9B	M20A、M21A
梁端	12、18 21、24	M2A、M3A	M10A、M11A M12A、M13A	M22A、M23A M24A、M25A
	21-1 24-1	M2A、M3A M4A、M5A	M10A、M11A M14A、M15A	
	18-2 21-2 24-2	M2A、M3A M6A、M7A	M10A、M11A M16A、M17A	
	18-4 24-4	M6A、M7A	M16A、M17A M18A、M19A	
	6	M26A、M27A M28A、M29A		
类型小计		11(14)	12(14)	6
备注			偶数位于曲线外侧 奇数位于曲线内侧	偶数位于曲线外侧 奇数位于曲线内侧

表 4-24 轨道梁功能件汇总

功能件型号	数量	功能件型号	数量	功能件型号	数量	功能件型号	数量
M1A	14 624	M7A	42	M14A	39	M23A	8
M1B	3 106	M8A	1 567	M15A	39	M24A	9
M1C	3 552	M8B	846	M16A	78	M25A	9
M1D	3 552	M9A	1 567	M17A	78	M26A	108
M2A	4 110	M9B	846	M18A	6	M27A	108
M3A	4 110	M10A	400	M19A	6	M28A	8
M4A	125	M11A	400	M20A	55	M29A	8
M5A	125	M12A	285	M21A	55		
M6A	42	M13A	285	M22A	8		
总计				40 206			

3) 三个定子铁心布置成折线的拟合方式

定子可以有两种布置方式：直线布置和径向布置。

(1) 直线布置。在直线布置方式下，定子沿功能件的腹板轴线直线布置，同一功能件上定子下底面保持在同一平面内，且具有相同的横坡、纵坡和方位角。

在上海磁浮线采用的是 3 096 mm 的直腹板功能件，每个功能件上有 3 个定子。当定子直线布置时，实际上是在 3 096 mm 范围内对定子理论轴线进行"以直代曲"的拟合。在这种布置下，同一功能件上 3 个定子的燕尾槽具有相同的方向，即同一功能件上固定定子的所有燕尾槽的方向和深浅相同，大大降低了功能件的加工难度，有利于功能件的标准化。由于功能件的种类少，功能件的储运和管理也变得简单，备件种类也大大减少。

在曲线半径较小时，直线布置的拟合精度是较差的。例如：在 650 m 半径曲线拟合误差为 0.9 mm，占允许总误差的 45%；在线路扭转率达到最大值 0.1°/m 时，横坡拟合误差为 0.15°，超过允许总误差的 25%，不能满足系统要求。为了保证拟合误差不超限，只能提高选线技术标准，例如：规定线路的最小曲线半径不小于 650 m，线路扭转率最大不超过 0.06°/m 等。同时，拟合误差大，留给机加工和安装的误差空间就小，增加了施工难度。

(2) 径向布置。由于定子是一个长约 1 m 的直线刚体，而定子理论轴线是一条空间曲线。采用径向布置是使每个定子面中心位于定子理论轴线上，定子沿其理论轴线位置切向布置，定子的横坡为定子面中心点的理论横坡。每个定子都有各自独立的横坡、纵坡和方位角，一个功能件范围内的定子布置为折线。

相对于直线布置，定子径向布置的拟合精度是很高的，即使是在曲线半径只有 350 m 的情况下，其拟合误差仅为 0.4 mm，占允许总误差的 20%；在曲线扭转率达到最大值 0.1°/m 时，横坡拟合误差仅为 0.05°，占允许总误差的 40%。采用这种布置方式，设计误差小，对线路标准的要求相对宽松。但是由于径向布置时每个定子都有独立的横坡、纵坡和方位角，将增大机加工的难度，因此上海磁浮线并未采用这种方式。

相比较而言，径向布置拟合精度高，但加工难度大；直线布置加工简单但拟合精度相对较差。设计既要满足系统的公差要求，又要努力降低机加工的难度。因此在设计过程中要将这两种布置方式结合起来，在保证设计误差不超限的前提下，尽可能地降低机加工的难度。表 4-25 列出了不同曲线半径下直线布置和径向布置的拟合误差。

表 4-25 不同曲线半径下直线布置和径向布置的拟合误差

曲线半径/m	直线布置		径向布置	
	设计误差/mm	所占比重/%	设计误差/mm	所占比重/%
5 000	0.12	6.0	0.03	1.3
4 000	0.15	7.5	0.03	1.7
3 000	0.20	10.0	0.04	2.2

(续表)

曲线半径/m	直线布置		径向布置	
	设计误差/mm	所占比重/%	设计误差/mm	所占比重/%
2 000	0.30	15.0	0.07	3.3
1 000	0.60	30.0	0.13	6.7
900	0.67	33.3	0.15	7.4
800	0.75	37.4	0.17	8.3
700	0.86	42.8	0.19	9.5
600	1.00	49.9	0.22	11.1
500	1.20	59.9	0.27	13.3
400	1.50	74.9	0.33	16.6
350	1.71	85.6	0.38	19.0

从表 4-25 可以看出，对于曲线半径大于 1 000 m 的曲线，采用直线布置方式时设计拟合误差占总误差的比重不超过 30%，采用直线布置是合适的。当曲线半径小于 1 000 m 时，随着半径的减小，设计拟合误差所占比重增加很快。上海磁浮线最小曲线半径为 650 m，从上表中可见，直线布置误差可以控制在 50% 以内，精度尚可控。此外，由于小半径范围小，对整个项目施工工效影响不显著。因此，上海磁浮线全线功能件上的三个定子沿功能件下翼缘板轴线直线布置，三个定子底面位于同一平面内，具有相同的横坡、纵坡和方位角，且同一类功能件上定子间隙固定不变。

4.5.3 拟合误差分析

功能件的三个功能面是磁浮列车与轨道之间发生相互作用的最直接的部分。为了保证高速磁浮列车的运行安全和平稳性，系统对三个功能面的几何形位提出了很高要求。

在上海磁浮线上采用拟合设计方法解决机加工问题，但以直线代替曲线，以平面或圆柱面代替扭曲面，就不可避免地带来拟合误差。拟合误差的大小与拟合的方法和线路设计参数有关。对于设计来说，主要是控制最大拟合误差不超限。结合有关线路设计参数，各功能面的最大拟合误差分析如下。

4.5.3.1 定子面拟合误差

1) y 向位置偏差

由于定子在一个功能件范围内直线布置，定子实际轴线与理论轴线之间存在一定的侧向偏差。按最佳拟合位置考虑，实际轴线应当在曲线矢高的一半位置，如图 4-49 所示。

在上海磁浮线项目中，最小平曲线半径为

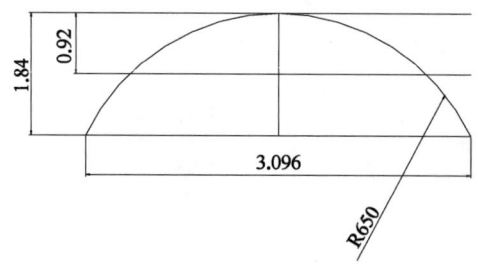

图 4-49　定子的 y 向拟合误差

650 m，相应的拟合误差为 0.92 mm，占允许总误差（2 mm）的 46%。

2）z 向位置偏差

定子面的 z 向位置偏差原理同 y 向位置偏差。上海磁浮线最小竖曲线半径为 2 300 m，相应的拟合误差为 0.26 mm，占允许总误差（1 mm）的 26%。

3）z 向 NGK

曲线半径越小，以直代曲的拟合误差就越大。上海磁浮线最小竖曲线半径为 2 300 m，相应的 NGK 拟合误差最大为 0.92 mm/m，占允许总误差（1.5 mm/m）的 63%，如图 4-50 所示。

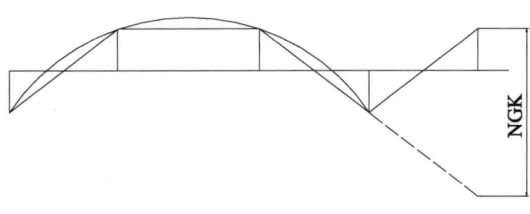

图 4-50　定子面的 NGK 拟合误差

4）z 向扭转偏差

在扭转段上，三个定子沿同一平面布置，实际上是用平面对扭曲面进行拟合。线路扭转率越大，拟合误差越大。在上海磁浮线中，线路最大扭转率为 0.06°/m。由于定子面是按平均横坡角设置的，在功能件的起终点，实际横坡角与理论横坡角差别最大，相差 0.09°，占允许总误差（0.124°）的 75%。显然，这个比重很大，留给机加工和安装的误差空间很小。

4.5.3.2　导向面拟合误差

1）y 向偏差

对于导向面，存在"以直代曲"和"以曲代曲"两种情况。

当曲线半径不小于 3 400 m 时，采用的是"以直代曲"，此时 y 向偏差的计算原理同定子。当曲线半径为 3 400 m 时，y 向偏差最大为 0.18 mm，占允许总误差（2 mm）的 9%。

当曲线半径介于 1 000～3 400 m 时，采用"以曲代曲"的拟合方式，拟合半径为 1 550 m。此时拟合误差最大为 0.21 mm，占总误差（2 mm）的 10.5%。

当曲线半径介于 650～1 000 m 时，采用"以曲代曲"的拟合方式，拟合半径为 790 m。此时拟合误差最大为 0.16 mm，占总误差（2 mm）的 8%。

2）y 向 NGK

由于侧面导向面存在"以直代曲"和"以曲代曲"的拟合，因此也会引起 y 向的 NGK 拟合误差。

"以直代曲"的 NGK 拟合误差计算原理同定子。当平曲线半径为 3 400 m 时，侧面导向面的 NGK 拟合误差为 0.70 mm/m，占允许总误差（2 mm/m）的 35%。

当曲线半径介于 1 000～3 400 m 时，采用"以曲代曲"的拟合方式，拟合半径为 1 550 m。此时 NGK 拟合误差最大为 0.84 mm/m，占总误差（2 mm/m）的 42%。

当曲线半径介于 650～1 000 m 时，采用"以曲代曲"的拟合方式，拟合半径为 790 m。此时 NGK 拟合误差最大为 0.64 mm/m，占总误差（2 mm/m）的 32%。

3）y 向扭转偏差

无论是"以直代曲"还是"以曲代曲"，导向面都不是扭转面，因此存在扭转拟合误差。

线路横坡扭转率越大，拟合误差越大。上海磁浮线上最大扭转率为 0.06°/m，则扭转拟合误差为 0.09°，占总误差(0.185°)的 49%。

4.5.3.3 滑行面拟合误差

1) z 向 NGK

对于滑行板面，存在"以直代曲"的拟合偏差，其计算原理同定子面。上海磁浮线最小竖曲线半径为 2 300 m，NGK 拟合误差为 1.04 mm/m，占允许总误差(3 mm/m)的 35%。

2) z 向扭转偏差

由于滑行板面在一个功能件范围内为一平面，在线路扭转段，存在扭转拟合偏差。上海磁浮线线路最大扭转率为 0.06°/m，对应的扭转拟合误差最大为 0.09°，占允许总误差 (0.38°)的 24%。

各功能面的最大拟合误差列于表 4-26 中。

表 4-26 上海磁浮线项目中的设计拟合误差

分 项	拟合误差项	拟合误差最大值	占总允许误差比重/%
定子面	y 向位置偏差	0.92 mm	46
	z 向位置偏差	0.26 mm	26
	z 向短波公差 NGK	0.92 mm/m	63
	z 向扭转偏差	0.09°	75
导向面	y 向位置偏差	0.21 mm	11
	y 向 NGK	0.84 mm/m	42
	y 向扭转偏差	0.09°	49
滑行面	z 向 NGK	1.04 mm/m	35
	z 向扭转偏差	0.09°	24

从表 4-26 可以看出，在上海磁浮线的各项拟合误差中，以定子面的扭转拟合误差和 z 向 NGK 拟合误差所占比重为最大，都超过了 50%。这主要是因为定子面的允许偏差相对更加严格的缘故。这种情况可通过加大曲线半径和增加缓和曲线长度加以改善。

4.5.4 误差分配

轨道的总误差由设计误差、制造误差和安装定位误差组成，如果设计误差较大，则对制造和安装误差要求就较高。

1) 定子面扭转偏差 $\Delta\alpha$

(1) 允许误差 $\Delta\alpha = \pm\arctan(0.2 \text{ mm}/92.5 \text{ mm}) = \pm 0.124°$。

(2) 设计占用最大值为 0.093°(GR0838)。

(3) 制造公差由两个部分组成：

① 定子面与连接面的垂直度公差影响。定子面与连接面的垂直度公差为 0.05 mm。考虑到垂直度公差计算中的定子面长度为 150 mm，连接面的长度为 270.5 mm，而影响定子面扭转的定子面长度取值为 92.5 mm，连接面长度取值为 149 mm，因此垂直度公差的影响在 1/2~1/3，为安全计，取 1/2，即 0.025 mm。换算成角度值 = arctan(0.025 mm/150 mm) = 0.010°。

② 连接面加工公差影响。连接面加工公差为 2 205 mm±0.2 mm，形位公差（不平行度）在未注明前提下，可取其尺寸公差的 1/3~1/4 为要求值，即 0.2 mm/2/3 = 0.033 mm，换算成角度值 = arctan(0.033 mm/149 mm) = 0.012°。

因此，设计与制造占用值 = 0.093° + 0.010° + 0.012° = 0.115°。

2) 导向板扭转偏差 $\Delta\alpha$

(1) 允许误差 $\Delta\alpha = \pm$arctan(0.7 mm/155 mm) = 0.259°。

(2) 设计占用最大值为 0.093°（GR0838）。

(3) 制造公差由两个部分组成：

① 导向板面本身公差影响。导向板面本身公差 = arctan(0.24 mm/170 mm) = 0.081°。

② 连接面加工公差影响。同前所述，连接面加工公差 = arctan(0.033 mm/149 mm) = 0.012°。

因此，设计与制造占用值 = 0.093° + 0.081° + 0.012° = 0.186°。

3) 定子面位置偏差 Δy

(1) 允许误差 $\Delta y = 2$ mm。

(2) 设计占用最大值为 1.182 mm。

(3) 制造公差由两个部分组成：

① 定子面销孔中心线位置公差为 0.2 mm。

② 连接面加工误差为 0.2 mm。

因此，设计与制造占用值 = 1.182 mm + 0.2 mm + 0.2 mm = 1.582 mm。

4) 定子面 NGK

(1) 允许误差为 1.5 mm/m。

(2) 设计最大值为 1.043 mm/m，而按纯曲线 $R = 2\ 300$ m 拟合值为 0.90 mm/m，由此说明，考虑横坡等因素后 NGK 增加了 15%。

(3) 制造公差由三个部分组成：

① 定位销孔至下翼缘板距离误差最大值为 −0.2 mm/m。

② 定子制造误差最大值为 −0.2 mm/m。

③ 形位公差为 0.4/3 mm/m。

因此，定子面 NGK = {−0.63 − [(−0.17 + 0.4/3) + 0.23]/2} × 2/1.032 = 1.408 (mm/m)。

若增加 15%，NGK=1.62 mm/m，因此对 $R_v=2\,300$ m 处轨道梁（GWPII035、GWPII036、GWPII037、GWPII038、GWPII039）的功能件制造公差要予以限制。应选择定子制造误差与定位销孔至下翼缘板距离误差之和不大于 -0.35 mm/m（即比允许误差值小 0.05 mm/m），则 NGK=1.15×{$-0.58-[(-0.17+0.35/3)+0.23]/2$}×2/1.032=1.49(mm/m)。

5) 侧面导向板 NGK

(1) 允许误差为 2.0 mm/m。

(2) 设计最大值为 0.803 mm/m。

(3) 制造公差由三个部分组成：

① 尺寸公差为 ±0.15 mm/m，形位公差为 0.15/3 mm/m。

② 侧导向板不平度为 0.5/1 000 mm/m，由此造成的 NGK 值为 1.0 mm/m，占允许值 50%。

③ 连接面形位公差为 0.1/3 mm/m。

同一梁跨内相邻功能件侧面导向板在 y 方向允许错位为 0.6 mm，则 NGK={$-0.25-[(0.15+0.21)/2$]}×2/1.032+1=0.83+1=1.83(mm/m)。若按纯制造公差要求，则侧面导向板 NGK={$-0.42-[(-0.04+0.42)/2$]}×2/1.032+1=1.23+1=2.23(mm/m)。

第 5 章

轨道梁设计中的动力问题

常导高速磁浮技术的研究已经有40余年的历史,第一条商业运营线——上海磁浮线投入运行也已经有20多年。多年以来,各国学者开展了高速磁浮系统车-轨动力学研究工作,但是车-轨振动机理仍然是一个尚未完全解决的难题。与轮轨系统不同,磁浮系统即使在静悬状态下,也会由于悬浮系统的动态调节作用而导致车、轨之间的动力作用。尤其是对于道岔,由于高速磁浮道岔以弹性侧弯的方式实现侧线位线形,因此存在利于横向侧弯所需的低刚度和抑制振动所需的高刚度之间的矛盾。

2003年年底,在上海磁浮线开通试运行一年多以后,中德双方共同对上海磁浮线道岔进行了测试和评估。测试结果(图5-1)表明,当列车以5 km时速通过时道岔的跨中竖向加速度大于60 m/s^2,后来德方不得不通过在跨中加装调谐质量阻尼器(tuned mass damper,TMD)以减小振动水平。2015年,对上海磁浮线1号道岔(列车通过速度15 km/h)进行了测试,结果表明虽然安装有TMD,但跨中竖向加速度仍然大于20 m/s^2,远远超过相关结构动力性能评估标准。此外,道岔振动还导致严重的动力轨拉弧现象,造成动力轨表面烧蚀,影响车辆正常受流(图5-2)。分析表明,车-岔振动不仅影响车辆通过的平稳性,而且大大降低道岔的疲劳寿命。

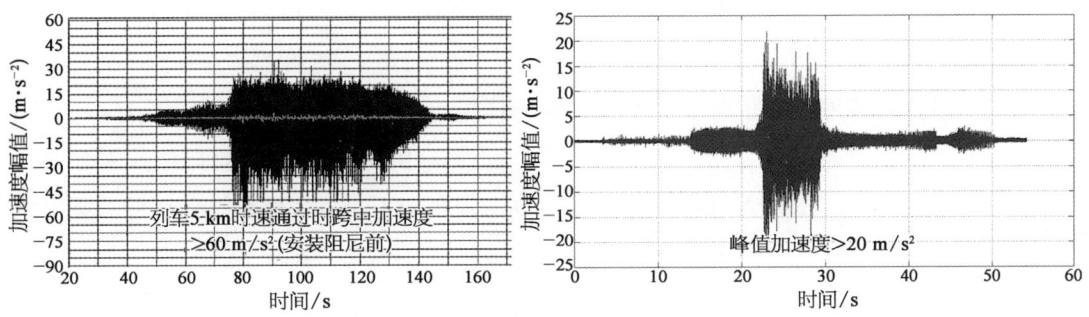

图5-1 道岔竖向振动加速度实测结果

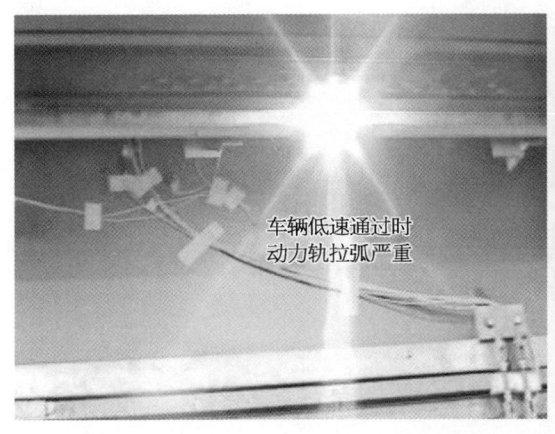

图5-2 道岔振动导致的动力轨拉弧和烧蚀

高速磁浮车辆的运行平稳性依赖于悬浮控制的稳定性,即使是在静悬浮状态下,悬浮系统的控制-反馈也会由于受到轨道结构变形、线形偏差干扰而处于不断调节的动态平衡之中。在列车运行过程中,车与轨之间的动态作用既有类似于移动荷载过桥产生的与速度相关的动力作用,也有与此并存的悬浮控制反馈产生的自激振动,因此相较于轮轨系统就显得更加复杂。常导高速磁浮设计标准中,对于动力作用,仅仅对轨道梁提出一阶自振频率的最低限制条件,这很难解决车辆低速通过(如道岔)时仍然有可能发生的剧烈共振现象。

为了分析轨道结构的动力响应,首先须建立包括车辆和轨道结构的系统分析模型。其中,车辆大多采用基于多刚体的动力学分析,轨道梁则采用有限元模型进行模拟。在这里,以平面模型为例阐述常导高速磁浮车-轨动力分析的基本方法。

5.1 轨道结构模型

对于轨道梁,可采用平面欧拉梁单元建立分析模型。梁单元如图 5-3 所示。Q_{zi}、Q_{zj} 分别为作用于节点 i 和 j 的剪力;M_{yi}、M_{yj} 分别为作用于节点 i 和 j 的绕 y 轴的弯矩。

单元节点位移 $\{d\}^e = \{w_i, \theta_{yi}, w_j, \theta_{yj}\}^T$。

图 5-3 平面梁单元

1) 位移函数

位移函数反映梁单元上任一点横向位移与节点位移的关系:

$$w(x) = \psi_1 w_i + \psi_2 \theta_i + \psi_3 w_j + \psi_4 \theta_j \quad (5-1)$$

其中,

$$\psi_1 = 1 - \frac{3x^2}{l^2} + \frac{2x^3}{l^3}$$

$$\psi_2 = x - \frac{2x^2}{l} + \frac{x^3}{l^2}$$

$$\psi_3 = \frac{3x^2}{l^2} - \frac{2x^3}{l^3}$$

$$\psi_4 = -\frac{x^2}{l} + \frac{x^3}{l^2}$$

2) 刚度矩阵

平面梁单元的单元刚度矩阵如下：

$$[K]_e = \frac{E}{l} \begin{bmatrix} \dfrac{12J_y}{l^2} & \dfrac{6J_y}{l} & -\dfrac{12J_y}{l^2} & -\dfrac{6J_y}{l} \\ \dfrac{6J_y}{l} & 4J_y & -\dfrac{6J_y}{l} & 2J_y \\ -\dfrac{12J_y}{l^2} & -\dfrac{6J_y}{l} & \dfrac{12J_y}{l^2} & -\dfrac{6J_y}{l} \\ \dfrac{6J_y}{l} & 2J_y & -\dfrac{6J_y}{l} & 4J_y \end{bmatrix} \quad (5-2)$$

3) 质量矩阵

平面梁单元的一致质量矩阵如下：

$$[M]_e = \frac{ml}{420} \begin{bmatrix} 156 & -22l & 54 & 13l \\ -22l & 4l^2 & -13l & -3l^2 \\ 54 & -13l & 156 & 22l \\ 13l & -3l^2 & 22l & 4l^2 \end{bmatrix} \quad (5-3)$$

4) 阻尼矩阵

轨道梁结构的阻尼采用瑞利阻尼。结构第 i 阶模态模态的阻尼比可以由下式表示：

$$\xi_i = \frac{\alpha}{2\omega_i} + \frac{\beta \omega_i}{2} \quad (5-4)$$

式中 ξ_i ——第 i 阶模态阻尼比；

ω_i ——结构第 i 阶自振频率；

α, β ——瑞利阻尼系数。

$$\alpha = 2\omega_1 \omega_2 \frac{\xi_2 \omega_1 - \xi_1 \omega_2}{\omega_1^2 - \omega_2^2} \quad (5-5)$$

$$\beta = 2 \frac{\xi_1 \omega_1 - \xi_2 \omega_2}{\omega_1^2 - \omega_2^2} \quad (5-6)$$

一般地，上式中的 ω_1、ξ_1 分别取结构的基频和对应的阻尼比；ω_2、ξ_2 则分别取为需要考虑的结构最高振型对应频率和阻尼比。根据工程经验，混凝土轨道梁的阻尼比取 0.02。

求得瑞利阻尼系数 α 和 β 后，结构的阻尼可以表示为如下刚度和质量的线性组合形式：

$$C = \alpha M + \beta K \tag{5-7}$$

5.2 车辆模型

常导高速磁浮 TR08 车辆主要组成部分包括车体、悬浮架、抗侧滚梁、摆杆、牵引/悬浮电磁铁、制动电磁铁、导向电磁铁和空气弹簧等（图5-4、图5-5）。车辆走行部主要包括 4 个悬浮架以及支承在悬浮架上的悬浮和导向磁铁。出于冗余的考虑，车辆走行部为链式结构，即使单个悬浮磁铁发生悬浮故障，也不影响整节车辆的悬浮，但是这种结构下各悬浮磁铁之间的振动有可能通过悬浮架传递和互相影响。对于多节编组列车，车辆之间通过悬浮磁铁跨接。

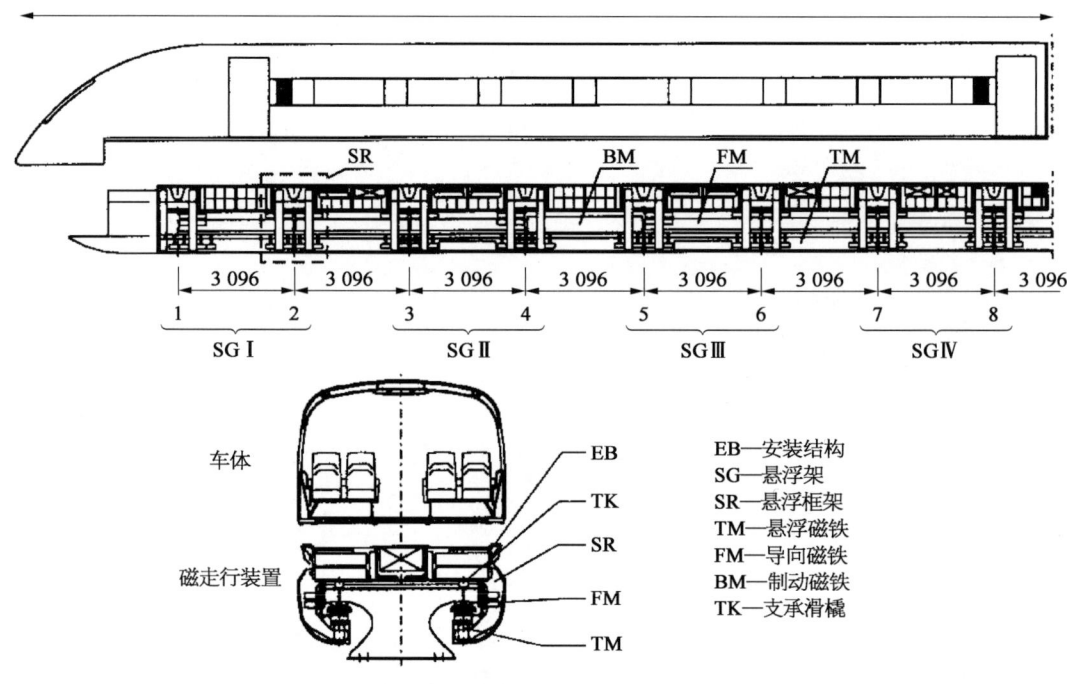

图 5-4 高速磁浮车辆总体构造

车体通过摆杆垂向悬挂在抗侧滚梁的端部。摆杆上端与抗侧滚梁连接，下端与车体

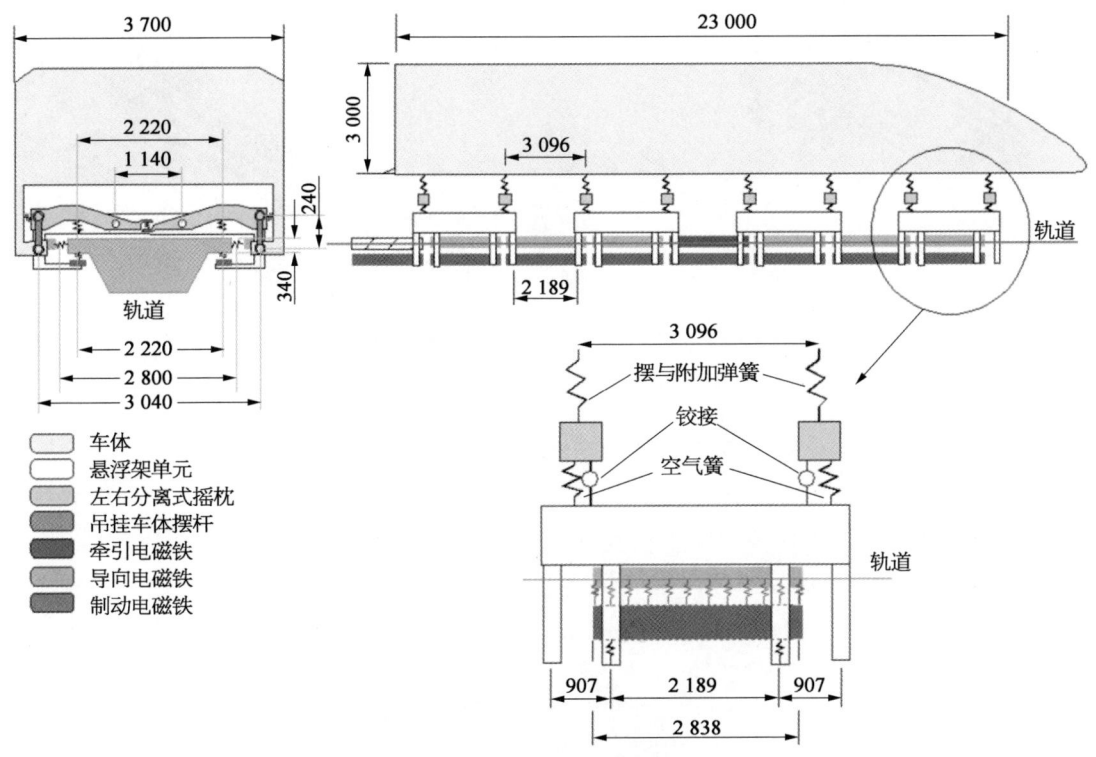

图 5-5 高速磁浮车辆模型

连接。总体上说,车体通过摆杆悬挂在走行机构(悬浮架)上(图 5-6)。

高速磁浮车辆的悬挂结构各向刚度是独立的。一系悬挂由悬浮磁铁和导向磁铁的支承橡胶件或关节结构提供;二系的竖向刚度和阻尼由空气弹簧和摆杆提供,横向刚度和阻尼由摆杆、横向附加橡胶块和橡胶止挡三个部分提供。纵向牵引由牵引装置提供,当忽略纵向车辆加、减速的影响时,可不予考虑。在建立模型时,可以采用多刚体进行模拟,刚体之间通过弹簧-阻尼连接。

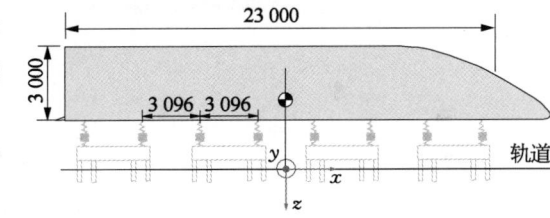

图 5-6 高速磁浮车体与走行部

每辆车有 4 个悬浮架,由横梁、纵梁和托臂组成。托臂为悬浮和导向磁铁提供支承(图 5-7)。

高速磁浮车辆悬浮架以上的重量通过电磁铁模块与悬浮架之间的金属橡胶件支承在电磁铁上(图 5-8)。当支承一个磁铁模块的两个端点发生相对运动时,这种金属橡胶支承可以起到很好的运动补偿作用,不会形成大的应力。

建立平面垂向动力学分析模型时,主要考虑车体、悬浮架、悬浮磁铁三个部分,每节车有 24 个自由度。车辆主要计算参数见表 5-1。

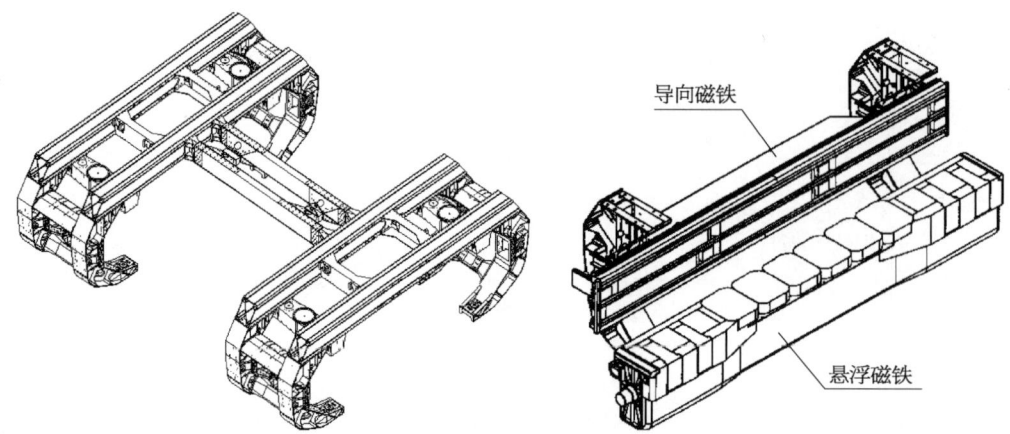

图 5-7 高速磁浮车辆走行部(悬浮架和磁铁)

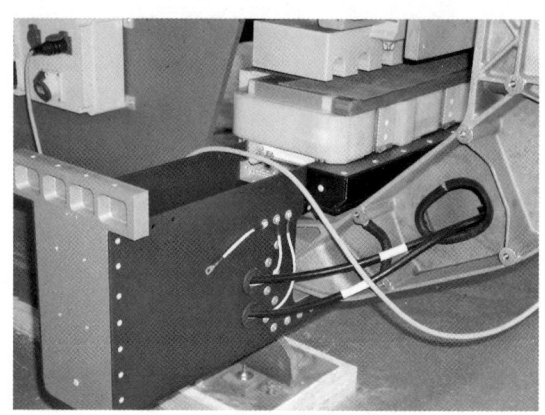

图 5-8 悬浮磁铁在托臂下端的支承关系

表 5-1 车辆主要计算参数

符 号	物 理 意 义	数 值	单 位
M_c	车体质量	39 000	kg
J_{cy}	车体绕 y 轴转动惯量	1 748 500	kg·m²
M_{ar}	抗侧滚梁质量	80	kg
M_{sg}	悬浮架质量	1 320	kg
l_s	空气弹簧/摆杆铰点与悬浮架中心的纵向距离	1.548	m
l_{s1}	相邻悬浮架上相邻空气弹簧之间的纵向距离	1.548	m
K_{lev}	悬浮等效刚度	1.205×10^6	N/m
C_{lev}	悬浮等效阻尼	30 000	N/(m·s⁻¹)
M_{tm}	悬浮磁铁质量(A 型)	603	kg
J_{tm}	悬浮磁铁点头惯量	434	kg·m²

为了分析车-轨垂向动力响应,根据车辆的特点,建立如图 5-9 所示的动力学模型,图中 SG1～SG4 为悬浮架编号,GM1～GM6 为导向磁铁编号,TM1～TM8 为悬浮磁铁编号。当仅研究平面内垂向动力学响应时,只需考虑车体、悬浮架和悬浮磁铁的浮沉和点头自由度,每节车辆共 $2\times(1+4+7)=24$ 个自由度;当列车为多节编组时,列车的总自由度数为 $n_{car}\times n_{dof\_v}+2\times n_{tm\_lap}$,其中 n_{car} 为列车编组数,n_{dof_v} 为每节车辆的自由度数,n_{tm_lap} 为跨接悬浮磁铁的数量,等于 $(n_{car}-1)$。该动力学模型反映了车辆走行部链式结构的特点。

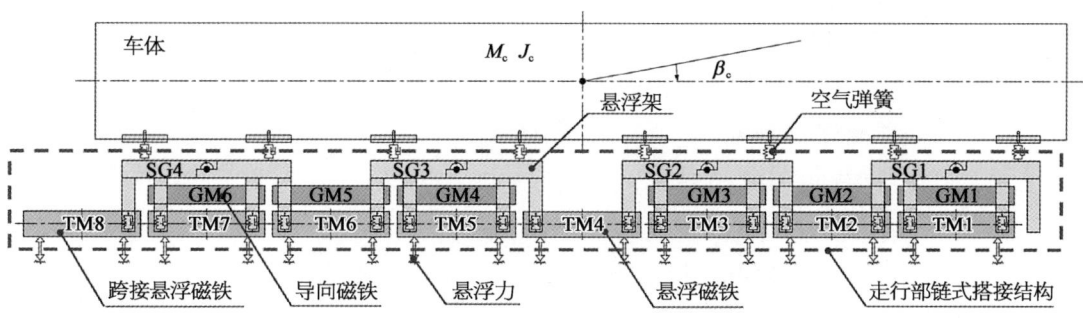

图 5-9　高速磁浮车辆垂向动力学模型

5.2.1　车体

车体的受力如图 5-10 所示。在简化分析中,忽略摆杆和抗侧滚梁,将车体直接作用在悬浮架的空气弹簧上。

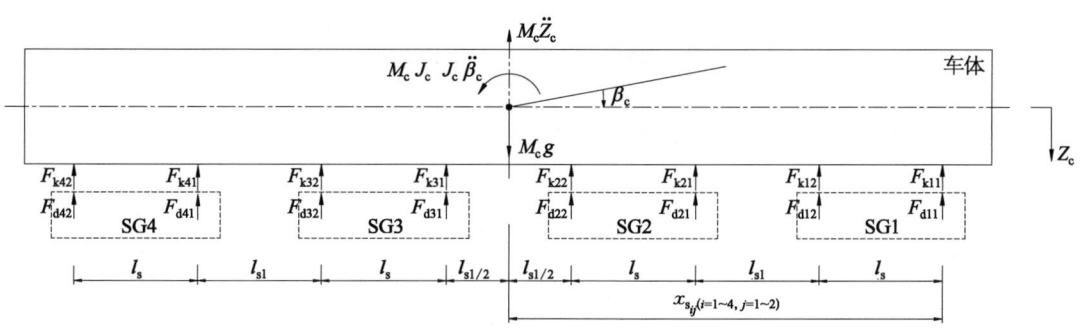

图 5-10　车体受力分析

1) 浮沉运动

$$M_c\ddot{Z}_c+16C_{as}\dot{Z}_c+16K_{as}Z_c-4K_{as}\sum_{i=1}^{4}Z_{sg_i}-4C_{as}\sum_{i=1}^{4}\dot{Z}_{sg_i}=M_cg \qquad (5-8)$$

式中　M_c——车体质量;

　　　Z_c——车体浮沉运动位移;

K_{as}, C_{as} ——空气弹簧的刚度和阻尼；

i ——悬浮架编号；

Z_{sg_i} ——第 i 个悬浮架的浮沉运动位移。

2) 点头运动

$$2K_{as}\sum_{i=1}^{4}\sum_{j=1}^{2}x_{s_{ij}}^2\beta_c - 2K_{as}\sum_{i=1}^{4}\sum_{j=1}^{2}x_{s_{ij}}Z_{sg_i} - 2K_{as}\sum_{i=1}^{4}\sum_{j=1}^{2}x_{s_{ij}}l_{s_{ij}}\beta_{sg_i}$$
$$+ 2C_{as}\sum_{i=1}^{4}\sum_{j=1}^{2}x_{s_{ij}}^2\dot{\beta}_c - 2C_{as}\sum_{i=1}^{4}\sum_{j=1}^{2}x_{s_{ij}}\dot{Z}_{sg_i} - 2C_{as}\sum_{i=1}^{4}\sum_{j=1}^{2}x_{s_{ij}}l_{s_{ij}}\dot{\beta}_{sg_i}$$
$$+ J_{cy}\ddot{\beta}_c = 0 \qquad (5-9)$$

式中 j ——每个悬浮架上两个空气弹簧的编号；

$x_{s_{ij}}$ ——各空气弹簧中心到车体转动中心之间的距离；

$l_{s_{ij}}$ ——各悬浮架上空气弹簧到悬浮架中心的距离；

β_c, β_{sg_i} ——车体和第 i 个悬浮架的点头角度；

J_{cy} ——车体点头运动的转动惯量。

5.2.2 悬浮架

5.2.2.1 受力分析

每节车有 4 个悬浮架(图 5-11)，悬浮磁铁支承于悬浮架的托臂下端，悬浮架的受力及其与悬浮磁铁的关系如图 5-12 所示。从图中可见，除两个端悬浮架外，每个悬浮架为三个悬浮磁铁提供支承。

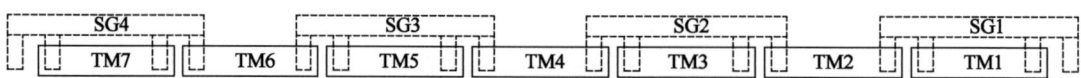

图 5-11 悬浮磁铁与悬浮架编号对应关系(端车)

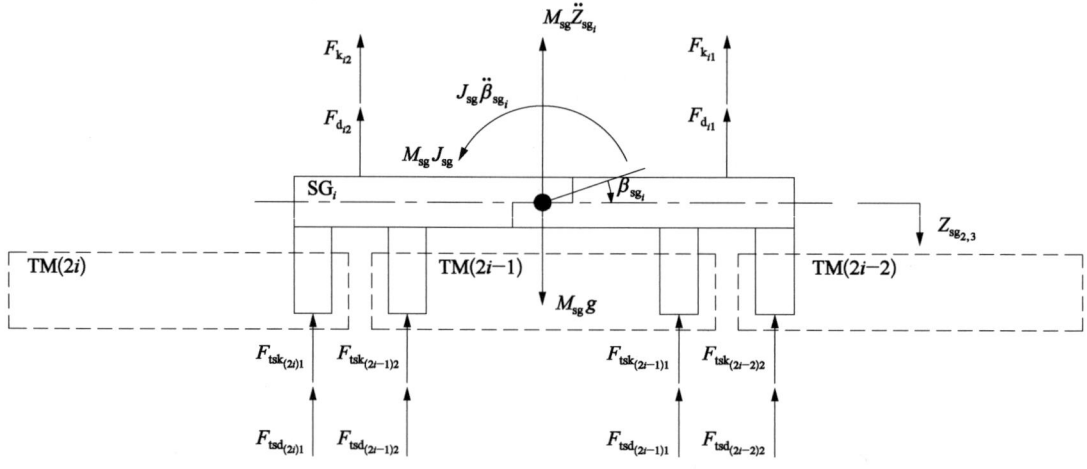

图 5-12 悬浮架受力分析(2、3 号悬浮架)

5.2.2.2 运动方程

1) 浮沉运动

每节 TR08 车辆有 4 个悬浮架 SG1~SG4。其中，悬浮架 SG2 和 SG3 为 3 个悬浮磁铁提供支承，这里仅给出它们的运动方程，悬浮架 SG1 和 SG4 方程在此基础上去掉相应的悬浮磁铁相关项即可：

$$-4K_{as}Z_c - 2K_{as}\sum_{j=1}^{2}x_{s_{ij}}\beta_c + (8K_{ts}+4K_{as})Z_{sg_i} - 2K_{ts}Z_{tm_{(2i-2)}} - 2K_{ts}l_{tms_{(2i-2)2}}\beta_{tm_{(2i-2)}}$$
$$-4K_{ts}Z_{tm_{(2i-1)}} - 2K_{ts}Z_{tm_{(2i)}} - 2K_{ts}l_{tms_{(2i)1}}\beta_{tm_{(2i)}} - 4C_{as}\dot{Z}_c - 2C_{as}\sum_{j=1}^{2}x_{s_{ij}}\dot{\beta}_c$$
$$+(8C_{ts}+4C_{as})\dot{Z}_{sg_i} - 2C_{ts}\dot{Z}_{tm_{(2i-2)}} - 2C_{ts}l_{tms_{(2i-2)2}}\dot{\beta}_{tm_{(2i-2)}} - 4C_{ts}\dot{Z}_{tm_{(2i-1)}}$$
$$-2C_{ts}\dot{Z}_{tm_{(2i)}} - 2C_{ts}l_{tms_{(2i)1}}\dot{\beta}_{tm_{(2i)}} + M_{sg}\ddot{Z}_{sg_i}$$
$$=M_{sg}g \tag{5-10}$$

式中　　M_{sg} ——悬浮架质量；

K_{ts} ——悬浮磁铁在悬浮架上的支承刚度；

C_{ts} ——悬浮磁铁在悬浮架上的支承阻尼；

$Z_{tm_{(2i-2)}}$，$\beta_{tm_{(2i-2)}}$ ——第 $(2i-2)$ 号悬浮磁铁的浮沉运动位移和点头运动转角；

$l_{tms_{(2i-2)h}}$ ——悬浮磁铁第 h 个支承点到磁铁中心水平距离。

2) 点头运动

$$-2K_{as}\sum_{j=1}^{2}l_{s_{ij}}x_{s_{ij}}\beta_c + \left(2K_{ts}\sum_{j=1}^{4}l_{ts_{ij}}^2 + 2K_{as}\sum_{j=1}^{2}l_{s_{ij}}^2\right)\beta_{sg_i} - 2K_{ts}l_{ts_{i1}}Z_{tm_{(2i-2)}}$$
$$-2K_{ts}l_{ts_{i1}}l_{tms_{(2i-2)2}}\beta_{tm_{(2i-2)}} - 2K_{ts}\sum_{j=1}^{2}l_{ts_{i(j+1)}}l_{tms_{(2i-1)j}}\beta_{tm_{(2i-1)}}$$
$$-2K_{ts}l_{ts_{i4}}Z_{tm_{(2i)}} - 2K_{ts}l_{ts_{i4}}l_{tms_{(2i)1}}\beta_{tm_{(2i)}} - 2C_{as}\sum_{j=1}^{2}l_{s_{ij}}x_{s_{ij}}\dot{\beta}_c$$
$$+\left(2C_{ts}\sum_{j=1}^{4}l_{ts_{ij}}^2 + 2C_{as}\sum_{j=1}^{2}l_{s_{ij}}^2\right)\dot{\beta}_{sg_i} - 2C_{ts}l_{ts_{i1}}\dot{Z}_{tm_{(2i-2)}}$$
$$-2C_{ts}l_{ts_{i1}}l_{tms_{(2i-2)2}}\dot{\beta}_{tm_{(2i-2)}} - 2C_{ts}\sum_{j=1}^{2}l_{ts_{i(j+1)}}l_{tms_{(2i-1)j}}\dot{\beta}_{tm_{(2i-1)}}$$
$$-2C_{ts}l_{ts_{i4}}\dot{Z}_{tm_{(2i)}} - 2C_{ts}l_{ts_{i4}}l_{tms_{(2i)1}}\dot{\beta}_{tm_{(2i)}} + J_{sg}\ddot{\beta}_{sg_i}$$
$$=0 \tag{5-11}$$

式中　　$l_{s_{ij}}$ ——各空气弹簧中心到悬浮架中心的水平距离；

$l_{ts_{ij}}$ ——各悬浮磁铁支承点到悬浮架中心的距离；

$l_{tms_{ij}}$ ——各悬浮磁铁支承点（对应于悬浮架的托臂下端）到悬浮磁铁中心的水平距离；

Z_{tm_i}，β_{tm_i} ——悬浮磁铁的浮沉运动位移和点头运动转角；

J_{sg}——悬浮架的转动惯量。

5.2.3 悬浮磁铁

5.2.3.1 受力分析

悬浮磁铁支承于悬浮架托臂下端。每节车有 7.5 对悬浮磁铁，相邻车辆之间共用一对悬浮磁铁。悬浮磁铁的受力如图 5-13 所示。其中，$l_{tm_{ij}}$ 为第 i 号悬浮磁铁第 j 个磁极到磁铁中心的水平距离，$i=1\sim7$，$j=1\sim12$。

每块悬浮磁铁有 12 个悬浮磁极，将悬浮力简化为 12 个集中力，其分布情况如图 5-14 所示。

悬浮磁铁共有 A、B、C 三种型号（表 5-2），由于不同型号的电磁铁模块质量相差不大，为简化分析，在仿真分析中悬浮磁铁模块的参数可均采用 A 型。

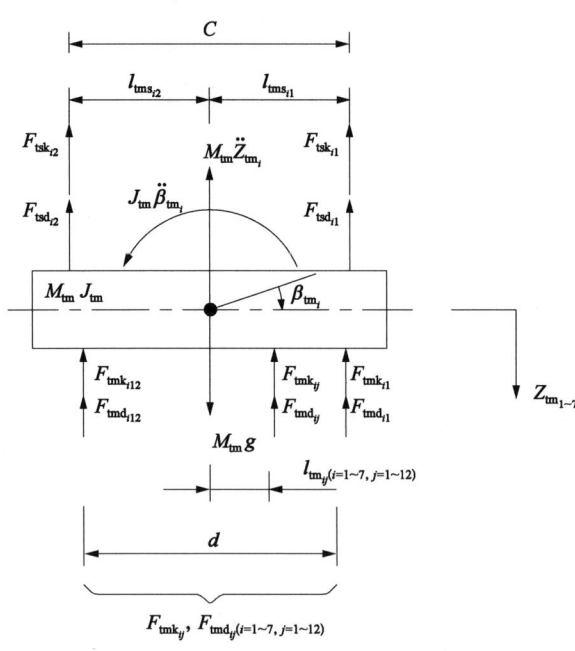

图 5-13 悬浮磁铁受力示意图

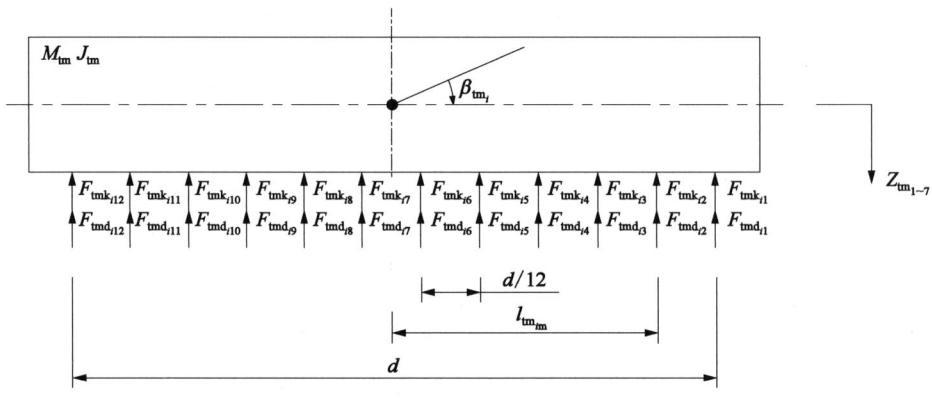

图 5-14 悬浮力分布示意图

表 5-2 悬浮磁铁参数

悬浮磁铁型号	质量/kg	绕质心转动惯量 $x/y/z/(kg \cdot m^2)$	质心距轨面高度 /m
A 型	603	33/434/408	0.4
B 型	753	41/542/510	0.4
C 型	633	35/456/428	0.4

5.2.3.2 运动方程

第 1、3、5、7 号悬浮磁铁分别支承于 1、2、3、4 号悬浮架上,而第 2、4、6 号悬浮磁铁支承于相邻的两个悬浮架上,因此奇数和偶数编号的悬浮磁铁运动方程存在区别。

奇数编号悬浮磁铁支承于 $(i+1)/2$ 号悬浮架上,如图 5-15 所示;偶数编号悬浮磁铁支承于 $i/2$ 和 $i/2+1$ 号两个悬浮架上,如图 5-16 所示。

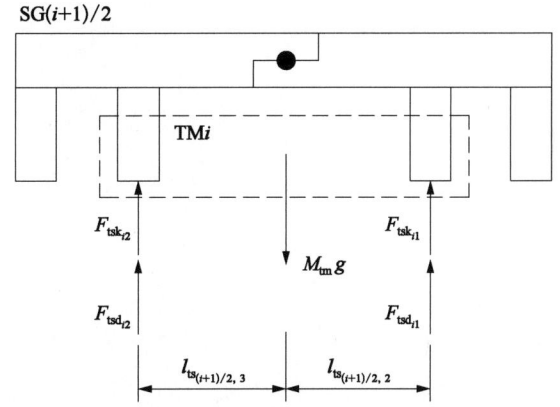

图 5-15 奇数编号悬浮磁铁与悬浮架的关系

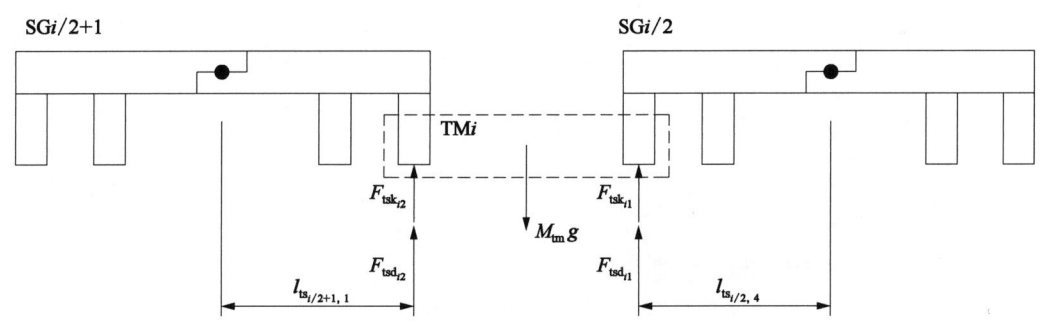

图 5-16 偶数编号悬浮磁铁与悬浮架的关系

1) 浮沉运动

奇数编号悬浮磁铁的浮沉运动方程如下所示:

$$-2K_{ts}Z_{sg_{(i+1)/2}} + 2K_{ts}Z_{tm_i} - 2C_{ts}\dot{Z}_{sg_{(i+1)/2}} + 2C_{ts}\dot{Z}_{tm_i} + M_{tm}\ddot{Z}_{tm_i}$$
$$= M_{tm}g - \sum_{k=1}^{12} F_{ik} \tag{5-12}$$

偶数编号悬浮磁铁的浮沉运动方程如下所示:

$$-K_{ts}Z_{sg_{\frac{i}{2}}} - K_{ts}Z_{sg_{\frac{i}{2}+1}} + 2K_{ts}Z_{tm_i} - K_{ts}l_{ts_{(\frac{i}{2})_4}}\beta_{sg_{\frac{i}{2}}} - K_{ts}l_{ts_{(\frac{i}{2}+1)_1}}\beta_{sg_{\frac{i}{2}+1}} - C_{ts}\dot{Z}_{sg_{\frac{i}{2}}}$$
$$- C_{ts}\dot{Z}_{sg_{\frac{i}{2}+1}} + 2C_{ts}\dot{Z}_{tm_i} - C_{ts}l_{ts_{(\frac{i}{2})_4}}\dot{\beta}_{sg_{\frac{i}{2}}} - C_{ts}l_{ts_{(\frac{i}{2}+1)_1}}\dot{\beta}_{sg_{\frac{i}{2}+1}} + M_{tm}\ddot{Z}_{tm_i}$$
$$= M_{tm}g - \sum_{k=1}^{12} F_{ik} \tag{5-13}$$

式中 M_{tm}——悬浮磁铁的质量;

F_{ik}——第 i 号悬浮磁铁第 k 个悬浮磁极的悬浮力。

2）点头运动

奇数编号悬浮磁铁点头运动方程如下所示：

$$-K_{ts}\sum_{k=1}^{2}l_{tms_{ik}}l_{ts_{(i+1)/2,(k+1)}}\beta_{sg_{\frac{i+1}{2}}}+K_{ts}\sum_{k=1}^{2}l_{tms_{ik}}^{2}\beta_{tm_{i}}$$

$$-C_{ts}\sum_{k=1}^{2}l_{tms_{ik}}l_{ts_{(i+1)/2,(k+1)}}\dot{\beta}_{sg_{\frac{i+1}{2}}}+C_{ts}\sum_{k=1}^{2}l_{tms_{ik}}^{2}\dot{\beta}_{tm_{i}}+J_{tm}\ddot{\beta}_{tm_{i}}$$

$$=-\sum_{k=1}^{12}F_{ik}l_{tm_{ik}} \qquad (5-14)$$

式中 $l_{tm_{ik}}$ ——第 i 号悬浮磁铁的第 k 个悬浮磁极到磁铁中心的水平距离。

偶数编号悬浮磁铁点头运动方程如下所示：

$$-K_{ts}l_{tms_{i1}}Z_{sg_{\frac{i}{2}}}-K_{ts}l_{ts_{(\frac{i}{2})_{4}}}l_{tms_{i1}}\beta_{sg_{\frac{i}{2}}}-K_{ts}l_{tms_{i2}}Z_{sg_{\frac{i}{2}+1}}-K_{ts}l_{ts_{(\frac{i}{2}+1)_{1}}}l_{tms_{i2}}\beta_{sg_{\frac{i}{2}+1}}$$

$$+K_{ts}\sum_{j=1}^{2}l_{tms_{ij}}^{2}\beta_{tm_{i}}-C_{ts}l_{tms_{i1}}\dot{Z}_{sg_{\frac{i}{2}}}-C_{ts}l_{ts_{(\frac{i}{2})_{4}}}l_{tms_{i1}}\dot{\beta}_{sg_{\frac{i}{2}}}-C_{ts}l_{tms_{i2}}\dot{Z}_{sg_{\frac{i}{2}+1}}$$

$$-C_{ts}l_{ts_{(\frac{i}{2}+1)_{1}}}l_{tms_{i2}}\dot{\beta}_{sg_{\frac{i}{2}+1}}+C_{ts}\sum_{j=1}^{2}l_{tms_{ij}}^{2}\dot{\beta}_{tm_{i}}+J_{tm}\ddot{\beta}_{tm_{i}}$$

$$=-\sum_{k=1}^{12}F_{ik}l_{tm_{ik}} \qquad (5-15)$$

式中 J_{tm} ——悬浮磁铁的转动惯量。

5.3 悬浮控制模型

高速磁浮车辆与轨道之间以电磁作用力为界面。电磁力既是车辆和轨道之间的相互作用，也是它们之间的约束。虽然弹簧-阻尼模型能从力学角度反映车-轨相互作用，但是却难以正确反映基于主动控制-反馈的悬浮控制系统对车-轨之间的互相约束，从而给车辆和悬浮间隙的分析带来一定的偏差。因此，引入控制模型以反映悬浮主动控制-反馈行为，对于磁浮系统动力学是十分重要的。

悬浮控制系统通过调节悬浮磁铁线圈电流来实现稳定悬浮，其电流控制律为

$$\Delta i(t)=K_{p}\Delta\delta(t)+K_{v}\dot{\delta}(t)+K_{a}\ddot{\delta}(t) \qquad (5-16)$$

式中 i ——主动调节的悬浮电流；

K_p, K_v, K_a ——悬浮控制模型中对悬浮间隙变化量、间隙变化速度和电磁铁加速度的反馈控制系数。

悬浮间隙变化率 $\dot{\delta}$ 及其二阶导数 $\ddot{\delta}$ 这两个状态量很难测量,而悬浮间隙 δ 和电磁铁加速度 a 则容易测得,因此采用以悬浮间隙、悬浮间隙变化率和悬浮磁铁加速度实现反馈的控制策略。为了获取难以测量的 $\dot{\delta}$,采用状态观测器利用输入 (δ,a) 信号重构其估计值 $\hat{\dot{\delta}}$(如图 5-17 所示,其中 S 为拉普拉斯变量)。以 $(\hat{\dot{x}}_1,\hat{\dot{x}}_2)=(\hat{\delta},\hat{\dot{\delta}})$ 为状态量,悬浮控制系统的状态观测器方程如下所示:

$$\left.\begin{array}{l}\dot{\hat{x}}_1(t)=\hat{x}_2(t)+2\xi_0\omega_0[\Delta\delta-\hat{x}_1(t)]\\ \dot{\hat{x}}_2(t)=a+\omega_0^2[\Delta\delta-\hat{x}_1(t)]\end{array}\right\} \tag{5-17}$$

通过状态观测器重构获得悬浮间隙一阶导数观测值后,根据下式计算电流:

$$\Delta i=K_{\mathrm{p}}\Delta\delta+K_{\mathrm{v}}\hat{x}_2+K_{\mathrm{a}}a \tag{5-18}$$

之后,根据下式求得悬浮力:

$$F_{\mathrm{m}}\approx mg+K_i\Delta i(t)-K_\delta\Delta\delta(t) \tag{5-19}$$

采用的悬浮控制参数见表 5-3。

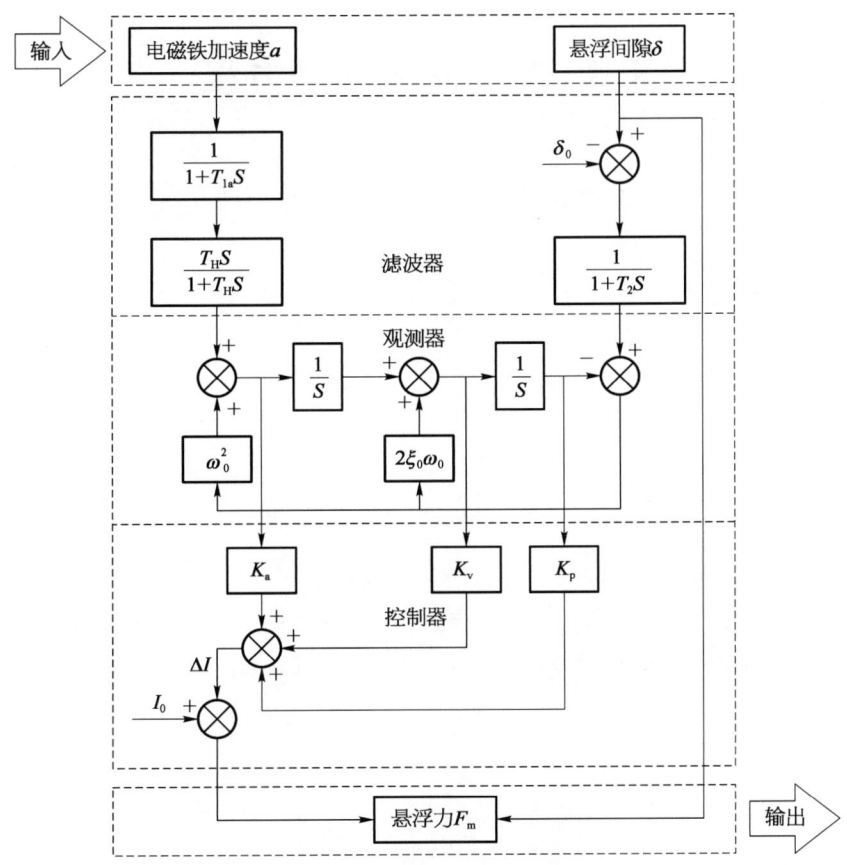

图 5-17 悬浮控制模型

表 5-3 悬浮控制参数

符 号	意 义	取 值
m	单个悬浮磁极对应的悬浮质量	342 kg
δ_0	额定悬浮间隙	0.01 m
T_{1a}	加速度惯性时间常数	7.95774×10^{-4}
T_H	加速度积分时间常数	0.008
T_2	悬浮间隙时间常数	7.95774×10^{-5}
ω_0	状态观测器固有频率	400π Hz
ξ_0	状态观测器阻尼比	0.707 N·s/m
I_0	额定悬浮电流	24 A
K_a	加速度反馈系数	0.5
K_v	速度反馈系数	50
K_p	悬浮间隙反馈系数	7 000

5.4 车辆垂向运动方程

建立车辆多刚体动力学分析模型,可以写出车辆垂向运动方程如下:

$$[M_v]\begin{Bmatrix} \ddot{Z}_c \\ \ddot{\beta}_c \\ \ddot{Z}_{sg_1} \\ \ddot{\beta}_{sg_1} \\ \ddot{Z}_{sg_2} \\ \ddot{\beta}_{sg_2} \\ \ddot{Z}_{sg_3} \\ \ddot{\beta}_{sg_3} \\ \ddot{Z}_{sg_4} \\ \ddot{\beta}_{sg_4} \\ \ddot{Z}_{tm_1} \\ \ddot{\beta}_{tm_1} \\ \ddot{Z}_{tm_2} \end{Bmatrix} + [C_v]\begin{Bmatrix} \dot{Z}_c \\ \dot{\beta}_c \\ \dot{Z}_{sg_1} \\ \dot{\beta}_{sg_1} \\ \dot{Z}_{sg_2} \\ \dot{\beta}_{sg_2} \\ \dot{Z}_{sg_3} \\ \dot{\beta}_{sg_3} \\ \dot{Z}_{sg_4} \\ \dot{\beta}_{sg_4} \\ \dot{Z}_{tm_1} \\ \dot{\beta}_{tm_1} \\ \dot{Z}_{tm_2} \end{Bmatrix} + [K_v]\begin{Bmatrix} Z_c \\ \beta_c \\ Z_{sg_1} \\ \beta_{sg_1} \\ Z_{sg_2} \\ \beta_{sg_2} \\ Z_{sg_3} \\ \beta_{sg_3} \\ Z_{sg_4} \\ \beta_{sg_4} \\ Z_{tm_1} \\ \beta_{tm_1} \\ Z_{tm_2} \end{Bmatrix} = \{F_v\}$$

$$[M_v]\begin{Bmatrix}\ddot{\beta}_{tm_2}\\ \ddot{Z}_{tm_3}\\ \ddot{\beta}_{tm_3}\\ \ddot{Z}_{tm_4}\\ \ddot{\beta}_{tm_4}\\ \ddot{Z}_{tm_5}\\ \ddot{\beta}_{tm_5}\\ \ddot{Z}_{tm_6}\\ \ddot{\beta}_{tm_6}\\ \ddot{Z}_{tm_7}\\ \ddot{\beta}_{tm_7}\end{Bmatrix} + [C_v]\begin{Bmatrix}\dot{\beta}_{tm_2}\\ \dot{Z}_{tm_3}\\ \dot{\beta}_{tm_3}\\ \dot{Z}_{tm4}\\ \dot{\beta}_{tm_4}\\ \dot{Z}_{tm_5}\\ \dot{\beta}_{tm_5}\\ \dot{Z}_{tm_6}\\ \dot{\beta}_{tm_6}\\ \dot{Z}_{tm_7}\\ \dot{\beta}_{tm_7}\end{Bmatrix} + [K_v]\begin{Bmatrix}\beta_{tm_2}\\ Z_{tm_3}\\ \beta_{tm_3}\\ Z_{tm_4}\\ \beta_{tm_4}\\ Z_{tm_5}\\ \beta_{tm_5}\\ Z_{tm_6}\\ \beta_{tm_6}\\ Z_{tm_7}\\ \beta_{tm_7}\end{Bmatrix} = \{F_v\} \quad (5-20)$$

其中,M_v、C_v 和 K_v 分别为车辆的总质量、总阻尼和总刚度矩阵;F_v 为作用在车辆上的荷载列向量;其他符号如前面章节所述。

5.5 轨道不平顺的分析和模拟

轨道不平顺是列车荷载之外的另一个重要振动激励源。在实际的线路上,各种形态的静态不平顺随机地排列和组合,因此宏观上轨道静态不平顺具有随机性。对轨道不平顺进行分析主要有两种方法:实测法和数值模拟法。

数值模拟法涉及频域和时域转换,主要方法有三角级数法、白噪声滤波法、二次滤波法和离散傅里叶变换法。本文采用离散傅里叶变换法。

离散傅里叶变换法的基本原理是,直接在功率谱密度函数上离散采样,构造出 $X(k)$,然后对其作傅里叶逆变换,由此得到时域的轨道不平顺激扰 $x(t)$。兹简要介绍如下。

1) 连续傅里叶变换对

连续时间非周期信号 $x(t)$ 的傅里叶变换,是连续非周期频谱 $X(\omega)$,二者之间的变换关系如下:

正变换:

$$X(\omega) = \int_{-\infty}^{+\infty} x(t) e^{-j\omega t} dt \quad (5-21)$$

逆变换：

$$x(t)=\frac{1}{2\pi}\int_{-\infty}^{+\infty}X(\omega)\mathrm{e}^{j\omega t}\mathrm{d}\omega \tag{5-22}$$

其中，$\omega=2\pi f(\mathrm{rad/s})$。

2）数据的离散化采样

对于连续时间非周期信号 $x(t)$，为了进行计算机处理，需要对 $x(t)$ 进行离散化，以 Δt 为时间间隔得到序列信号：

$$x(n)=x(n\Delta t) \quad n=0,1,2,\cdots \tag{5-23}$$

采样间隔符合采样定理：

$$f_\mathrm{s}\geqslant 2f_\mathrm{u} \text{ 或 } t_\mathrm{s}\leqslant \frac{1}{2f_\mathrm{u}} \tag{5-24}$$

式中　f_u——测试信号的最高频率。

当 Δt 满足采样定理时，由采样后得到的序列信号 $x(n)$ 可以完全复原出原来的连续信号 $x(t)$。

3）离散傅里叶变换

离散傅里叶变换时建立有限长时域序列 $x(n)$ 和有限长频域序列 $X(k)$ 之间变换关系的方法。

正变换：

$$X(k)=\mathrm{DFT}[x(n)]=\sum_{n=0}^{N-1}x(n)\mathrm{e}^{-j\frac{2\pi}{N}nk} \quad k=0,1,2,\cdots,N-1 \tag{5-25}$$

逆变换：

$$x(n)=\frac{1}{N}\sum_{n=0}^{N-1}X(k)\mathrm{e}^{j\frac{2\pi}{N}nk} \quad n=0,1,2,\cdots,N-1 \tag{5-26}$$

4）轨道谱的时域转换方法

基于离散傅里叶变换原理，通过时间序列估计功率谱密度的 Blackman-Turkey 周期图法，反推离散后的功率谱密度与时间序列（频谱）之间的关系：

$$S_x(k)=\frac{1}{N^2}|D(x_\mathrm{s})|^2=\frac{1}{N^2}[X^*(k)X(k)] \tag{5-27}$$

式中　　　N——采样点总数；

$S_x(k)$——离散化的功率谱密度；

$D(x_\mathrm{s})$——对时间序列 x_s 作离散傅里叶变换；

$X(k),X^*(k)$——时间序列 x_s 的傅里叶频谱及其共轭。

通过对复序列 $X(k)$ 作傅里叶逆变换,得到序列化的时域模型:

$$x(n) = \frac{1}{N} \sum_{k=1}^{N} X(k) e^{j\frac{2\pi}{N}kn} \quad (5-28)$$

$$X(k) = N\sqrt{S_x(k\Delta\omega)\Delta\omega} \quad (5-29)$$

其中,t 为模拟时间;$\Delta\omega = \frac{t}{2\pi}$;$\xi(k) = e^{i\varphi_k}$ 为独立相位序列,它的各分量均值为 0;φ_k 服从 $0 \sim 2\pi$ 均匀分布。

由于功率谱密度值在离散的采样点上与信号频谱之间有确定的关系,先对功率谱密度函数做离散采样,构造出 $X(k)$,然后对其进行傅里叶变换,就可以得到时域的模拟轨道不平顺激扰 $x(t)$。具体实施步骤如下:

(1) 将功率谱转化为双边谱。采样点数 $N_r = T/\Delta t$,通过在其末尾加 0 的方法使其成为 2 的整数次方。频域的采样间隔为 $\Delta f = 1/N_r\Delta t$。设功率谱有效频段的上截止频率为 $f_上$,下截止频率为 $f_下$,则有效频段内的采样点数为 $N_f = (f_上 - f_下)/\Delta f$,设 $N_0 = f_下/\Delta f$,则 $0 \sim N_0 - 1$ 的采样点数为 0,若 $N_0 + N_f < N_r/2$,则 $N_f - N_r/2$ 之间的采样点数记为 0;若 $N_0 + N_f > N_r/2$,则可增大 T 以满足 $N_0 + N_f < N_r/2$,于是得到功率谱密度函数 $S_x(f)$ 的 $N_r/2$ 个离散采样点值 $S_x(k\Delta f), k = 0, 1, 2, \cdots, N_r/2$,再以此形成以 $N_r/2$ 为对称中心的偶对称序列:

$$S_x(k\Delta f), k = 0, 1, 2, \cdots, N_r - 1 \quad (5-30)$$

(2) 求频谱序列的模:

$$\varphi(k) = \cos\varphi_k + i\sin\varphi_k \quad (5-31)$$

根据功率谱密度与时间序列的关系,得到:

$$|X(k)| = |\text{DFT}[x(n)]| = \sqrt{N_r^2 S_x(k)} = N_r\sqrt{S_x(k\Delta f)\Delta f} \quad k = 0, 1, 2, \cdots, N_r - 1 \quad (5-32)$$

(3) 构造频谱序列:

$$X(k) = \varphi(k)|X(k)| = N_r\varphi(k)\sqrt{S_x(k\Delta f)\Delta f} \quad k = 0, 1, 2, \cdots, \frac{N_r}{2} \quad (5-33)$$

其中,φ_k 服从 $0 \sim 2\pi$ 均匀分布。

根据其对称条件,可以得到 $X(k)$ 在 $k = 0, 1, 2, \cdots, N_r - 1$ 上的值。对其作傅里叶逆变换,得到轨道不平顺的时域函数模拟样本:

$$x(n) = \frac{1}{N_r} \sum_{k=0}^{N_r-1} X(k) e^{i\frac{2\pi}{N_r}kn} \quad n = 0, 1, \cdots, N_r - 1 \quad (5-34)$$

对于磁浮轨道谱尚无定论，研究选择美国铁路五级轨道谱，通过离散傅里叶变换得到的方向不平顺时域样本如图 5-18 所示。

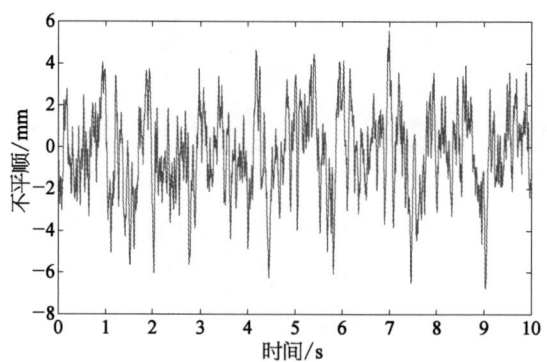

图 5-18　美国五级轨道谱的轨道方向不平顺时域样本

5.6　系统方程及求解

利用 Newmark-β 直接积分法求解运动方程。Newmark-β 法引用两个参数 β 和 γ 分别对线性加速度方法中的位移增量和速度增量进行修正：

$$\{\Delta \dot{x}(t)\} = \Delta t \{\ddot{x}(t)\} + \gamma \Delta t \{\Delta \ddot{x}(t)\} \tag{5-35}$$

$$\{\Delta x(t)\} = \Delta t \{\dot{x}(t)\} + \frac{\Delta t^2}{2}\{\ddot{x}(t)\} + \beta \Delta t^2 \{\Delta \ddot{x}(t)\} \tag{5-36}$$

由上两式可得：

$$\{\Delta \ddot{x}(t)\} = \frac{1}{\beta \Delta t^2}\{\Delta x(t)\} - \frac{1}{\beta \Delta t}\{\dot{x}(t)\} - \frac{1}{2\beta}\{\ddot{x}(t)\} \tag{5-37}$$

$$\{\Delta \dot{x}(t)\} = \frac{\gamma}{\beta \Delta t}\{\Delta x(t)\} - \frac{\gamma}{\beta}\{\dot{x}(t)\} - \left(\frac{\gamma}{2\beta} - 1\right)\Delta t \{\ddot{x}(t)\} \tag{5-38}$$

写成离散方程形式如下：

$$\{\Delta \ddot{x}\}_j = \frac{1}{\beta \Delta t^2}\{\Delta x\}_j - \frac{1}{\beta \Delta t}\{\dot{x}\}_j - \frac{1}{2\beta}\{\ddot{x}\}_j \tag{5-39}$$

$$\{\Delta \dot{x}\}_j = \frac{\gamma}{\beta \Delta t}\{\Delta x\}_j - \frac{\gamma}{\beta}\{\dot{x}\}_j - \left(\frac{\gamma}{2\beta} - 1\right)\Delta t \{\ddot{x}\}_j \tag{5-40}$$

代入运动方程

$$[m]\{\Delta \ddot{x}\}_j + [c]\{\Delta \dot{x}\}_j + [k]\{\Delta x\}_j = \{\Delta f\}_j \tag{5-41}$$

得到：

$$[\bar{K}]_j \{\Delta x\}_j = \{\Delta \bar{F}\}_j \tag{5-42}$$

其中，

$$[\bar{K}]_j = [k] + \frac{\gamma}{\beta \Delta t}[c] + \frac{1}{\beta \Delta t^2}[m] \tag{5-43}$$

$$\{\Delta F\}_j = [m]\left(\frac{1}{\beta \Delta t}\{\dot{x}\}_j + \frac{1}{2\beta}\{\ddot{x}\}_j\right) + [c]\left[\frac{\gamma}{\beta}\{\dot{x}\}_j + \left(\frac{\gamma}{2\beta} - 1\right)\Delta t \{\ddot{x}\}_j\right] + \{\Delta f\}_j \tag{5-44}$$

Newmark-β 法的求解步骤如下：

(1) 时间离散化。$t_j = j\Delta t (j=0, 1, 2, \cdots, n-1, n)$，起始时间 $t_0 = 0$，终止时间 $t_m = n\Delta t$。

(2) 计算时间步步初运动参数。由上一个时间步得到 $\{x\}_j$、$\{\dot{x}\}_j$、$\{\ddot{x}\}_j$；当 $j=0$ 时，由初始条件得到 $\{x\}_0$、$\{\dot{x}\}_0$、$\{\ddot{x}\}_0 = [m]^{-1}[\{f\}_0 - [c]\{\dot{x}\}_0 - [k]\{x\}_0]$。

(3) 计算时间步步末运动参数。

① 计算等效刚度矩阵 $[\bar{K}]$ 和等效荷载增量向量 $\{\Delta \bar{F}\}_j$。

② 计算位移增量向量 $\{\Delta x\}_j$。

③ 计算速度增量向量 $\{\Delta \dot{x}\}_j$。

④ 计算当前时间步步末的位移和速度 $\{x\}_{j+1} = \{x\}_j + \{\Delta x\}_j$，$\{\dot{x}\}_{j+1} = \{x\}_j + \{\Delta x\}_j$。

⑤ 计算当前时间步步末加速度 $\{\ddot{x}\}_{j+1}$。

重复以上(2)～(3)步，直至计算完所有的时间步。

5.7 列车通过复合式轨道梁的过程分析

在以上各节对高速磁浮车-轨系统动力作用分析的基础上，基于 Matlab 编制分析程序,对 3 节编组列车通过复合式轨道梁的过程进行分析。

其中,车辆采用上海磁浮线 TR08 型车参数,轨道梁采用 24.768 m 跨度上海磁浮线预应力混凝土复合式轨道梁。主要计算参数如下:

(1) 混凝土材料弹性模量:$E=3.60\times10^{10}$ N/m²。

(2) 混凝土密度:2 500 kg/m³。

(3) 截面模量:$I_z=1.391\ 4$ m⁴。

(4) 截面竖向抗弯刚度:$EI_z=5.01\times10^{10}$ N·m²。

(5) 截面积:$A=2.317\ 9$ m²。

(6) 折算密度:2 940.23 kg/m³。

(7) 功能件和连接件附加重量:10 kN/m。

为了清楚地反映悬浮控制性能,并验证仿真模型的稳定性,首先分析了单节车辆在上海高速磁浮线 24.768 m 简支复合梁上的起浮情况。车辆的初始悬浮间隙为 16 mm,额定间隙为 10 mm。由图 5-19 可见,经历车辆起浮瞬间的冲击,振动很快收敛,轨道梁跨中的挠度也很快稳定在 2.5 mm 左右,这与上海磁浮线轨道梁过车时的实测挠度较为接近。

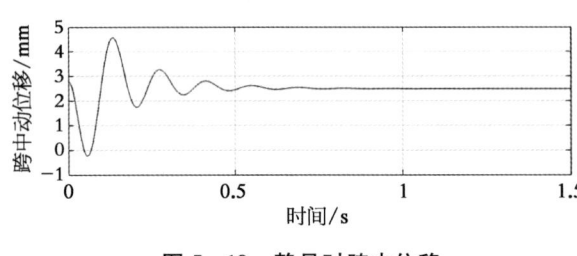

图 5-19 静悬时跨中位移

由图 5-20 和图 5-21 可见,各悬浮架的浮沉运动表现出一定的同步性,而点头运动则表现出反对称的特征。即 1 号和 4 号、2 号和 3 号悬浮架点头运动方向分别相反。由于 1 号和 7 号悬浮磁铁分别支承于 1 号和 4 号悬浮架上,因此 1 号和 7 号悬浮磁铁同样表现出浮沉运动同步,点头运动反对称的特征,其他悬浮磁铁的运动情况则较为复杂,如图 5-22 和图 5-23 所示。综上所述,高速磁浮车辆走行部的链式结构引起的振动在各

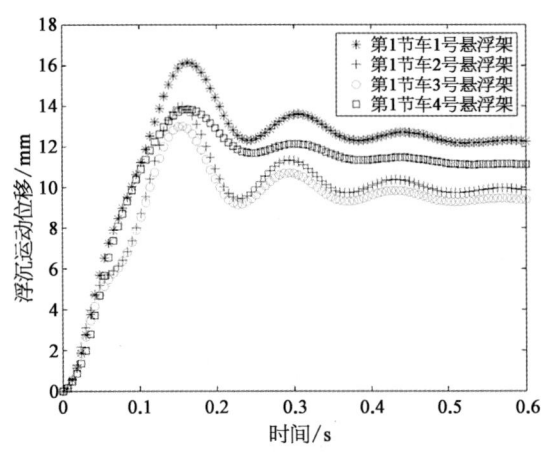

图 5-20 各悬浮架浮沉运动对比

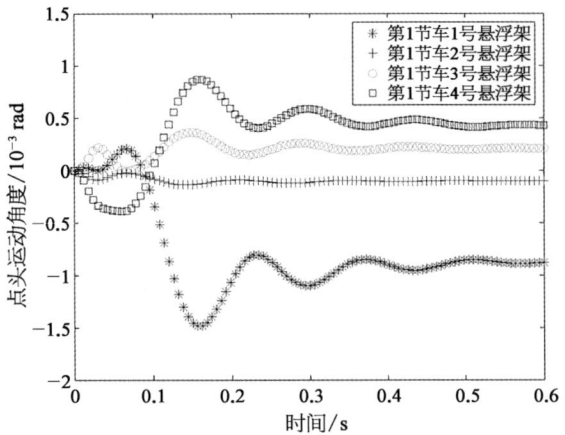

图 5-21 各悬浮架点头运动对比

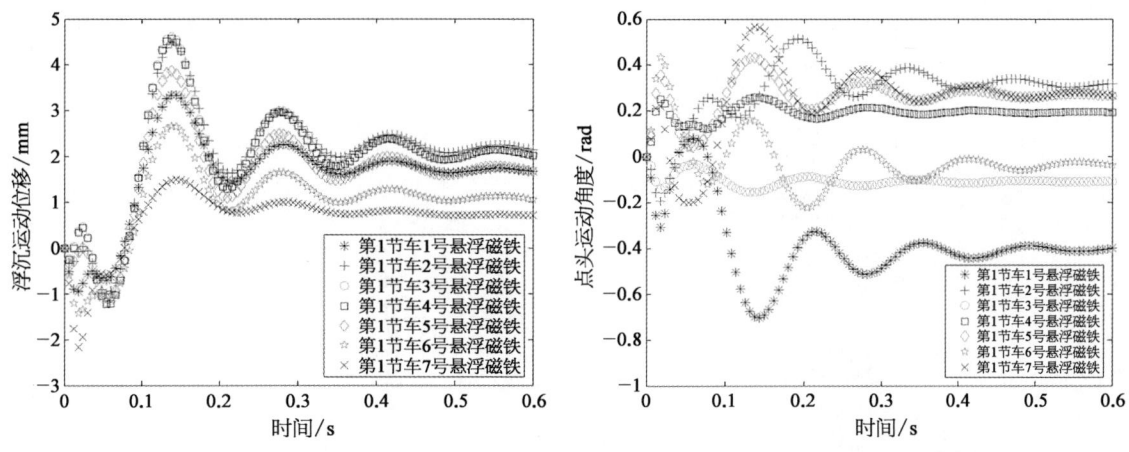

图 5-22 各悬浮磁铁浮沉运动对比　　图 5-23 各悬浮磁铁点头运动对比

悬浮架和悬浮磁铁之间的传递可在模型中得到体现,所提出的悬浮控制方法及相应的车-岔仿真模型能够用于进一步的系统动力响应分析。

当 3 节编组列车以 50 km/h 和 100 km/h 速度通过复合式轨道梁时的梁跨动力响应分别如图 5-24～图 5-27 所示。

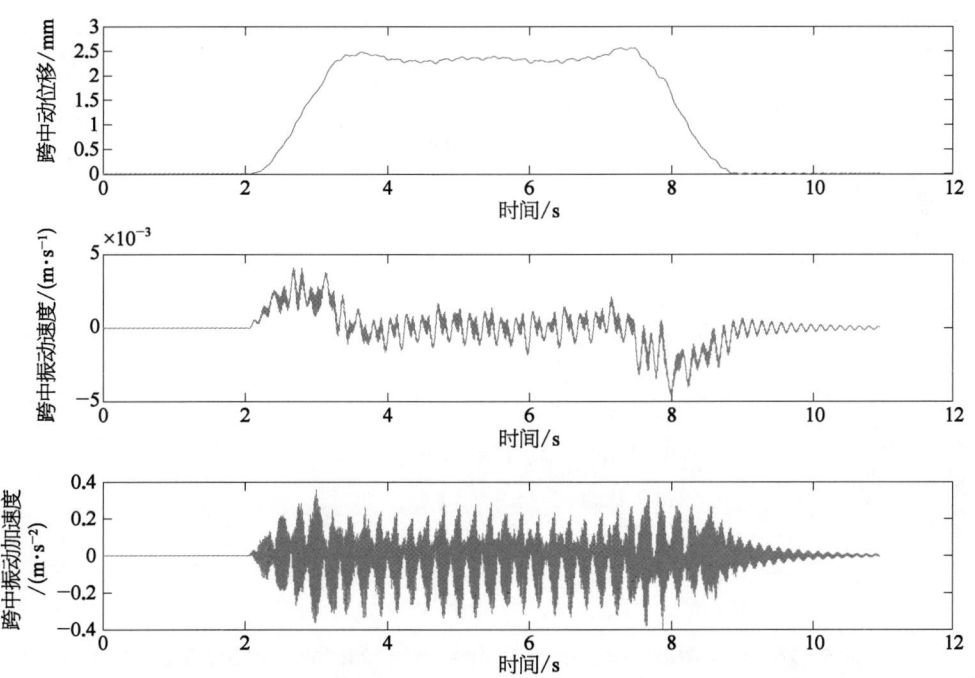

图 5-24 梁跨中动力响应(3 节车,50 km/h, 24.768 m 复合式轨道梁)

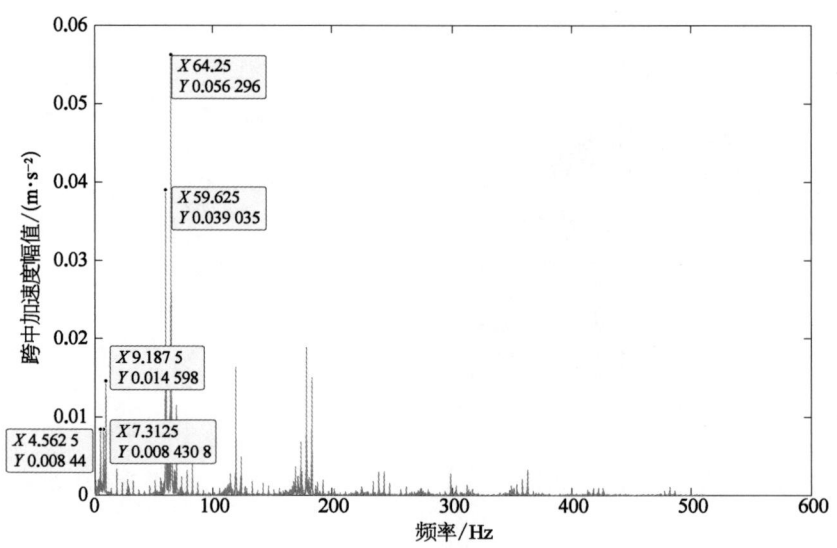

图 5-25　梁跨中加速度频谱(3 节车,50 km/h,24.768 m 复合式轨道梁)

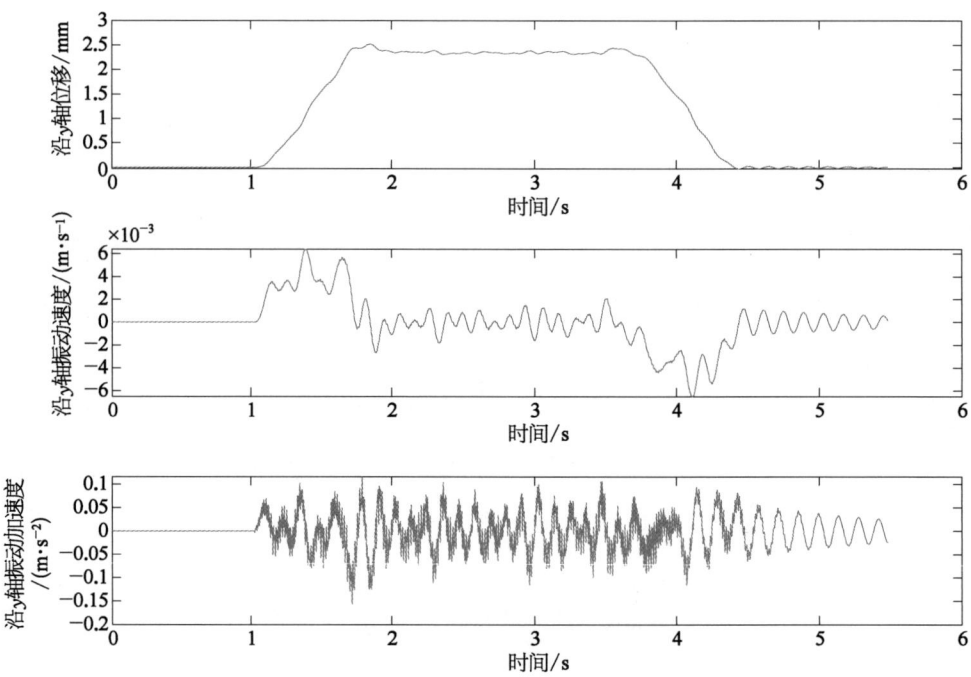

图 5-26　梁跨中动力响应(3 节车,100 km/h,24.768 m 复合式轨道梁)

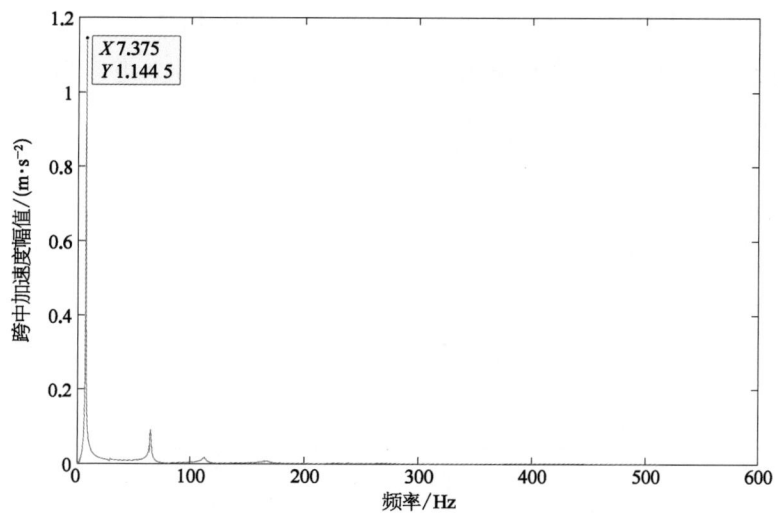

图 5‑27 梁跨中加速度频谱(3 节车,100 km/h, 24.768 m 复合式轨道梁)

5.8 单节车低速通过道岔的过程分析

上海磁浮线道岔在列车低速通过时曾发生较为严重的车-岔振动,根据对道岔疲劳性能的评估,低速下的剧烈振动会导致道岔疲劳性能大大降低,同时还会造成车辆受流器与安装于道岔梁侧面的动力轨之间产生拉弧现象,造成动力轨烧蚀。

为了研究车-岔振动,2021 年 10 月,结合新型国产磁浮车试验,在位于同济大学嘉定校区的高速磁浮试验线开展了车-岔动力测试。道岔梁上典型截面的测点布置示意如图 5‑28

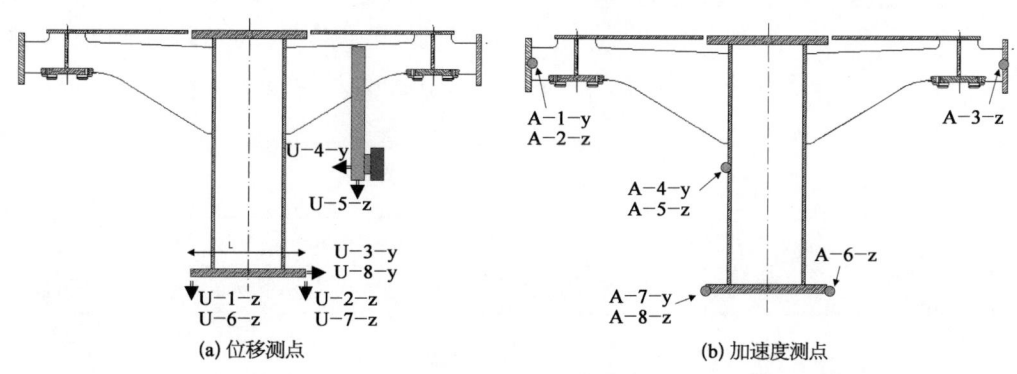

图 5‑28 测点布置

所示,在传感器编号中,U 表示位移,A 表示加速度,y 表示沿道岔横向,z 表示沿道岔竖向。当一节以 TR08 为原型的国产样车以 15 km/h 速度过岔时,道岔第三跨跨中竖向位移和加速度如图 5-29 和图 5-30 所示。

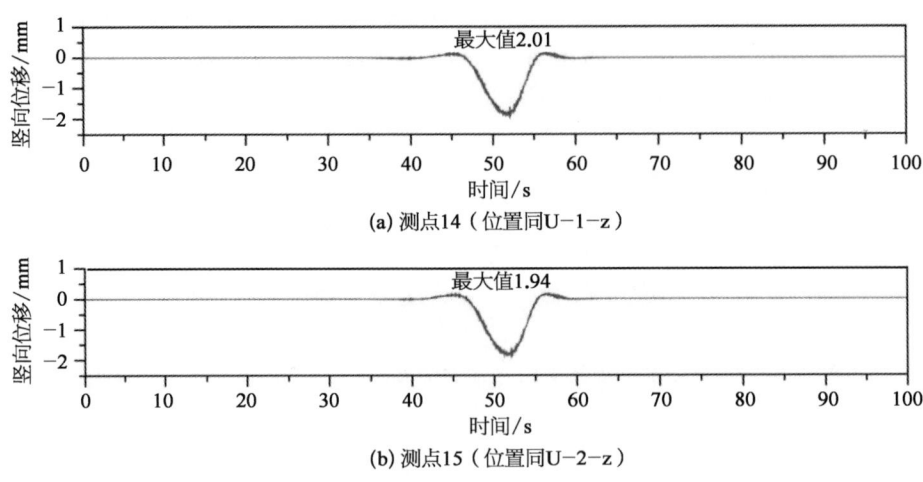

图 5-29 低速过岔时第三跨跨中竖向位移

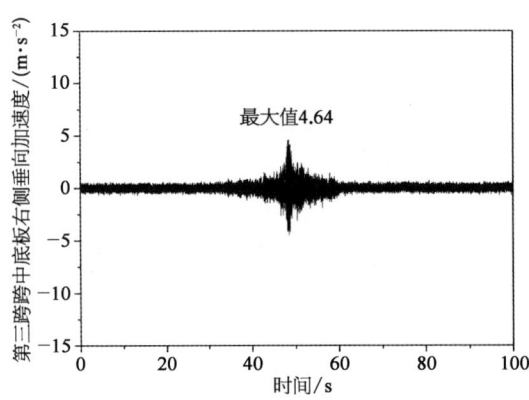

图 5-30 低速过岔时第三跨跨中竖向加速度
(测点 11,位置同 A-6-z)

在测试过程中,利用地脉动(环境激励)和锤击两种方法测量了道岔梁各跨的模态,各跨的优势频率见表 5-4,与理论计算结果基本吻合。低速过岔时跨中竖向加速度如图 5-31 所示。车辆约从第 3 s 开始进入道岔,在第 3~14 s 时峰值加速度基本在 3 m/s² 左右,但是从第 14 s 开始,也就是车辆从第三跨进入第四跨的过程中,加速度呈现逐渐增大趋势,大约到第 17 s 达最大值(超过 20 m/s²),此时车辆尾部基本离开第三跨梁,车头部分已经进入第五跨梁。通过跨中加速度频谱分析发现,优势频率为 13.86 Hz,说明在梁跨的主频点附近激发了明显的振动(图 5-32)。

表 5-4 道岔梁各跨竖向优势频率

测量方法	各梁跨竖向自振频率/Hz				
	第一跨	第二跨	第三跨	第四跨	第五跨
地脉动法	14.0	16.5	13.375	16.5	14.375
锤击法	14.1	16.4	13.3	16.5	14.375

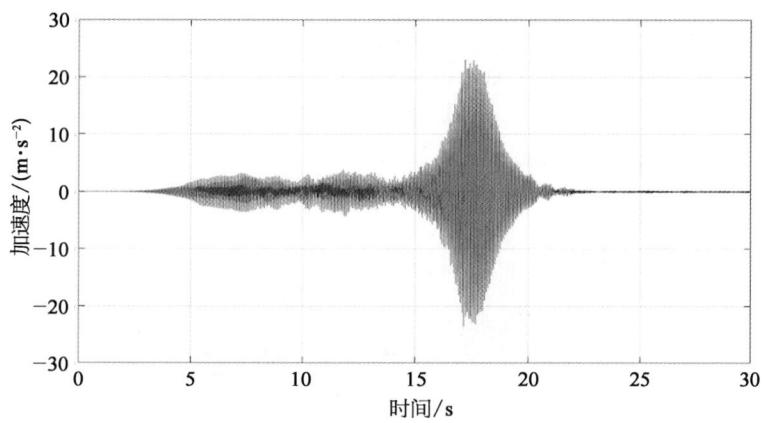

图 5-31 低速过岔时第三跨跨中竖向加速度(15 km/h)

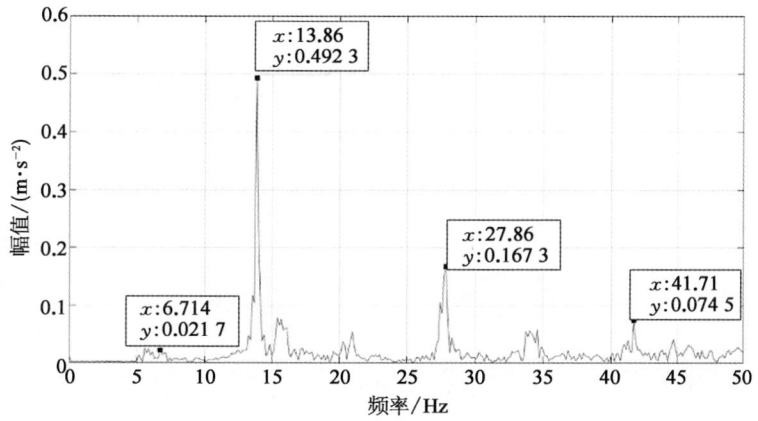

图 5-32 道岔梁加速度频谱

利用建立的车-岔系统模型进行单节车过岔仿真分析,结果如图 5-33 所示。第三跨竖向变形最大值为 1.381 mm,竖向加速度波动范围为 $-4.266\sim3.512$ m/s²。通过跨中加速度频谱分析发现,计算的竖向振动优势频率主要为 13.78 Hz、16.58 Hz、24.77 Hz、

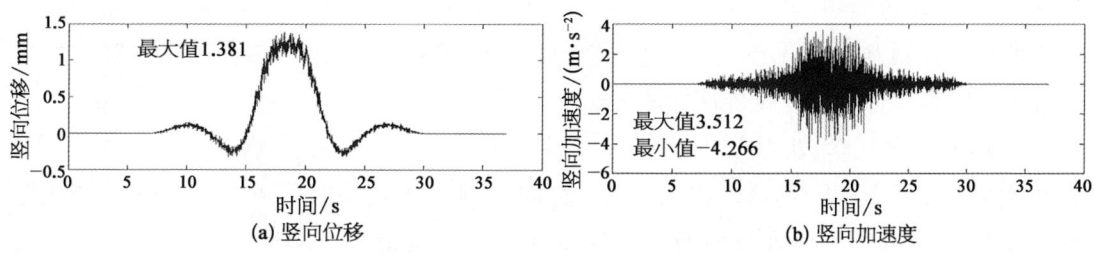

图 5-33 第三跨跨中竖向动力响应

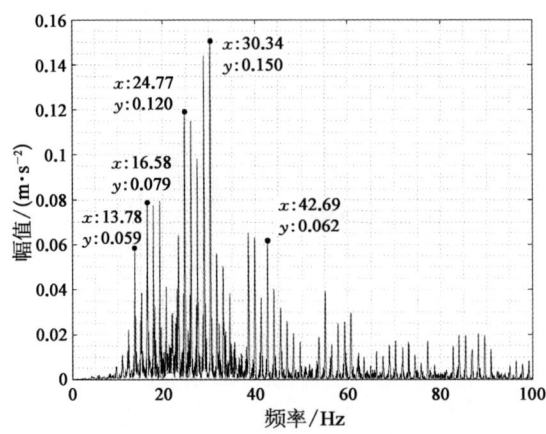

图 5-34 道岔梁跨中加速度频谱

30.34 Hz、42.69 Hz，在道岔第三跨竖向主频附近也激发了显著的振动，如图 5-34 所示。悬浮间隙变化在 7.878～12.220 mm，略超过（10±2）mm 范围，悬浮电流在 12.58～34.44 A 波动，悬浮总体上稳定。因此建立的模型能够反映车-岔动力响应的特点。

5.9　5 节编组列车通过道岔的过程分析

利用所建立的模型进行 5 节编组 TR08 高速磁浮列车过岔动力响应分析，列车行驶路径为 6 跨 24.768 m 简支复合轨道梁＋低速道岔（长 78.432 m）＋5 跨 24.768 m 简支复合轨道梁。在不考虑随机不平顺影响的情况下，考察列车以一定速度通过时悬浮磁铁振动情况，能够更为清晰地反映列车过岔的特点。图 5-35 和图 5-36 给出了在不考虑轨道不平顺的情况下车辆悬浮磁铁浮沉和点头运动加速度时程。从图中可见，当列车通过轨道梁之间、轨道梁和道岔之间的缝隙时，发生明显的振动，但很快收敛，进一步说明了所采用的悬浮控制器性能稳定。在不考虑轨道随机不平顺的情况下，道岔梁跨中竖向加速度及位移随列车速度的变化规律如图 5-37 所示。

轨道不平顺是车-轨系统产生振动的主要原因之一，直接影响车辆的振动和车-轨作用力。引入随机不平顺，加大了车-岔动力响应的随机性。在进行仿真分析时，利用不平顺谱通过三角级数和傅里叶逆变换等方法构造不平顺时域样本。考虑随机不平顺的影响进行车-岔动力响应分析，参照德国低干扰谱构造轨道随机不平顺时域

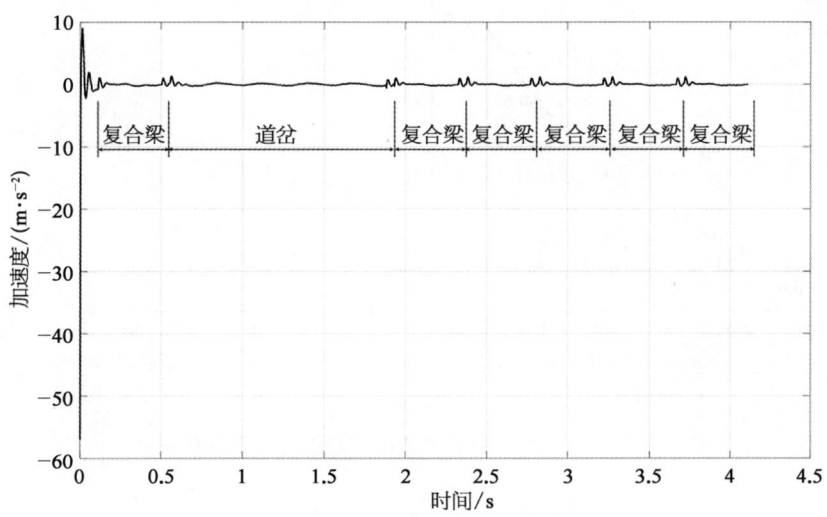

图 5-35 悬浮磁铁浮沉运动加速度(200 km/h)

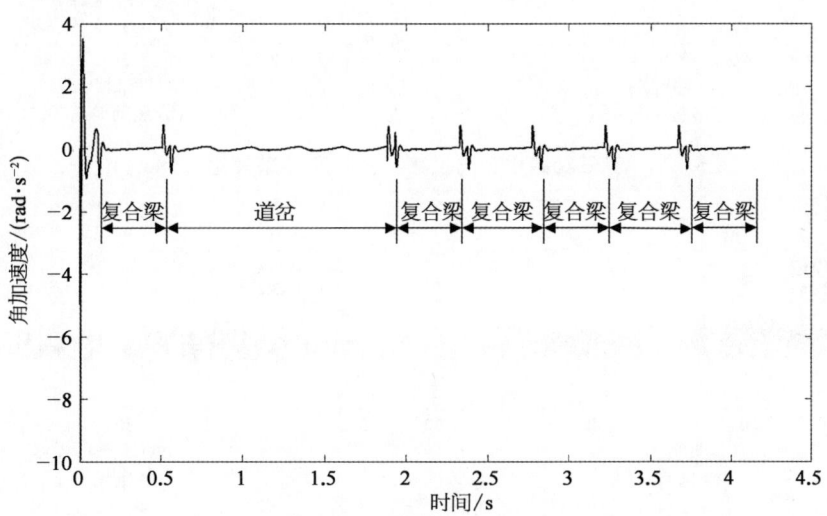

图 5-36 悬浮磁铁点头运动加速度(200 km/h)

样本。图 5-38 为列车以 15 km/h 过岔时的动力响应。此时,道岔第三跨跨中竖向位移最大值为 1.313 mm;悬浮间隙变化 8.253~12.67 mm,满足悬浮间隙要求;电流变化 13.27~36.45 A,如图 5-39 所示。悬浮控制总体上稳定,但悬浮控制参数的选取、悬浮控制和道岔之间的参数匹配关系对于计算结果影响很大,这是后续值得深入研究的问题。

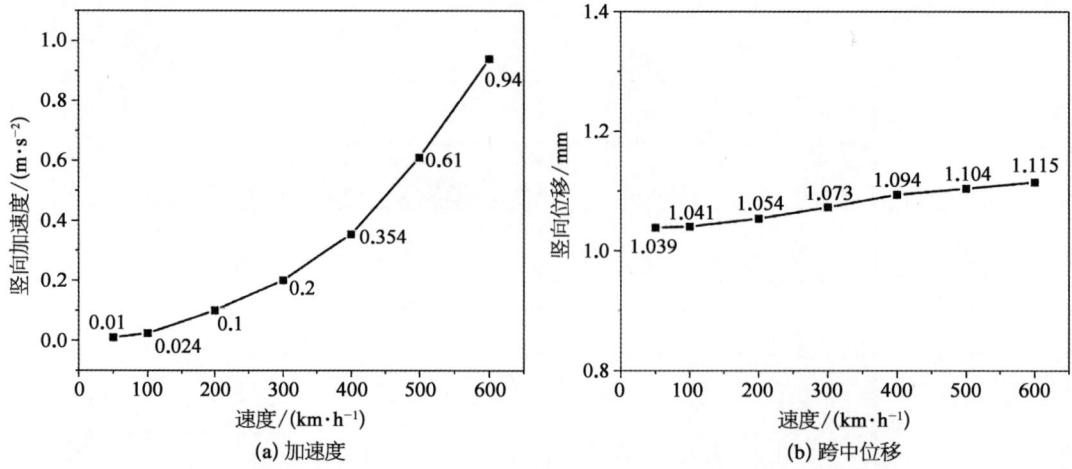

图 5-37 第三跨跨中竖向加速度及位移与车速的关系

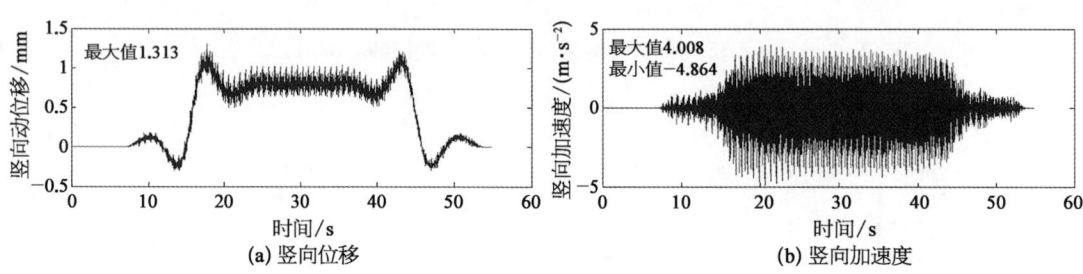

图 5-38 第三跨跨中竖向位移和加速度(5 节编组,15 km/h)

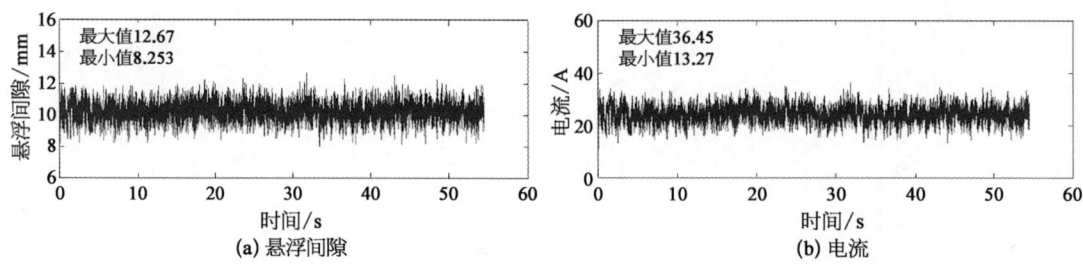

图 5-39 悬浮间隙和电流

5.10　关于车-轨动力学研究的思考

尽管众多学者致力于高速磁浮车-轨/车-岔动力学研究,但迄今为止,相关的振动机理问题,包括激励的产生与作用机理、振动传递机理以及振动能量累积与耗散机理仍未解释清楚。精细化仿真模型、磁浮轨道不平顺谱和机理表征仍是亟待解决的问题,具体如下:

(1) 精细化的系统动力学仿真模型的建立。根据车辆的拓扑关系,建立基于多刚体的车辆模型,研究悬浮自激振动传递途径,分析车辆关键参数的影响;研究基于主动控制-反馈的磁轨关系模拟方法,建立符合工程实际的磁轨关系分析模型。

(2) 轨道不平顺与系统动力学平稳性的关系研究。目前尚没有适用于高速磁浮系统的专用轨道谱,为此需从高速磁浮轨道不平顺的特征及其随时间的演化规律出发,研究线路实测不平顺数据预处理、加速度信号处理和基于频域的积分、不平顺谱的获取及功率谱估计方法;研究结合数值仿真和线上实测的不平顺谱验证方法。

(3) 系统各影响要素之间的关联性及其表征研究。建立车-轨-悬浮控制参数之间的匹配关系和静态不平顺与车轨动力响应之间的映射关系,从而揭示磁浮车轨振动机理。

第 6 章

轨道梁工厂制造

根据磁浮交通系统的特点,轨道结构的设计和制造实际上是直线电机系统定子部分的设计和制造。为了保证高速磁浮列车能安全、平稳地运行,其要求本质上须满足机电产品制造、安装和装配的精度要求。

根据第 3 章中对轨道梁型式的研究,按照功能区的形式,轨道梁可划分为两大类:复合式和整体式。二者都需要对整个轨道梁进行机加工,前者是通过机加工连接件,在工厂内将钢功能件与预应力混凝土主梁组装为一个整体;后者预先在梁体内埋设预埋件,轨道梁浇筑成型后,在上翼缘磨削出滑行面,然后在工厂安装导向板和定子。本章 6.1 和 6.2 节分别对这两类轨道梁的工厂制造工艺进行介绍。至于叠合式轨道梁,其上叠合的轨道板既可以是复合式,也可以是整体式,其工厂制造工艺仍可归于上述两类,但因其体量较小,故在部分工序上有一定差异,在 6.3 节中做简要介绍。

6.1 复合式轨道梁工厂制造

德方转让的技术中包括轨道梁的生产制造部分。但德方技术对上海磁浮线轨道梁制造工程应用价值严重不足。主要原因有:

(1) 德方仅制造过一根直线轨道梁,没有工业化生产的成熟工艺。其建议提供的轨道梁制造工厂的工艺布置方案实际上不能满足上海磁浮线的工程要求。

上海磁浮线存在大量曲线轨道梁,线路平竖曲线、缓和曲线和内外侧超高等引起复杂的扭曲和偏转,在线路轨道系统设计、轨道梁施工工艺以及模板设计、机加工工艺、定位和生产测量技术等方面的难度和复杂性大大高于直线轨道梁。

(2) 德方转让的技术是基于双跨连续梁设计的运输、加工和制造技术,未经过实际工程的检验,可工艺性和可操作性都无法满足上海磁浮线的制造和施工要求。

(3) 德方机加工工艺是通过简易龙门铣床对连接件端面进行铣削加工、手动方式进行钻孔和镗孔的,工效很低。为了满足上海磁浮线建设的需要,需解决工业化生产问题,研究成套生产工艺及相应的生产线。

鉴于德方转让的设计技术有诸多局限性,上海磁浮线又是在软土地质条件下的首次应用,技术人员在消化吸收的基础上进行开发和创新研究,形成了自有知识产权的轨道系统成套技术。

如第 4 章所述,上海磁浮线线路的直线、平面曲线(包括由正弦曲线形缓和曲线和正圆曲线)、竖曲线(包括由回旋线形缓和曲线和正圆曲线)以及曲线段上 0°~12°的横坡形成的连续空间曲面,是通过功能件的以直代曲拟合实现的。线形拟合无可避免地要产生理论线形的偏差,如此一来,系统总允许偏差在设计时就被用掉了一部分,势必给轨道梁的制造提出更严格的要求。如何将剩余的总偏差合理地分配每个制造环节,制定严格的控制措施,并力争将各工序的公差相互抵消,是确定轨道梁施工工艺、制造合格轨道梁的关键。

在上海磁浮线的建设中,技术人员开展了复合式轨道梁制造关键技术的研究,并提出了被证明是行之有效的施工工艺。主要研究工作包括工艺流程及制梁基地合理工艺布置、高精度的可调节模板体系、预应力施工工艺、功能件制造工艺、轨道梁机加工工艺、轨道梁总装线形检测方法。

6.1.1 磁浮轨道梁制梁基地工艺布置

磁浮轨道梁以其高精度要求区别于一般的预应力混凝土梁,其变形控制是工艺设计的关键问题。轨道梁的制造主要包括以下工艺流程:

(1) 支模、绑扎钢筋、穿预应力束和定位连接件。
(2) 张拉先张法预应力束。
(3) 浇筑混凝土。
(4) 待混凝土达到设计规定的强度后,放张先张预应力束。
(5) 拆模,将轨道梁吊至存梁区。
(6) 将梁放置在张拉台座上,张拉后张预应力束至全截面等压,管道压浆。
(7) 存梁 60 d。
(8) 在梁上施加等代荷载,二次后张至全截面等压,管道压浆。
(9) 对连接件进行机加工,安装功能件和定子铁心,卸除等代荷载。

制造基地的工艺布置须根据轨道梁施工工艺流程和要求确定。基地选址时,需考虑基地与主线线路的相互位置关系(上海磁浮线制梁基地基本处于主线的中间点且邻近线路的位置)。此外,在基地布置时,还应考虑物流组织原则。经验证明,上海磁浮线制梁基地的工艺布置是成功的,在项目工期极其紧张的情况下,对保质保量地完成全线轨道梁的制造起到了至关重要的作用(图 6-1)。

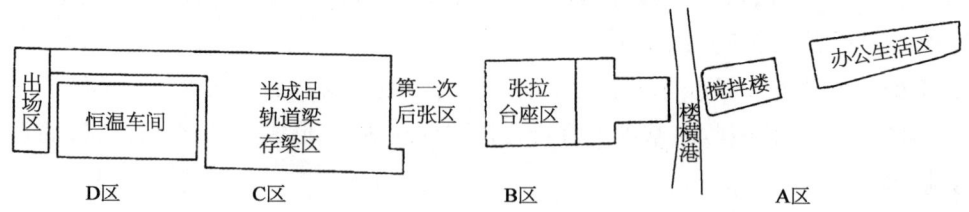

图 6-1 上海磁浮线制梁基地工艺总平面布置简图

6.1.2 高精度可调节钢模板体系

1) 对模板系统的要求

每根轨道梁的定子面、导向面和滑行面实际上是整个线路连续空间曲面上的一段,有可能处于直线、圆曲线或缓和曲线段,也可能是不同线形的组合段,因此在轨道梁设计时必须考虑如何方便制造的问题。

设计模板系统时,除了考虑模板自身强度、刚度和稳定性等要求外,还需要考虑制梁时操作的便利性。此外,模板系统应尽可能地以更少的模板数量适应更多种跨度和断面尺寸轨道梁制造需要,从而降低制梁的成本。

上海磁浮线轨道梁的标准跨径为 24.768 m,为了满足控制节点的布跨需要,上海磁浮线还采用了部分 21.672 m、18.576 m 跨度轨道梁,三种梁分别相当于 8 个、7 个和 6 个标准功能件长度。此外,为了使处于曲线地段的内、外侧轨道梁能利用同一支承结构,对于曲线上的轨道梁,其功能件长度还需以定子齿槽间距(86 mm)为模数进行一定的微调。因此,就形成了梁长 24.768 m、21.672 m 和 18.576 m,以及在此基础上将功能区长度缩短 0~4×0.086 m 共计 15 种规格的轨道梁。上海磁浮线线路曲线段的横坡通过轨道梁端部支座段两侧设置高度不同的牛腿来实现,支座段截面需满足 0°~12°、间隔为 0.1°的变化要求,因此模板又必须满足由于轨道梁支座段变化可能产生的 120 种截面变化要求。

除了以上三种梁跨外,上海磁浮线车站和维修基地内设有 46 跨 12.384 m 轨道梁,均处于直线平坡段。由于数量少,为了避免通用模板体系太过于复杂,上海磁浮线建设时单独设计了 12.384 m 轨道梁模板。

由于轨道功能件须精确安装在轨道梁上翼缘外侧的连接件上,而预埋连接件的空间位置随轨道梁的线形变化而变化,功能件与连接件之间连接面的空间位置由五维坐标控制,且定位精度为±1 mm。因此,模板须满足预埋连接件的空间定位精度要求。

磁浮系统对轨道梁混凝土时效变形控制要求非常高,而混凝土材料的均匀性和密实程度对轨道梁精度影响很大。因此,模板必须满足轨道梁混凝土的浇筑和振捣要求。

总体而言,轨道梁模板体系直接影响到轨道梁的质量、生产效率和造价,对整个项目的实施具有关键性作用。

2) 主要技术方案

为了实现高精度、高效率的轨道梁制造,上海磁浮线建设过程中采用整体式钢模板系统进行复合式轨道梁制造。系统由侧模、内模、端模和底模四个子系统、防浮和拉杆系统,以及侧模横移机构组成(图 6-2)。其中,侧模分为可调和不可调部分,底模分为中间段和可调式支座段底模。模板系统还包括立模和拆模驱动系统、内模和端模以及预埋连接件调节装置、内模防浮装置、模板紧固件和密封件以及附着式振捣器等。

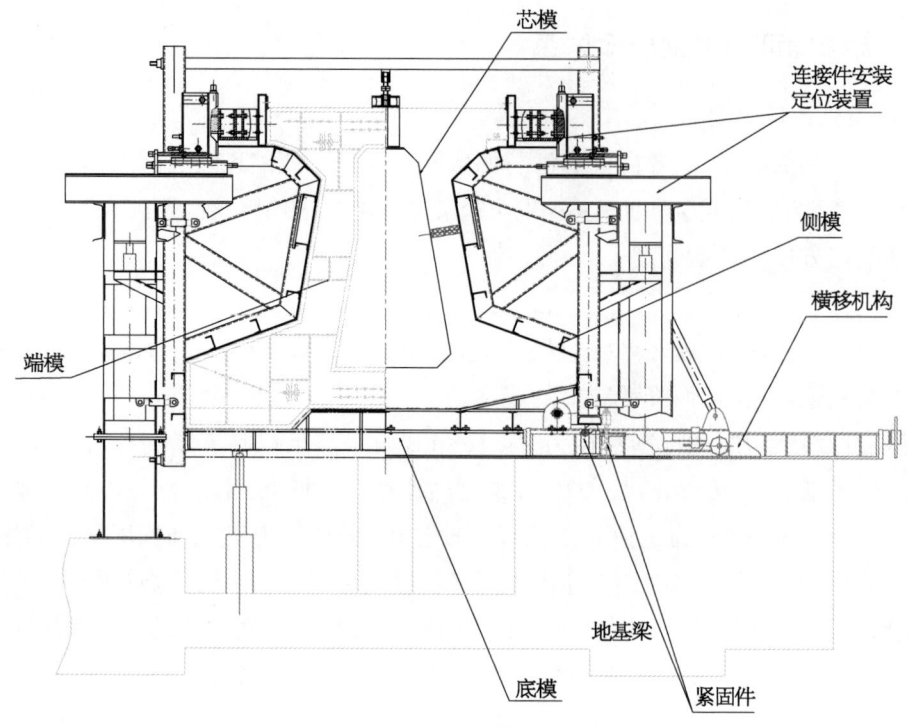

图 6-2 模板系统构成

模板体系外轮廓尺寸为 28 000 mm×6 600 mm×2 900 mm(长×宽×高),根据轨道梁尺寸、台位基础布置需要、浇捣车间净空及专用吊梁车的起吊高度和轮距等确定。

根据轨道梁长度和曲线半径变化,上海磁浮线正线的轨道梁均采用同一套可调模板系统,同时满足不同长度的直线和曲线轨道梁的制造要求,且能满足各种在标准梁长基础上以 86 mm 为模版的缩短量要求。

轨道梁侧模板由面板、竖楞、支撑桁架、稳定结构及附件组成(图 6-3)。单侧侧模采用分段组拼,生产 24.768 m 梁时全部拼装,生产 21.672 m 梁时少拼装一段 3.096 m,生产 18.576 m 梁时少拼装两段 3.096 m。

底模断面呈凹槽形状,由面板、纵向加劲肋、支承横梁及附件组成(图 6-4),中间段分段组拼,梁端支座段为 1.588 m,

图 6-3 侧模构造示意图

这样底模就可以适应生产各种标准梁,且能满足各种标准梁长基础上长度-86 mm、-2×86 mm 和-4×86 mm 的变化要求。

底模分为中间段和支座段可调底模。中间段底模与台座基础预埋件一次性焊接安装

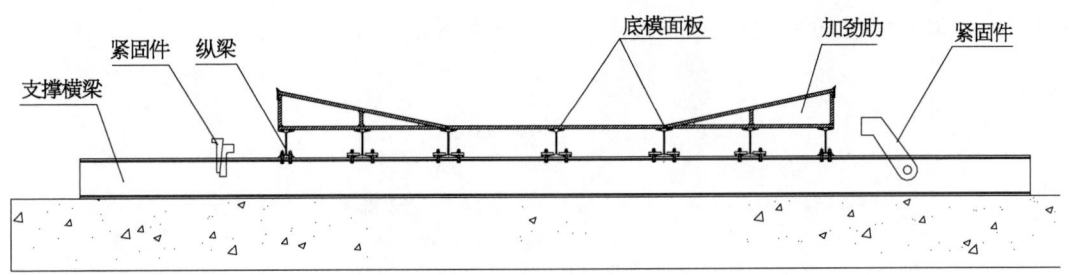

图 6‑4　固定段底模构造示意图

成型,使用过程中固定不变;支座段底模由上部活动部分和下部支座段支撑调节机构组成。安装支座段底模时,根据轨道梁设计参数通过下部支撑调节机构调整底模的横向偏移和倾斜,符合设计参数要求后,锁定支撑调节机构。支座段可调底模如图6‑5所示。

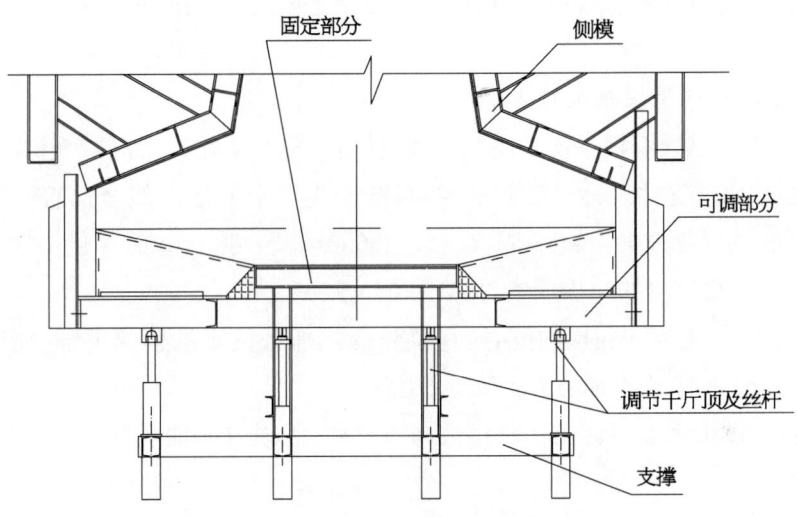

图 6‑5　支座段可调底模构造示意图

轨道梁侧模板分为上、下两部分。为了满足直线和不同半径曲线轨道梁的制造需求,上翼缘侧模板可以在下部侧模板上滑移。上翼缘侧模板每端设置一个可替换的活动段,用于生产有长度缩短量的轨道梁。

为了满足连接件高精度预埋要求,模板系统设有预埋件定位装置,用于调节连接件在轨道横向(y向)、竖向(z向)以及绕x轴和z轴的转动,以便调节、定位和固定连接件预埋件,如图6‑6所示。

侧模板采用6台同步电动横移机构用于合模

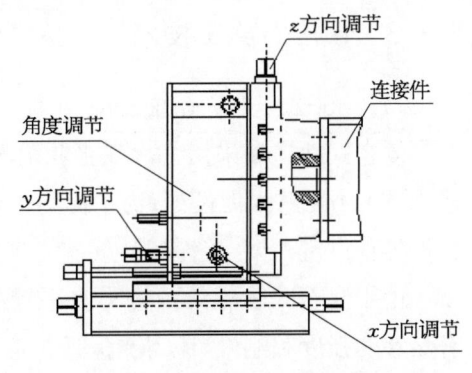

图 6‑6　连接件预埋件调节定位装置

和脱模,以减小操作过程中模板的变形,提高工作效率,如图 6-7 所示。

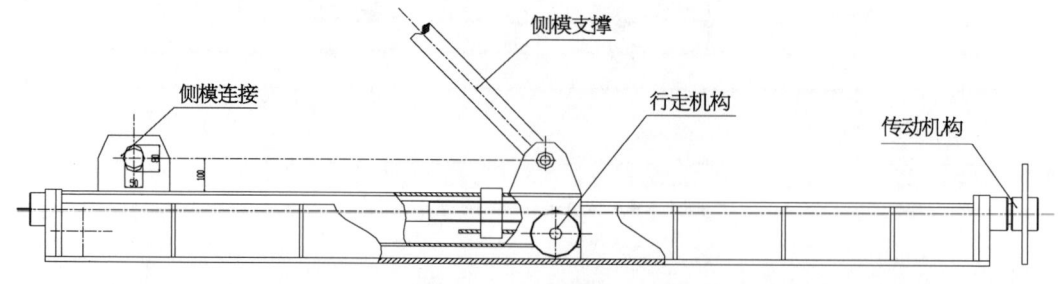

图 6-7 侧模脱模装置

可拆卸内模面板采用轻型钢结构骨架支撑。骨架采用角钢和螺栓连接,可装卸重复使用。

在侧模板外侧安装附着式振动器,在保证混凝土振捣密实的同时,避免造成模板振动变位和变形。

3) 上海磁浮线轨道梁模板特点

上海磁浮线轨道梁模板系统采用整体式钢模板,提高了轨道梁混凝土构件制造质量。

(1) 模板采用兼容性设计,使同一套模板既能生产上海磁浮线全部直线轨道梁和曲线轨道梁,又能适应各种梁长加减 86 mm、2×86 mm、4×86 mm 的变化要求。减少了模板种类,并节约了轨道梁的模板成本,提高了施工效率。

(2) 通过端模、侧模和底模的配合,将梁长变化部分设于端模的下部,能满足各种规格轨道梁的变化,具有很好的兼容性和通用性。

(3) 设置端模板无级可调机构和模数调节机构,能很方便地实现 0°～12° 范围内各种角度调整定位。

(4) 采用侧模附着式振捣体系,克服了因轨道梁钢筋密集而带来的混凝土振捣困难。既能使混凝土构件浇筑和振动密实,又不至于造成模板因为振动而发生变位和变形。

(5) 采用电动整体合模、拆模技术,大大提高了工效,降低了操作人员的劳动强度。

6.1.3 预应力施工技术

1) 1 800 kN 张拉台座

复合式轨道梁采用一次先张和两次后张预应力施工技术,预应力先张台座(图 6-8)按 18 000 kN 总张力设计,为了提高工效,台座有效长度为 62 m,可同时张拉两根轨道梁。根据工程进度需要,上海磁浮线施工期间共建有 16 个张拉台座。

由于复合式轨道梁预应力水平较高,要求承担全部预应力的张拉横梁和承力墩柱具有足够的强度和刚度,还需要保证预应力不至于造成台座的挤压变形。由于轨道梁采用为全截面等压设计,上部预应力束的张力约占总预应力的 1/3,因此预应力的合力重心较

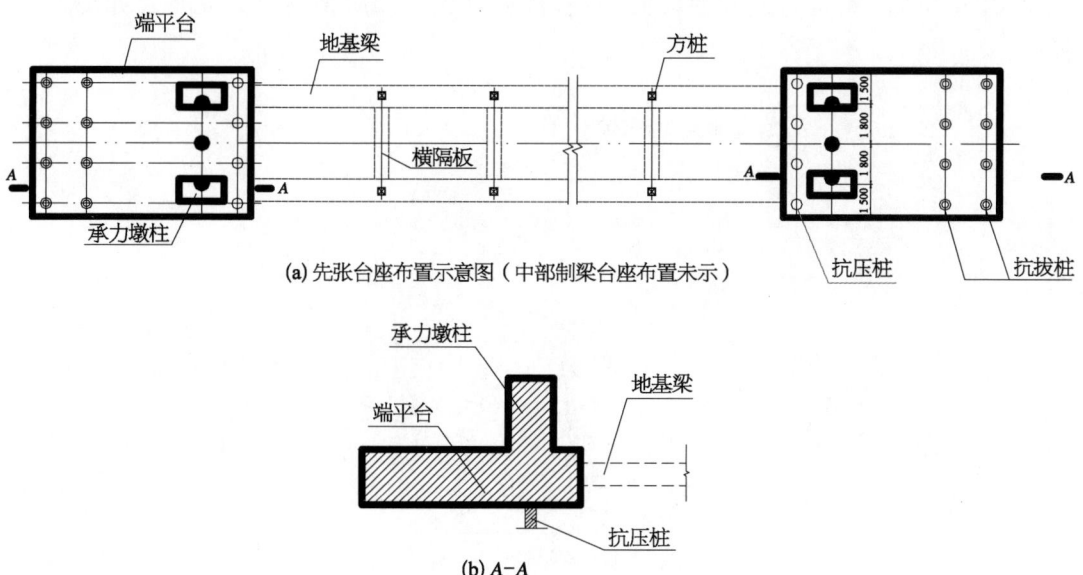

图 6-8 先张预应力台座结构

高。经计算,轨道梁全部预应力作用在台座承力墩柱底部力矩达 10 000 kN·m 以上,独立式台座墩难以抵抗如此大的倾覆力矩和滑移力。为此,采用以下措施提高墩台抗倾覆力矩和抗滑移能力:

(1) 根据受力部位,在承台下部分别布置抗拔桩和抗压桩,并与承台连成一体,以抵抗预应力产生的倾覆力矩和滑移力。

(2) 台座张拉端与固定端承台通过地基梁连成一体,将预应力对承台产生的滑移力转化成内力。

(3) 地基梁下分段布置方桩,并在地基梁之间间断布置横隔板将纵向地基梁连成一体,增加地基梁稳定性和刚度。

(4) 先张台座承力墩柱采用焊接工字钢与钢筋混凝土组合结构,有效地减小承力墩柱截面尺寸,提高悬臂式承力墩柱抗弯能力,减小受力挠度变形。上海磁浮线制梁过程中经实测,在最大预应力作用下,承力墩柱最大挠度变形不超过 5 mm,且无残余应变,满足承载力要求。

2) 轨道梁预应力工艺

上海磁浮线建设期间,共计生产了 2 551 根预应力复合轨道梁,为实现全截面受压的设计目标,预加应力采用了一次先张、两次后张、轧丝锚张拉,并预留体外束张拉的条件。

先张体系利用台座先张单束 $\phi j15.24$ 钢绞线;后张采用多束 $\phi j15.24$ 钢绞线穿入波纹管预埋;在简支变连续端,张拉 $\phi 32$ 钢螺杆轧丝锚;体外束由多束 $\phi j15.24$ 钢绞线组成,穿入预埋的波纹管作为在运营阶段备用措施。

以 24.768 m 跨度直线和曲线梁为例,轨道梁先张和后张预应力束布置如图 6-9 所示。

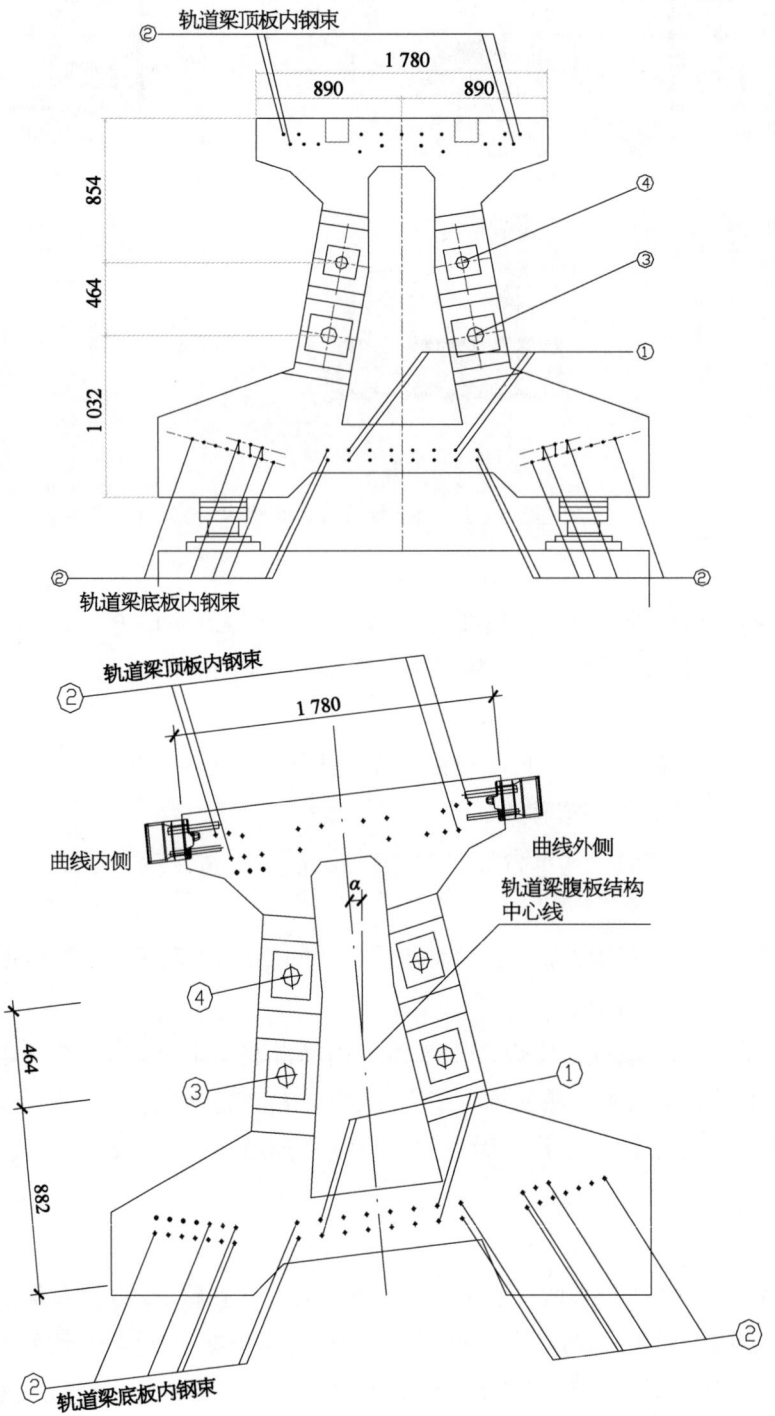

图 6-9 轨道梁先张和后张预应力筋布置

钢绞线采用 $\phi j15.24$ 规格 270 级低松弛七丝光面钢绞线。先张单束张拉应力设计为 $0.65\sim0.71f_{pk}$（随温度变化调整），第一次后张束张拉应力为 $0.65f_{pk}$，第二次后张为 $0.55f_{pk}$。先张法和后张法预加应力最大不超过 $0.75f_{pk}$，并且要求轨道梁预应力束张拉完成时梁体处于轴心受压状态。

（1）先张（图 6-10）。先张束要保证轨道梁在蒸养后调离台座的过程中，截面上不出现拉应力。24.768 m 直梁顶板先张束 19 束，底板先张束 38 束。对于曲线梁，由于存在偏心作用，根据轨道梁横坡角的不同，在轨道梁顶板、底板分别设置横向偏心束。先张束的控制张拉应力为 $0.65f_{pk}$，在环境温度低于 30℃ 的情况下，张拉控制应力应进行调整。先张束最大张拉控制应力为 $0.71f_{pk}$，单束最大张拉力为 184.88 kN。

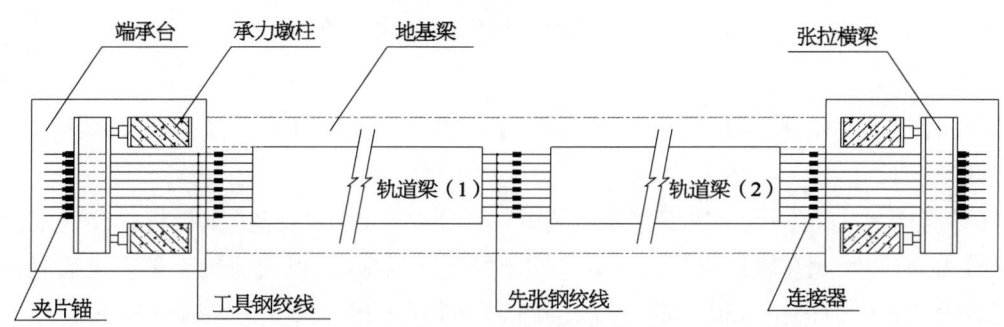

图 6-10　先张预应力工艺

先张预应力束张拉流程如图 6-11 所示。

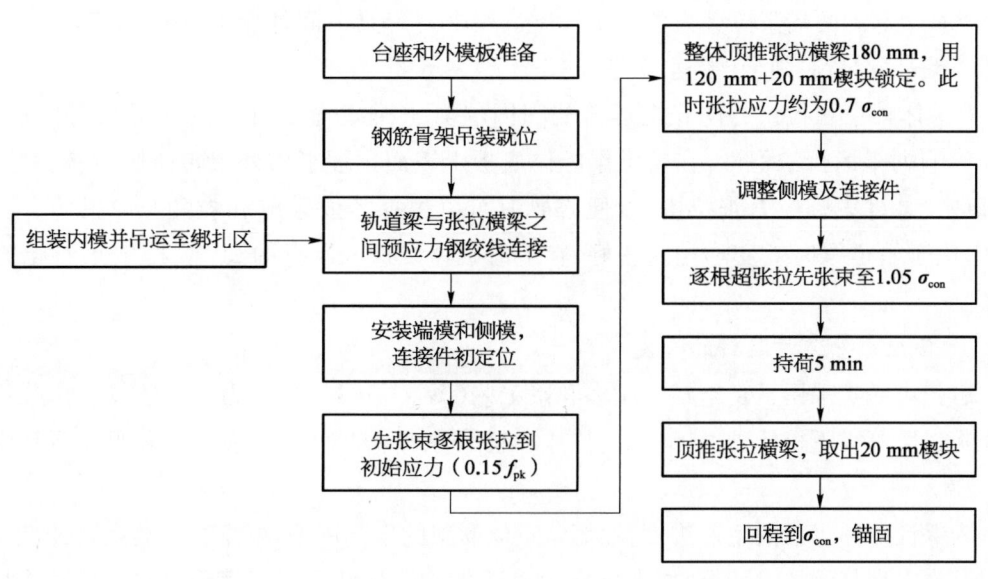

图 6-11　先张流程

(2) 第一次后张(图 6-12)。第一次后张束位于轨道梁端面的下排,左右各一束。24.768 m 梁后张束每束 11 根钢绞线,21.672 m 梁每束 9 根钢绞线,18.57 m 梁每束 7 根钢绞线,12.384 m 梁每束 5 根钢绞线。后张预应力束全部为两端张拉,为了防止张拉过程中发生大梁平面外变形,采用 4 套千斤顶在梁体两端进行对称、同步、慢速和分级张拉。

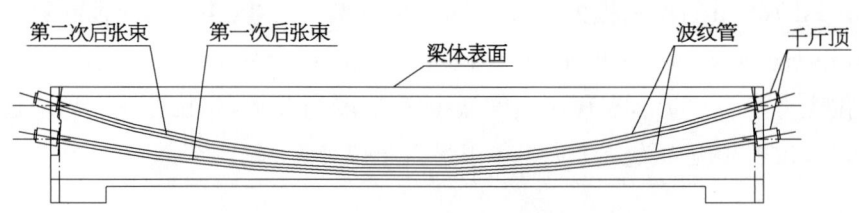

图 6-12 后张法预应力张拉示意图

第一次后张束的控制张拉应力为 $0.65f_{pk}$,24.768 m 梁每束后张束的总张拉力约为 1 900 kN。

(3) 轧丝锚张拉。由于轨道梁在吊装就位后还要通过"简变连"钢板将相邻两根简支梁连接为一体,因此在轨道梁简变连的梁端施加轧丝锚张拉,以避免轨道梁连接端混凝土承受较大的拉应力。在轨道梁简变连连接端上面有 4 根 $\phi32$ 轧丝锚螺杆,下面有 3 根 $\phi32$ 轧丝锚螺杆,每根螺杆张拉力为 503 kN。

(4) 第二次后张。第二次后张束位于轨道梁端面的上排,左右各一束,24.768 m 梁每束后张束有 7 根钢绞线。从第一次后张预应力完成起,梁体自然养护 60 d 后,移至调温区并在轨道梁面上施加功能件及附属设备的等代荷载后,进行第二次后张,控制应力为 $0.55f_{pk}$,全部为两端张拉。为了防止张拉过程中发生梁平面外变形,采用 4 套千斤顶在梁体两端进行对称、同步、慢速、分级张拉。

(5) 体外束张拉。为防止在运营期间因混凝土时效导致过大的轨道梁跨中挠度,从而影响列车运行平稳性,在轨道梁腔体底板上表面预埋了体外束转向块,在轨道梁梁面预埋了体外束预应力张拉槽,以便必要时可以根据需要采取补救性张拉措施。实践证明,由于轨道梁时效变形控制较好,在上海磁浮线投入运行的 20 年来,补救性措施并未实施。

3) 预应力管道灌浆料的开发

后张束灌浆采用了真空辅助压力灌浆工艺(图 6-13)。预应力钢绞线管道压浆用的水泥浆强度等级不得低于 40 MPa。整片梁起吊时或移动时,压浆强度不得低于设计强度的 75%。

为保证磁浮工程的生产进度,缩短轨道梁灌浆的生产周期,根据早强型灌浆的性能要求以及真空灌浆的技术特点,技术人员为轨道梁专门开发了新型灌浆材料。该灌浆材料主要有以下特点:

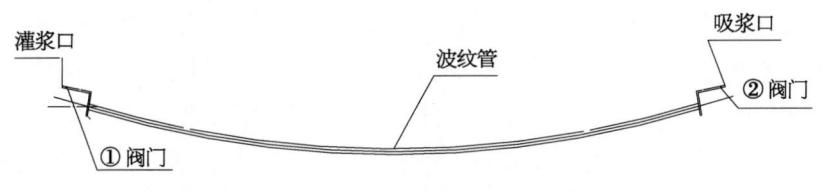

图 6-13 真空辅助灌浆工艺流程示意图

(1) 保证硬化浆体的早期强度,其 24 h 抗压强度可达 40 MPa 以上。
(2) 在保证灌浆料施工流动性能的前提下,降低浆料水灰比,提高灌浆料的密实和均匀程度,减少泌水,消除离析。新型灌浆的水胶比仅为 0.30 左右。
(3) 降低硬化水泥浆的孔隙率,堵塞渗水通道。
(4) 新型灌浆材料有微膨胀效果,有利于保证水泥灌浆料与波纹管的密实结合。
(5) 由干缩引起的硬化浆体收缩变形较小,有利于提高对预应力束的握裹性。

新型灌浆材料的使用大大缩短了灌浆周期。与普通灌浆相比,有效地改善了灌浆质量,在保证新拌灌浆的大流动性、低泌水性的前提下,改善了其早期强度和孔道中灌浆的密实性。

6.1.4 功能件制造技术

功能件是将定子、导向板和滑行板组合为一个整体的,直接承受来自车辆的动荷载,其制造和安装精度对磁浮列车的运行安全和平稳性至关重要。

功能件由定子翼板、滑行板、导向板、腹板、隔板及水平加劲板组焊而成。材料除侧向导轨为软磁钢外,其余均为 S355N 可焊细晶粒钢材。功能件的制造必须达到系统的精度要求,并须满足 40 年防腐要求。

在功能件制造过程中需着重解决软磁钢板焊接、焊接变形控制以及长效防腐技术难题。

软磁钢板是专门为高速磁浮轨道研制的一种导磁细晶粒结构钢,除有较好的物理力学性能外,还有较好的电磁性能和较好的电阻率。经过多方案试验研究,在 80~100℃ 预热后二氧化碳气体保护下的小线能量焊接工艺能够保证焊后机械和电气性能均达到母材标准。

根据功能件设计要求,滑行板与导向板两端测量线位置的公差要求为 0.5 mm 和 0.96 mm,而该两面均无机加工要求;功能件为长度约 3 m 的半封闭结构,焊缝累计长度达 12 m,结构材料选用的厚度从 10~70 mm,焊接变形控制成为功能件制造中需要解决的关键问题。在上海磁浮线的建设过程中,制造厂通过采用母材预校平、零部件机加工、专用组装胎具、合理焊接程序和振动法焊接应力消除等多种措施,保证功能件制造精度满足系统技术要求。

由于功能件为半封闭结构,当系统投入运行以后,一旦出现问题很难维修,因此功能件的防腐年限要求达到40年。上海磁浮线建设时,采用电弧喷涂Ac铝后加涂封闭漆的防腐涂层方案。基本工艺要求为功能件的内、外腔经抛丸除锈达Sa3级,表面粗糙度达Rz40~80 μm,电弧喷涂Ac铝160 μm后做环氧云铁封闭漆20 μm,复涂环氧云铁防锈底漆60 μm丙烯酸聚氨酯面漆两道各50 μm,总干膜厚度大于340 μm。

6.1.5 轨道梁整体机加工

高速磁浮线路线形是通过定子面、导向面和滑行面的拟合实现的。对于复合式轨道梁,这种拟合通过对轨道梁两侧各连接件与功能件之间连接面的平面铣削和定位销孔的钻铣来实现,加工量很大。以24.768 m轨道梁为例,需对分布梁两侧的各25只连接件共100个连接面进行加工(图6-14)。

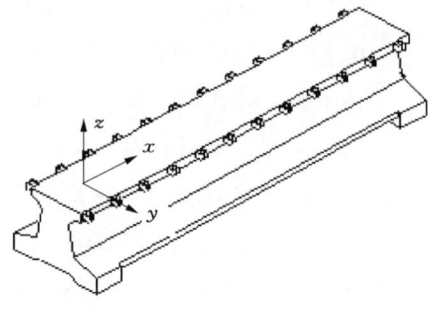

图6-14 复合式轨道梁的连接件

6.1.5.1 连接件加工的技术要求

1) 复合式轨道梁机加工精度要求

(1) 螺纹孔尺寸为$\phi 22\pm 0.2$,销孔尺寸为$\phi 35H7$。

(2) 连接面和孔的表面粗糙度为Ra3.2。

(3) 单个功能件长度3 096 mm范围内孔距误差为± 0.025 mm。

(4) 孔与安装面的垂直度误差为0.1 mm。

(5) 轨道梁两侧功能件之间的形位公差要求,根据线路设计要求确定,如在2 205 mm范围内的间距误差为± 0.05 mm。

(6) 轨道梁同一侧两个相邻功能件之间的误差尺度要求,如夹角误差为$\pm 11'$。

2) 需要解决的关键技术问题

(1) 由于轨道梁外形尺寸大(宽3.000 m×高2.350 m×长12.384~24.768 m),构件重量大(24.768 m梁净重约160 t),构件在机床上移动困难,只能移动机床进行加工。

(2) 连接件的加工面除x、y、z三个方向外,为适应线路有0°~12°超高的需要,其加工面绕x轴有$\pm 12°$的旋转;由于线路曲率变化(上海磁浮线曲线半径$R=650 \text{ m}\rightarrow\infty$),在相邻两功能件之间存在着相对扭转角度(图6-15中n_1和n_2分别为左右半个连接件加工后的安装面的外法向量,对于曲线梁,n_1与n_2有可能不平行),加工面需能绕z轴旋转,因此机床必须具备5轴加工能力。连接件加工尺寸如图6-16所示。

(3) 加工同一轨道梁两侧连接件的两台5轴机床必须严格处于同一坐标系中。

(4) 由于绝大多数轨道梁长达24.768 m,单个功能件长度3.096 m,由温差造成的测量误差就可能超出功能件的允许公差,因此必须保证加工过程中的恒温环境。

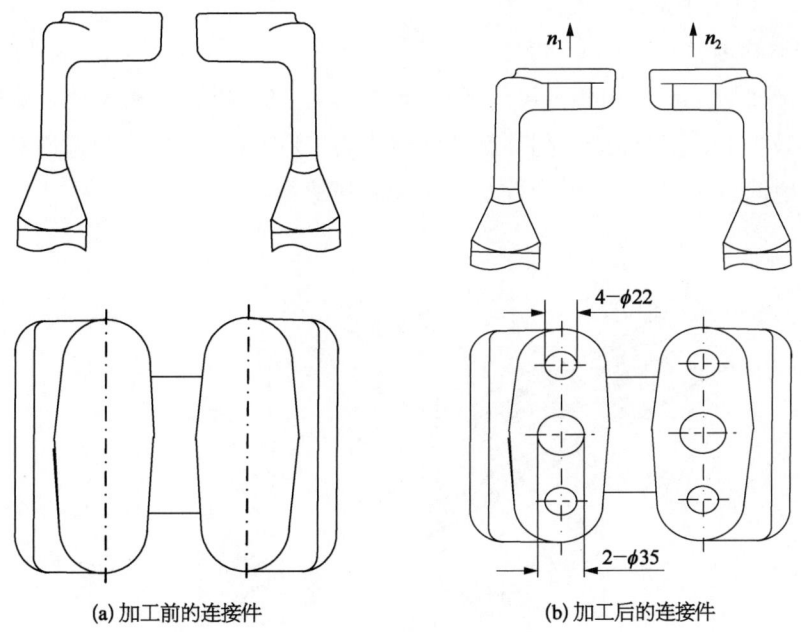

(a) 加工前的连接件　　(b) 加工后的连接件

图 6-15　连接件加工

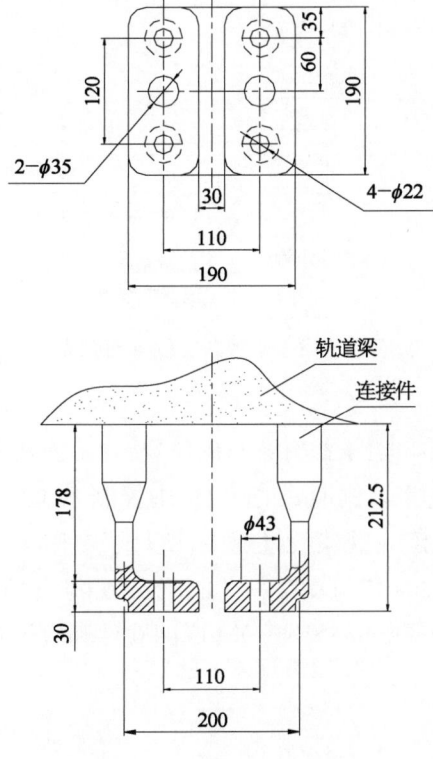

图 6-16　连接件加工尺寸

6.1.5.2 轨道梁加工方案

1) 专用机床系统

根据连接面加工要求和各种可能的设计参数,采用国产的 5 轴 3 联动落地式数控铣镗床(图 6-17)完成连接面的切削和钻孔两道主要工序,在上海磁浮线选用对称布置的两台长导轨落地铣镗床(图 6-18)合作加工一根轨道梁。

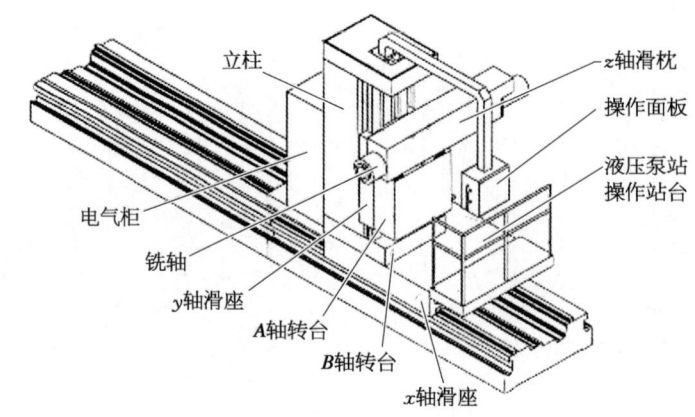

图 6-17 数控镗铣床结构

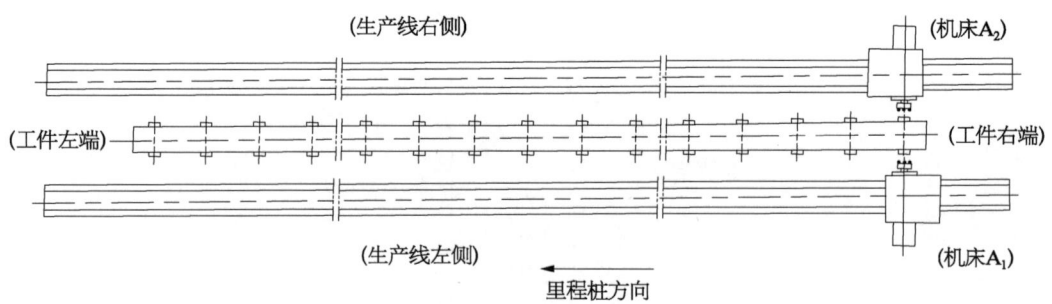

图 6-18 机加工工位平面布置

由于两台机床的导轨和轨道梁都有各自的位置,为了使两台机床协同工作,必须设法为两台机床建立统一的坐标系。同时,加工过程中控制系统应能主动识别工件的位置并进行跟踪。为此,在上海磁浮线的建设过程中,设计了专用机床的控制系统,其硬件部分主要由机床数控系统 Siemens 840D、服务器、工作站、工控机和集线器组成,软件部分包括 CAD/CAM 软件 Ideas、Siemens SINCOM 联网软件和数控程序生成软件,系统控制系统原理如图 6-19 所示。

2) 机加工生产线布置

预应力混凝土复合式轨道梁梁体在预应力车间完成成型、养护、第一次后张预应力并静置 60 d 后,大部分收缩徐变已完成。此时,增加等代荷载并完成第二次后张,使主梁保

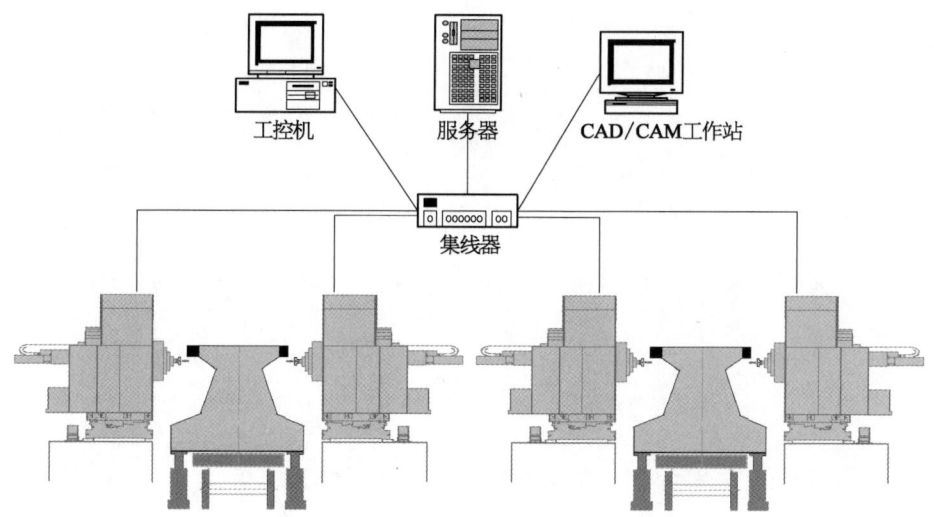

图 6-19 控制系统原理图

持全梁截面等压状态。然后就进入机加工流程,主要包括:连接面切削和钻(镗)孔;螺栓孔背部的锪面和油漆;将功能件安装在连接件上,整根轨道梁检验合格后出厂。

为消除功能件和轨道梁加工时的温差导致的误差,保证加工精度和整体测量的准确性,机加工车间必须具备室温可控的条件。为此,上海磁浮线建设时建立了可进行恒温控制车间,为加工提供(20±1)℃的恒温环境。

在厂房结构设计中,对机床设备基础以及轨道梁行走通道基础等部分关键位置进行高要求的地基处理,尽最大可能降低地基不均匀沉降对轨道梁加工造成的影响。

3) 加工过程中轨道梁的稳定性

保证轨道梁在加工过程中的稳定性是保证轨道梁加工精度的重要前提。

技术人员对轨道梁加工过程中的稳定性进行了分析。轨道梁净重约 160 t,加工过程中结构受力如图 6-20 所示。连接件加工部位材质为 QT500,需沿 x 向铣削平面和沿 z 向钻、镗孔,两台 5 轴数控铣床的主轴功率为 22 kW。

轨道梁在机加工时的支承状态应与架设后的支承状态一致,为四点支承(图 6-21),图中 N_1、N_2、N_3、N_4 为工件所受支承力,F_z、F_x 为工件被加工时所受的切削力(竖向扰动力 F_y 相对较小可忽略)。根据机床主轴功率、切削参数及加工方式估算:铣削加工时,$F_z \leqslant 5\,428.4$ N,$F_x \leqslant 2\,285.6$ N;钻孔时,$F_z \leqslant 7\,024$ N。

为了防止轨道梁与支承点因虚接触而影响稳定性,加工前需将 N_1、N_2、N_3、N_4 调整到设计值。经分析,在轨道梁进行加工时,即使不采取夹紧措施,轨道梁的稳定性仅靠其

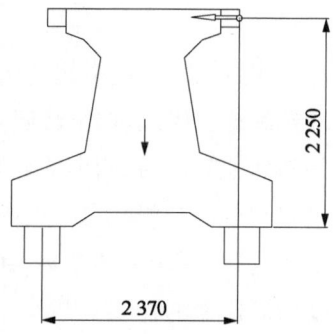

图 6-20 轨道梁加工过程中的截面受力状态示意图

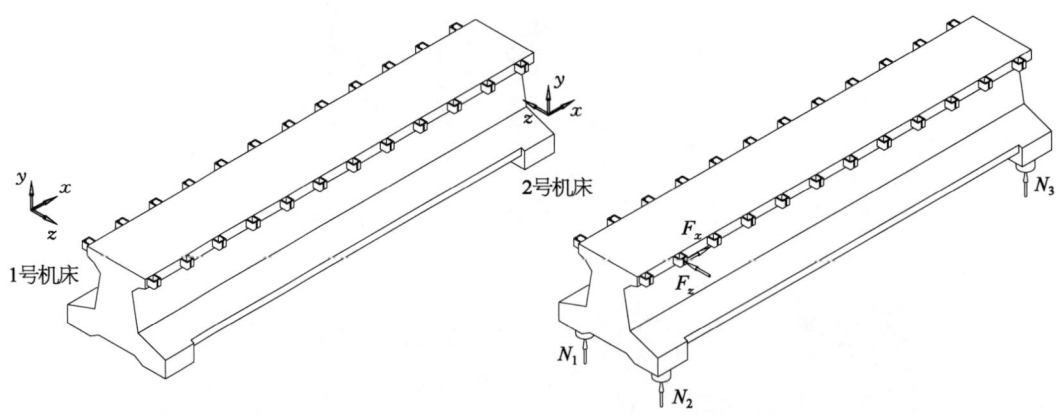

图 6-21 轨道梁机加工过程中的稳定性分析

自重和摩擦力也能保证。

通过以上分析可以看出,要保证轨道梁在加工中的稳定性,只要能保证轨道梁四个支承点反力一致即可实现。对此,上海磁浮线轨道梁采用四点同步顶升系统加以保证(图 6-22)。

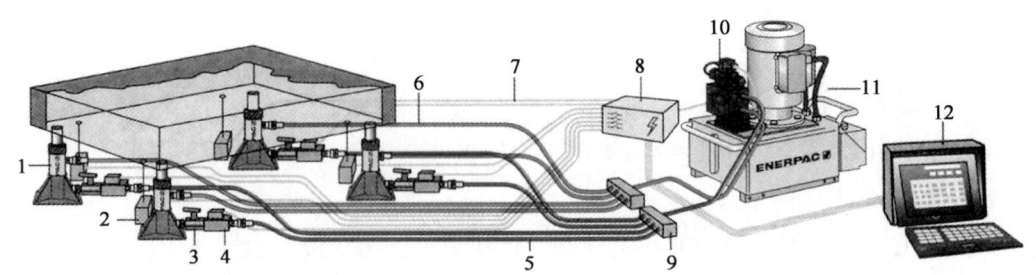

1—液压缸;2—位置传感器;3—单向阀;4—控制阀;5—软管(进程);6—软管(回程);
7—电缆盒;8—接线盒;9—集合管;10—控制阀;11—泵;12—控制单元

图 6-22 四点同步顶升系统示意图

四点同步系统由超高压泵站、千斤顶、操纵台和控制系统四部分组成。采用变频调速器控制油泵电机,调整转速,使油泵的流量连续可调。利用电控系统实现千斤顶升降速度的精确控制,达到四个支点同步顶升的效果。为了便于精确操作,所采用的千斤顶还具有位置和载荷检测能力。利用安装在千斤顶内的光栅尺,精确测量活塞的位移。在千斤顶下腔,安装有压力传感器,用于测定千斤顶的负荷。采用西门子可编程控制器,实现四台变频调速器的控制。

液升顶升装置为分离式顶升装置。由机械锁油缸顶升装置和超高压油泵站组成,通过高压油管连接为一体,系统的控制精度可达到 0.02 mm(图 6-23)。

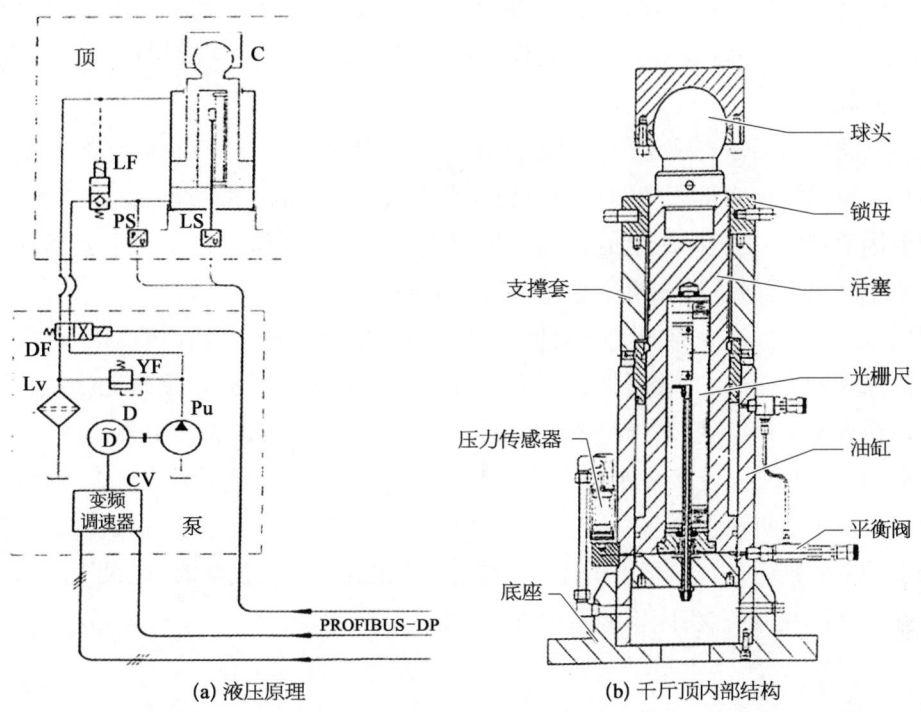

图 6-23 液压顶升装置原理

为了监测轨道梁在加工过程中的稳定性,在梁上设置了 8 个百分表(图 6-24)。通过对轨道梁的加工过程进行监测表明,轨道梁在加工过程中没有出现滑移情况,仅个别部位有最大振幅不超过 0.02 mm 的轻微振动。

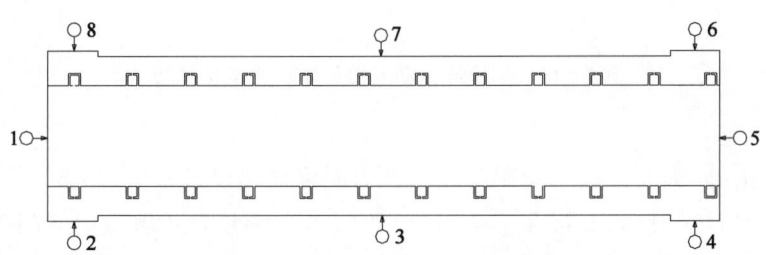

图 6-24 轨道梁上设置的监控百分表

4) 轨道梁定位测量

由于轨道梁不仅结构尺寸和自重较大,而且其结构也比较特殊,在加工时很难采用传统的工艺方法来建立轨道梁与机床的位置关系。为了建立加工定位基准,上海磁浮线技术人员采用了先利用机床识别工件位置,再建立坐标系的方法。在保证其加工部位处于机床行程内的前提下,轨道梁可以以任意姿态放置,通过对轨道梁上预设标定点的测量和相应数据的处理来确定轨道梁与机床之间的位置关系,从而得到轨道梁的加工定位信息。随后,基于专门编制的轨道梁加工控制程序建立实体模型,生成轨道梁的加工程序,控制数控机床实施加工。

利用空间包络面法实现定位。在轨道梁上选取特征点,将所有特征点的大地坐标经过平移和旋转后转化为机床坐标系中的坐标理论值。利用机床测量出特征点在机床坐标系中的坐标值,然后用坐标测量值去包络坐标理论值。利用轨道梁从大地坐标到机床坐标的转换矩阵,实现轨道梁在机床坐标系中的定位。

利用空间包络面法获得的坐标测量值可以计算出每个连接件在机床的 x、y 方向上的错位情况和 z 方向的加工余量值,从而实现连接件的加工量和孔位的优化。利用该方法还可以检查预埋件精度,对于超差较大的轨道梁可采取必要的补救措施。

为准确测定轨道梁连接件中心点机床坐标,技术人员专门研制了测量工装,包括测量锥尖和连接件中心点定位样板(图 6-25)。测量时将定位样板安装在连接件上,利用安装在机床主轴上的锥尖逼近样板上的十字线交点,当锥尖与样板接触时,记录下机床的测量值,即为连接件中心点在机床坐标系中的坐标值。

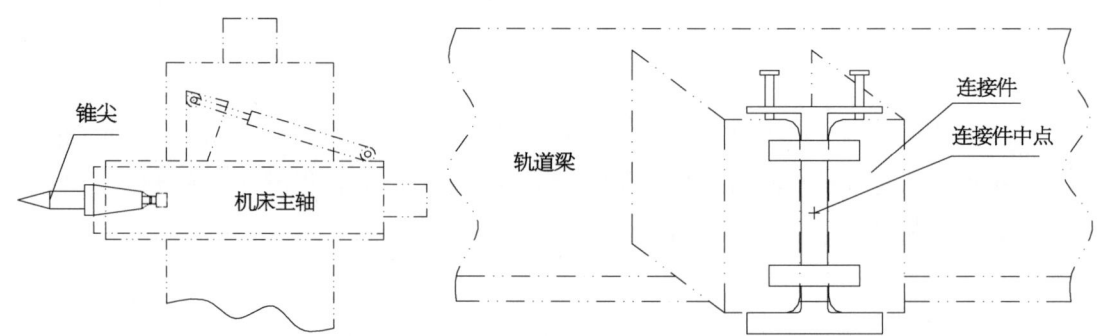

图 6-25 测量锥尖和连接件中心点定位样板

通过上述措施,大大提高了制梁工效。上海磁浮线建设过程中,制梁厂配备的 4 条机加工生产线最高日产量达 20 根/d。上海磁浮线 2 551 根复合式轨道梁的制造工作仅用 9 个月时间就提前完成。

6.1.6 轨道梁出厂前的线形检测

轨道梁线形检测是出厂前质量检验的关键环节,检测内容主要包括长、短波偏差。

轨道梁检测过程中首先采集轨道梁上的特征点(一根 24.768 m 轨道梁有 576 个特征点)的空间坐标值,再通过计算与轨道梁特征点的理论值进行比较,以确定轨道梁是否符合要求。

6.1.6.1 轨道梁线形检测方法

根据各项点的定义以及数据处理的需要,在轨道梁表面设置了不同位置的检测点(特征点),图 6-26~图 6-29 给出了轨道梁线形测点布置。

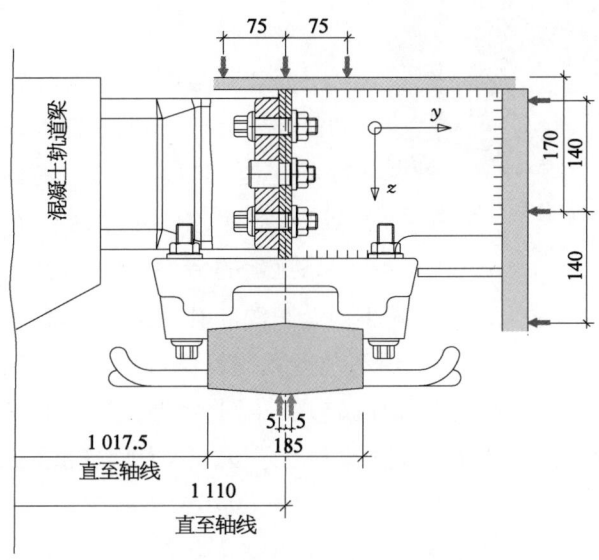

图 6-26 轨道梁线形测点示意图

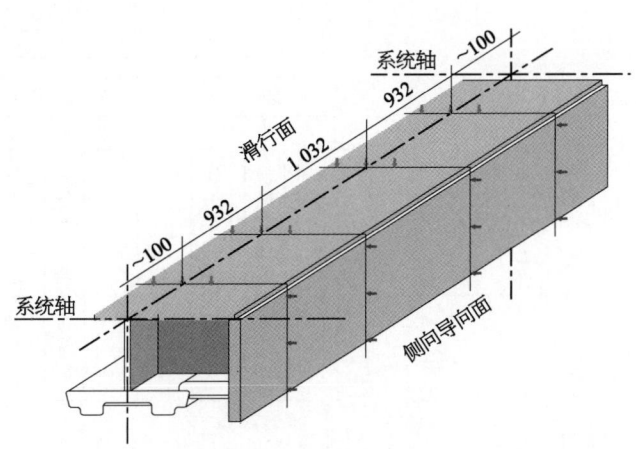

图 6-27 轨道梁功能件测点示意图

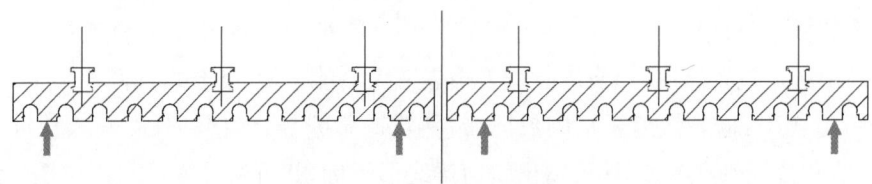

图 6-28 定子面测点示意图

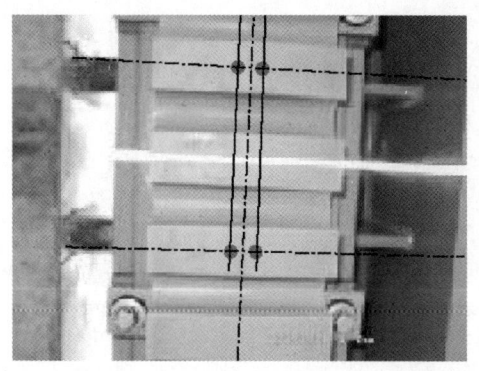

图 6-29　定子面测点位置示意图

6.1.6.2　检测系统构架

由于上海磁浮线工期紧张,为了高效地完成线形数据采集、理论数据库建立和数据比较分析,评价轨道梁线形状态,技术人员开发了专用的检测系统。

高效和精确的特征点数据采集是检测系统的核心。由于激光跟踪仪具有灵活便捷的特点,适合特大工件的检测,上海磁浮线建设时采用了 API 激光跟踪测量系统。该系统具有高精度动静态测量的特性(测距精度 5×10^{-6},测角精度 $1''$),采用无折返光路,从最大限度上减少误差来源。利用激光跟踪头技术,能够灵活快速地实现对大量特征点的空间取样,利用系统内置的软件可将同一根轨道梁上在同一坐标系下的所有测量值以电子文档的形式存储起来,便于后期数据处理。

为提高数据采集的效率和精度,技术人员还设计了专用辅助工装,用于 API 设备的固定(图 6-30)。

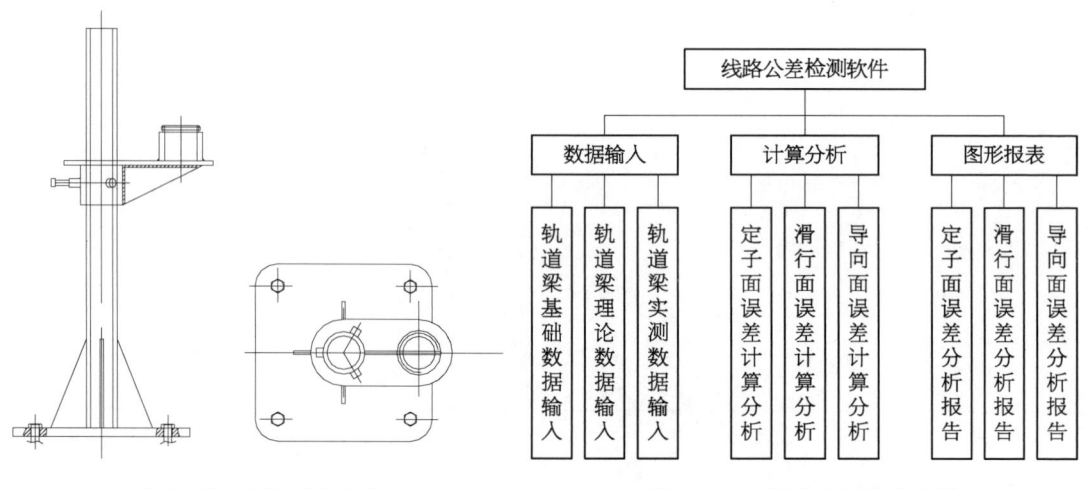

图 6-30　API 固定支架　　　　图 6-31　线形检测软件架构

为了进行数据比对,技术人员根据上海磁浮线线路和轨道梁设计参数建立了轨道梁特征点理论值数据库(每根 24.768 m 轨道梁有 576 个特征点),并开发了轨道梁公差分析软件。该软件由数据输入、计算分析以及图表报表三大功能分模块组成,如图 6-31 所示。

在分析过程中,输入轨道梁基础数据(包括轨道梁编号、梁型和长度等)、特征点(几何尺寸)理论值和特征点实测值,即可得出轨道梁线形指标,并可将计算结果以图表形式输出。其中偏转值及 NGK 以报表形式输出,长波和短波检测结果以图形给出,如图 6-32 所示。

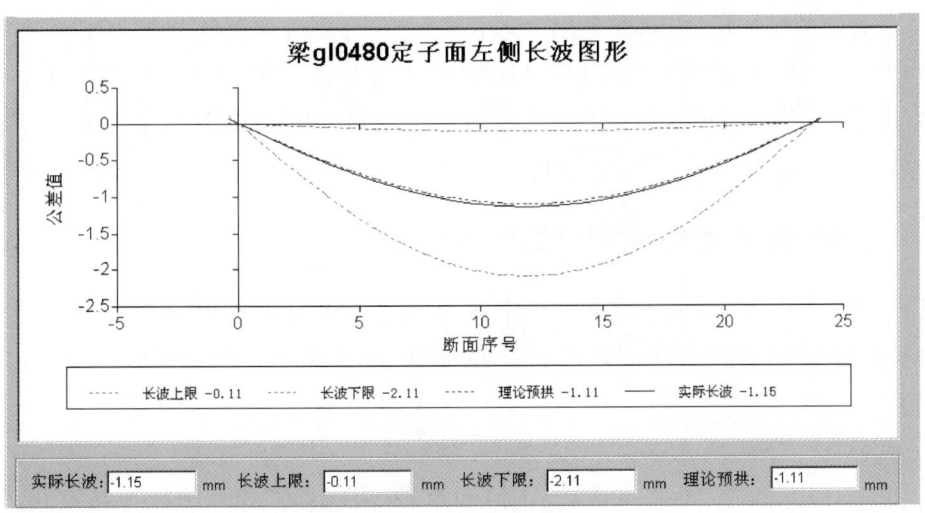

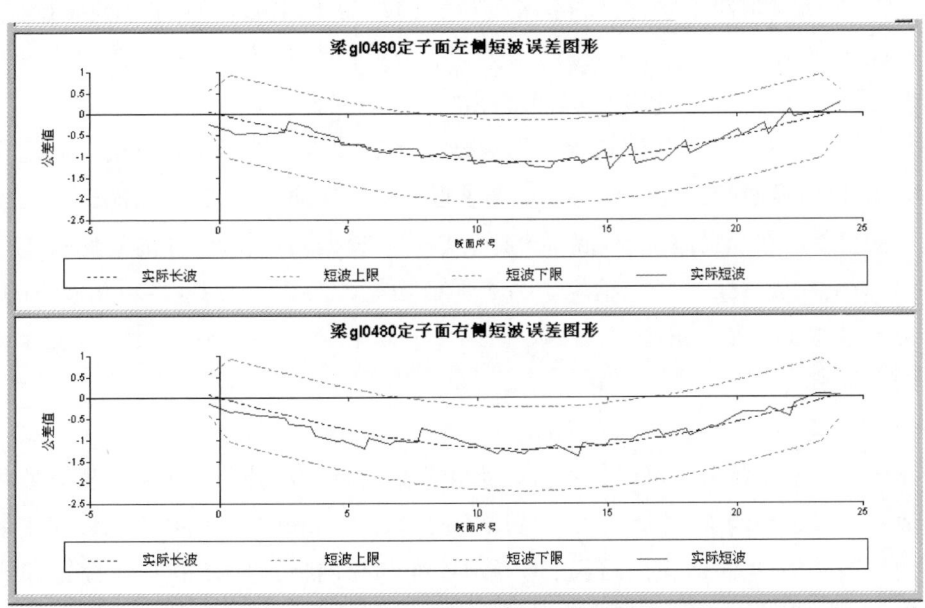

图 6-32 定子面长波和短波偏差检测结果

6.2 整体式轨道梁工厂制造

整体式轨道梁是在复合式轨道梁基础上发展而来的。由于功能区的形式发生很大变化,与复合式轨道梁相比,模具制作、预埋件定位、安装和机加工等工艺方案都有很大不同。在"十一五"期间,技术人员试制了两根整体式轨道梁,并将其中一根置换到上海磁浮线上,安全运用至今,工作状态良好。由于没有大批量制造,试验梁的加工利用了经过改造的上海磁浮线复合式轨道梁加工机床。

6.2.1 高精度钢模板体系和混凝土浇筑工艺

混凝土梁制作仍采用整体式钢模板体系,主要由基础钢地梁、横向移动机构、底模、可调支座段底模、侧模、端模、功能区工装、功能区木衬板及拉杆紧固部件等组成,总重达100多吨。

1) 总体设计思路

在设计中根据轨道梁量产的需要,兼顾可靠性、可操作性和经济性等各方面因素,充分考虑 24.768 m 标准跨度轨道梁的纵坡、横坡、曲线变化、长度变化和梁截面特征,技术人员从使用功能、模具耐久性、三维调节便利性、浇筑振捣、制造工艺和经济性等多方面出发,设计和优化模板体系,并制定了模板体系的操作规程。

与复合式轨道梁不同,整体式预应力混凝土轨道梁的功能区安装有用于固定定子和导向板的预埋件,而滑行面为上翼缘上表面靠近外侧的一部分。因此,功能区工装整体直接定位在侧模上。在制梁过程中,混凝土振捣导致侧模振动,混凝土浮力对侧模也产生影响,势必会影响功能区工装定位精度。为了保证功能区的制造精度,必须在侧模的固定、振捣设备的选择和布置、功能区工装固定等多个方面采取必要的措施,最大限度保证功能区工装的定位精度。

2) 模板体系简介

整体式轨道梁模板系统可以兼容直线梁和曲线梁制造,其长度、横坡角和纵坡角均可根据轨道梁参数进行调整,功能区可实现以 x 向每 3 096 mm 范围内轨道梁两侧工装架独立的空间位置调整,从而适应滑行面、定子预埋件和导向板预埋件的空间位置和姿态变化。该模板系统能够满足最小竖曲线半径 3 500 m 和最小平曲线半径 650 m 的轨道梁制造要求。

(1) 模板整体刚度。整体式轨道梁模板具采用整体侧模,并以矩形管、H 钢等材料增强模板的抗弯能力。在拆模和合模过程中通过机构实现侧模整体移动,提高工作效率,减小操作过程中模板的变形。

(2) 模板的横(y)向移动。侧模下安置 4 根滑行板与 1 根滑行导向板,采用四氟板滑动面,利用导向轮进行 x 向定位。

(3) 模板的稳定性。底模安置在与基础牢固焊接在一起的钢制地梁上,底模与地梁焊接。侧模通过四氟板滑座与调心滚轮安置在滑行板与滑行导向板上,合模后,模具在 z 方向自动就位。

侧模上安装有上、下拉杆。上拉杆可承受拉力和压力,下拉杆仅承受拉力。收紧螺母后,侧模骨架立柱内表面贴紧上拉杆定位片,下表面与底模两侧密贴。翻起每根地梁表面的 z 向拉杆机构与侧模下部的拉杆座配合,收紧螺母,则模板在 z 方向的自由度被锁死。由此可实现整个底模与侧模体系的完全固定,且此时地梁、底模、侧模之间成为一个稳定的整体。

(4) 梁身透气孔工装。在梁身两侧共有 12 个透气孔,为此在侧模上设置了透气孔工装。

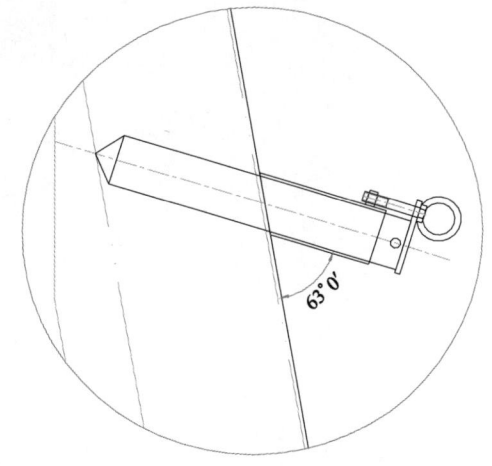

透气孔为圆孔,要求孔外侧口向下倾斜,防止雨水灌入孔内。但由于是通用性模具,该工装应适应每种横坡角的梁的制作;另外,该工装必须便于拆装。为此,在侧模外侧焊制了导向管(图 6-33),导向管顶端焊有螺母。将排气孔芯棒头部做成圆锥形,锥形尖能顶入内模木板表面;尾部是带有螺栓孔的挡板,并钻有横孔。合模时,插入芯棒,拧紧螺栓;拆模时,拧去螺栓,用短钢筋插入横孔,转动芯棒,即可将其取出。

图 6-33 梁身透气孔工装

(5) 内模防浮。如果采用复合式轨道梁利用压杆进行内模防浮的做法,将对功能区工装架定位精度产生不利影响。因此,对于整体式轨道梁,利用防浮箍筋防止内模上浮。

(6) 底模防漏。底模与侧模之间的防漏,一般采用专用橡胶条固定在底模外侧四周、侧模面板与橡胶条贴合的方式。成本较高,且橡胶条经多次使用后,老化变形,会出现局部漏浆。为了解决这个问题,对底模面板的侧边进行铣边加工,使其表面平整、光滑,该侧面与侧模直接接触;另外,在底模面板下增加一条防漏槽,塞入低成本的泡沫条,泡沫条受挤压变形后与侧模面板密贴,能够有效防漏,且更换方便。

(7) 振捣设备。为了减小附着式振捣设备振动时对模具尤其是功能区工装的影响,整体式轨道梁模板采用了高频低幅的振捣设备,在保证浇捣过程中振实混凝土的前提下,能有效降低对模板稳定性的影响。

3) 功能区工装

整体式轨道梁上翼缘的两侧面,各有 40 套导向板预埋件,相邻预埋件中心间距为 688 mm;在上翼缘底部,每侧各有 144 套定子预埋件,相邻预埋件中心间距为 344 mm。在模具设计时,将这些预埋件安装在 16 个 L 形高精度工装(L 架)上,每套 L 架需加工 74 个高精度孔,孔中心距误差不大于 0.1 mm,加上测量基准孔及安装其他零部件的孔位,每套 L 架上需加工的孔超过 150 个。每个 L 架下有两套三维调整装置,安装在外侧模排架上。滑行面工装采用了翻板设计,铰接点设置在 L 架顶部。L 架上设有三块定子预埋件安装板,可以在 x 向微调。功能区工装示意如图 6-34 所示。

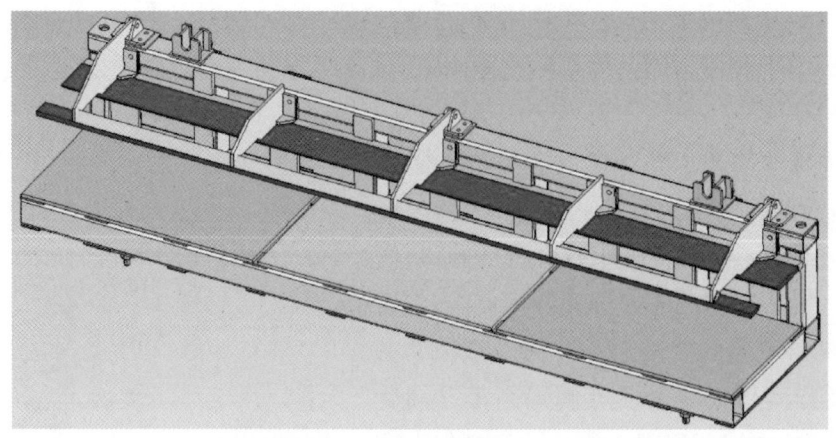

图 6-34 功能区工装示意图

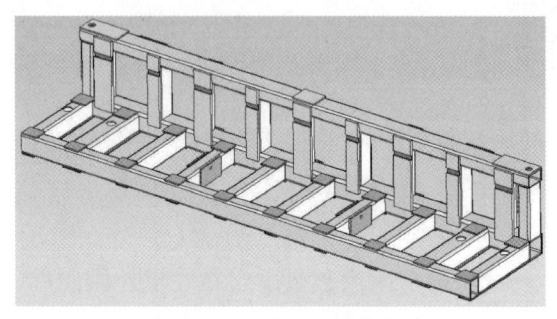

图 6-35 L架示意图

(1) L架(图 6-35)。L架是所有功能区预埋件的定位与固定架,滑行面工装以悬臂方式安装在L架顶部,架体底部又通过两套三维调整装置安置于侧模上,因此在 x 方向,3 m 多长的 L 架为简支梁形式。

L架由矩形管、方管和钢板制造,每个L架自重约 500 kg。加上定子预埋件安装板、滑行面工装、三维调整装置等附属装置以后,每套L架重量超过 1 500 kg。为了降低变形及消除 L 架加工时的残余应力,架体结构件焊制好以后,须经过回火处理,并通过大型数控机床加工保证精度。

(2) L架的调节与固定。每套L架可以利用三维调节装置独立调整。在制造曲线梁时,轨道梁两侧相对的两个L架可不处于同一平面。每套L架调整好以后,分别与侧模骨架立柱相连,然后利用拉杆将轨道梁两侧相对的两套L架对拉杆连接起来。

每套L架设有三块定子预埋件安装板,每块板都有相同的定位基准,安装在L架上表面的轨道上。中间板固定,两端板可以通过螺栓在 x 向微调,以适应不同梁型的制造需求。

(3) 滑行面工装(图 6-36)。滑行面是构件顶部贯穿整榀梁的梯形凸起,与定

图 6-36 滑行面工装

子和导向板预埋件之间有相应的位置要求。采用铰座位于 L 架顶部的翻板式工装，在安装预埋件和脱模时，将工装翻起；合模时，翻下工装架，操作十分简便。铰座的功能只是实现工装翻转，合模时的固定基准是 L 架侧面的定位板与倒角条上表面。

（4）端模。端模的设计需兼顾不同梁型对端模的要求，因此所有梁型的预应力束孔位都要在同一个端模上体现。端模板外形及所有的定位孔、预应力束孔利用数控等离子切割机一次性加工实现。

6.2.2 定子预埋件和导向板预埋件的定位

预埋件安装的定位点经过机床加工，保证预埋件与模板密贴和定位精确。定子预埋件的定位通过 x 方向的两个螺栓和 y 方向的一个手孔螺栓三点定位，以保证定子预埋件的垂直度（图 6-37～图 6-39）。

图 6-37　加工后的定子预埋件与手孔预埋件

图 6-38　数控机床加工的定位工装

图 6‑39　定子预埋件定位

6.2.3　机加工前预检

与复合式轨道梁加工流程相同，为了得到预埋件的偏差数据，轨道梁在进入机加工车间之前需要对其进行预检，对有较大偏差的预埋件，可以预先采取补救措施或进行特殊处理。通过预检，可大大缩短机加工时利用机床探头检测和点孔位等的时间，有利于提高机加工效率。预检的内容主要包括轨道梁两侧导向面的加工余量、轨道梁两侧定子面的加工余量、轨道梁两侧滑行面的磨削加工余量、轨道梁所有预埋件的空间位置偏差。

6.2.4　机加工工艺

与复合式轨道梁不同的是，整体式轨道梁的滑行面由混凝土磨削而成，并且需要分别对定子和导向板预埋件进行铣削。用于复合式轨道梁的五轴数控机床需要进行改造，才能用于整体式轨道梁的加工。

1）数控机床加工顺序

整体式轨道梁机加工的主要流程如下：轨道梁定位→两侧数控机床同时安装直角头→两侧数控机床用雷尼绍探头分别对轨道梁两侧定子预埋件进行探测→建立机床坐标

系→生成加工程序→数控机床对定子预埋件点孔→两侧定子连接预埋件铣削加工→对梁两侧定子连接预埋件钻孔→两侧机床直角头拆除→对导向面进行点孔→两侧导向面预埋件进行铣削→两侧导向面预埋件钻孔→机床安装磨头、安装罩壳→安装集水槽和水箱→对滑行面进行磨削→机加工质量检验→两侧数控机床再一次安装直角头→用雷尼绍探头对直角头进行标定→测量梁上四个永久性测量点（测四边）→标定四个点的大地坐标。整体式轨道梁机加工放置状态如图6-40所示。

需要注意的是，此工艺是利用经改造的复合式轨道梁加工机床的加工工艺。对于大批量的生产，可设计专用的机床进一步提高工效。

图6-40　整体式轨道梁机加工放置状态

2）主要机加工流程

整体式轨道梁尚未有大规模应用，这里以上海磁浮线高速区段GR0484号试验梁为例，对主要加工流程作简要介绍。

（1）定子预埋件加工。试验梁为位于缓和曲线上的24.768 m曲线梁，利用经过改造的复合式轨道梁的数控机床完成加工。复合式轨道梁机加工以3 096 mm为一个单元，在原有数控机床上安装直角头来完成定子预埋件的铣削和钻孔，直角头只能平面铣削不能旋转，故只能将3 096 mm分成三个1 032 mm的小单元，采用台阶式加工，实现轨道梁预拱度。

（2）生成整体式轨道梁加工程序。采用机床上加装直角头，利用雷尼绍探头进行定子预埋件测量，在每个1 032 mm段内测量三个定子预埋件端面和柱面上各三个测量点，测量数据通过加工程序生成系统完成数控机床加工程序的编制。

（3）对被加工的定子预埋件进行点孔。

（4）安装铣刀盘开始对定子预埋件进行铣削，定子预埋件毛坯余量为10 mm，采用 ϕ100 mm 盘铣刀进行铣削，通过粗铣和精铣，以保证尺寸精度。

（5）铣削完毕后通过检验再把铣刀盘换成深孔钻，加工定子预埋件上的孔位，孔深约为85 mm。加工完成后对加工好的孔径进行检测。

（6）导向面加工。

① 拆除数控机床上的直角头，安装导向面加工铣刀盘；调整好机床加工程序。

② 轨道梁导向板连接预埋件在浇制好的混凝土上毛坯余量为10 mm，采用 ϕ160 mm 盘铣刀进行铣削，粗铣和精铣相结合，精铣完成后进行整梁宽度尺寸测量，检查是否满足设计要求。

③ 拆除数控机床上铣刀盘,换上钻柄准备加工导向板连接预埋件上 $\phi 22$ 深孔,孔深约为 60 mm,$\phi 22$ 深孔采用可转位浅孔钻进行加工。

（7）滑行面加工。

① 导向板预埋件加工结束后,在机床主轴上加装磨头、罩壳和冷却水管。

② 进行滑行面凸台磨削,凸台的毛坯余量约为 10 mm,采用宽 160 mm、直径 $\phi 300$ mm 磨削砂轮进行磨削,粗磨和精磨相结合。

6.2.5 滑行面磨削和涂装

1）磨削加工

轨道梁滑行面的宽度为 150 mm,采用 $\phi 350 \times 160$ 的磨轮进行磨削。由于轨道梁的混凝土功能区采用的是 C60 高标号混凝土,加工磨削时需要大量的压力水对磨轮进行冷却并同时冲去磨削后的废料,使磨削得以进行。因为工程用水量很大,冲刷后需要通过废水处理系统将废水处理后加以回用。机加工磨削废水处理技术不同于常规的污水处理,目前市场上并无现成的经验可供应用,大规模量产时需要从水处理的工艺、设备和控制等方面综合考虑和优化。

2）削面干燥

由于采用了混凝土功能区,滑行面只能采用湿磨法,这样在加工时和加工后梁的表面均为湿的,所以有必要在生产工艺流程中增加梁磨削面的干燥工艺,以利后续的总装和涂装。

3）涂装

整体式轨道梁采用了全新的滑行面涂装工艺施工方案,滑行面的涂装体系由上下四层构成,底漆是环氧树脂构成的浸润封闭层,其作用是在混凝土上为接续喷涂其他面层提供黏着力保证,其他三种接续喷涂的面层是由两种成分构成的聚氨酯涂料,要求涂料层与层之间有良好黏着力,三个涂层采用不同的颜色,目的是在磨损的过程中检测出磨损的情况,方便检测和修补。

整体式轨道梁对滑行面涂层的基本要求：① 与混凝土表面有良好的黏着；② 三层涂层的颜色应不同；③ 有合适的摩擦系数；④ 有较高的阻燃性；⑤ 有良好的耐冲击和耐磨性。

6.2.6 后加工锪后平面工艺技术

整体式轨道梁导向板预埋件的型式与原复合式轨道梁的连接件完全不同。其螺栓孔手孔位置空间较小,无法用扳手来旋转,只能采用手工进行操作。施工单位根据这一特点进行了技术创新,研制成功新一代导向板锪面机。该锪面机包括定位横板架、夹紧固定架、刀杆和刀盘等。刀杆需要特殊制作订购,刀盘采用上海磁浮线专用的特殊快速拆装刀盘,最终实现了导向板预埋件安全可靠、高质高效的锪面加工。

定子埋件的锪面较导向面更困难,为此专门设计了一台定子埋件螺栓孔的锪面小车,重点在于新型刀具。经过多次试验,施工单位采用了手动操作的一种新型反刮刀具,解决了多孔锪面操作的难度问题。

6.2.7 定子安装

如图 6-41 所示,定子铁心安装于梁两侧的下方,为了便于施工,需要专用定子安装小车来完成定子铁心安装。专用小车能在 x、y 方向快速移动,通过液压顶升装置控制定子安装时 z 向的上升、下降。定子铁心先由行车吊至专用安装小车上。由于定子铁心外包是环氧树脂,容易碰碎,所以吊装时必须使用尼龙吊带,定子吊装到安装小车时,应缓慢下移,小车和定子接触的地方应有橡胶垫保护。当定子平稳放置到专用小车上,推动小车移动至定子支承面的下方,先通过定型卡板确定定子 y 向位置,再用小车上的液压顶升装置将定子铁心键的上表面与定子支承面慢慢紧贴,再将定子头尾各两个孔插上专用定位销工装,再将定子和梁身贴紧。然后穿入其他几只孔位高强度螺栓初紧,螺栓力矩为 100 N·m,然后移开小车。每次完成 3 096 mm 内三只定子铁心安装可作一次初调整,可用橡胶锤敲击使定子达到装配要求。

图 6-41 定子铁心的安装

如图 6-42 所示,当一侧定子铁心安装完毕后,必须对整个梁的定子装配进行总的校验,使其达到设计要求后,再用力矩扳手终紧,定子高强度螺栓的最终扭矩设定为 530 N·m。对紧固后的每个高强度螺栓头应进行标识。

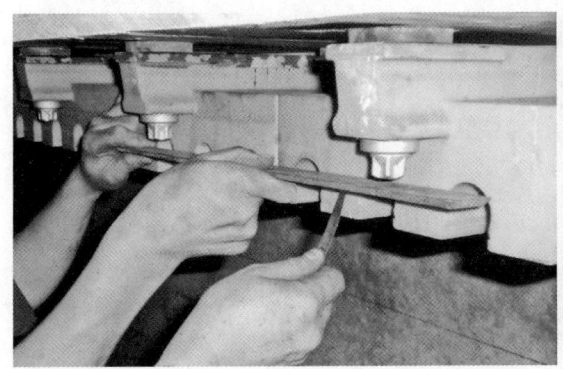
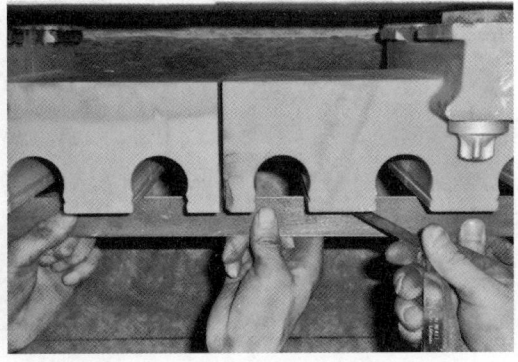

图 6-42 定子安装后检测

6.2.8 导向板制作和安装

导向板需要按设计要求下料、机加工、预处理、涂装、质量检验、运输。导向板安装时,须按照下述步骤执行:

(1) 按图纸要求选配导向板型号,检查外观质量。

(2) 用导向板专用吊具夹紧,夹紧位置必须满足吊装平衡,夹紧牢固。

(3) 将导向板吊到位置与梁体位置相同时,两端孔穿上定位销工装后,再穿中间三只高强度螺栓,并拧上螺帽,初打力矩为 100 N·m,然后取出两端孔定位销工装,再穿上 M20 螺栓并拧上螺帽。预紧螺丝时应从内到外,等一侧导向板全部安装完毕后进行全面初检,并作好质量记录,最后再用力矩扳手按高强度扭矩系数终拧紧固。导向板高强度螺栓扭矩系数设定为 430 N·m。

(4) 检查轨道梁每一侧相邻导向板之间的高差应符合图纸精度要求,超差部位必须进行打磨,确保 NGK 满足要求后进行补漆。

6.2.9 总装检测技术

在整体式轨道梁的生产过程中,各主要环节及过程质量控制是至关重要的,而如何制定相应的检测方案、选择相应的检测仪器至关重要。检测技术的研究既要能够满足各道工序中的质量要求和精度要求,又要能够符合生产工艺流程。由于整体式轨道梁机加工的变化,使其生产工艺和生产流程也发生了改变,因而检测技术也在原有上海磁浮线的基础上有些调整。

1) 定子面检测

(1) 相邻定子铁心间隙测量。测量方法:在相邻定子间,用数显游标卡尺或间隙尺测量(图 6-43)。

(2) 定子铁心的 y 方向的容许位置偏差。

① 定子中心偏差的测量方法。在轨道梁两侧的定子外侧面,用一把钢直尺的一半搁置导向板的外侧面,再用钢直尺测量定子外侧面至钢直尺的距离,所测得的距离即为实测值。

② 相邻定子 y 向错位的测量方法。用刀口直尺紧贴相邻定子之间外侧面,然后用标准塞尺进行测量。

(3) 定子铁心的 z 方向的容许位置偏差。测量方法:在相邻定子间,把标准刀口直尺搁置在定子底平面,用塞尺直接测

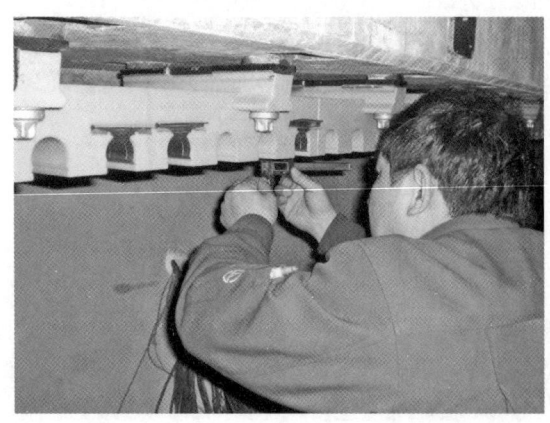

图 6-43 定子铁心组装件检验

量定子底面的间隙,所测得塞尺厚度数据即为实测间隙值。

2) 导向面检测

(1) 相邻导向板在 x 方向的容许位置偏差。测量方法:在相邻导向板之间用塞尺进行导向板缝隙的测量。

(2) 相邻导向板在 y 方向的容许位置偏差。测量方法:用 300 mm 钢直尺靠在两导向面测量点上,钢直尺伸出另一导向面测量点,用塞尺塞测点的空隙,以手感有轻微接触即可。

(3) 侧向导向板 y 向的 NGK 检测(图 6-44)。测量方法:先将 NGK 专用测量尺在标准的基准架上校正零位,然后用该尺去测量相邻的导向板,测点位置按设计提出的要求进行测量,再通过计算公式进行计算,计算出数据就是 NGK 实测值。

(4) 轨道梁梁宽检测。测量方法:用 300 mm 的标准直尺靠在两侧的导向板上,用 3 m 圈尺拉紧读出数值即可。

(5) 轨道梁两端的钳距测量。测量方法:用 500 mm 的数显游标卡尺直接测量定子中部到滑行面的距离,如图 6-45 所示。

图 6-44 导向面组装检验

图 6-45 钳距的测量

3) 滑行面

由于新型梁的滑行面是直接对梁面上的混凝土磨削而成,对滑行面只做整梁的系统公差检测。

6.2.10 整体式轨道梁机加工应急预案

整体式轨道梁在进入机加工车间前必须进行二次张拉。由于整体式轨道梁在二次张拉后的徐变作用,轨道梁会产生一定的变形,所以在机加工前必须对整体式轨道梁预埋件进行全面预检,检查三个面是否满足机加工的条件。

对于严重超标的预埋件加工,必须要提出应急预案并申报,待审批后方可实施。申报内容要求如下:① 对超差部位的地方说明清楚,包括位置和尺寸;② 处理方法、程序调整量数据、调整后可达到的数据尺寸;③ 对非标部位要有调整后的图纸说明,并标记好具体位置;④ 采用垫片调整的地方必须要说明清楚;⑤ 非标导向板要做调整好后的标准图纸,委托外单位加工制作。

在进行预案操作过程中,必须由专业技术部门到现场亲自监督指导,反复验证各类数据,判断出最佳调整手段,作出处理意见。数控操作人员不得擅自操作,发现问题必须立即上报专业技术部门,只有通过专业技术部门认证后,方可实施。

每个预案必须要有书面文件记录备案存档,便于查阅。

6.3 混凝土轨道板工厂制造

6.3.1 制造工艺

混凝土轨道板主要用于叠合式轨道梁中。如第 3 章所述,在这种梁型中,对轨道板的精度要求相当高。保证轨道板功能区及其与支承梁连接的连接机构的制作精度至关重要。因此,轨道板施工工艺需着重于功能区制造与连接机构这两个方面的研究。

轨道板模板本身的精度可通过数控机床机加工来保证,对于 6.182 m×2.8 m 的模板,机加工后的不平整度应不大于 0.1 mm。

6.3.1.1 整体式轨道板

1) 功能区

整体式轨道板的功能区与整体式轨道梁的功能区基本相同,功能区采用预埋的方式与轨道板结合,预埋的精度要求为±0.5 mm。轨道板之间的关系通过调整相对之间的局部偏差来保证,因此在考虑轨道板内功能件的精度时,主要考虑滑行板和导向板预埋的方式本身对精度的影响。

(1) 滑行板与导向板焊接成一体后埋设。预埋前,将滑行板、导向板与定子固定件在车间焊接或利用螺纹与滑行板连接定位。在轨道板生产时,一并靠在模板上,通过滑行板上的定子螺栓孔,用长螺杆将整个工件固定在底模上,从而保证定子固定件的垂直度。为避免轨道板生产过程对定子固定件精度的影响,可通过点焊将其固定在钢筋笼上作为辅助定位手段,导向面的精度则通过焊接矫正后的精度来保证,预埋方式如图 6-46 所示。

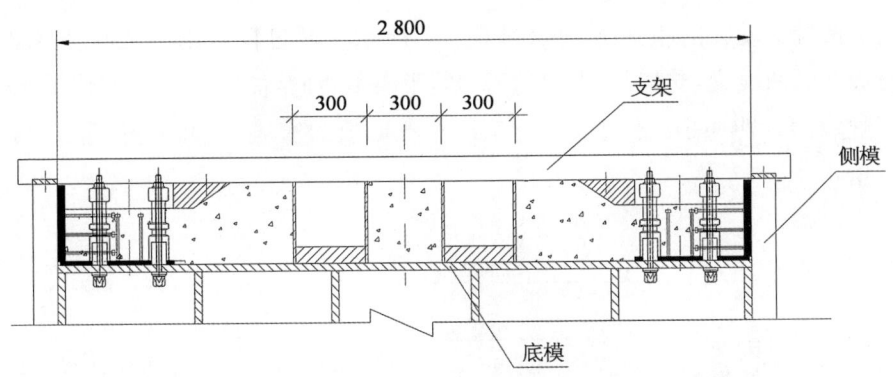

图 6-46 导向板与滑行板焊接成一体后埋设示意图

(2) 滑行板与导向板分开埋设。将导向板用如图 6-47 所示的 U 形夹具固定在侧模上;滑行板与定子固定件焊接矫正后,通过其上的定子螺栓孔,用长螺杆固定在底模上,作为辅助固定手段,利用点焊将定子固定件固定在钢筋笼上,减少轨道板生产过程对预埋精度的影响。此外还可考虑在导向板上打孔,再通过螺栓固定导向板,这种方式能保证更高的精度。

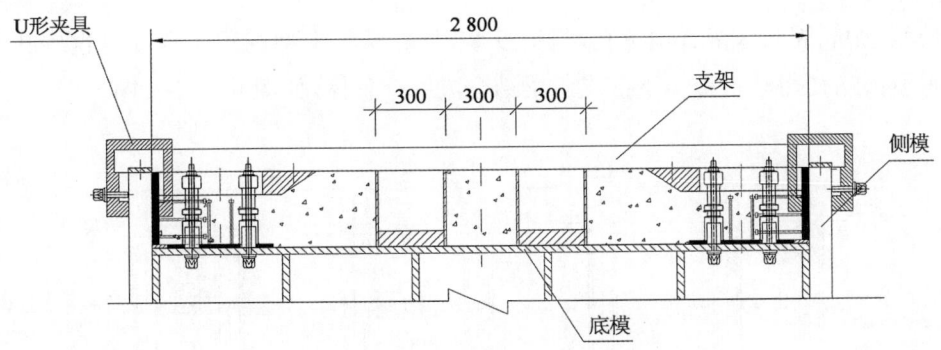

图 6-47 导向板与滑行板分别埋设示意图

(3) 两种预埋方式的比较。导向板与滑行板焊接成一体后,轨道板浇捣成型的过程对整体预埋的功能区影响较小,但焊接本身的精度较难控制,矫正也较为困难,因此焊接后再预埋的方式生产精度相对较差。

如果滑行板与导向板分开埋设,则可通过分别固定在模板上的方式保证精度,虽然定子固定件与滑行板也存在焊接变形的问题,但相对而言矫正工作较为简单,效果也更好。相比前一种方案,功能件本身的精度较高,所以这种埋设方式制作精度较高。

2) 连接机构

连接机构采用 H 型钢,并通过焊接将上面的锚筋预埋在轨道板中。预埋的精度为 1～2 mm。

轨道板两端活动区的生产方式如图 6-48 所示。通过模板上的支架固定 H 型钢。对于有横坡角的曲线梁,支架与 H 型钢两端的距离不相同,曲线内侧距离较小,外侧的距离较大,通过对 H 型钢两端距离的控制来制作轨道板的横坡角,并通过机加工最终精确实现横坡角 α。

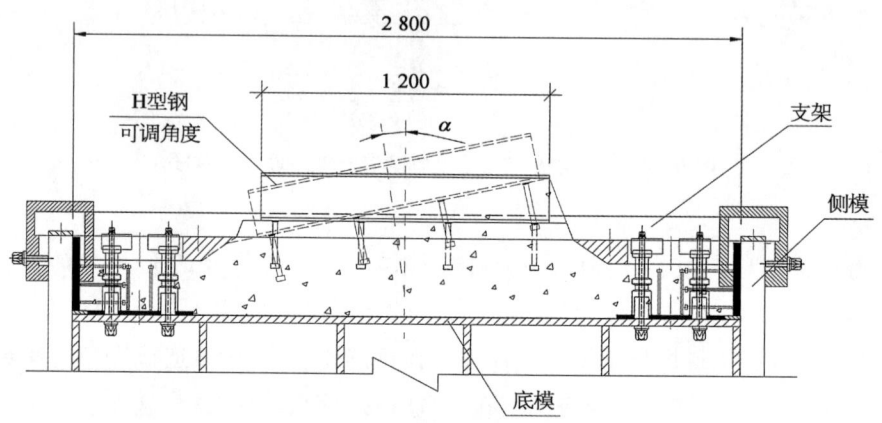

图 6-48 有横坡角的轨道板的制作方式

轨道板中间固结区留有预留孔,最后安装时,支承梁上部的预留筋穿过这些孔,并通过后浇混凝土,使得轨道板与下部支承梁结合成一个整体,如图 6-49 及图 6-50 所示。

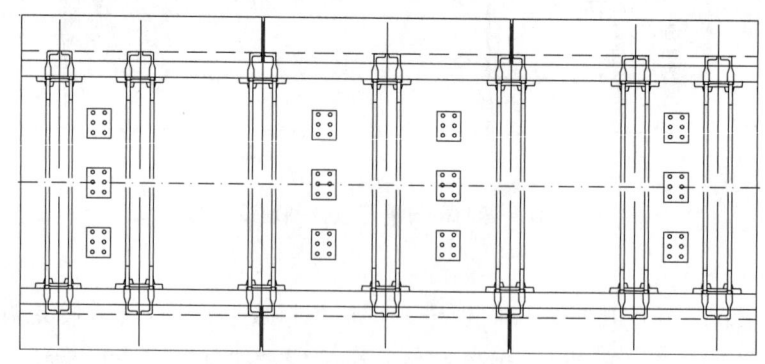

图 6-49 连接机构预留后浇孔纵向布置图

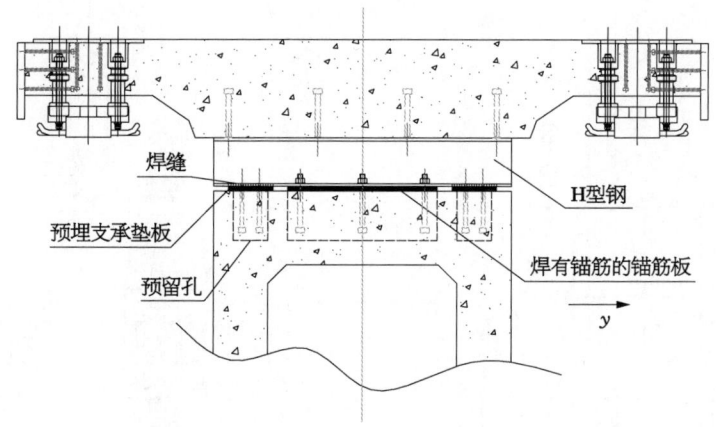

图 6-50 连接机构预留后浇孔横向布置图

3）浇捣方式

由于轨道板构件厚度较薄，且对功能区的预埋精度要求很高，因此不宜采用模板整体振动方式或侧模附着式振动方式，可采用插入式软轴振动机振捣。

4）养护工艺

可采用蒸养工艺缩短模板周转期。

6.3.1.2 复合式轨道板

复合式轨道板在上海磁浮线已有了成熟的经验，其生产制作工艺在此不再介绍，唯一与上海磁浮线不同的是横坡角的设置方式，其生产方式可参考整体式轨道板。

6.3.2 机加工工艺

1）轨道板加工基准面

轨道板的加工基准可参考上海磁浮线复合式轨道梁机加工基准面的设置方式。在轨道板的功能区滑行面和导向面上取特征点，利用雷尼绍探头将这些点的位置情况检测出来，然后利用这些数据形成轨道板型式的包络面，以该包络面作为整个轨道板机加工的基准面。

2）功能区

功能区钢结构只需对定子固定件进行加工，加工可采用原有机床或龙门铣床。如果利用上海磁浮线的机床进行加工，其加工状态如图 6-51 所示。由于轨道板尺寸相对于轨道梁小得多，亦可考虑龙门铣加工，其加工状态如图 6-52 所示。

从机加工难易程度角度考虑，相比于铸钢件，铸铁件更易于机加工，故定子固定件材质宜采用铸铁浇铸成型，主要加工燕尾槽（36 条/板）及定子螺栓孔（72 孔/板），定子固定件与定子采用螺栓连接，考虑定子安装螺栓规格为 M20。

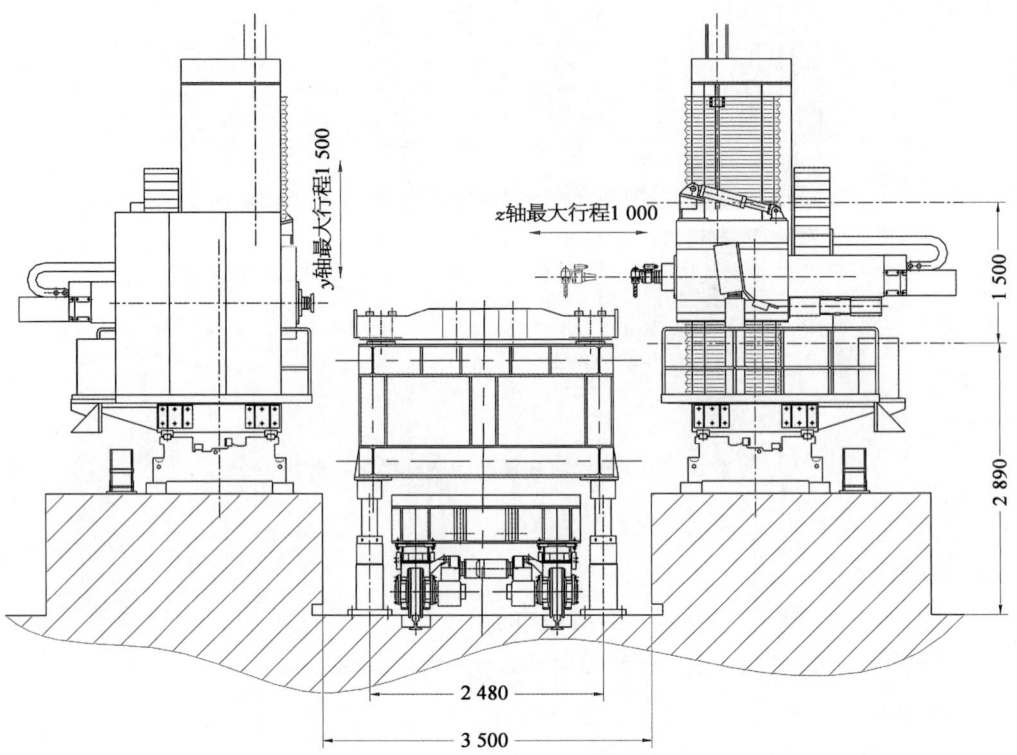

图 6‑51 利用上海磁浮线数控机床加工轨道板

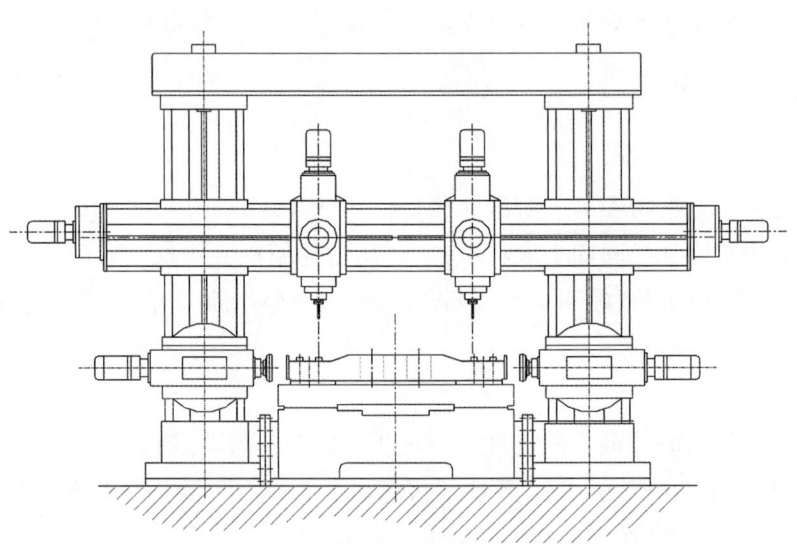

图 6‑52 采用龙门铣加工(数控龙门铣工作台 3 000 mm×8 000 mm,工作台床身长 18 000 mm)

3) 连接机构的加工

采用 H 型钢连接机构时,需要对 H 型钢与支承梁预埋板的连接面进行机加工,图 6-53 所示为利用上海磁浮线机床加工的状态。由于该机床 z 轴方向的行程为 1 000 mm,即轨道板中间 800 mm 无法进行机加工,而由于 H 型钢上的连接面在 H 型钢端部 180 mm 的位置,即使在横坡角为 12°时,两个连接面之间的间隔仍大于 800 mm,所以利用该机床也能对连接面进行加工。

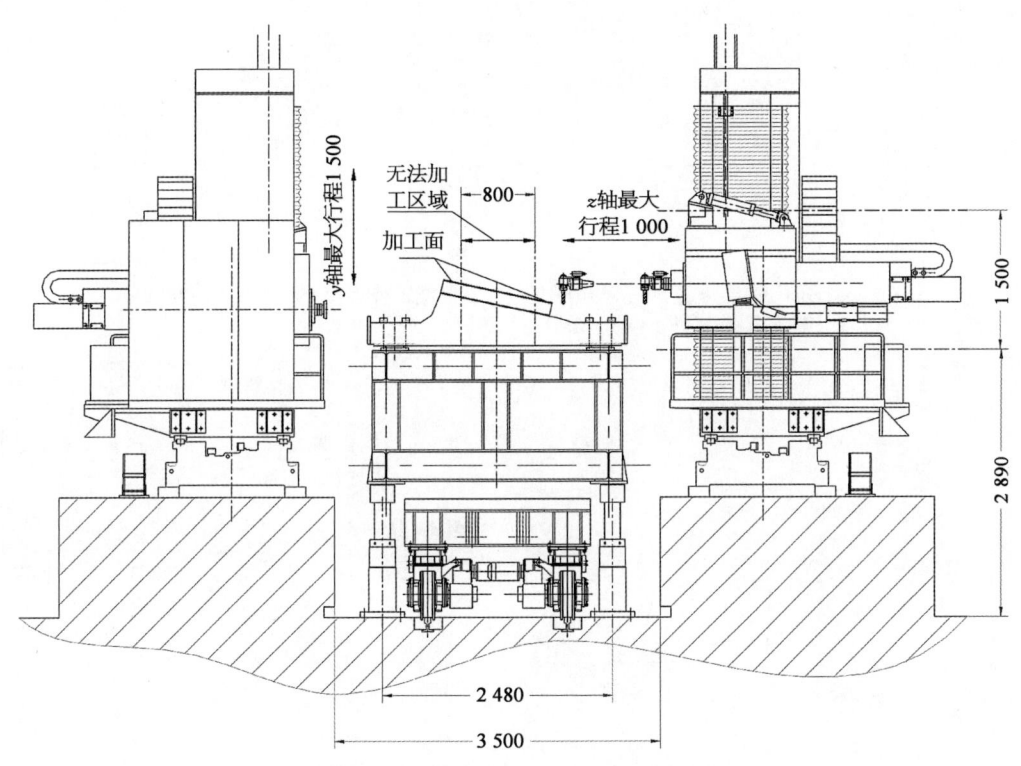

图 6-53 数控机床横坡角加工示意图

图 6-54 所示为采用龙门铣加工的情形。由于加工头安装在铣床的横梁上,所以对于轨道板的整个下表面,龙门铣都可进行加工。

4) 精调基准点

精调基准点的设置如图 6-55 所示,通过定子燕尾槽在导向面底部定出两个 $\phi 10$ 定位基准孔以及一个测量基准面,就可以确定 x、y、z 三个方向的位置。最后利用图中所示的工装将基准点引上梁面,通过定位螺栓夹紧定位,然后利用此基准点进行整根轨道梁的精调。

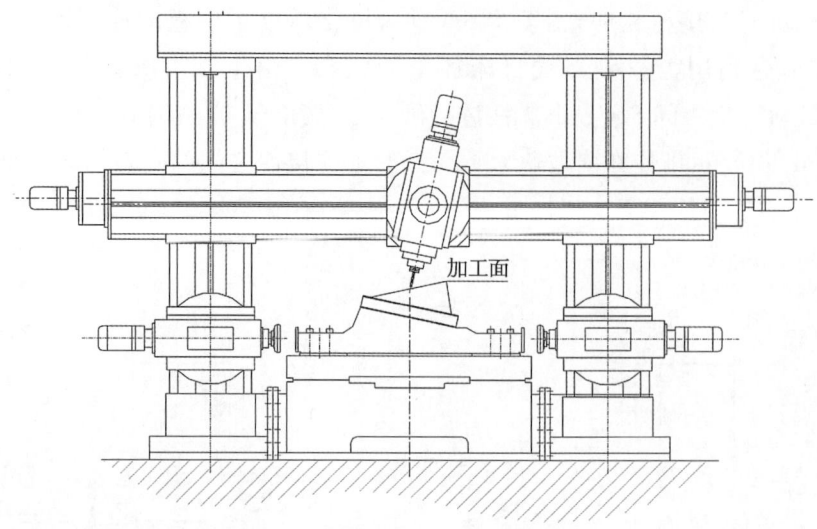

图 6-54 龙门铣横坡角加工示意图(数控龙门铣工作台 3 000 mm×8 000 mm,工作台床身长 18 000 mm)

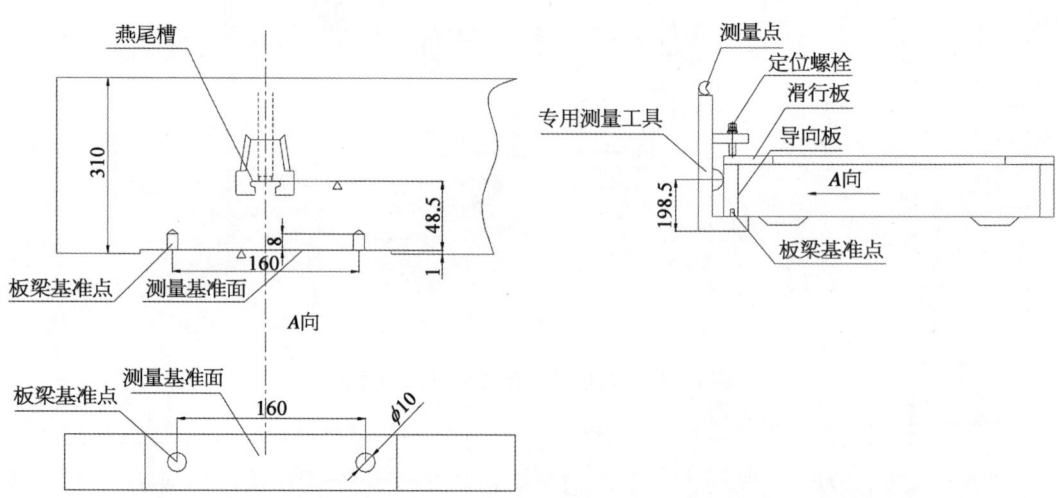

图 6-55 精调基准点设置图(基准孔钻孔精度 0.1 mm,钻镗孔精度 0.04 mm)

第 7 章

轨道梁现场施工

7.1 磁浮线路施工测量

为了保证轨道结构的现场施工质量,必须有高精度的测量控制。在上海磁浮线工程建设中,为了达到高速磁浮所需的精度,技术人员精心设计了精密控制网,在此基础上实现了磁浮工程的高精度测量。

对于磁浮施工测量的研究主要包括以下方面:坐标系统选择;根据误差分配确定各施工阶段控制网的精度;平面控制网结构;各施工阶段观测和平差解算方案;建立高程控制网;支座定位和轨道梁精调平面控制网精度与检测方法;支座定位和轨道梁高程控制网精度与检测方法;轨道梁支座预埋板定位测量;轨道梁精调中的测量控制。

7.1.1 测量系统精度要求

磁浮工程要求精度高、施工难度大,系统对线路测量的技术要求主要体现在其高精度方面。高速磁浮系统精度控制指标主要有:

(1) 按照德方提供的《磁浮高速铁路行车路线测量指导书》规定的布网精度:平面控制网相邻点相对点位中误差为±1 mm(点间距约为200 m);测角方向中误差为±0.2 mgon(相当于±0.65″);测距中误差为±1 mm。

(2) 系统要求平面控制网相邻控制点间相对误差不大于±2 mm;高程控制网相邻点高差中误差不大于±1 mm。

(3) 预埋钢板测设精度:支座中心点平面坐标相对于邻近控制点的中误差应为±2 mm;预埋钢板顶面中心高程误差控制在0~3 mm范围内;预埋钢板顶面平整度控制在1‰以内。

(4) 轨道梁空间绝对定位精度:x方向小于±1 mm(参考位置为固定支座处测点);y方向小于±1 mm(参考位置为固定支座和单向滑动支座处测点);z方向小于±1 mm(参考位置为每根梁的四个角部测点)。

(5) 相邻轨道梁间相互关系:相邻梁定子面和滑行面在z方向的错位不大于±0.6 mm;相邻梁导向面在y方向的错位不大于±1 mm;相邻梁定子面、滑行面和导向面在x方向的间距与设计值相差不大于±2 mm;相邻梁定子面、滑行面和导向面的NGK值(每米角度偏转值)分别不大于±1.5 mm/m、±3 mm/m、±2 mm/m。

为了满足各施工阶段的控制精度要求,需要建立磁浮专用坐标系,布设水平和高程控制网,并对控制网的稳定性进行监测。

对轨道梁精确定位公差有以下两类要求：

(1) 相对于空间曲线和线路桩位理论位置的绝对坐标安装公差要求。

x 方向：±1.0 mm（参考位置为固定支座轴线）。

y 方向：±1.0 mm（参考位置为距固定支座轴线 100 mm 处两侧侧面导向板中心）。

z 方向：±1.0 mm（参考位置为距固定支座轴线 100 mm 处定子底面中心）。

(2) 相邻轨道梁间相对关系的公差要求。

x 方向：滑行板面间隙 55～70 mm；导向板面间隙 55～70 mm；定子铁心间隙 90～100 mm。

y 方向：导向板面错位±1.0 mm；滑行板面错位±0.6 mm。

z 方向：定子铁心错位±0.6 mm。

7.1.2 各施工阶段控制网的精度要求

根据高速磁浮工程的特点，从基础施工、墩柱施工、盖梁施工到轨道梁的精调，各个阶段的精度要求各不相同，布设控制网时，必须保证控制网中最弱点的点位中误差能满足施工放样的要求，根据误差分配确定各施工阶段控制网的精度。

从磁浮工程的总体控制出发，根据分级布网、逐级控制的原则，确定合理的分级标准，使之既考虑到整个控制网的精度及观测条件，又能充分有利于施工测量的应用。根据情况和精度要求，布设不同等级的平面控制网。这与后来的高铁建设中广泛应用的 CPⅢ 控制网在总体思路上是一致的。

满足基桩放样的施工控制测量测角中误差不大于±3.5″，测距中误差不大于±15 mm，导线全长相对闭合差不大于 1/20 000。

满足基础承台、墩柱、盖梁、支座预埋钢板放样的施工控制网的测角中误差不大于±2.82″，边长测距中误差不大于±3 mm，三角形最大闭合差不大于±9.76″，相邻点相对点位中误差不大于±5 mm。

满足支座中心放样（x、y 方向不大于±2 mm）及轨道梁精调的平面控制网的测角中误差不大于±1.41″，边长测距中误差不大于±1 mm，三角形最大闭合差不大于±4.88″，相邻点相对点位中误差不大于±2 mm。

磁浮轨道梁精定位主要目的是将轨道梁按其设计理论坐标精确定位到大地实际坐标。在施工测量时，通过建立磁浮专用坐标系，将设计线路位置和高程换算到磁浮坐标系统，直接在磁浮专用坐标系中实施放样。根据各阶段控制网的精度分析，控制网按照从整体到局部，分级布设。在布设施工控制网时，尽量利用相同的点位，按照施工顺序的要求，逐步提高控制网的测量精度，以满足施工精度要求。

7.1.3 精密水平控制网布设

精密水平控制网的布设主要包括设立基岩点、基岩点坐标测定、首级控制网布设、加密控制网布设。

首级控制网控制点布设在线路两侧距线路中心线约 50 m 范围内,采用 GPS 联测的测量方法实现,建立了首级控制网,布设间距为 2~3 km(图 7-1),图中显示了城市坐标基本控制点和三个基岩点(点 11、17 和 26)。

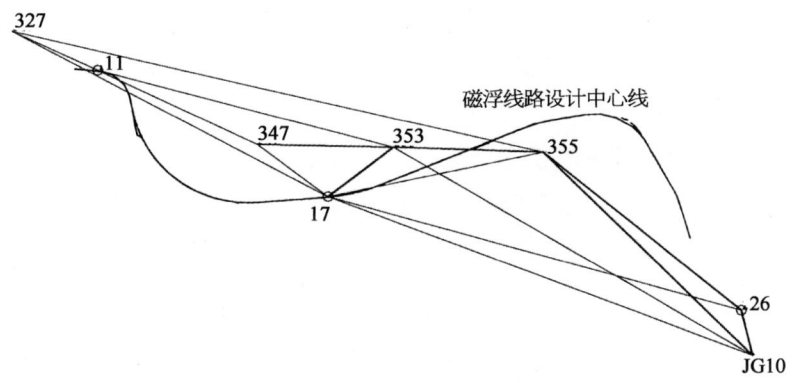

图 7-1 首级控制网布置示意图

加密控制边角网在首级控制网的基础上测设,控制点布设在距中心线 10~25 m 的范围内。加密水平控制网布设间距约 200 m。

7.1.4 测量设备选择

测量仪器的精度和易操作性直接影响轨道梁定位的精度和施工效率。为精确、高效地进行轨道梁精定位,在上海磁浮线的建设中,主要选用了以下仪器设备:

(1) 全站仪:Leica TCA2003 型全站仪(测角精度 0.5″,测距精度 $1 mm \pm 1 \times 10^{-6} D$)。
(2) 水准仪:Zeiss DINI12 型电子水准仪(精度 0.3 mm,测距精度 20 mm)。
(3) 棱镜:Leica 圆棱镜(棱镜常数 0);Leica 迷你小棱镜(棱镜常数 15 mm)。

7.1.5 精密高程控制网布设

精密高程控制网布设以沿线布设的基岩标作为基准点,每次高程网复测时,均以这三个点作为起算点。在盖梁上高程控制点布设如图 7-2 所示。

7.1.5.1 轨道施工测量面临的主要技术难题

1) 测量仪器精度存在局限性

在上海磁浮线建设时,选用了 Leica 公司的 TCA2003 型全站仪,该产品的测角精度为 0.5″,测距精度为 $1 mm \pm 1 \times 10^{-6} D$。

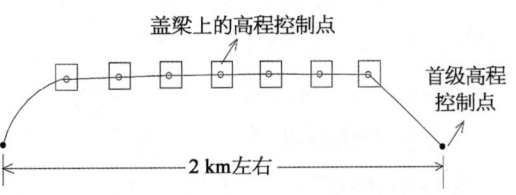

图 7-2 盖梁上高程控制点(加密网)示意图

但是,该仪器的精度标准只有在测量环境较好的条件下才能达到,且受距离影响较大。

2) 控制点的精度保证

轨道梁精确定位测量控制点由测绘单位根据沿线大地平面、高程控制网测设,测设后控制点平面和高程经控制网测量平差处理后精度均不大于±1mm。由于轨道梁精确测量可能与施工同步实施,但轨道梁测量控制点必须设置在主线沿线,地基沉降和水平变位、大型机械的施工影响、天气特别是气温的变化均对控制点的精度产生一定的影响,这是在测量中值得注意的问题。

7.1.5.2 实现精确测量的技术路线

轨道梁架设过程中,通过精确测量将大地坐标转换成轨道梁局部坐标,并在轨道梁局部坐标系中放样给出定位点偏差,为轨道梁精确定位提供依据。精确测量主要包括以下环节。

1) 测量定位点的设置

将轨道梁定位到设计位置,首先必须选择定位参考点(即定位点),从而建立轨道梁局部坐标系,并将定位点的理论大地坐标转换为轨道梁局部坐标。

2) 测量控制点的设置

沿线平面测量控制网点、水准点间距离较远且常常通视效果不好,影响轨道梁测量的精度和工作效率。因此,应在轨道梁沿线设置轨道梁测量控制点,并将控制点大地坐标转换计算到轨道梁局部坐标。

3) 测量定位点的放样

在得到轨道梁测量控制点和定位点的局部坐标后,就可以利用轨道梁测量控制点建立测量坐标系;在此坐标系中放样轨道梁测量定位点,然后按放样数据定位轨道梁,反复调整直至轨道梁定位满足设计安装公差要求。

4) 轨道梁精确定位测量方法

轨道梁精确定位可采用的测量方法有以下两种:

(1) 全站仪 x、y、z 三维放样法,即利用全站仪直接对三维坐标进行测量放样。

(2) 全站仪 x、y 平面放样、电子水准仪 z 向高程放样法。当受现场气候条件影响,温度、气压和湿度变化较快时,对全站仪 z 向高程放样精度影响较大,因此应使用电子水准仪进行 z 向高程放样,以保证精确测量的精度提高轨道梁精确调整的效率。

由于轨道梁精调现场情况复杂多变,应视具体情况采用适当的测量方法,在保证施工质量的前提下,尽可能提高测量效率。

7.1.5.3 轨道梁测量定位点的设置

设置轨道梁测量定位点是轨道梁精确定位的重要步骤,定位点精度和易操作性直接影响轨道梁定位的精度和效率。轨道梁生产、机加工和总装过程中分别采用了不同的测量基准点,每个基准点均有其各自的精度和使用范围。各阶段基准点主要包括：

（1）轨道梁连接件机加工检测点。检测点设置在轨道梁梁端和梁面，轨道梁浇捣时已预埋钢板，预埋精度和机加工时对点位的修正都会对这些产生影响。

（2）轨道梁连接件定位销孔坐标点。轨道梁设计时会给出功能件与连接件的连接面处定位销孔的理论大地坐标，供轨道梁机加工和总装使用，具有较高的精度。

（3）轨道梁制造和定位公差检测点。轨道梁公差检测使用的参考点较多、不统一，且大部分检测点须检测时才设置。

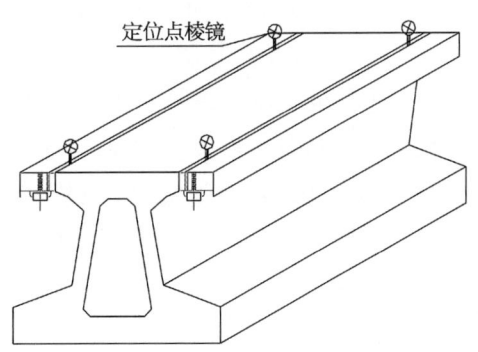

图 7-3 轨道梁测量定位点布置图

在上海磁浮线轨道梁精调施工时，综合考虑轨道梁测量定位点的精度要求和操作性要求，选择轨道梁连接件定位销孔坐标点作为参考基准点，设计专用棱镜支架将参考点的坐标转换到测量棱镜中心即为轨道梁测量定位点。为保证轨道梁空间曲线的精确定位，每根轨道梁分别在轨道梁两端左右两侧设置四个定位点，轨道梁测量定位点的布置如图 7-3 所示。

在进行轨道梁定位测量时，轨道梁在当前温度荷载作用下有可能发生远大于恒温车间内温度场作用下的温度变形，与机加工和总装标准温度相差太大，轨道梁发生温度变形，发生四个定位点无法同时满足的定位公差要求的情况。为解决这一问题，在上海磁浮线建设时，根据定位点所处位置与对应支座类型的关系（图 7-4）提出了表 7-1 的定位标准。

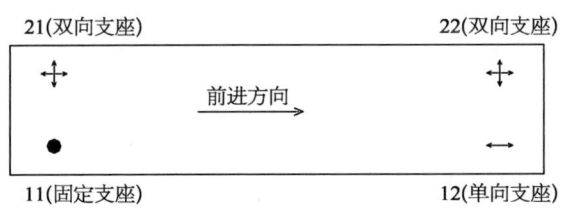

图 7-4 定位点位置与支座类型示意图

表 7-1 定位点精度要求

名 称	对 应 方 向	控 制 值	备 注
定位点 11	x 方向	±1.0 mm	对应固定支座
	y 方向	±1.0 mm	
	z 方向	±1.0 mm	
定位点 12	y 方向	±1.0 mm	对应单向支座
	z 方向	±1.0 mm	
定位点 21	z 方向	±1.0 mm	对应双向支座
定位点 22	z 方向	±1.0 mm	对应双向支座

上海磁浮线沿线测量控制网坐标系统为上海城市坐标系统，水准点高程采用吴淞高程系统(1995)，轨道梁必须以此控制网和水准点来测量定位。但沿线测量控制网网点和水准点间距离均约 200 m，且均设置在地面，直接使用存在通视、测量精度和操作效率等方面的问题。为了解决这些问题，必须设置轨道梁精确定位测量控制点。

1) 轨道梁测量控制点的要求

轨道梁精确定位测量控制点的设置首先应保证其精度要求，同时有利于现场测量实施，提高工作效率。测量控制点必须满足以下要求：

（1）精度要求。要保证精确定位的公差要求，测量控制点应保证相应的精度；测量仪器的测量精度受控制点与测点间距离影响，故轨道梁精确定位测量控制点的设置也应考虑控制点点距对定位测量精度的影响。

（2）易操作性要求。测量控制点的设置须保证控制点间、控制点与定位点间的通视，控制点应易设置和易拆除，以保证测量施工的连续和顺畅。

2) 轨道梁测量控制点的确定

综合分析各种影响因素和要求，上海磁浮线轨道梁测量控制点设置于对应的固定支座上方轨道梁梁面，控制点间距约 100 m（图 7-5）。控制点设置在轨道梁梁面解决了测量通视问题，便于现场实施操作，且由于轨道梁精调时盖梁沉降变形已基本结束，有利于保证控制点的精度。

图 7-5 轨道梁测量控制点布置图

7.2 复合式轨道梁现场施工

轨道梁现场施工主要包括运输、吊装和精调三个环节。在上海磁浮线建设时，结合线路的特点，制定了详细的复合式轨道梁施工方案，主要包括：

（1）轨道梁运输，主要有轨道梁运输要求、运输车辆选择、结合运输道路和桥梁情况采取的运输措施。

（2）轨道梁现场安装工艺，主要有轨道梁安装专用调具、轨道梁双机抬吊、龙门吊装、高空移位和重型履带吊单机吊装等多种施工技术。

（3）轨道梁精确定位，着重研究轨道梁精确测量的技术要求和技术路线、测量设备的选择和使用方法、轨道梁精确测量方法、定位点和控制点设置、测量数据的分析处理及支座安装工艺等。

整体式轨道梁与复合式轨道梁的差别主要体现在工厂制造上，现场施工基本相同，故不再赘述。

7.2.1 轨道梁运输

上海磁浮线全线共2551根轨道梁。轨道梁标准跨度为24.768 m，重约180 t；轨道梁横向有0°~12°横坡角。此外有两根50 m长度双跨连续试验梁，分别为预应力混凝土梁和钢梁。预应力混凝土双跨连续梁重量约360 t，钢梁重约157 t。

根据混凝土轨道梁和钢梁的各种技术参数、维修专用线的建造标准和运输要求，选用法国威廉姆TG300牵引车和Nicolas挂车运梁。

大型轨道梁采用3000 kN级长货挂车车组运输，该车组由TG300型牵引车、前挂车（6轴线）、后挂车（6轴线）、长货转盘、软连接、连通管路、动力机组等组成（图7-6）。

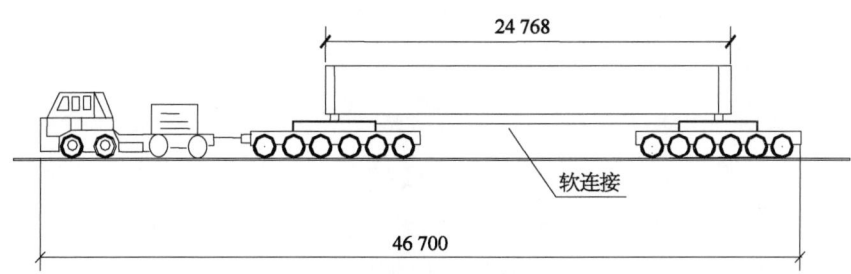

图7-6 运梁车组示意图

TG300型牵引车是大件运输专用牵引车，单机牵引力达到400 kN，可以牵引总重3000 kN的车组在14‰的坡道上行驶。

Nicolas挂车是大型货物运输车辆，该车型为全液压独立悬挂、全轮自动转向设计，具有自动调节轴间受力、挂车平台高度调整等特点。Nicolas挂车为标准模块组合式，其长度可根据需要随意组拼，具有拼接简便、转向灵活（最大转向角为65°，有效转向角为55°）、承载能力强（每轴线可承载35 t）。运输过程中平板车高度可以调整（一般1075 mm，最高1400 mm，最低750 mm）。

3000 kN级长货车组由两台6轴线平板挂车和长货转盘组成。车组总长（包括牵引车）约46.7 m，总宽3.6 m，总高3.78 m（装载直线梁），通过半径为40 m的弯道时，其扫空宽度为1.6 m，其通道宽度为5.2 m。

长货转盘分为单摆转盘和双摆转盘两种,如图7-7所示。单摆转盘载货平台可以绕挂车垂直轴线、横向轴线转动,但不能绕挂车纵向轴线转动;双摆转盘则可以绕三维轴线转动,从而保证在运输时,不会因为运输道路平曲线、竖曲线的变化让货物承受额外的扭转力、弯曲力等附加力,充分保证货物的安全。

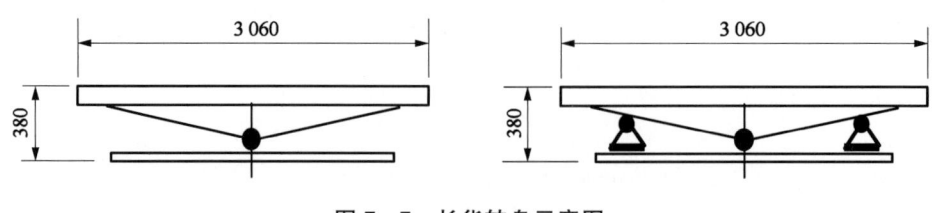

图7-7 长货转盘示意图

根据对车组牵引力的分析,牵挂车传递给后挂车的水平力最大为7.4 t,在运输过程中,既要保证梁体不受纵向力的要求,又要满足不同长度轨道梁的运输,因此在前后挂车之间加装 $\phi 40$ 的钢丝绳软连接。根据轨道梁的不同长度,将钢丝绳固定在前转盘与后转盘的纵向中心线上,运输时同梁体间的相对位置保持不变,从而保证轨道梁不受纵向力。

7.2.2 轨道梁吊装

1) 龙门吊吊装

根据上海磁浮线工程绝大部分轨道梁架设高度不高、全长沿线一侧修筑工程使用的维修道路、主线架梁的宽度相同等特点,轨道梁架设的起重机械首选龙门吊,其具有施工速度快、安全、方便、劳动强度低、路基加固方便等特点(图7-8)。

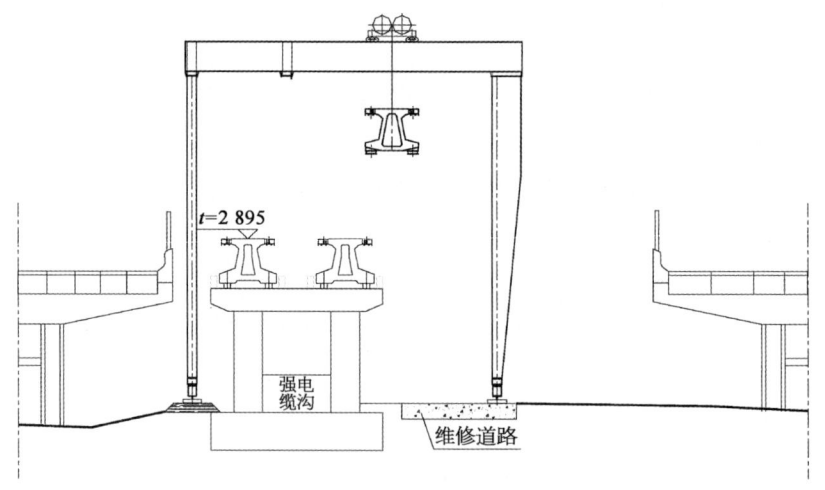

图7-8 龙门吊吊装示意图

龙门吊按跨距要求铺设钢轨，铺设长度应满足施工安装进度要求，并根据铁路铺设规定留有一定余地；在钢轨上按要求组装龙门吊。110 t 龙门吊两台为一组进行轨道梁双机抬吊，将运输到位轨道梁直接安装就位至设计位置。

龙门吊施工对路基的地耐力要求为 12 t/m^2，维修道路由于其允许承载力大于龙门吊对路基的要求，因此只需进行平整度处理；另一侧路基处理采用 12 t 带载压路基分层压实，碾压后基本无轮印（不大于 10 mm）。为确保工程施工安全，弥补路基处理后地耐力的不足，龙门吊施工阶段还铺设了路基箱。利用龙门吊吊装施工如图 7-9 所示。

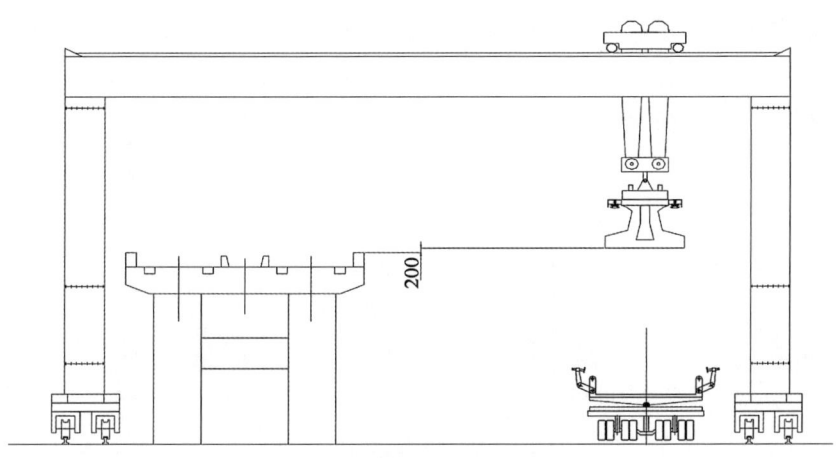

图 7-9 龙门吊提梁示意图

根据上海磁浮线的经验，轨道梁运输至吊装现场后，一般半小时内就可以完成 1 根轨道梁的初校和安装工作，每天可吊装 10 根以上。

尽管龙门吊施工工效较高，但是在上海磁浮线施工时由于现场施工阶段受过河、跨路强电缆沟、38G 天线杆等因素影响，龙门吊设备拆装转移次数较多。因此，对该方案需因地制宜地加以选择。

2）履带吊吊装

上海磁浮线的轨道梁部分采用了 150 t 履带吊双机抬吊工艺（图 7-10）。由于梁重约 180 t，为确保吊装施工安全，施工区域的路基施工必须满足履带吊施工对地基 12 t/m^2 的耐力要求。在实际施工中，在对路基进行处理后，再铺设履带吊路基箱，以增加履

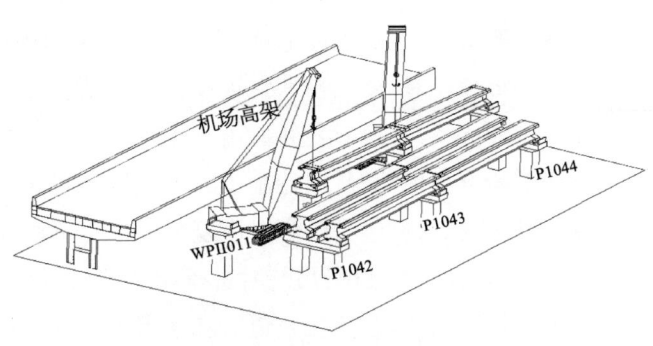

图 7-10 履带吊吊装示意图

带吊施工荷载的作用面积。

7.2.3 轨道梁精调

相比于其他交通方式,轨道梁安装和精确的要求非常高,轨道梁三向坐标误差中最大误差不超过1 mm。因此,轨道梁精调工艺十分重要。

1) 精调设备

从轨道梁初安装完成,一般待墩柱沉降稳定后实施精调,利用液压调整装置完成。为了满足轨道梁三或四点在 x、y、z 三个方向上的位置精确调整要求,要求液压装置能够完成单点、单向调整。

三维液压调整装置分为三点调整式和四点调整式两种(图7-11)。每套液压调整装置由液压油缸、滑动底座、手动泵、油管等组成,其中液压油缸分为 z 向和 x、y 向两种油缸,滑动底座分外套、中套、内套三种,均是为了满足轨道梁能够在 x、y、z 方向上单向自由滑动。

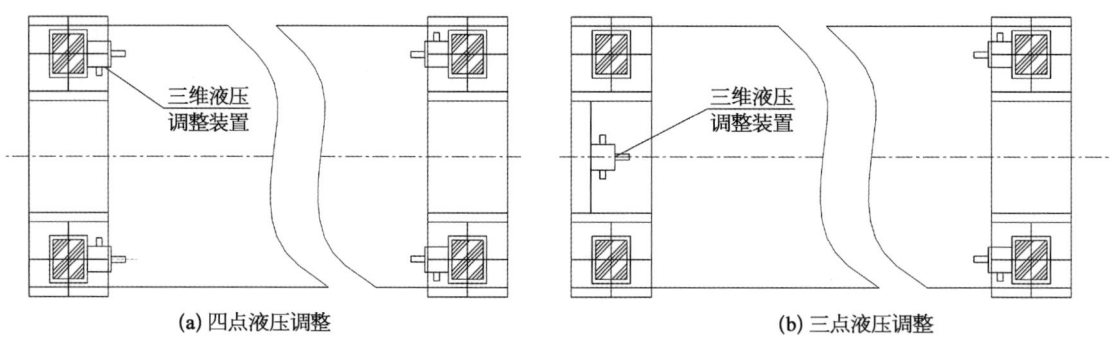

(a) 四点液压调整　　　　　　　　　(b) 三点液压调整

图7-11　三维液压装置示意图

2) 支座安装

(1) 支座预埋钢板设置。轨道梁精确定位最终反映在支座上,也就是说,轨道梁的精调实际上是利用高精度的调整装置实现支座的精确定位。因此,对支座的安装和调整有较高的精度要求,主要对盖梁上预埋支座钢板和预埋钢板中心十字刻画两个方面加以控制。支座钢板预埋时,要求预埋钢板设置高程精度为0～3 mm,预埋时中心十字刻画线平面精度为±10 mm,中心十字刻画线恢复后精度为±2 mm。

利用盖梁上预埋孔,使用特制工具按测量数据定位支座预埋钢板,然后进行混凝土浇捣、养护,待固结后,经过精确测量恢复中心十字刻画线。

(2) 测量放线。轨道梁吊装时进行粗定位,尽可能准确定位到设计位置,以减小后期精调的工作量。因此,必须在轨道梁和盖梁上预先弹射基准线,吊装时只需将这两种基准线对齐即可。

（3）盖梁基准线。盖梁基准线是以支座预埋钢板中心刻画线为基准弹射的支座轴线。横向轴线以同端预埋钢板中心连线弹射支座轴线（图7-12）；纵向轴线以同侧预埋钢板中心连线弹射支座轴线。因吊装时盖梁上空间较小，挡块影响基准线对位，故另外弹射对位辅助线，即将横向轴线平移得横向辅助轴线，将纵向轴线平移得纵向辅助轴线。

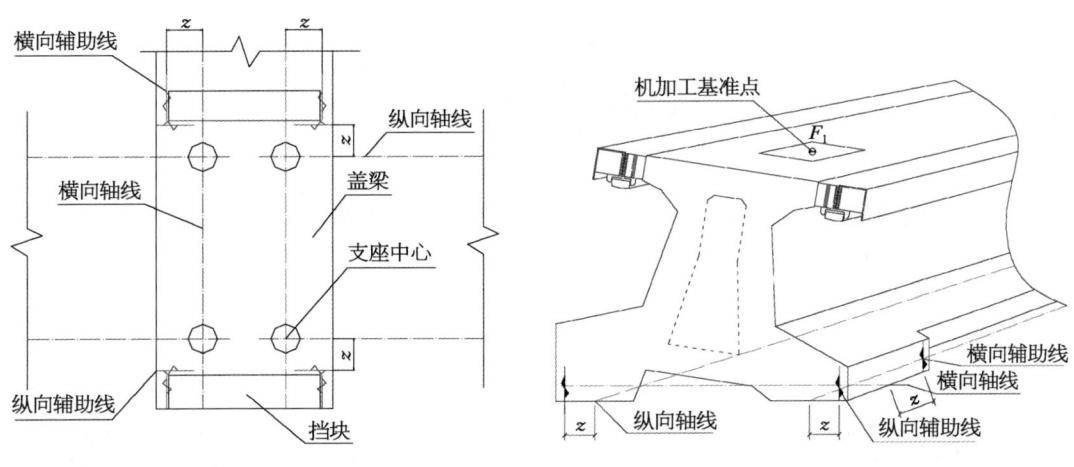

图7-12 盖梁对位基准线示意图　　图7-13 轨道梁对位基准线

轨道梁基准线弹射即是将轨道梁支座轴线弹射到轨道梁的梁底和梁侧。选定轨道梁梁面两个机加工基准点，使用经纬仪在机加工车间利用有限的空间和轨道梁机加工、总装间隙，将轨道梁支座轴线弹射到轨道梁。同时将横向轴线平移得横向辅助轴线，将纵向轴线平移得纵向辅助轴线（图7-13）。

设计要求轨道梁精确调整之前永久支座不得受力，因此轨道梁吊装就位时必须搁置在临时支座上。临时支座采用钢支座，须同时满足承载力和变形要求，同时应有利于轨道梁的吊装和精调。临时支座搁置在预埋钢板上即永久支座的设计位置，轨道梁精调之前搁置在临时支座上。

永久支座由底板、底座、螺柱、锁紧螺母、顶座和顶板组成。为便于精调时永久支座的转换和定位，吊装时将永久支座搁置在临时支座旁边。精调时利用液压装置将轨道梁顶起，撤下临时支座将永久支座移至预埋钢板上，永久支座底板轴线与预埋钢板支座轴线对齐，安装定位夹具将支座顶板和顶座固定避免产生相对滑移，调整顶板和顶座至顶板轴线与预埋钢板轴线对齐。永久支座设计标准高度为280 mm，轨道梁精调时支座高度需相应进行调整，若调整高度大于5 mm应加垫钢板，钢板平面尺寸应大于支座顶板，每侧至少15 mm。支座高度调整时先卸除支座螺柱外的防尘圈，松开防松螺母上的6只内六角紧定螺钉，逆时针扳动螺柱，升高螺柱至相应位置。

（4）焊接固定。轨道梁精确定位后需进行支座焊接固定，为保证永久支座焊接固定不影响轨道梁的坐标位置，在轨道精定位结束后先采用点焊对四个支座加以固定，然后将顶板与轨道梁预埋钢板、底板与盖梁上的支座预埋钢板焊接。焊接后焊缝和预埋钢板表面须进行防腐处理。

7.3 叠合式轨道梁现场施工

叠合式轨道梁的特点是轨道板在工厂制造,支承梁在现场施工,二者经现场安装后连接为一个整体。新型叠合式轨道梁工艺流程如图7-14所示。

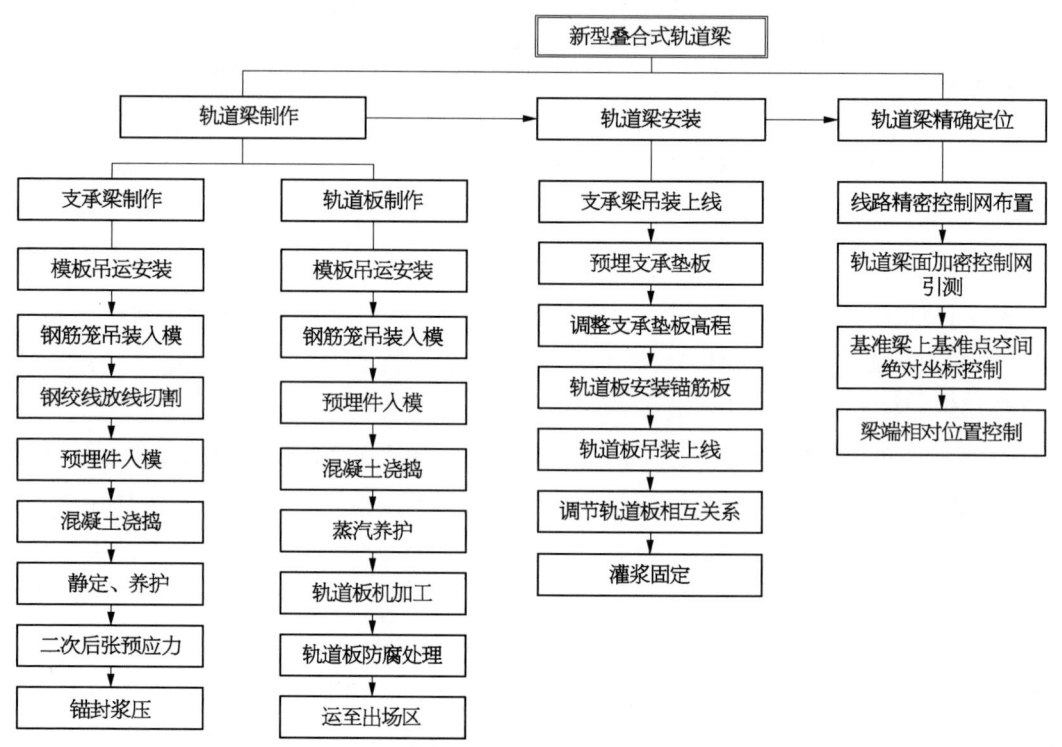

图7-14 叠合式轨道梁总体工艺流程

7.3.1 预应力混凝土支承梁生产工艺

预应力混凝土支承梁可采用三种工艺:线上现浇、线下预制和工厂预制。

1) 线上现浇

采用满堂脚手架线上现浇的方式生产支承梁。这种方式不存在大件运输及吊装的问题,但后张等工作必须在线上进行。为解决后张的空间问题,可考虑在制作梁时一根隔一个进行浇捣,其他梁可通过脚手架在旁侧生产。

2) 线下预制

线下预制分为两种情况:相应墩号处进行浇筑和每隔一段设置生产场地。线下预制对场地的要求较高,全线场地进行处理,将会增加成本;如果每隔一段距离设置一个这样的场地,则相当于小型的制梁厂,还是存在短距大件运输的问题。

3) 工厂预制

建造制梁厂来生产支承梁。这种生产方式能保证支承梁的生产精度,并能够提高生产效率。但制梁基地的建设会增加建设成本,且对于长大干线建设而言,存在大件运输的问题。

7.3.2 叠合式轨道梁现场安装工艺

7.3.2.1 运输和吊装

上海磁浮线复合式轨道梁的功能件与支承梁通过连接件连接,在工厂里完成组装后出厂。上海磁浮线 24 m 复合式轨道梁重量达到 180 t,对运输和吊装设备,以及施工便道的要求相当高,还涉及沿途桥梁加固的问题。

叠合式轨道梁的轨道板和支承梁分开生产:轨道板在工厂生产;支承梁可以在线上现浇、线下预制或者工厂预制。因此,叠合式轨道梁只需要对轨道板进行长距离运输(以 6 m 轨道板为例,重量约 15 t),支承梁可以不运输或者短距离运输。

1) 场内运输和吊装

(1) 支承梁。支承梁的场内运输针对现场或者工厂预制而言。

为了减少吊装次数,第一次后张和第二次后张在同一场地进行。因此,场内运输吊装主要流程为浇捣台座→后张区→出厂区。

(2) 轨道板。每根梁有 4 块轨道板,对于中长线路而言,场内运输吊装的工作量很大。

为了减少运输次数,提高工作效率,同时运输多块轨道板。轨道板的主要场内运输吊装流程包括浇捣区→堆场区→机加工区→油漆区→出厂区。

2) 支承梁的场外运输和吊装

支承梁可以采用的施工方法有线上现浇、线下预制和工厂预制三种。针对这三种不同的支承梁生产方式,分别研究了对应的运输和吊装方案。

(1) 线上现浇支承梁。线上现浇支承梁的运输和吊装流程如图 7-15 所示。

运输过程中,原材料、模板和脚手架可以用 15 t 左右的载重汽车,混凝土搅拌车的最大轴压为 15 t。因此,施工道路需要进行处理,至少达到一般公路等级要求。线上现浇的生产方式不需考虑对沿线道路的加固问题。钢筋笼和模板及相关施工设备的吊装可使用 20 t 起重机。

(2) 线下预制支承梁。线下预制支承梁的吊装运输流程大致如图 7-16 所示。

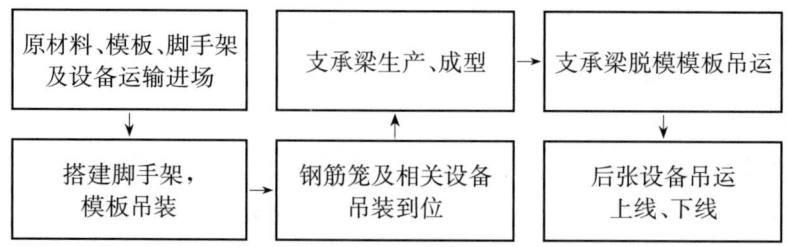

图 7-15 线上现浇支承梁吊装运输流程图

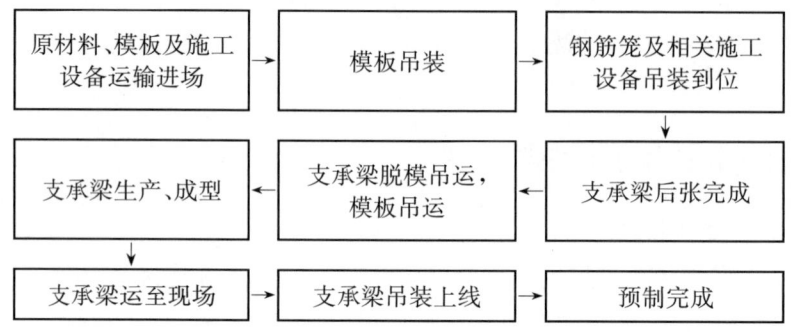

图 7-16 线下预制支承梁吊装运输流程图

① 运输。

a. 运输线路。合理设置预制场地的地点，尽量避免运梁车经过立交桥和一般跨河桥梁，对于必须通过的桥梁，应该进行荷载验算，根据需要考虑加固方案。运输道路等级要求与上海磁浮线施工道路大致相同。

b. 运输设备及安全运输。运输过程应该保证支承梁的安全。运输设备的选择可以参考上海磁浮线的经验，选用法国威廉姆 TG300 机车和法国 Nicolas 挂车运梁，也可以使用 300 t 平板车。

② 吊装。参考上海磁浮线的吊装经验，可以根据施工速度要求、施工空间限制等实际情况，选用 150 t 履带吊双机抬吊、龙门双机抬吊，350 t、600 t 超级履带吊、轨道梁高空移位等不同的吊装方案，如图 7-17 所示。

(3) 工厂预制支承梁。工厂预制支承梁的吊装运输流程与线下预制支承梁的情况基本相同，对道路等级和运输设备的要求也与线下预制基本相同，但工厂预制这种支承梁的生产方式造成的运输距离要更长，对沿线高架和桥梁的加固要比线下预制的情况更多，所以对于预制工厂位置的选择需合理。

(4) 方案比较。从表 7-2 中可以看出：

① 线上现浇支承梁对运输设备和运输道路的要求较低，也不需要对支承梁运输，在场外运输上节省了很多费用，但却不能保证工期，可操作性差。

② 线下预制和工厂预制支承梁需要采用类似于上海磁浮线的运输和吊装设备，对道

第 7 章 轨道梁现场施工

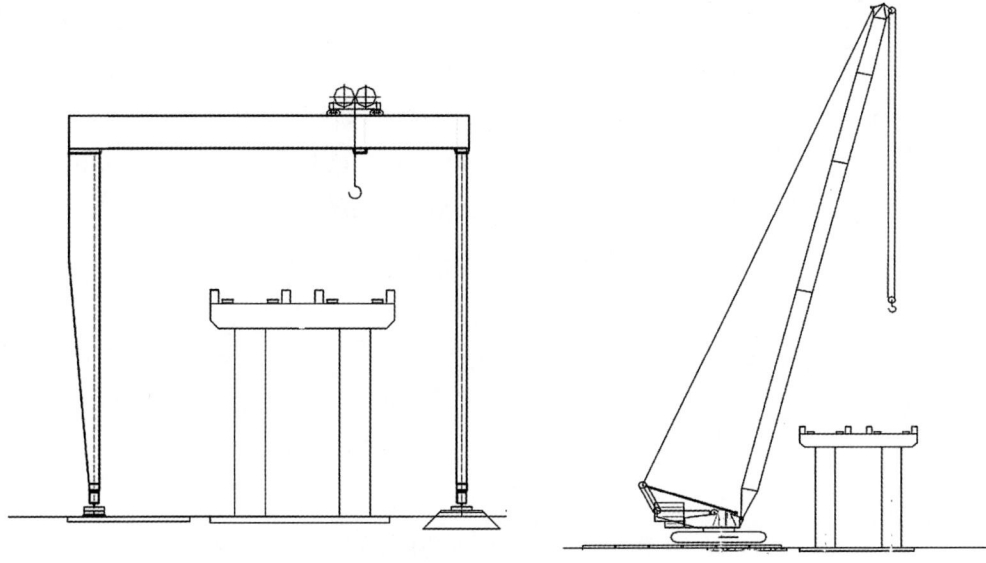

图 7-17 龙门吊双机台吊和 300 t 履带吊

表 7-2 不同支承梁制造工艺对比

项目		制 造 工 艺		
		线上现浇	线下预制	工厂预制
运输	运输设备	普通工程运货卡车	威廉姆 TG300 机车和 Nicolas 挂车（或 300 t 平板车）	威廉姆 TG300 机车和 Nicolas 挂车（或 300 t 平板车）
	运输道路	一般等级运输道路	同上海磁浮线运输道路	同上海磁浮线运输道路
	运输距离	无	短	长
	沿途桥梁加固	无须考虑	合理安排场地，可以避免加固	合理安排场地，部分可能仍需加固
吊装	主要吊装设备	20 t 起重机；150 t 双机履带吊（或龙门吊，350 t、600 t 超级履带吊）	150 t 双机履带吊（或龙门吊，350 t、600 t 超级履带吊）	150 t 双机履带吊（或龙门吊，350 t、600 t 超级履带吊）

路等级的要求也同上海磁浮线施工便道等级近似。

③ 线下预制只需要短距离运输支承梁，可以通过灵活安排制梁场地避免对沿线桥梁加固，但沿线设置的制梁场地过多；工厂预制需要长距离运输，即使适当安排制梁厂，可能也无法避免沿线桥梁的加固。

3）轨道板的运输和吊装方案研究

轨道板在制梁基地进行生产加工，出厂时是一种经过特殊加工的精密构件，在运输和吊装过程中不允许有任何损坏。

（1）轨道板的运输。可采用单块板和多块板运输的方式。6 m 轨道板的重量在 15 t 左右（含功能件），运输尽量利用普通的运输设备来完成。对于单块板运输可以选用 15 t 的平板拖车或载重汽车，多块板运输则可以选用载重量较大的平板拖车。

（2）轨道板的吊装方案。由于出厂时轨道板上定子铁心等均已经安装完毕，因此无法进行捆扎吊装。根据轨道板重约 15 t，建议选用预埋内螺纹钢管的吊点形式，内螺纹直径在 300～400 mm（图 7-18），并可以设计相应的吊具，可采用履带吊或龙门吊。

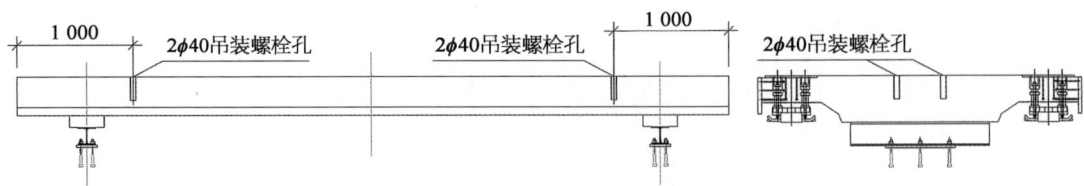

图 7-18 轨道板吊点的设置

7.3.2.2 安装工艺

1) 安装方式

由于新型叠合式轨道梁下部支承梁和上部轨道板是在两个不同的地方生产的，且两者的生产精度相差较大，这就对于现场的安装工作提出了更高的要求，如何保证支承梁和轨道板拼装完成后的精度是安装工作必须解决的问题。

叠合式轨道梁的安装时，首先对轨道板与支承梁、轨道板与轨道板之间的相互关系进行调整，然后灌浆固化，在这一步工作完成之后，叠合式轨道梁已形成了一个整体，线上精调可参考上海磁浮线复合式轨道梁的精调工艺（图 7-19）。

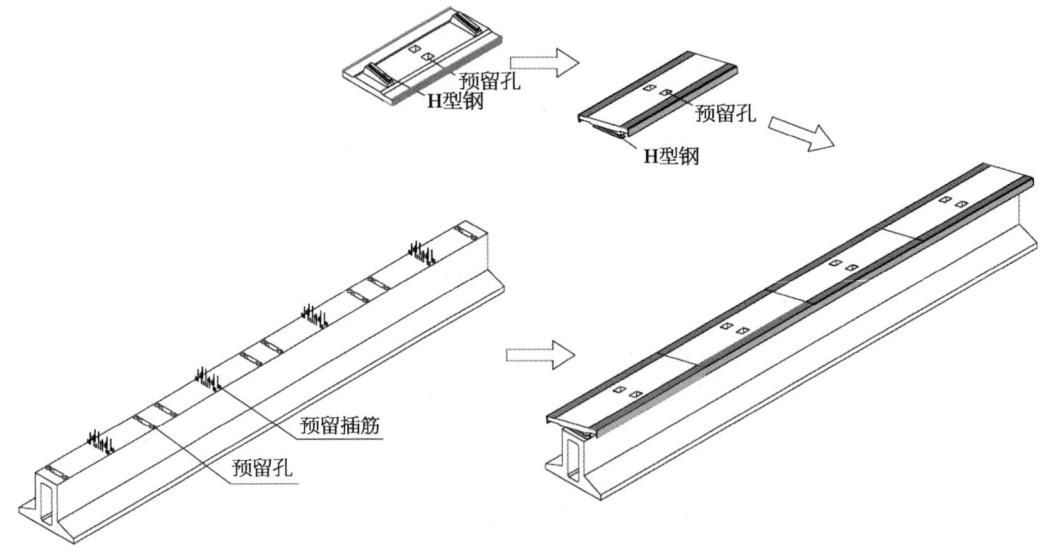

图 7-19 叠合式轨道梁安装示意图

2)安装过程

(1)安装流程。轨道板与支承梁之间后浇固化的流程如图7-20所示。

图7-20　叠合式轨道梁后浇固化方案安装流程

(2)固化板-梁相对关系。

① 支承梁预埋支承垫板。支承梁在生产时预留了16个用于预埋支承垫板的预留孔,待支承梁在线上完成基本变形之后,再进行预埋工作,以减少后张、吊运及变形等情况对预埋精度的影响。

支承梁上16块支承垫板采用水平埋设的方法,即控制16块预埋的支承垫板在一个水平面内,以减少现场施工难度,保证预埋精度。各个预埋板本身可保证水平,相互间的精度为±1mm。

在预埋支承垫板时,任取一块进行绝对高程控制,其余的预埋板以其为参考进行埋设。在轨道板上线安装之前,对支承垫板实际的埋设情况进行水准测量。以测量结果显示位置最高的一块预埋板为基准,并参考计算所得支承梁在轨道板上线安装时预埋板位置的变形情况,通过垫片调整各预埋板的高程,以消除轨道板上线后预埋板位置的挠度变形,即保证轨道板作用下的16块预埋板在同一水平面上。预埋板各阶段的状态如图7-21所示。

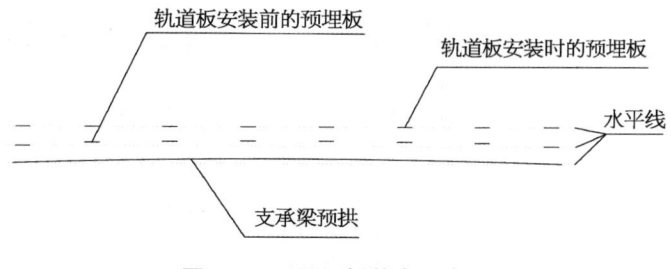

图7-21　预埋板状态示意图

② 轨道板上安装锚筋板。在轨道板两端H型钢的中部，预留有螺栓孔。在轨道板上线安装之前，将焊有锚筋的钢板通过螺栓孔用高强螺栓与H型钢结合。在安装时，锚筋插入支承梁上对应的预留孔，最后通过后浇混凝土实现轨道板端部的固定。

③ 线上安装。轨道板吊上支承梁后，通过轨道板上中心线与支承梁上中心线的相对位置关系进行初步定位。轨道板中部的预留孔套上支承梁上预留的插筋，在轨道板端部，H型钢两侧的加工面与支承梁上支承垫板结合；H型钢中部锚筋板上的锚筋，对应插入支承梁上的预留孔。安装的状态如图7-22所示。安装状态下轨道板端部只有H型钢与支承垫板的结合部位受力，中部利用千斤顶作为临时支承，这

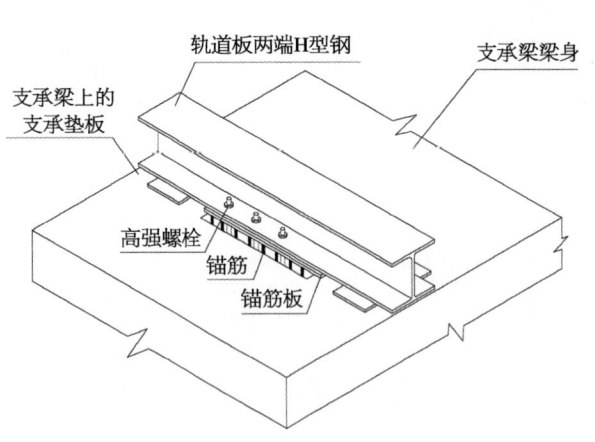

图7-22 轨道板端部安装状态示意图

种支承方式保证了线路的横坡角。

轨道板之间相互关系的调节主要利用三向可调千斤顶来实现，x、y向的相互关系通过如图7-23所示的工装确定。

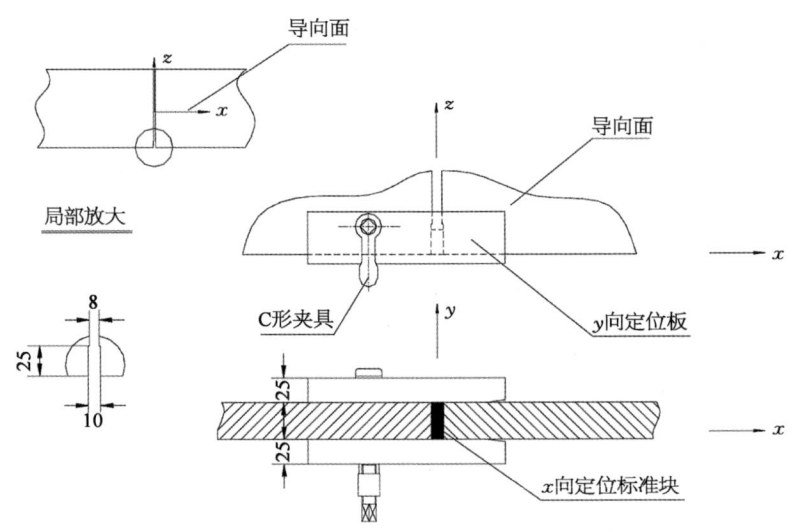

图7-23 轨道板 x、y 向相互关系测量工装

x向为一定位标准块，通过在轨道板端部的导向板上加工一个凹槽（一块轨道板上共4个），保证轨道板拼装时板端x向标准块的位置。为满足不同的曲线半径下标准块的位置要求，导向板上凹槽的型式都有所不同。在调节时，导向板凹槽位置装上该定位标准

件,x 方向的相互位置以此来确定。

y 向的测量控制工装为两块定位板,调节前,将两个定位板放在导向板的两侧,并通过 C 形夹具夹紧,以此达到确定导向板 y 向关系的目的,千斤顶的调节以此工装来控制。

轨道板之间 z 向的关系可利用类似 y 向定位板的工装来确定,调节通过千斤顶架在板端来进行,由于调节的量较小,所以对于横坡角 α 没有影响。轨道板中部可通过千斤顶来消除由于自重产生的挠度变形。

通过上述测量工装和三向可调千斤顶的配合使用,保证梁跨内部的线形。最后在轨道板中部及端部同时进行灌浆,为保证灌浆过程对轨道板的位置不产生影响,可利用点焊临时固定。在灌浆完成之后,可将支承垫板与 H 型钢焊接固定。

(3) 轨道梁精调。在后浇完成支承梁与轨道板的固结后,轨道梁需通过支座来进行精调,精调的方式与上海磁浮线的方式相同。

扣件型式连接结构的安装流程方案如图 7-24 所示。与后浇固化的连接机构型式相比,轨道板端部的固定通过扣件来实现。安装时,在完成轨道板端部相互关系的调整后,先安装端部的扣件,最后再通过中部灌浆固定完成安装工作。

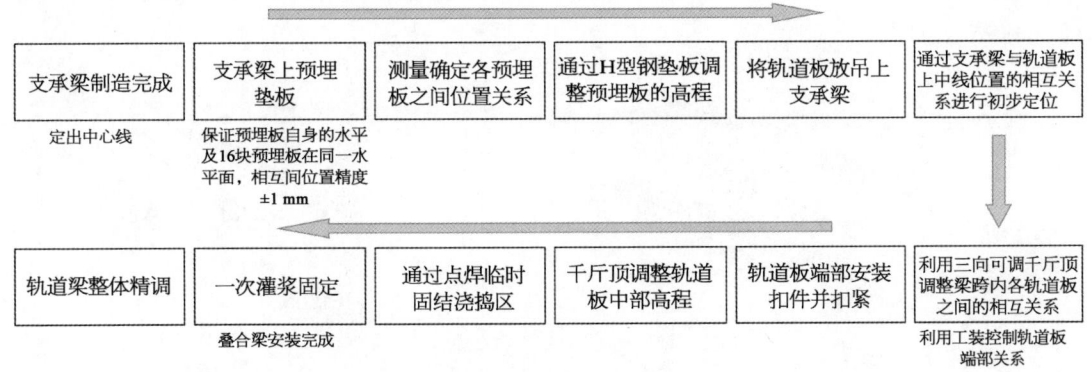

图 7-24 扣件连接机构型式方案流程图

7.3.2.3 叠合式轨道梁测量基准的设置

为了满足安装的需要,与复合式轨道梁相同,在叠合式轨道梁和盖梁上也需要刻画标志线。相比较于复合式轨道梁有所不同的是,还需要额外增加标志线,以建立轨道板与支承梁之间的连接关系。

支承梁吊装前在梁上须刻画出如图 7-25 所示的 10 条线:

(1) 在支承梁两端精确标定梁的铅垂线(2 根)。

(2) 在支承梁端两侧面下部精确标定梁端两支座中心的连线(4 根)。

(3) 在支承梁两端面下部精确标定相邻梁两支座中心的连线(4 根)。

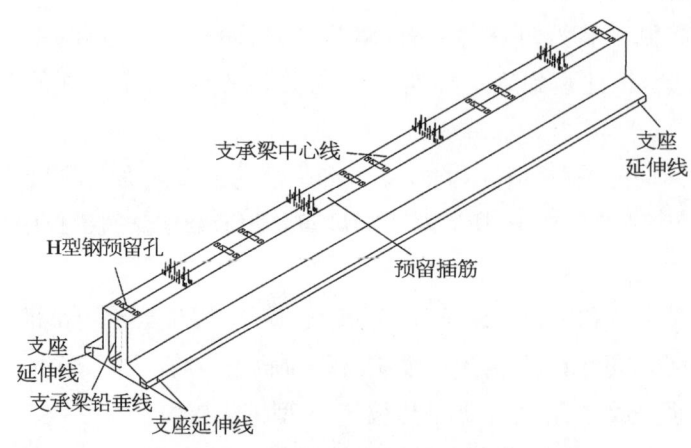

图 7-25 支承梁初步定位刻画线示意图

吊装时,复合式轨道梁的铅垂线用于确定梁吊装时的姿态,保证梁的重心在铅垂线上,以减少梁自身的变形。另外 8 根刻画线用于梁的定位。

在轨道板制造时,需要在轨道板上刻画初定位标志线。初步定位时,利用轨道板刻画线的方法实现与支承梁之间的定位连接,图 7-26 为直梁段轨道板与曲梁段轨道板的定位刻画线示意图。

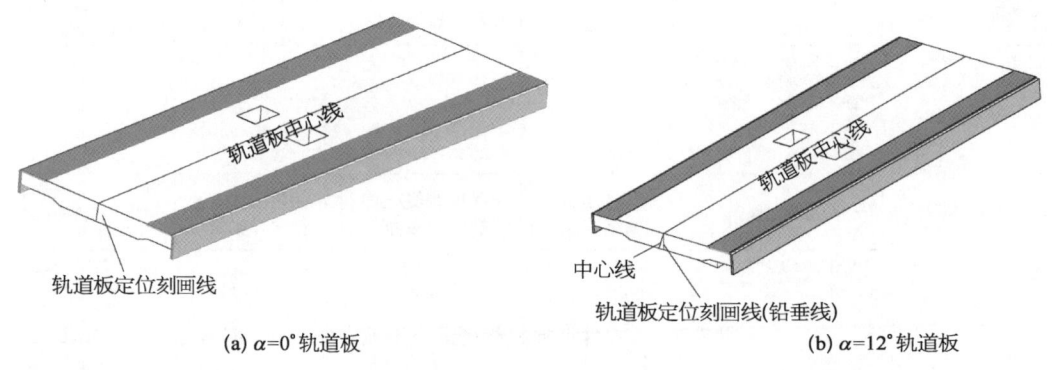

(a) $\alpha=0°$ 轨道板　　　　　　　　　　(b) $\alpha=12°$ 轨道板

图 7-26 轨道板定位刻画线示意图

轨道梁初步定位是通过将盖梁和支承梁的精确刻画线对齐实现的,因此在盖梁施工时,需预埋 12 块不锈钢板(图 7-27),以便在盖梁上进行测量基准线的刻画。

为确保支座的放样精度,在盖梁施工完成后,必须对精密平面、高程控制点进行复测工作。

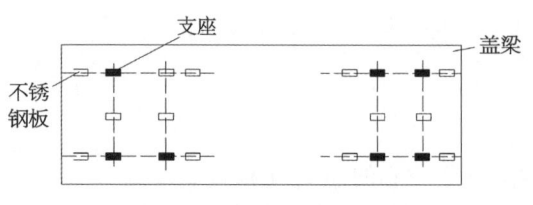

图 7-27 盖梁预埋板示意图

支座放样与盖梁相同,如图 7-28 所

示。在支座放样完成后,根据支座的位置,将其连线延长,即可在预埋的钢板上进行测量标志线的刻画。

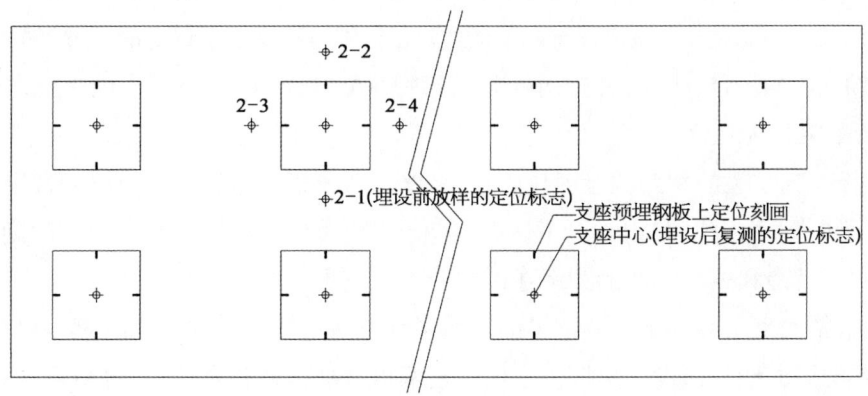

图 7‑28 支座定位测量示意图

7.3.2.4 支承梁的吊装和定位

支承梁吊装到线后,只需进行支承梁的初步定位,最后的精密定位工作在轨道板安装工序完成后实现。

在将支承梁吊起到适当位置时,架设全站仪,对支承梁侧面的铅垂刻画线进行监测,使铅垂线与仪器的十字丝严格重合,以保证支承梁重心线与铅垂线重合,使吊装时支承梁保持正确的姿态,以防吊装时支承梁产生形变和扭曲。

依据支承梁线下预制后刻画的测量标志线,移动支承梁接近其安装位置时,根据盖梁支座轴线及轴线垂直方向上的刻画线与支承梁上刻画线的相互关系,将支承梁放置到设计位置。

支承梁初步定位完成后,需在支承梁上预埋 16 块 180 mm×180 mm 钢板,如图 7‑29 所示。16 块板与轨道板上的 H 型钢的加工面结合作为临时支承,以此保证横坡角。

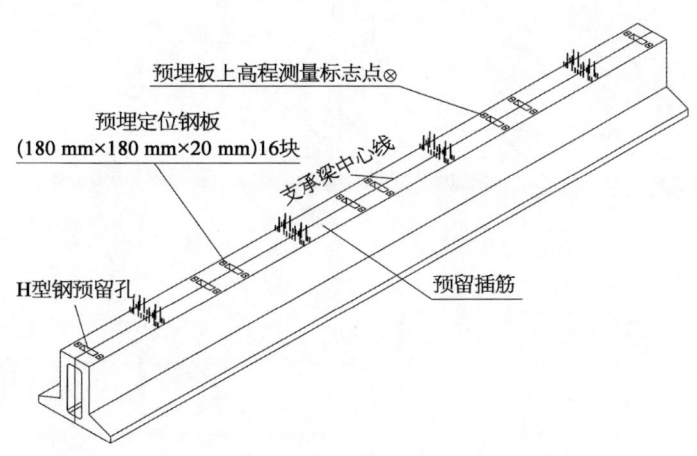

图 7‑29 支承梁定位标志板示意图

7.3.2.5 轨道板吊装和定位

1) 轨道板吊装和初步定位

首先采用刻画在轨道板上的测量标志线,根据与支承梁上刻画线的相互关系,将轨道板中心线与支承梁中心线对齐。轨道板 z 向及横坡角定位则是利用支承梁上的预埋平面板进行定位。四块轨道板初步定位后,利用三向可调千斤顶来调整轨道板 x、y 及 z 向相互关系。

2) 轨道梁精确定位

轨道板与支承梁的相互位置固化后,支承梁与轨道板一起进行轨道梁精密定位测量。

轨道梁的精密定位,是以功能面为基础进行操作的,即确保功能面的准确到位(设计的空间绝对位置)和相互之间的关系在误差允许的范围之内。

轨道梁精调采用基准梁和调整梁(靠梁)两种方法进行。即在精调时隔一根梁调一根基准梁,基准梁的调整以设计坐标来定位。当两根基准梁调整到位后,再用梁端相互关系控制来调整两根基准梁之间的中间梁。

轨道梁上设有精调平面控制点(强制对中点)和精调高程控制点。基准梁的调整是利用制梁车间在每块轨道板导向面端侧底部加工的定位销孔(图 7-30)。根据设计给定的

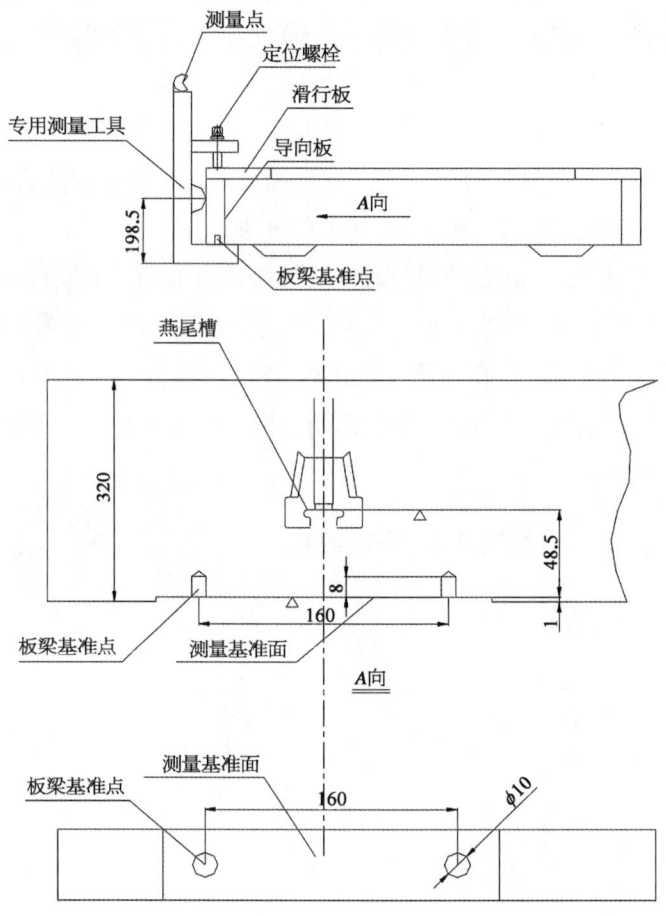

图 7-30 精调测量定位销孔示意图(基准孔钻孔精度 0.1 mm,钻镗孔精度 0.04 mm)

定位销孔设计坐标，换算出引出件棱镜几何中心坐标，对引出件棱镜坐标 P 点进行控制，方法与复合式轨道梁相同。图 7-31 所示为上海磁浮线利用定位销孔引出件进行轨道梁精调示意图，其方法为在测站点 C 上设置全站仪，以前方一个已知点、后方 1~2 个已知点分别定向标定和检测功能件测点引出件 P 点。

在轨道梁的调整时，固定支座处的测量点要控制 x、y、z；单向滑动支座处的测量点只控制 y、z；双向滑动处的测量点仅控制标高 z。

图 7-31　基准梁精调示意图

调整梁根据精确定位好的基准梁进行相对关系的调整，从而实现全线轨道梁精调工作。

第 8 章

下部结构

在常导高速磁浮轨道结构系统中，下部结构一般包括支座、墩柱和基础。特殊地段需要以大跨度桥梁跨越或隧道穿越时，作为支承结构的桥梁或者隧道需满足轨道结构技术条件中关于下部结构的变形控制要求，一般以列车通过范围内轨道功能面的变形和转角进行控制，并确保列车以一定速度通过时不产生过大的振动。由于常导高速磁浮目前尚无大跨度桥梁和长大隧道穿越的工程实践，故本章暂以高架标准跨度轨道结构为对象，介绍常导高速磁浮轨道结构中的下部结构。

8.1 无级可调支座

支座负责将列车荷载传递到下部结构。上海磁浮线采用了三向无级可调支座，在由于地基沉降等因素造成轨道偏差时，能够利用可调支座对轨道线形进行调整。

由于常导高速磁浮系统对线路的精度要求非常高，不仅要求轨道梁结构能够精确地安装定位，而且对下部结构沉降等引起的轨道梁移位或错位也须严格控制。对于像上海地区这样的软土地质条件，线路下部结构在长期运营过程中的沉降是不可避免的。沉降尤其是两相邻支墩之间的不均匀沉降，往往造成轨道结构的错位和折角，影响列车的运行平稳性。因此，在上海磁浮线的设计时，提出了通过可调节的轨道梁支座来方便快捷地消除沉降引起轨道变形，同时也满足轨道梁在施工安装时精确定位的需要。这就要求磁浮轨道支座除了满足本身的压缩变形控制等要求外，还应在水平和竖直方向灵活可调。

在上海磁浮线建设过程中，德方推荐了在TVE试验线上使用的支座。由于德国地基条件与上海有很大差别，德方支座的设计并没有考虑软土地基条件的特殊情况，因而不具备解决软土地基下轨道梁因下部结构沉降所引起大变位的功能。此外，德方支座在安装等操作上也存在不方便的地方。由于磁浮系统对线路的高精度要求，一般公路或铁路桥梁结构上常用的支座不能满足磁浮轨道梁支座的技术要求。因此，技术人员专门为上海磁浮线开发了支座系统。

上海磁浮线的支座主要有固定、单向活动和双向活动三种类型。上海磁浮线的高架轨道梁大多采用简支-连续梁和简支梁结构形式，由两端的支座支承在下部结构上。除了固定支座和活动支座外，还需一种先固定后活动的支座，因此上海磁浮线主要采用的支座形式有三种。各型支座结构除了主要传递上部结构荷载（包括恒载和活载等）引起的竖向和水平力外，应保证轨道结构在各种荷载和环境因素作用下非约束方向能自由变位（包括线位移和角位移），同时将压缩变形控制在线路精度允许的要求之内（图8-1、图8-2）。

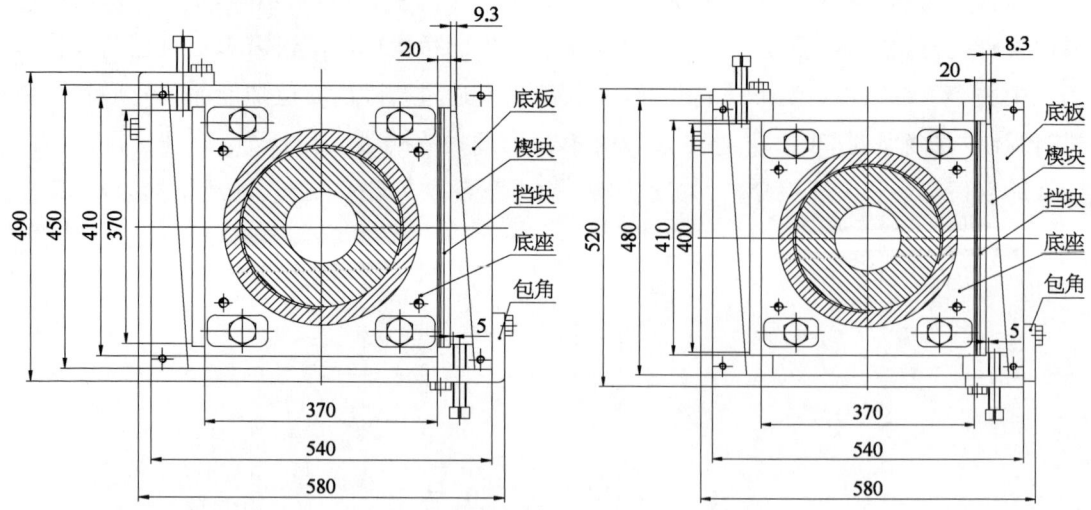

图 8-1 上海磁浮线 D-04 单向活动支座平面图　　图 8-2 上海磁浮线 G-04 固定支座平面图

在开发适合于磁浮轨道梁的双向无级可调专用支座的过程中,上海磁浮线技术人员着重研究了以下几个方面的问题:

(1) 符合要求的活动支座的平面摩擦副以及转角摩擦副。

(2) 支座高度和横向位置的无级调节方法。

(3) 固定支座必要时可方便地转换为滑动支座;单向滑动支座可转换为双向滑动支座。

(4) 支座的安装方法。

(5) 支座的防腐技术。

8.1.1　磁浮轨道梁专用支座的技术要求

根据磁浮系统对线路轨道的要求及轨道结构的受力特性的分析,上海磁浮线轨道梁专用支座主要技术指标如下。

1) 支座设计寿命

支座主体:40 年。

支座主体抗腐蚀涂层:不少于 20 年。

2) 环境条件

提供的所有支座应能满足以下环境条件:温度 $-20\sim60℃$;相对湿度 95%。

3) 支座的设计承载能力和活动量

各型支座的设计承载力及活动量要求见表 8-1。

4) 单个支座的尺寸误差及相邻的端部的间隙

x 向及 y 向的误差:0.05 mm。

z 向定位误差：0.5 mm。

5) 支座的调节和更换

对于所有支座，其竖向（z 轴）的最大调节量为向上 20 mm，向下 10 mm。对于固定和单向活动这两类支座，其横桥向（y 轴）的调整范围为 ±20 mm。

必要时支座主体应可更换。更换时轨道梁最大起顶高度限制为 5 mm，一个支座的更换时间最多为半小时。

表 8-1 上海磁浮线支座的主要技术指标

规格型号	分类	设计竖向承载力/kN	设计水平承载力/kN		活动量/mm		转角（±tan）
			H_x	H_y	V_x	V_y	
G-03A	固定支座	2 500	450	800			0.05
G-04A		2 500	450	800			0.05
D-01	单向活动	1 500		350	±20		0.05
D-04		2 500		350	±20		0.05
S-01A	双向活动	1 500			±20	±20	0.05
S-03		2 500			±20	±20	0.05
S-04		2 500			±20	±20	0.05
DG-03	预留单向活动变固定功能	2 500	(450)	(820)	(—)		0.05
DG-04		2 500	(450)	(820)	(—)		0.05
G-05	固定支座	5 500	2 000	1 200			0.05
D-05(x)	单向活动	5 500		1 200	±65		0.05
D-05(y)	单向活动	5 500	2 000			±35	0.05
S-05	双向活动	5 500			±65	±35	0.05

8.1.2 支座的摩擦副

1) 平面摩擦副

单向或双向活动支座的性能由平面摩擦副来保证，而平面摩擦副的性能关键取决于摩擦材料的摩擦系数、弹性模量和磨耗率等指标。支座的摩擦材料要求抗压强度高、摩擦系数小、弹性模量大、磨耗率低。传统的聚四氟乙烯（PTFE）板抗压强度不够高而弹性模量相对较低，无法满足要求；固体润滑材料则由于摩擦系数大，也不能用于磁浮轨道梁的支座。

上海磁浮线工程为达到上述要求，通过改变 PTFE 和 Pb 在混合物中的比例，并添加其他材料，在 SF-1 材料基础上研制成功了 SF-5 三层复合自润滑材料作为轨道梁支座采用的平面摩擦副材料（图 8-3）。SF-5 多层复合耐磨材料是以特殊配方的高密度铜合金为基体,中间烧结多孔青铜层,表面轧制 PTFE 和 Pb 的混合物,这种摩擦材料在与对磨件的摩擦运动过程中,会形成很好的转移膜,具有很好的自润滑作用,亦能够保护摩擦面。此外,铜合金基体还具有良好的抗腐蚀能力、较高的弹性模量和承载能力。

图 8-3 采用 SF-5 的平面摩擦副

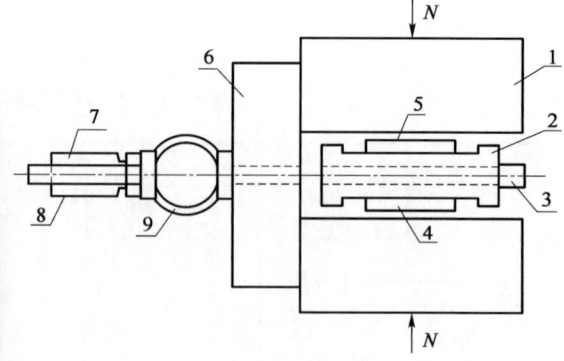

1—混凝土块;2—空心钢块;3—锚头;4—不锈钢板;
5—聚四氟乙烯板;6—钢横梁;7—千斤顶;
8—钢绞线;9—测力环

图 8-4 平面摩擦试验示意图

平面摩擦试验装置如图 8-4 所示。由一个 1 500 kN 的压力机施加垂直荷载,使试件达到相应的正应力,然后由水平千斤顶施加水平荷载,直至试件发生平面滑动,此时记录下水平滑动初始荷载和滑动后的动摩擦。由水平荷载与垂直荷载之比,求得相应的摩擦系数。

根据摩擦和磨损试验分析,采用 SF-5 三层复合自润滑材料的平面摩擦副的主要技术性能指标如下:

永久压缩变形量:$D < 0.04$ mm(280 MPa 压应力)。

容许承压应力:$[\sigma] = 40$ MPa。

摩擦系数:$\mu = 0.05 \sim 0.10$。

滑动磨耗率:$A \leqslant 0.020$ mm/km。

摩擦升温:小于 10℃。

2) 转角摩擦副

磁浮轨道梁支座的转角摩擦副必须保证下列三种情况下梁端能自由转动并可以方便调节:

(1) 轨道梁受荷载及环境因素等的作用产生的转角。

(2) 由施工制作和安装误差导致的支座上下接触面偏转。

(3) 在线路纵坡路段和梁缝两端,因轨道梁胀缩导致的线形变化。

轨道梁支座所能调节的转角,应大于上述三者的总和。公路桥梁中经常采用的盆式橡胶支座和球铰支座由于能调节的转角小和承载能力低,均不适用于磁浮轨道梁支座。

转动支座采用球冠转角摩擦副。摩擦材料的性能是转角摩擦副设计的关键。球冠转角摩擦副采用了 PTFE 织物作为摩擦材料(图 8-5),该材料在飞机起落架的球面结合副上用作自润滑减摩材料,其抗压强度和弹性模量均符合磁浮轨道梁支座的要求。PTFE 织物是一种复合材料,以 PTFE 纤维与芳纶、碳纤维等其他织物纺织而成。将织物粘贴在需要摩擦的面上,

图 8-5 采用 PTFE 织物的球冠转角摩擦副

经过烧结工艺处理,可以达到很高的黏结强度。PTFE 织物很薄,可以适应任何形状的摩擦表面。其摩擦系数低,且随着压力的增大而减小。PTFE 织物的对磨件一般采用不锈钢或表面镀铬的钢材,与上述材料组成的摩擦副具有自润滑功能,在整个使用过程中无须添加任何润滑剂,可免维护。

通过摩擦和磨损试验,采用 PTFE 织物的球冠转角摩擦副的主要技术性能指标如下:

永久压缩变形量:$D<0.06$ mm(148 MPa 压应力)。

容许承压应力:$[\sigma]=150$ MPa。

摩擦系数:$\mu \leqslant 0.05$。

滑动磨耗率:$A \leqslant 0.028$ mm/km。

摩擦升温:小于 85℃。

8.1.3 支座力学性能试验

为了验证新开发的磁浮轨道梁无级可调专用支座的力学性能,在支座上逐级施加垂直方向的负荷,用百分表测量支座 4 个角的变形量(图 8-6)。对三种类型无级可调支座(型号分别为 SRIM-14-S01-1383、SRIM-14-G03-0315 和 SRIM-14-D-05X)进行测试。

参考《球型支座技术条件》(GB/T 17955—2000),试验结果表明三种支座的力学性能均满足磁浮轨道梁的技术要求

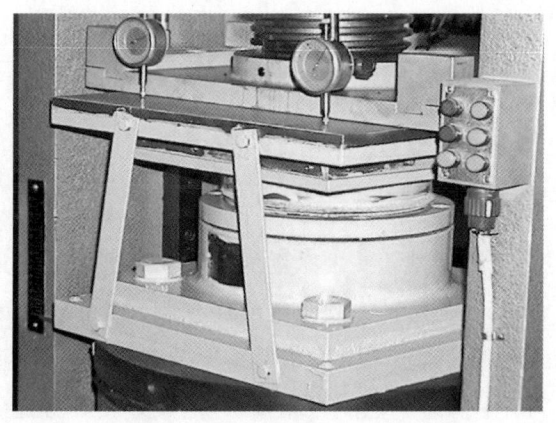

图 8-6 支座力学性能试验装置

(表 8-2～表 8-4)。

表 8-2 SRIM-14-S01-1383 支座的试验结果

负荷/kN	变形量/mm	相对变形量/%
100	0.093	0.033
500	0.235	0.084
750	0.295	0.105
1 000	0.343	0.122
1 250	0.383	0.137
1 500	0.410	0.146

表 8-3 SRIM-14-G03-0315 支座的试验结果

负荷/kN	变形量/mm	相对变形量/%
500	0.128	0.046
1 000	0.239	0.085
1 500	0.325	0.116
2 000	0.406	0.145
2 500	0.488	0.174

表 8-4 SRIM-14-D-05X 支座的试验结果

负荷/t	油压表示值/MPa	支座高度变形量/mm
50	1	0.128
200	5	0.239
400	10	0.325
550	13	0.406

8.1.4 支座的调节和安装

1) 支座高度的调节和锁定

德国试验线上采用的可调支座通过改变或加减支座下钢垫板的厚度的方法来调节支座高度。这种方式只能实现支座高度的步进调节，而且调节工艺较为复杂费时。在上海磁浮线上，技术人员借鉴桥梁拉索锚具的经验，采用梯形螺柱副研制了支座高度的无级调节，不仅力学性能可靠，而且操作方便。考虑到土建施工的精度，支座向上可调高 20 mm，向下可调节 10 mm，兼顾运营过程中沉降和施工中支座垫石高程正偏差的补偿。

为了避免螺柱副在动力荷载作用下发生松动,还专门为可调支座设计了锁定机构,采用锁紧螺钉将旋套在螺柱的锁紧螺母与螺柱底座压紧,确保支座的调高装置不会受车辆等的冲击振动等动力作用影响而松动。

2) 支座横向位置的调节和锁定

德方试验线支座通过摩擦型高强螺栓传递水平力,螺栓的配套螺母装在预埋钢板内,更换螺栓时无法取出。采取这种方法传递支座的水平力,由于螺栓的扭矩系数难以测定,支座实际的水平抗力存在不确定性,仅依靠摩擦力来传递水平力,支座的可靠性很难保证。为此,上海磁浮线轨道梁支座采用了"肩坎+楔块"的方法传递水平力,并实现支座横向位置的调节。肩坎是指上下预埋板四周的凸台,用于传递支座的水平力。利用楔入在支座和肩坎间的楔块,调节和固定支座的横向位置。这种支座构造传力明确,安全可靠。支座横向位置调整后,用若干厚薄不等的矩形块,楔入支座与肩坎之间完成支座的固定。

上海磁浮线支座的构造简单、传力可靠、便于调节和固定,其性能在上海磁浮线建设和多年运维实践中得到了证明。

3) 支座的安装

德方试验线支座的安装采取在支座底板和支座顶板上各焊锚筋,墩顶和梁底的相应位置留出槽口,支座就位并校正轨道梁位置后,在现场现浇混凝土的施工工艺。这种安装方法不仅在建设过程中费工费时,而且给运维过程中更换支座带来困难。

上海磁浮线采用在梁底和支承垫石顶面预埋支座安装钢板的方法,梁底和垫石上的预埋钢板分别在制梁和墩柱盖梁施工时一次性浇筑就位。由于无级可调支座具有容许转角大、高度可按需调节的优越性,现场安装和调节操作方便,上海磁浮线全部 2 551 根轨道梁,仅耗时 8 个月时间就安装完成。

8.1.5 支座的防腐

上海磁浮线的轨道梁支座为全金属结构,支座防腐措施对延长使用寿命、节省资金、保证安全具有重要意义。

为使支座抗腐寿命大于 20 年,支座本体的防腐采用锌加底漆+面漆的涂装体系。锌加底漆具有镀锌件的阴极保护功能,同时也具有屏蔽功能。该体系采用的轨道梁支座防腐工艺为涂锌加底漆 60 μm+高氯化聚乙烯中间漆 80 μm+高氯化聚乙烯面漆 80 μm,漆膜总厚度为 220 μm。根据理论分析,上海磁浮线支座采用的措施可满足 25 年以上的防腐要求。

8.1.6 支座与轨道梁的精调

如前所述,上海磁浮线开发的支座解决了磁浮线路结构软土地基不均匀沉降的难题,同时也解决了精度要求极高的轨道梁安装时的精调问题。

1) 精确调整的步骤

(1) 液压装置定位。液压调整装置搁置在轨道梁两侧，首先在装置下面垫调整钢板，调整钢板与盖梁间的预埋钢板平齐，调整装置底板受力均匀。同时，根据初步测量结果确定轨道梁调整方向，将调整装置调整到最大调整范围。

(2) 轨道梁初调。液压调整装置定位完成后，利用 z 向液压油缸将轨道梁稍稍顶离临时支座，撤去临时支座，将永久支座对线定位到设计位置。然后，根据测量数据操作液压油缸调整轨道梁，使轨道梁在高程、平面内移动到指定位置。若 x、y 向的调整距离超过了调整装置的设计调整范围，则采用步进式调整，将轨道梁落架到永久支座上，调整装置再定位顶起轨道梁再次移动直至初定位结束。

(3) 轨道梁精调。轨道梁初调结束后，轨道梁已接近理论位置。根据测量数据操作调整装置的 z 向液压油缸，调整轨道梁的 z 向坐标至设计坐标，调整永久支座紧贴轨道梁底，将轨道梁落架。继续测量 x、y 向数据，据此操作调整装置的 x、y 向液压油缸，调整轨道梁的 x、y 向坐标，将轨道梁落架，再作测量和调整。直至将轨道梁精确定位到设计坐标。

2) 液压调整装置

液压调整装置采用了三维组合千斤顶，每根轨道梁四个支座位置各一组。三维组合千斤顶由特制底座盒组合而成，底座分三层，层间装垫滑板。竖向顶座于顶层盒内，横向顶和纵向顶端部加工螺纹，装在下层盒体侧板（同样螺纹）上。千斤顶组安装在梁的支座附近，对称布置（图 8-7）。

利用竖向顶支撑梁正压力下底层座板与盖梁顶面的摩擦力，传力到底座盒侧板，作为横纵向千斤顶的后靠背。横纵向千斤顶顶推上层或中层底座盒，带动竖向顶和梁体移动。

图 8-7 三维组合液压调整装置

磁浮轨道梁专用支座作为一种磁浮轨道的专用设备，在磁浮交通工程中需求数量大、技术要求高，同时支座性能直接影响到磁浮线路的施工精度、难度和周期。上海磁浮线通过技术攻关，成功开发了具有双向可调、低压缩、高精度、低成本、免维护的可调支座，达到了磁浮轨道系统的各项技术指标要求。上海磁浮线全线 2 551 根轨道梁所需的 10 212 个支座全部国产，且其价格仅为国外同类产品的 1/5，在解决软土地基上建设磁浮线路的技术难题的同时，大幅度地降低了建设成本，其性能在 20 余年的运维实践中得到了充分验证。

8.2 墩柱和基础

8.2.1 墩柱

对于高架结构,轨道梁架设在支承于基础承台上的墩柱上。作用在轨道上的荷载通过支座传递到盖梁,并通过墩柱传递到地基。墩柱的形式多种多样,上海磁浮线主要采用了双柱墩和独柱墩两种形式,在小角度跨越道路时,还采用了门式墩(图 8-8、图 8-9)。

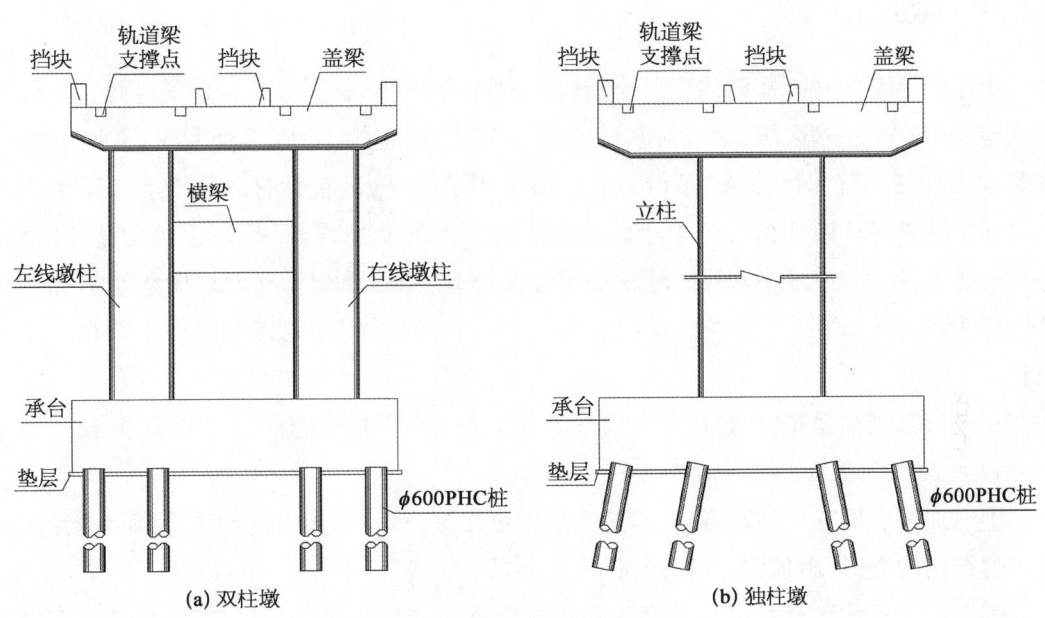

图 8-8 双柱墩和独柱墩

根据线路结构总体布置,在龙阳路车站和维修基地出入库线部分轨道梁跨径采用 12.384 m,其余路段主要采用 24.768 m,下部结构一般双线均采用标准双柱式桥墩。

在康桥路、申江立交桥、迎宾立交桥、围场河等位置,受地面构造物限制采用了独柱墩,车辆维修基地出入线为单线,也采用独柱墩。

线路斜交跨越地面道路时,为了避免设置特大跨径轨道梁结构,下部结构采用门式墩骑跨地面道路,门式墩跨径及净空须满足地面道路净空要求。

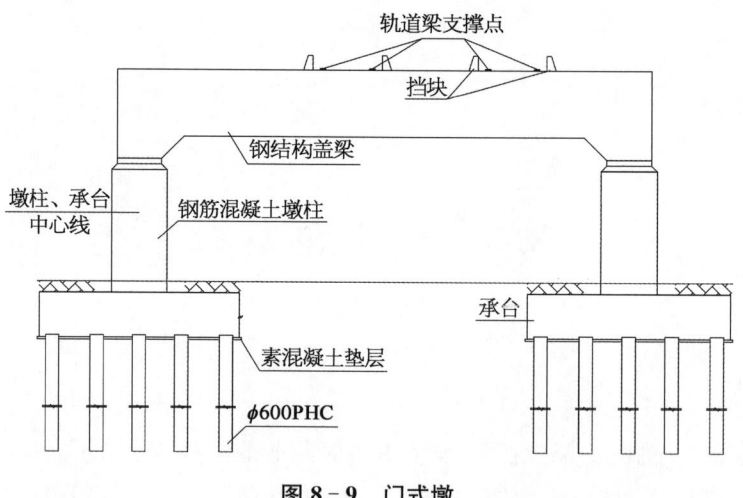

图 8-9 门式墩

8.2.2 基础

由于磁浮系统对下部结构变形要求较高,通常情况下,桩基础是合适的选择。上海磁浮线建设于软土地基区域,通过对基础的适用条件、实施技术、施工便利性、所产生的沉降量和不均匀沉降等诸方面综合比选,全线采用了桩基础,包括打入式钢筋混凝土预制桩、PHC桩和钻孔灌注桩等。由于斜桩抵抗水平力的能力强,可提高群桩的整体刚度,在软弱地层中有较大的作用,而且其抗震性能也好,当磁浮列车在通过曲线等情况下会产生很大的水平荷载,为了控制横向变形,上海磁浮线采用了直桩与斜桩相结合的基础设计。

在进行基桩平面布置时,以充分发挥桩基承载力及群桩抗弯能力为基本原则。

1) 持力层的选择

上海地区表层软土层厚度较大,持力层埋藏很深,只有采用桩基础才能满足磁浮系统对下部结构的变形(墩顶变形、基础沉降)之要求。

根据上海市内已建高架桥桩基沉降情况调查统计分析研究,桩基持力层选择有以下特点:

(1) 桩基持力层的土层选择是影响基础工后沉降的关键因素。

(2) 以⑦$_2$黄~灰色粉砂层作为桩基持力层,能明显减少桩基的沉降量,且沉降稳定时间短。

(3) 如⑦$_2$黄~灰色粉砂层缺失,则应选择⑨层灰色细砂层作为桩基持力层。

根据高速磁浮工程对下部结构的变形要求及下部结构线路纵横向受力状况,根据地质钻探资料情况,上海磁浮线桩基持力层主要分为以下四类:

Ⅰ类:见⑦$_2$黄~灰色粉砂层,而且⑦$_2$层厚,桩基落在该层上。

Ⅱ类：缺失⑦$_2$黄～灰色粉砂层，桩基落在⑨层灰色细砂层上。

Ⅲ类：见⑦$_2$黄～灰色粉砂层，但⑦$_2$层薄，而且有⑧层，桩基须穿透⑦$_2$及⑧层落在⑨层灰色细砂层上。

Ⅳ类：见⑦$_2$黄～灰色粉砂层，而且⑦$_2$层有一定厚度，下有⑧层。若桩基落在⑦$_2$层上，须计算下卧⑧层对沉降的影响。

2) 基桩布置

上海磁浮线主要采用可快速施工、标准化制作的预制钢筋混凝土方桩和PHC管桩，局部距离既有构筑物近或打桩桩架无法设置路段采用钻孔灌注桩。

基桩的平面布置除了满足规范等要求的桩间距外，还考虑了基桩如何布置能充分发挥桩基承载力及群桩抗弯能力。为此，布置时尽可能使群桩截面重心与荷载重心重合；同时将桩设置在离承台形心较远处，采用外密内疏的形式，以增大基桩的惯性矩，提高抗弯能力。

磁浮列车除了产生竖向荷载，还会引起较大的水平荷载，导致下部结构横向变形增加。分析表明，斜桩在同样的外荷载作用下横向变形比竖桩小。鉴于陆上打桩设备仰打的控制斜度一般为8°左右，考虑大批量斜桩施工的斜度不宜过大，上海磁浮线斜桩选择1：8的斜度。

对于双跨连续梁结构，中墩为制动墩，纵向和横向水平力都很大，因此中墩基础在纵向和横向都布置斜桩，而对于边墩，则只在横向布置与中墩相当的斜桩。

对于采用钻孔灌注桩的，由于直桩的效果不如斜桩，所以要选择大直径的钻孔桩，桩间距适当拉开，以增大基桩的惯性矩，提高抗弯能力。

典型的基桩布置如图8-10所示。

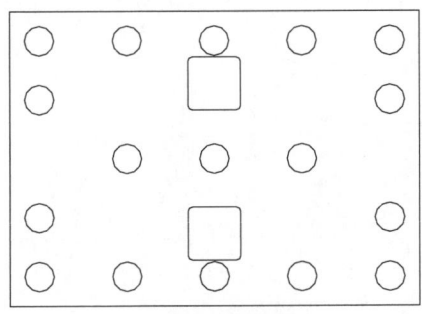
(a) 钻孔桩桩基布置

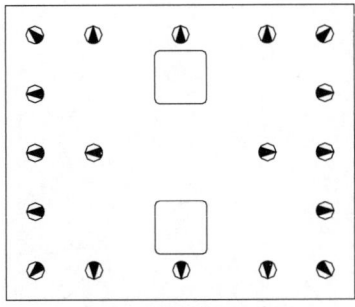
(b) PHC管桩桩基布置

图8-10 基桩布置

3) 桩基础结构性能

根据轨道梁的类型、车辆速度、加速度、墩高、地质条件、平曲、竖曲线半径、纵坡、横坡等因素将下部结构分类，各类型结构性能见表8-5。可见，上海磁浮线下部结构的变形均能满足磁浮系统的要求。

表 8-5 各类型桩基础结构性能　　　　　　　　单位：mm

指标	梁型									
	简支梁（独柱墩）		简支变连续梁（独柱墩）		简支变连续梁（双柱墩）		双跨连续梁（双柱墩）		简支变连续梁（门式墩）	
	设计值	允许值	设计值	允许值	设计值	允许值	设计值	允许值	设计值	允许值
x 向正常变形	2.7	10.0	8.2	10.0	8.9	10.0	7.1	10.0	7.1	10.0
x 向特殊变形	7.8	20.0	16.3	20.0	13.6	20.0	12.6	20.0	12.6	20.0
y 向塑性变形	0.0	2.1	0.0	4.1	0.0	4.1	0.0	4.1	0.0	4.1
z 向塑性变形	0.0	2.1	0.7	5.5	0.6	5.5	2.4	5.5	1.2	5.5
y 向弹性变形	0.0	7.0	8.2	18.3	14.9	18.3	9.6	16.8	9.6	16.8
z 向弹性变形	0.9	2.1	4.1	5.5	2.9	5.5	2.8	5.5	2.8	5.5

第 9 章

轨道结构运维技术

如前所述，常导高速磁浮系统对轨道结构有着很高的精度要求，如轨道梁的允许跨中挠度一般在 $L/4\,000$ 量级，几何尺寸与公差要求一般在 1 mm 甚至 0.1 mm 量级，远高于其他轮轨交通的要求。磁浮线路轨道的设计使用年限一般在 80～100 年甚至更长，如此长的服役期内，如何保证以线路轨道线形精度为核心的服役性能是必须要考虑的问题。

上海磁浮线多年的运营经验证明，自然的地基沉降保护区内施工、扰动等因素造成的轨道线形变化对磁浮列车运行的平稳性影响很大，会不断地降低旅客乘坐舒适度。长期服役下的磁浮线路轨道线形劣化主要受以下因素影响：

（1）混凝土轨道梁的徐变和预应力钢筋的松弛。目前的磁浮轨道梁多为预应力混凝土简支梁和双跨混凝土连续梁，在持续荷载作用下，混凝土梁的徐变占据其长期变形的主要成分，而且会造成预应力损失，进一步放大梁的竖向变形。尽管采用了轴心受压等设计手段，但是由于混凝土的徐变机理非常复杂，其长期变形仍具有很大不确定性。

（2）列车动力荷载作用。高速磁浮线路通常采用高架形式，下部结构在列车运行的持续动力荷载作用下，会发生可恢复的弹性变形和不可恢复的塑性变形，虽然在设计时采取了控制措施，如上海磁浮线采用了深持力层的桩基础，且布置了大量的斜桩，但是动力荷载的影响仍然不可忽视。

（3）地基沉降。地基自身也会发生沉降，尤其是类似上海磁浮线沿线的软土地基，受土体自身物理力学特性、沿线地下水位变化等因素影响，其沉降量可能非常大，不可避免地会造成结构基础的沉降。相邻支墩和支墩两侧的差异沉降会造成长波不平顺和局部偏差，对列车运行平稳性产生十分不利的影响。

因此，为了保持长期运行条件下线路和轨道结构的服役状态持续满足列车安全和平稳运行的要求，研究轨道运维技术，制定高效系统的维护制度十分必要。本章在多年的运维实践基础上，对轨道高精度检测、轨道服役状态评估、线路线形维护加以简要介绍。

9.1 轨道高精度检测

为了实现对高精度磁浮轨道结构的维护，保证线路平顺性状态，首先需要有高精度的检测手段，以准确、及时地掌握线路的当前状态，为维护提供依据。

9.1.1 动态检测

车载动态检测系统基于惯性基准法原理，利用加速度传感器测量列车电磁铁的振动加速度，通过两次积分建立惯性参考基准，再利用悬浮磁铁上的间隙传感器测量电磁铁与轨道之间的间隙值,从而计算出轨道在惯性坐标系内的坐标(图9-1)。

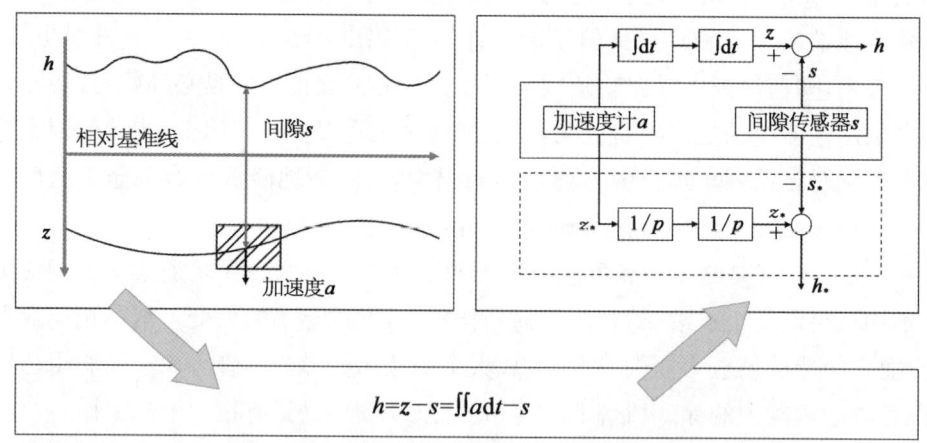

图9-1 轨道长波不平顺测量原理

上海磁浮线车辆上配置了一套德方开发的线形动态检测系统(GMS)。系统基于LabVIEW开发,通过在线采集数据、线下分析,能够将线路偏差通过图形表达出来(图9-2),在上海磁浮线的验收过程中起到了重要作用。

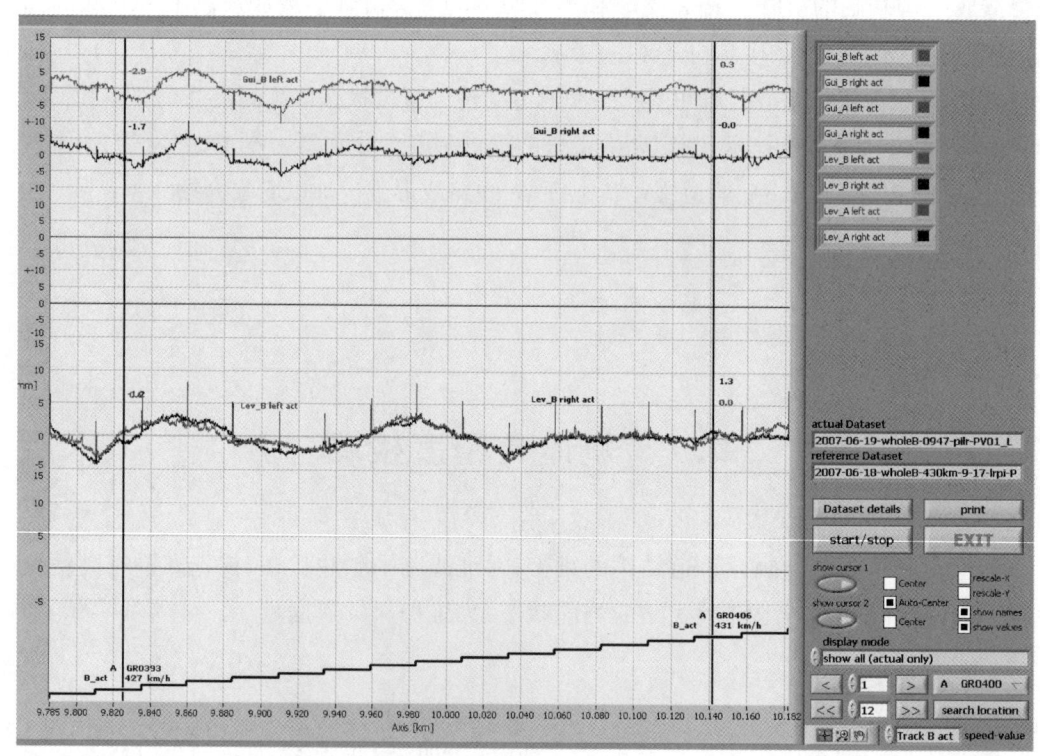

图9-2 悬浮面和导向面长波偏差(GMS)

德方的系统是为了系统验收而并非为运维配置的,该系统分析效率较低,参数设置不方便,此外长波线形偏差结果输出方式仅有图形输出,数据不开放,不便于据此制定线路维护方案。

经过多年研究,基于惯性基准法的基本原理,国家磁浮交通工程技术研究中心线路轨道研究团队先后开发了用于轨道线形快速检测的 LDS 和 TIS 两代线形快速检测系统,实现了数据采集、线形分析和线形调整方案制定功能(图 9-3～图 9-7)。

数据采集系统需要采集多路不同类型的高速信号用于线形监测和评估,包括 14 组数字信号和 4 组模拟信号。其中,数字信号包括 12 组非标准 485 信号(悬浮间隙信号和

(a) 正面　　　　　　　　　　　　　(b) 背面

图 9-3　LDS 系统

图 9-4　LDS(左)与 GMS(右)

图 9-5 LDS 操作

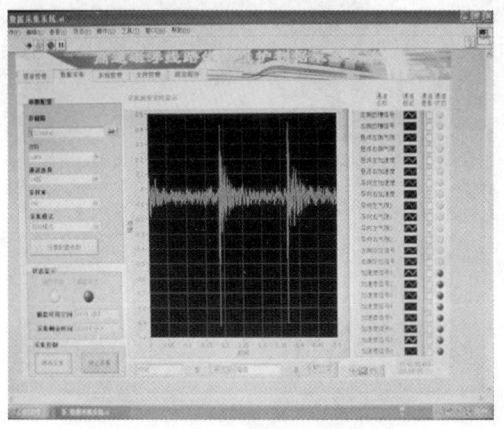

图 9-6 右侧导向加速度(LDS)

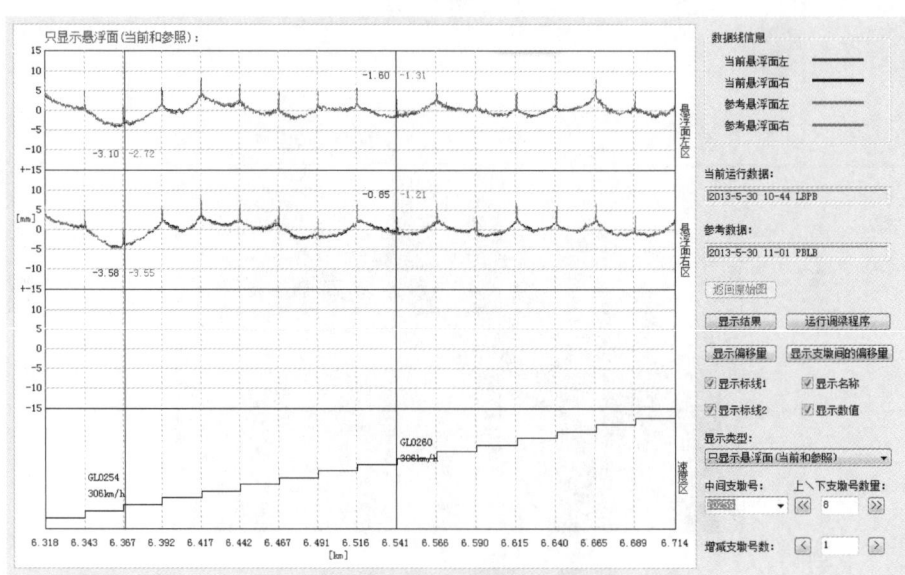

图 9-7 定子面数据

速度信号)、2组485信号(定位标志信号)和4组模拟信号(毫伏级微弱加速度信号)。这些信号首先必须经过可靠的高速隔离后再输入采集系统,以避免对车辆悬浮控制系统造成影响,信号隔离模块保证经隔离后信号的准确性和实时性。

为了解决LDS系统体积和重量大、不便于应用等问题,在LDS基础上进一步研发了便携式快速检测装置——TIS。该系统包括数据采集系统、线形分析与评估和调整方案编制软件(图9-8～图9-11)。

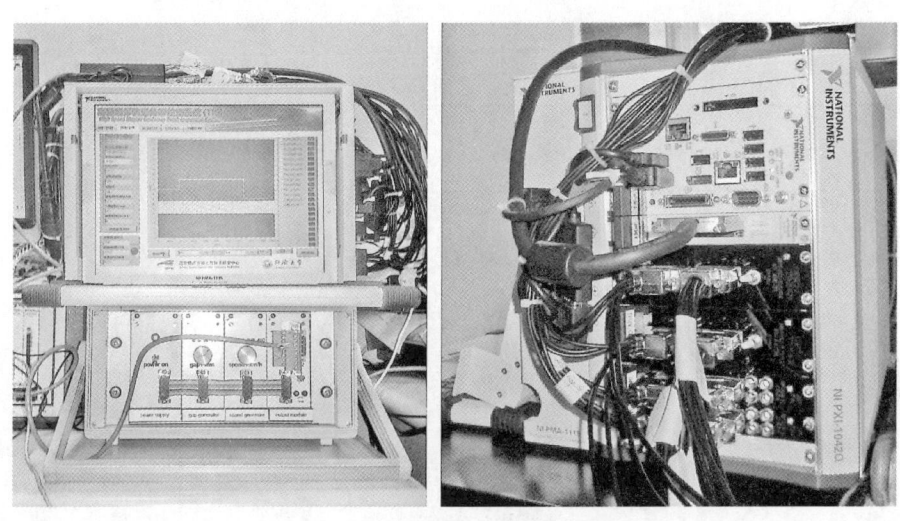

图9-8　便携式轨检仪系统(TIS)

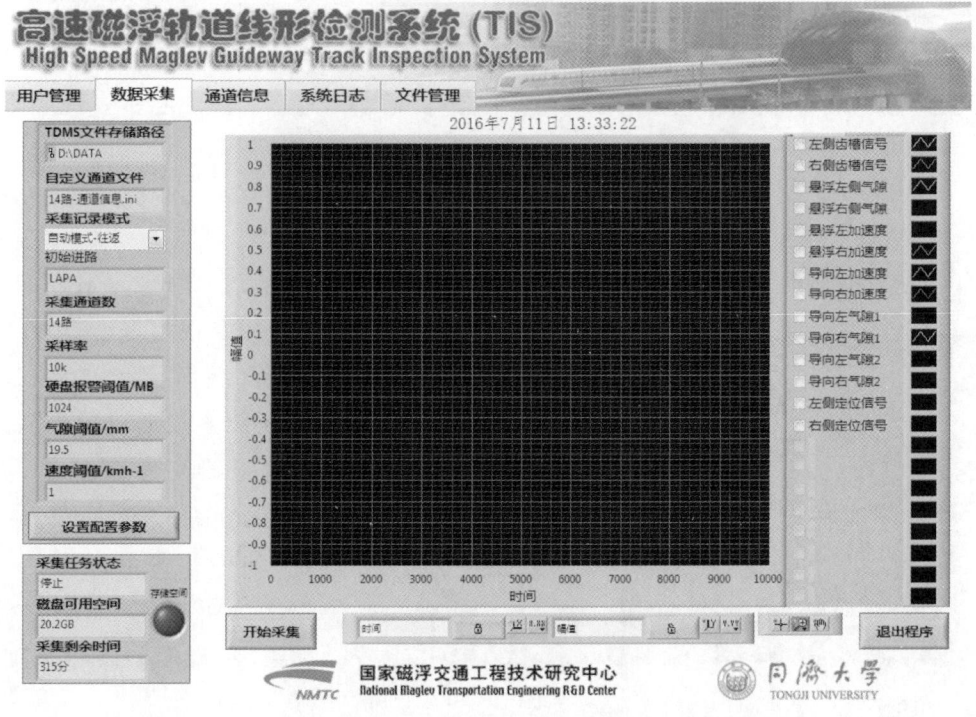

图9-9　TIS数据采集界面

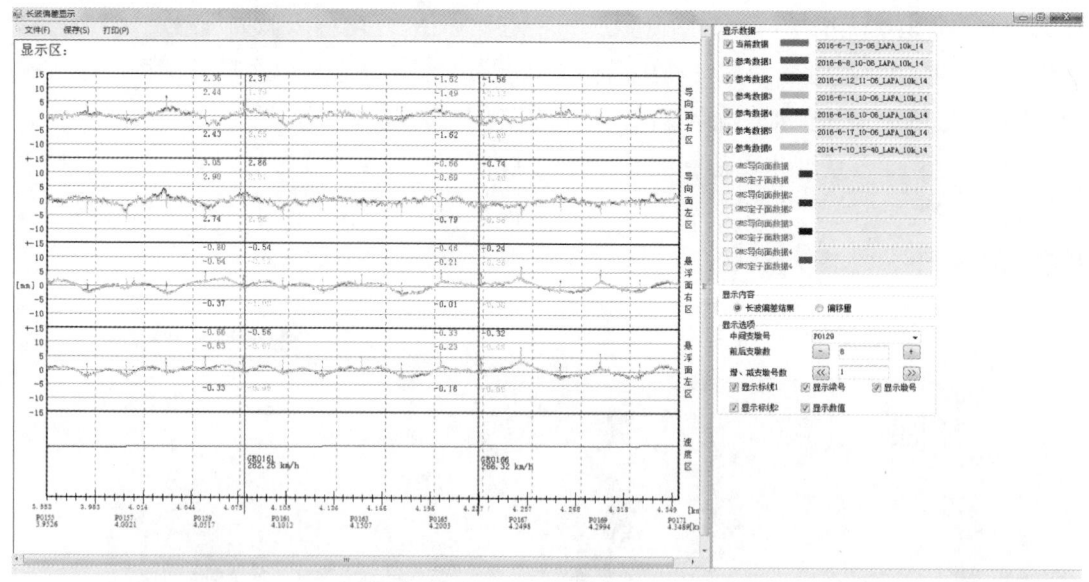

图 9-10　线形检测数据

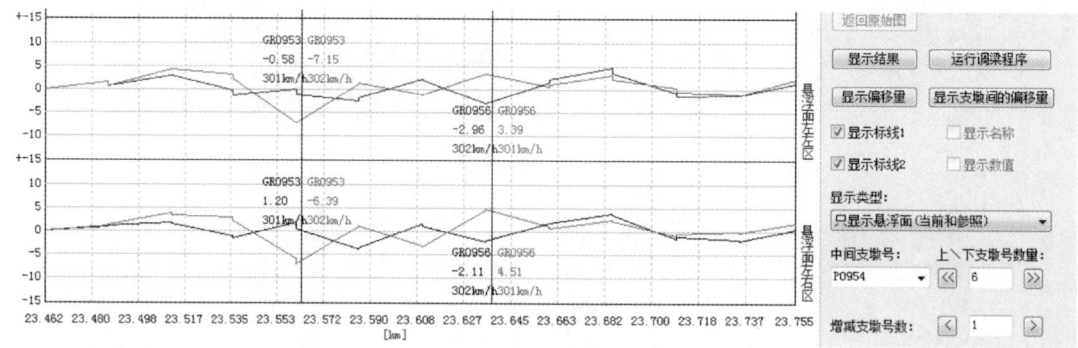

图 9-11　轨道梁调整数据

TIS 系统能够高效地分析长波偏差和局部偏差数据,并能方便、快捷地对多组长波偏差和局部偏差结果进行对比,满足高速磁浮线形监测的要求。此外,TIS 还能够根据线形检测的数据计算轨道梁支座调整量,为线形维护提供可行方案。线形维护结束后,利用 TIS 可以灵活设置数据对比分析功能,能够对线形维护效果进行评估(图 9-12、图 9-13)。

图 9-12　高速磁浮线路线形维护软件

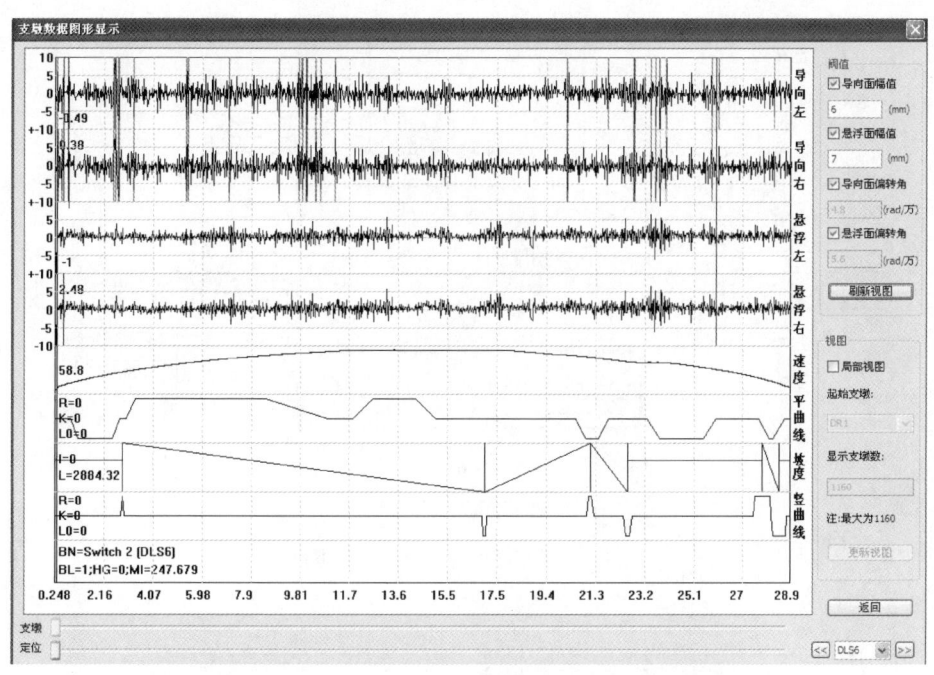

图 9-13 轨道梁调整方案编制软件操作界面示意图

9.1.2 静态检测

1) 基于快照方式的轨道检测

在上海磁浮线验收过程中,为了实现轨道的高精度检测,德方还制造了一套静态线形检测装置(GIE)用于线路轨道系统放行(图 9-14～图 9-17)。

GIE 系统主要由检测车和测量系统组成,测量系统由传感器系统、数据采集与分析系统和测量架组成。其中,测量系统利用光三角原理的激光位移传感器实现无接触检测,线路左右两侧同时自动测量线路线形,但是对于定位标志板和动力轨的位置需要利用车载工作平台进行人工测量。

图 9-14 GIE 检测车

检测车由液压驱动,设有供电系统,用于给车辆液压驱动系统、检测设备、升降平台液压装置和空调照明系统供电。检测车最高设计行驶速度为 5 km/h,测量时的行驶速度为 1 km/h。检测车上有集装箱改造的工作间,可以搭载工作人员,并设有对数据进行在线处理的计算机系统。在检测车的两侧装设有可升降的工作平台,以便工作人员利用检测设

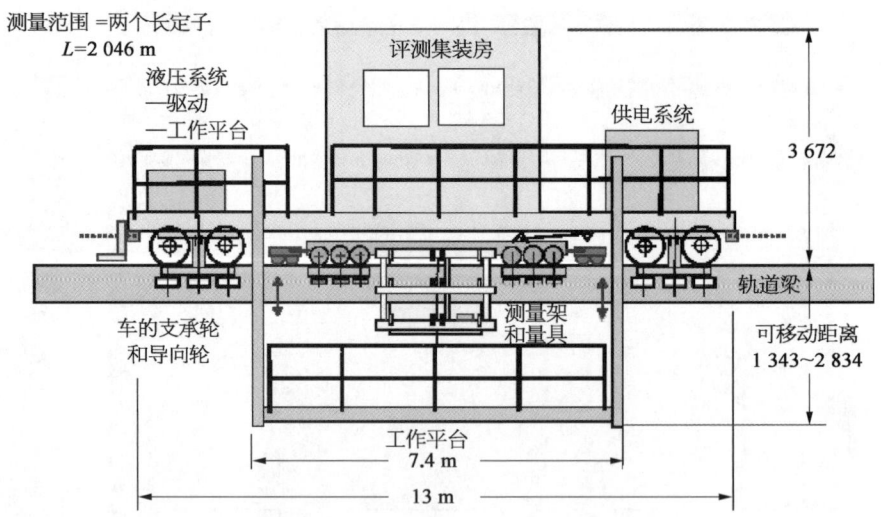

图 9-15 GIE 检测系统(主视图)

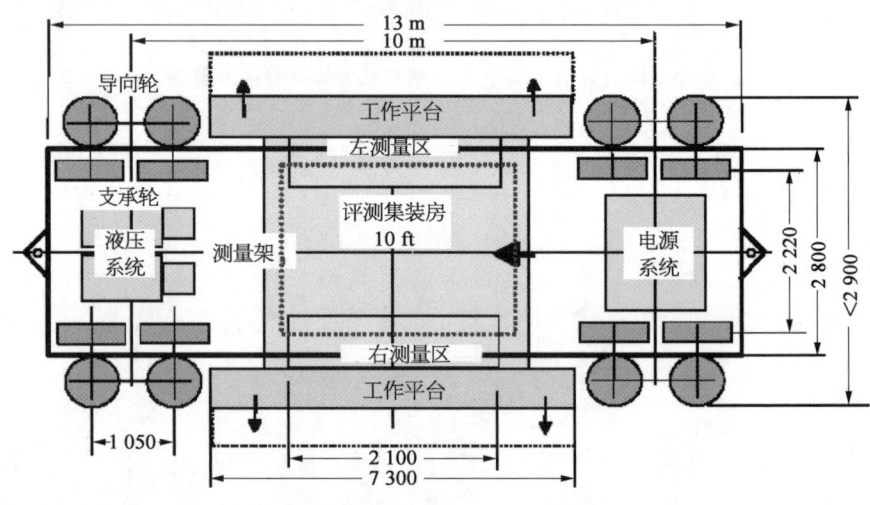

图 9-16 GIE 检测系统(俯视图)

备进行轨道附属设施(定位标志板和动力轨)位置的人工检查。

  GIE 测量架在对应于轨道滑行面和导向面的位置分别装有走行轮和导向轮,测量架通过软连接由检测车牵引沿着线路方向移动完成测量。测量系统采用激光位移传感器测量各功能面(滑行面、导向面和定子面)的偏差、轨道尺寸以及定子线圈的状态。利用激光位移传感器和数据采集卡,轨道各功能面的测量数据以 200 Hz 的采样率传送至计算机系统,以每根梁为单元储存在数据库中,其每根梁数据容量大约为 6 Mb,当一根梁测量完后,即可对数据进行处理,从而得出梁的几何偏差。

  GIE 测量系统具备以下功能:轨宽和钳距;滑行面的错位和 NGK;导向面的错位和

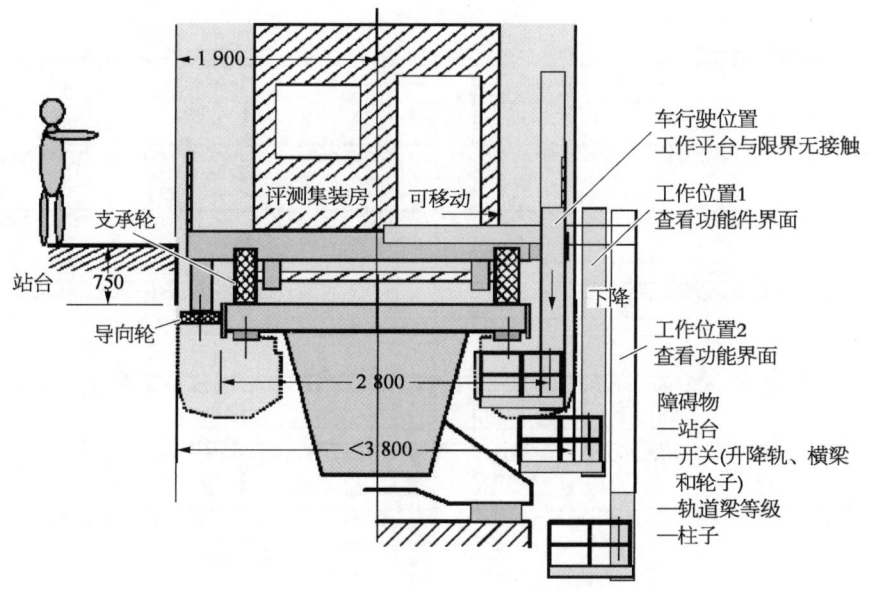

图 9-17 GIE 检测系统(侧视图)

NGK;定子面的错位和 NGK;定子绕组和定子面的相对位置关系;定位标志板和动力轨的安装位置(手工检测)。

为了实现上述测量,测量架轨道梁每侧布置了 13 个激光位移传感器(图 9-18~图 9-20):滑行面 4 个;导向面 5 个,其中 1 个用于测量导向面扭转;定子面 4 个;装有 1 个计米轮,用于获取测量架的走行距离。

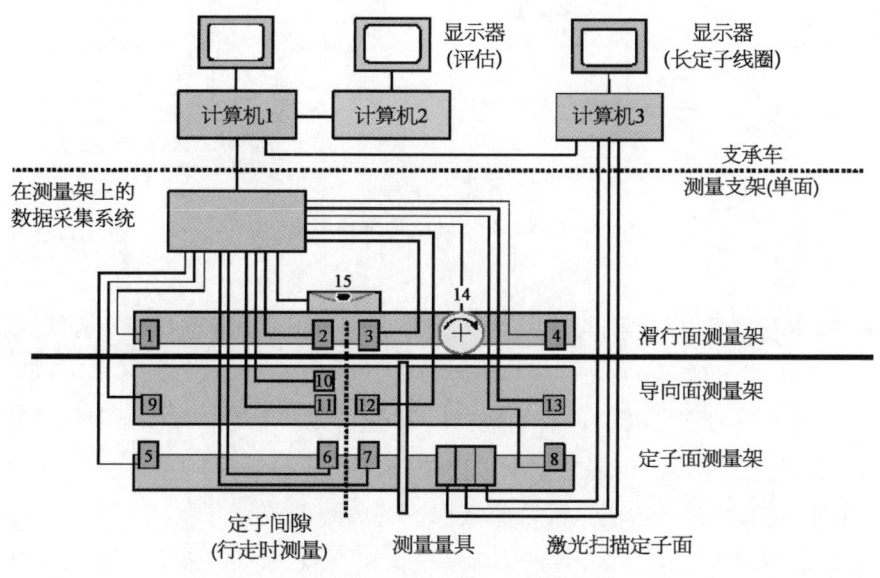

图 9-18 传感器布置(单侧)

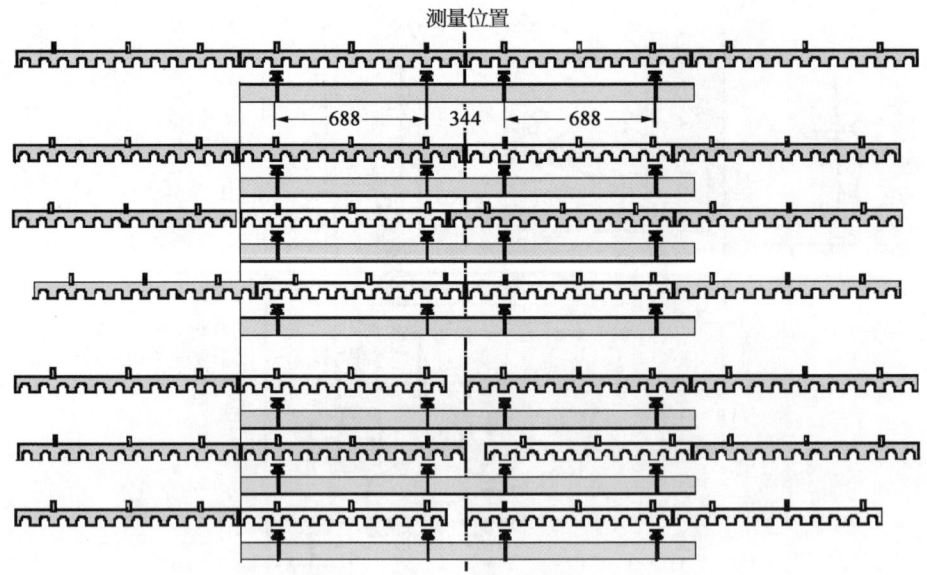

图 9-19 定子面测量传感器布置

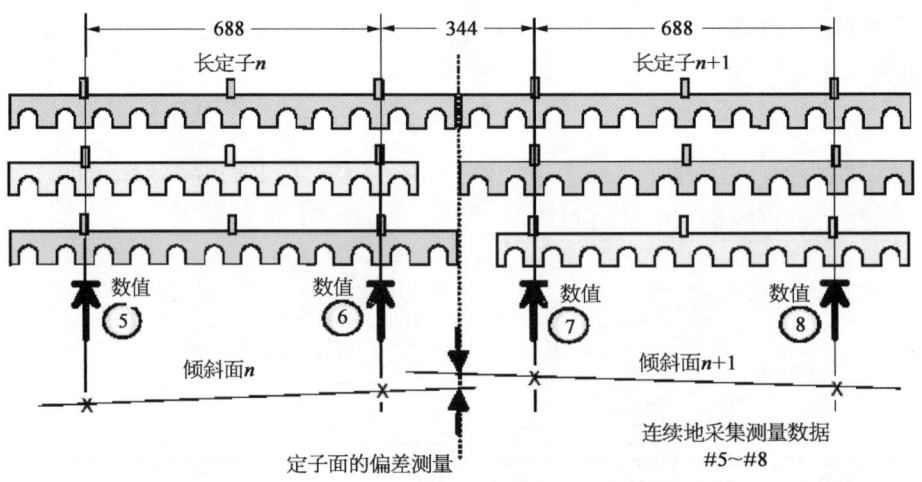

图 9-20 定子面测量

在 GIE 技术基础上，国产化的 AIE 系统（图 9-21）提高了传感器防护等级，实现了以下功能：

(1) 26 个激光位移传感器通道与编码器信号在线实时采集和存储（图 9-22）。

(2) 光电触发，并将特征位置数据上传上位机。

(3) 测试完成后可对下位机全部采集数据进行离线分析。

AIE 系统采用双机冗余方案，数据采集系统由两台软、硬件相同配置的数据采集计算机（下位机和上位机）组成（图 9-23）。下位机的数据采集卡连接到接口面板，负责采集全

图 9-21 AIE 系统调试

图 9-22 测量定子面的激光位移传感器

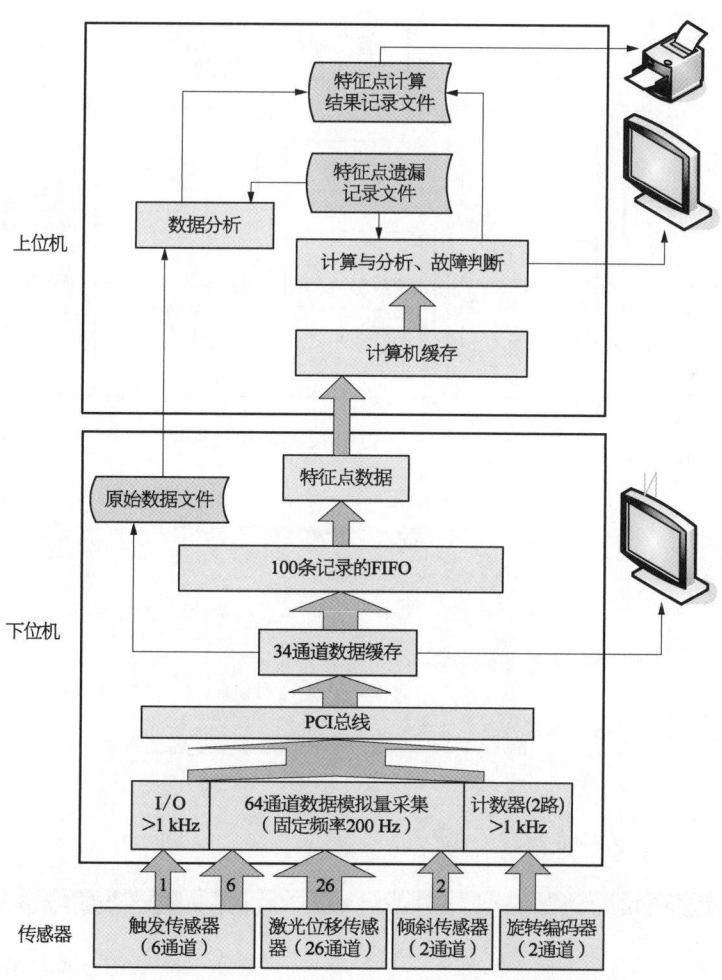

图 9-23 AIE 数据采集和分析系统结构图

部数据,同时向上位机实时传送特定位置点数据;上位机通过网络与下位机连接,接收传来的检测数据并进行分析。当下位机发生故障时,可以通过调换接头的方式将上位机与接口面板连接替代下位机工作,维持系统的不间断运作,因此整个系统具有较高的可靠性。

在 AIE 应用系统开发中,采用面向对象设计思想,以数据库作为数据载体。基于事件驱动的编程方法,以数据库为中心,最大限度地保证模块之间的独立性,为系统的扩展和维护带来了便利。

下位机系统是 AIE 的核心组成部分,它主要完成激光位移传感器的标定,原始数据的采集、存档,特征点数据的提取、上传等功能(图 9-24)。下位机系统主界面如图 9-25 所示。

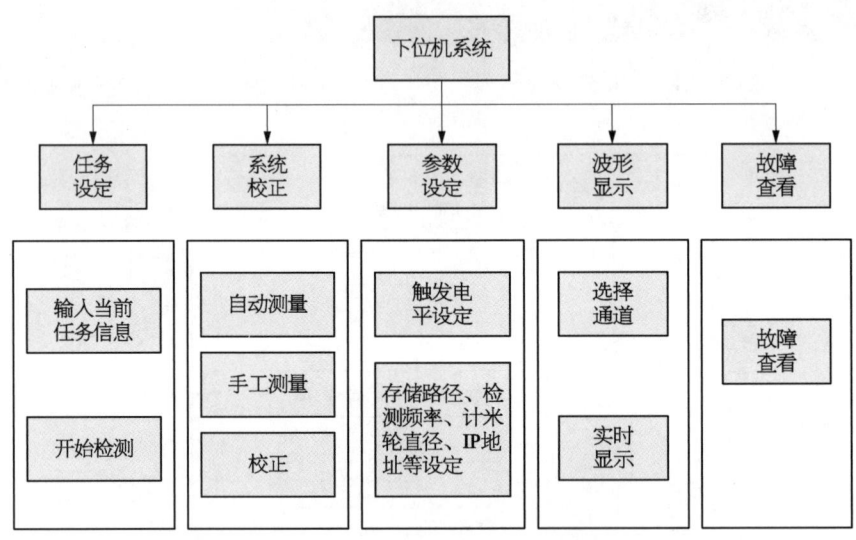

图 9-24　AIE 下位机系统功能结构图

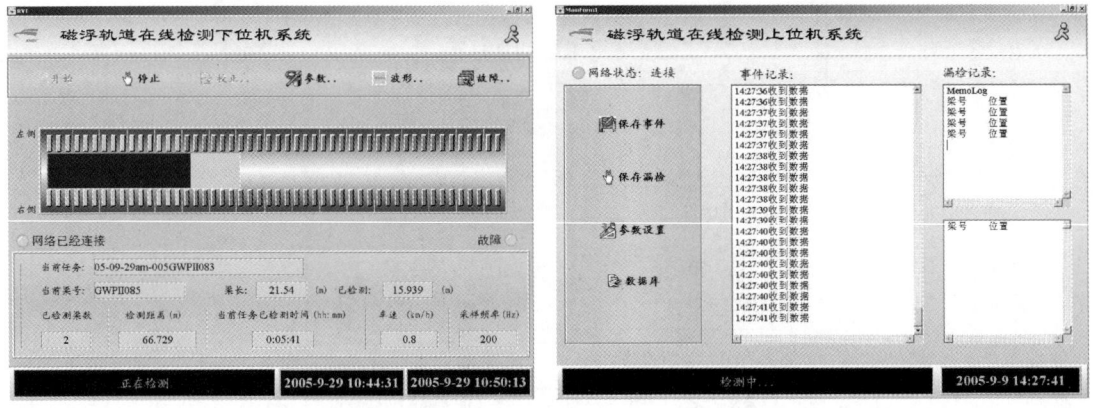

图 9-25　AIE 下位机系统主界面　　　　图 9-26　AIE 上位机系统主界面

AIE 采集系统软件系统主要包括数据采集与控制软件模块、数据分析处理模块和数据库查询与管理模块。

数据采集与控制软件分为两部分：一部分运行于上位机 Windows 平台；另一部分运行于下位机 LabVIEW 平台。下位机负责数据的采集、记录和实时分析处理；上位机负责控制轨检设备（含下位机）、进行人机界面交互、进行数据管理和离线数据查询等操作（图 9-26、图 9-27）。

2) 基于动态扫描的轨道几何偏差测量

AIE 系统主要用于建成后的系统放行检测，由于其体量较大，不便于在维护中应用。为了满足日常维护时个别位置的测量需求，研究了基于

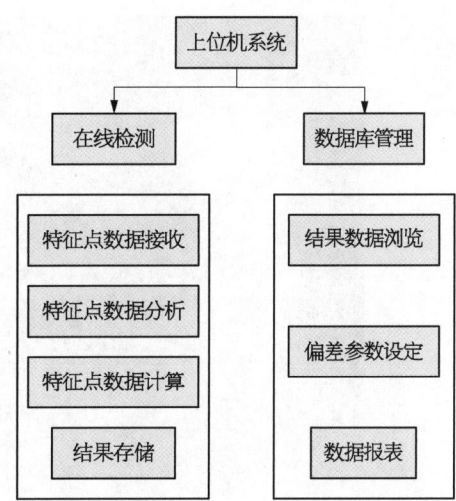

图 9-27 AIE 上位机系统功能结构图

结构激光动态扫描的轨道几何偏差测量设备，主要用于高速磁浮轨道的局部偏差检测，亦可用于供电轨的局部偏差检测。

高速磁浮轨道检测对象包括三个功能面（图 9-28），即定子面、导向面和滑行面，现有的小型检测设备采用点位移计，测量时定位困难，点位偏差对测量结果影响非常大，而且难以实现对相邻功能件的相对扭转的测量。

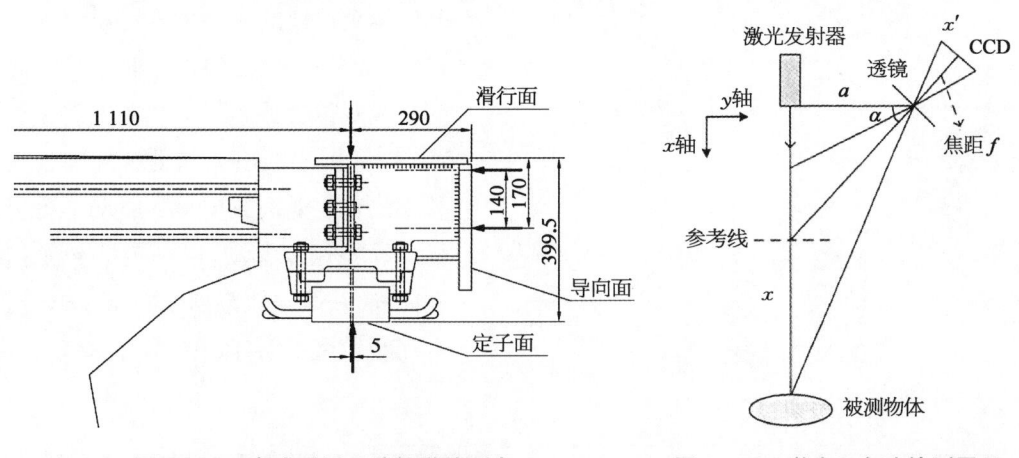

图 9-28 高速磁浮系统轨道检测点　　图 9-29 激光三角法检测原理

利用高精度结构激光，利用光三角测量原理（图 9-29），可以实现对三个功能面的扫描，获取三维点云，由此计算功能面的局部偏差（包括相对偏移、折角和扭转）（图 9-30）。此外，由于可获得功能面的三维点云，还可以检测功能面表面损伤情况。对于定子，还可以用于检查定子电缆位置是否有低于定子面的情况。

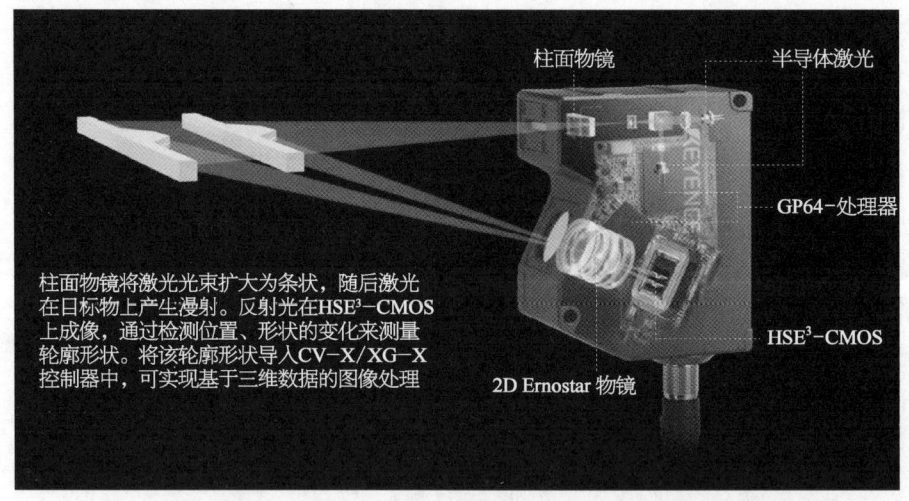

图 9-30 利用结构激光的光学三角测量法实现被测物体轮廓高速测量

检测机构主要由检测头、检测头座、固定座、连杆、检测导轨组成(图 9-31)。

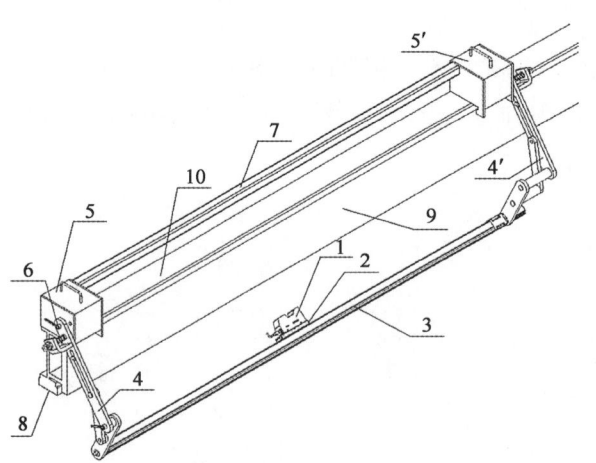

1—检测头;2—检测头座;3—检测导轨;4,4′—连杆;
5,5′—固定座;6—锁紧机构;7—连系梁;
8—定子面;9—导向面;10—滑行面

图 9-31 检测系统

检测头为结构激光传感器,用于结构激光发射和接收,并通过后端接口将数据传送到采集设备。两个固定座之间通过连系梁连接,两固定座与轨道两个面均接触,作为整个检测系统的支撑。利用两个连杆的平移和转动以及锁紧机构可以调整并保持检测导轨与功能面之间的相对位置关系。检测头安装在检测头座上,进行检测时,检测头座在检测导轨中的直线电机或皮带的驱动下可以沿检测导轨往复移动,以一定的频率扫描功能面,获取导轨范围(约 2 m)内轨道的等间距轨道断面(图 9-32)。

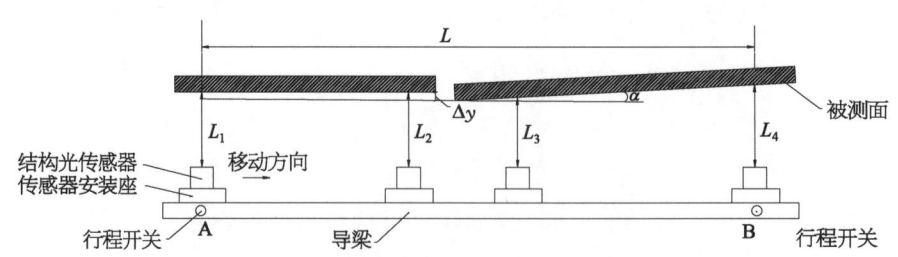

图 9-32 检测方法

通过对采集到的轨道功能面三维点云的分析,可以获取系统规格书中规定的检测点(如图 9-28 中规定了定子面和导向面的检测点)位置的数据,从而计算出相应的偏差值。图 9-33 为现场测量情况。定子面测点如图 9-34 所示。三维点云测试结果如图 9-35 所示。

图 9-33 现场测量 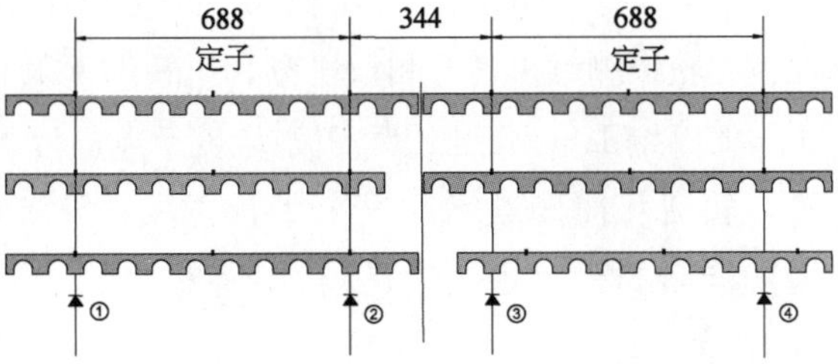　　　　　图 9-34 定子面测点

(a) 原始点云数据及统计滤波　　(b) 聚类后的定子点云块

图 9-35 三维点云图

局部偏差的计算原理如图 9-36 所示。通过对轨道功能面的扫描获取 1~4 号四个测点以检测导轨为测量基线的坐标,可以计算出相邻功能面的偏差和折角。

$$\frac{h_4 - h_3}{h_4 - AO} = \frac{L_4 - L_3}{L_4}$$

$$AO = h_4 - \frac{(h_4 - h_3)L_4}{L_4 - L_3}$$

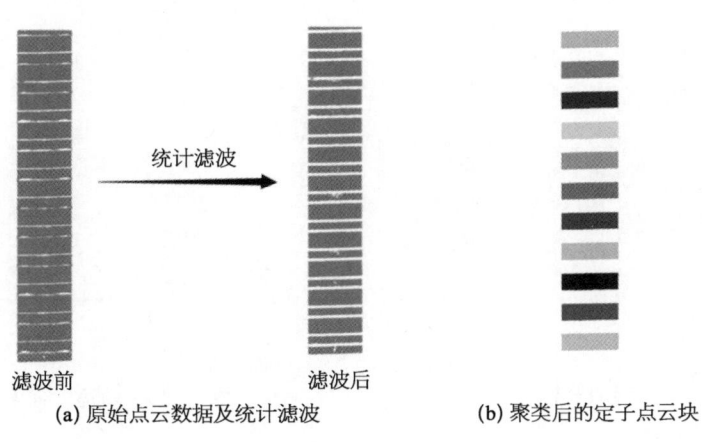

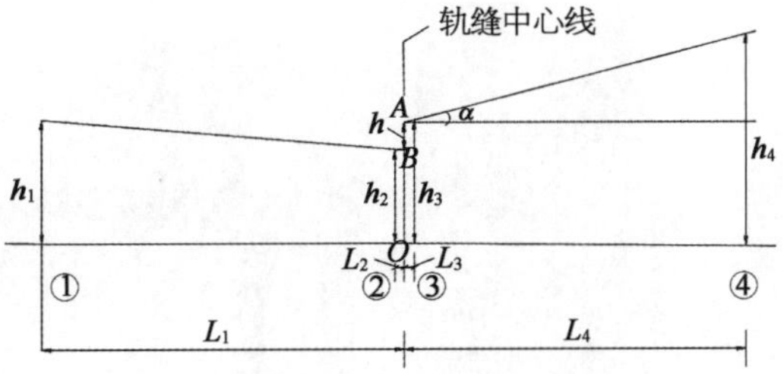

图 9-36 计算原理

同理,

$$BO = h_1 - \frac{(h_1 - h_2)L_4}{L_1 - L_2}$$

两相邻功能面之间的偏差 $h = AO - BO$。

两相邻功能面之间的相对折角为

$$\theta = \arctan\left(\frac{h_4 - h_3}{L_4 - L_3}\right) - \arctan\left(\frac{h_1 - h_2}{L_1 - L_2}\right)$$

3) 手工测量技术

由于 GIE/AIE 设备体量较大，为了便于制造和维护过程中对轨道局部进行检测，需要有便携的轨道测量工具。测量轨宽和扭转的工具相当于一个特制的"卡尺"(图 9-37)。利用校正后的测量工具，通过三点定位，读取三点百分表读数即可测得轨宽和功能件安装扭转值。

轨道几何偏差测量尺主要有直尺和安装在上面的 4 块百分表，将测量尺放置在各轨道功能面的相应测量位置，利用所获取的 4 块百分表的读数，即可算得功能面的错位和 NGK 值(图 9-38)。上海磁浮线放行时的手工测量如图 9-39 和图 9-40 所示。

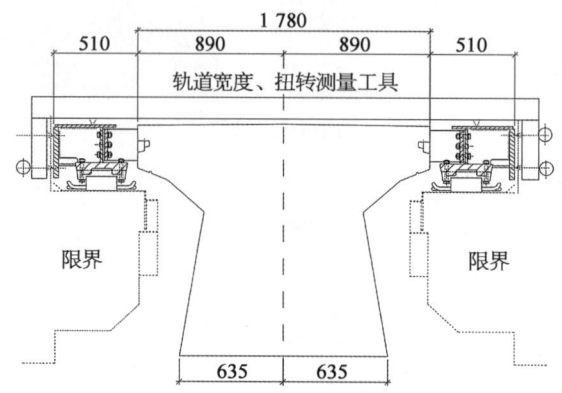

图 9-37 轨宽和扭转测量工具

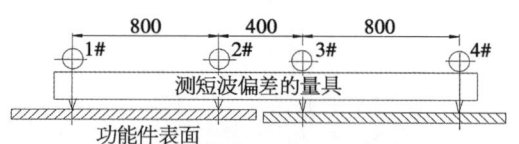

图 9-38 轨道几何偏差测量尺

图 9-39 测量轨宽和功能件扭转

图 9-40 测量导向面相对错位和 NGK

9.2 轨道结构状态与长期服役性能评估

2015年10月,为了加强对上海磁浮线运营安全的监督管理,科学地评估上海磁浮线的运营状况,上海市交通委员会委托国家磁浮交通工程技术研究中心开展了上海磁浮线的系统评估工作。

由于没有相关的评估标准,磁浮中心评估专家参照《上海市轨道交通运营安全管理办法》和《上海市轨道交通运营安全评价管理试行办法》等相关规定,结合高速磁浮系统的特点,按照系统、子系统、关键设备三个层面,从子系统功能、子系统性能、子系统接口、子系统维修维护、子系统备件等几个方面评估上海磁浮线的系统状态。其中,对线路轨道系统的评估主要包括线形状态、线路设备状态、线路养护体系、线路设备检查体系、车站、维修基地设施和保护区管理。评估时,采用5分制对各个评估子项进行打分,5分最高,0分最低。线路轨道系统评估内容及指标见表9-1。

表9-1 线路轨道系统评估内容及指标

评估内容及分项指标	分值/分	含义
功能分项	5	子系统功能分项能正常发挥作用、符合设计规范、具有冗余特性
	4	子系统功能分项能正常发挥作用、具有冗余特性,但功能存在瑕疵,如不稳定、偶发故障等
	3	子系统功能分项能发挥作用、基本符合设计、丧失冗余特性等
	2	子系统功能分项不能发挥作用、不符合设计要求、丧失冗余特性
	1	子系统功能分项不能发挥作用、严重不符合设计要求、丧失冗余特性
	0	子系统分项功能完全丧失
性能分项	5	子系统性能分项完全符合设计指标
	4	子系统性能分项符合设计指标,但存在性能瑕疵,如不稳定、偶发故障等
	3	子系统性能分项基本符合设计指标,能维持系统完成基本功能等
	2	子系统性能分项不符合设计指标,仅有限度维持系统完成基本功能
	1	子系统性能分项不符合设计指标,不能维持系统完成基本功能
	0	子系统分项性能完全丧失

(续表)

评估内容及分项指标	分值/分	含 义
接口分项	5	子系统接口分项能正常发挥作用、符合设计规范、具有冗余特性
	4	子系统接口分项能正常发挥作用、具有冗余特性,但功能存在瑕疵,如不稳定、偶发故障等
	3	子系统接口分项能发挥作用、基本符合设计、丧失冗余特性等
	2	子系统接口分项不能发挥作用、不符合设计要求、丧失冗余特性
	1	子系统接口分项不能发挥作用、严重不符合设计要求、丧失冗余特性
	0	子系统接口分项完全丧失
维修维护分项	5	子系统维修维护分项满足系统运行要求
	4	子系统维修维护分项满足系统运行要求,但存在维修维护缺陷,进行较小整改后可满足系统运行要求
	3	子系统维修维护分项基本满足系统运行要求,需要进行较大整改才能达到满足系统正常运行要求
	2	子系统维修维护分项不满足系统运行要求,但具备整改修改可能
	1	子系统维修维护分项不满足系统运行要求,基本不具备整改修改可能
	0	子系统维修维护分项不满足系统运行要求,完全不具备整改修改可能
备品备件分项	5	子系统备品备件分项满足系统运行要求
	4	子系统备品备件分项满足系统运行要求,但存在较小库存预警,或备件处于待修状态比例较小
	3	子系统备品备件分项满足系统运行要求,但存在较大库存预警,或备件处于待修状态比例较高
	2	子系统备品备件分项不满足系统运行要求,但具备提高可能
	1	子系统备品备件分项不满足系统运行要求,基本不具备提高可能
	0	子系统备品备件分项不满足系统运行要求,完全不具备提高可能

将线路轨道子系统按表9-1内容进行分解和评估,并对每个子项按不同的风险等级进行风险预测,同时给出对策。状态评估主要依据现场调研、检查情况以及以往所做的测试、测量数据及分析结果,风险预测主要根据其状态情况及以往运行过程中所发生的故障进行,参照轨道交通相关评估标准,将风险划分为五个等级(表9-2)。

上海磁浮线全线以高架为主,部分路段为低置,最小曲线半径为650 m,最大横坡角12°,全线设有8组道岔,轨道结构有混凝土复合式轨道梁、钢梁和复合板梁。维修基地内有C、D、E三根轨道,其中D轨钢梁是车辆组装、检修的基准平台。

线路轨道子系统中轨道梁上的定子铁心和线圈电缆以及道岔是由德国蒂森公司按成套方式供货,轨道梁及其下部结构以及沿线线路附属设施则由国内设计施工完成。

表 9-2 风险等级划分

可接受的	需重视的	严重的	非常严重的	灾难性的
Ⅴ	Ⅳ	Ⅲ	Ⅱ	Ⅰ
不影响运营，不涉及设备和人员安全	可能涉及人员或设备安全，但采取措施后可保证安全	明显涉及人员或设备安全，但采取措施后仍可保证安全	设备接近安全临界，可能会造成人员严重伤害，设备严重损失	设备已处于安全临界或非安全状态，会造成人员重大伤害，设备重大损失或报废

高速磁浮线路和轨道子系统主要由沿线轨道梁、下部结构、道岔、车站和维修基地等组成。线路轨道子系统最为重要的问题是保证线路的线形状态满足列车安全、平稳运行的要求；道岔作为保证系统运输组织的关键设备，也是日常维护和评估的重点。评估的内容包括线形状态、轨道结构状态、附属设备状态、线路附属设施状态四个方面。线路轨道系统状态的评估主要内容见表 9-3。

表 9-3 线路轨道系统状态评估主要内容

项目	子项	评估内容
线形状态	线路长波线形	满足行车安全和平稳运行要求
		车载 GMS/LDS 长波线形数据/大地测量数据
	短波偏差	短波偏差现状及影响评估（GMS 及手工测量）
轨道结构状态	轨道梁	轨道梁结构性能是否满足设计要求（复合式轨道梁和钢梁），根据已做过的测试结果进行分析判断，同时提示风险，给出对策和建议
		混凝土剥离、轨道梁表面露筋等外观损坏
		功能件的磨损（结构损伤），滑行面磨损
		连接件螺栓锈蚀等
	支座	支座结构移位、磨损及锈蚀状态
	支墩、承台、桩基	基础沉降、支墩倾斜
	钢梁及钢门墩	结构损伤及锈蚀状态
	道岔	道岔线形与结构变形状况
		驱动走行系统
		电气系统
		故障情况及零部件更换及备件情况
		备品备件
	定子铁心	现状及维修描述
		定子铁心备件
	动力轨	动力轨现状描述
		备品备件

(续表)

项　目	子　项	评　估　内　容
线路附属设施状态	强弱电缆沟	变形与破损情况
	围网	现状及维修状况
车站、维修基地和保护区	车站	功能与状态
	维修基地	功能与状态
		车辆安装维修基准轨道状态的分析与评估
	保护区	保护区管理措施
		应急预案,监护监测手段

9.2.1 线形状态评估

高速磁浮线路线形状态主要从长波和短波偏差两个方面加以控制。

长波偏差是影响磁浮列车运行旅客舒适度的主要因素。通过对车载 GMS/LDS 设备所采集的长波线形偏差数据的分析表明,线路长波偏差总体在 4 mm 以内。图 9-41 为 A 轨悬浮和导向面长波偏差分布情况,其分布符合正态分布规律。

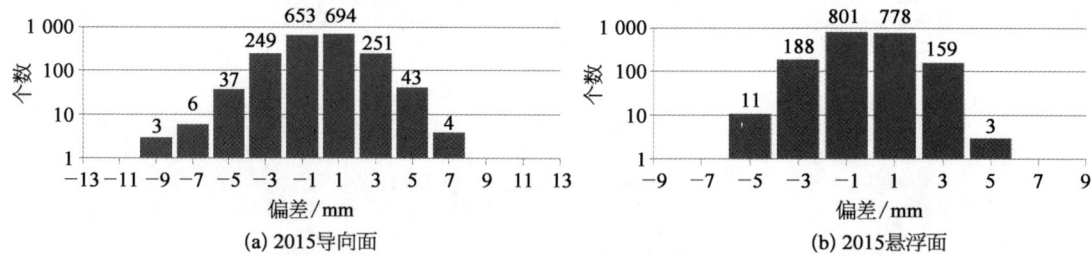

图 9-41　A 轨导向面和定子面长波偏差分布

图 9-42 所示为上海磁浮线长波偏差检测数据中时速大于 300 km/h 某一路段的导向面和定子面长波偏差。

短波偏差是影响系统安全的因素。车载检测系统测量能够反映短波偏差,但是不够精确。在实际操作中,对车载系统检测出的短波超限的点都会进行人工复测,如果偏差超过安全阈值,则进行必要的调整。

总体上,上海磁浮线的线形状况保持良好,但是区域性地质沉降及外部施工影响导致的地基变形(包括沉降和水平变位)影响仍不容忽视。

通过调梁维护作业,可使线形状态大大改善。2015 年 7 月,根据"悬浮面长波偏差峰值大于 5 mm,导向面长波偏差峰值、相邻差值大于 8 mm"的选点原则,运营单位对 A、B 轨共计 41 个点位进行支座调整,其中 A 轨 19 个点位,B 轨 22 个点位。具体实施时先调独立且调整量大的点位,对连续点位(小于 5 根梁)实行动态调整,并通过车载线形偏差

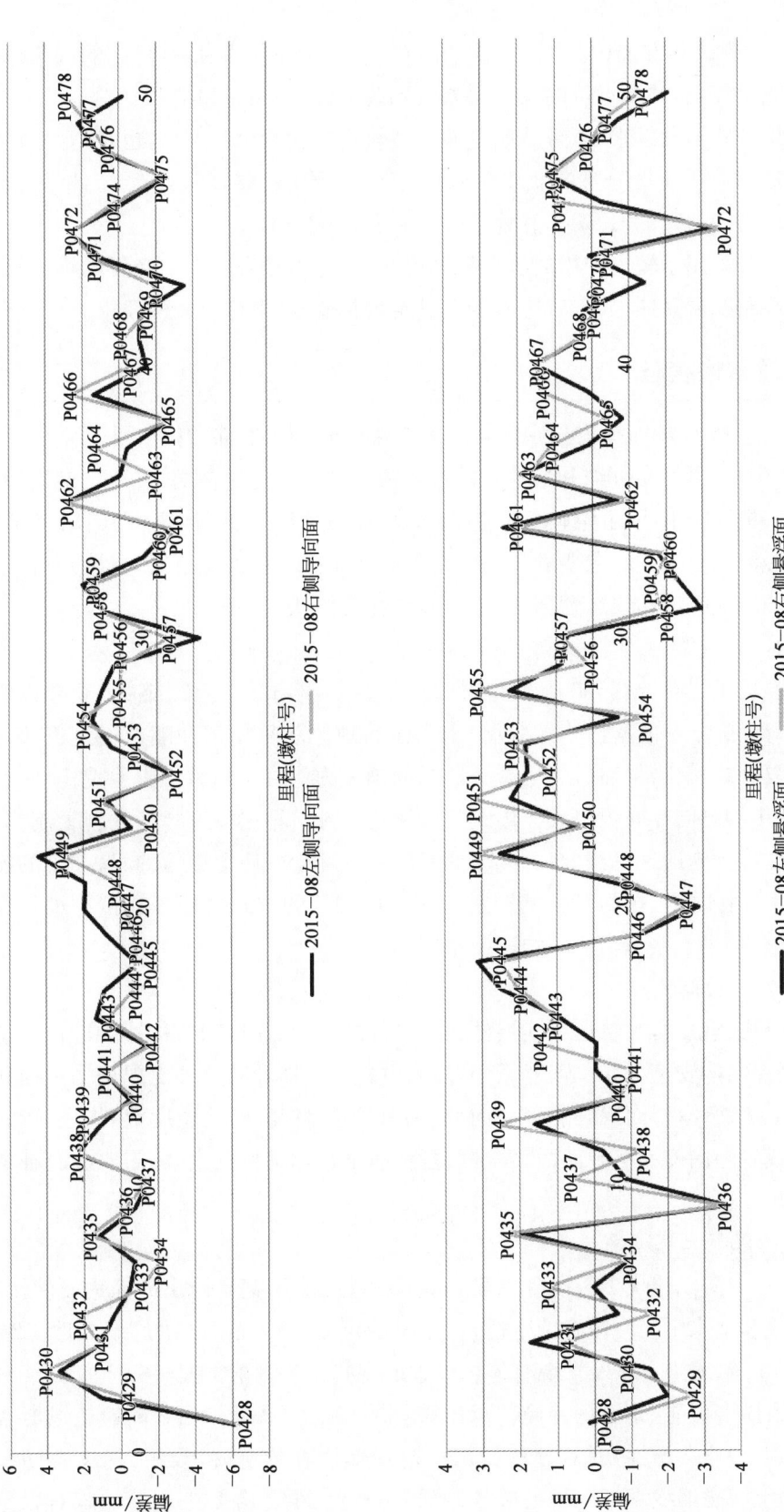

图 9-42 A 轨 P0428~P0478（$v \geqslant 300$ km/h）导向面和定子面长波偏差

检测、横向振动测试等方式检验线路维护后的效果。经过有计划、有目的的调梁维护后，长波偏差分布更集中，被调点位的长波偏差得到改善（图9-43和图9-44）。

自上海磁浮线运营以来，因短波超差而调整轨道梁的情况并不多，也是通过调整支座加以纠正。例如：WP103号梁的短波数据OFFSET严重超差，调梁前手工测量数据见表9-4，经支座调整后，其OFFSET值满足系统要求（表9-4）。

由于设计时采用了较为严格的沉降控制标准，加之多年来采取了必要的维护措施，上海磁浮线的线路线形总体上状态良好，能够满足列车安全、平稳运行的要求。

9.2.2 轨道结构状态

轨道结构包括上部结构（轨道梁，含连接件和功能件）、下部结构（支座、支墩、承台和桩基础）。其中，轨道梁又可细分为不同模数的预应力混凝土复合式轨道梁、钢梁、复合板梁以及唯一一根置换上线的整体式试验梁；支墩包括独柱墩、双柱墩、钢门墩三种型式。轨道结构是磁浮列车运行的主要载体，精度要求较高。轨道结构的状态对列车日常运行具有重要影响。上海磁浮线运营多年来，轨道结构总体状态良好。

9.2.2.1 轨道梁

上海磁浮线正线有近2 500根轨道梁，型式包括复合式轨道梁、钢梁、复合板梁和整体式试验梁等。除唯一的整体式试验梁外，其余轨道梁均采用钢功能件通过连接件与梁本体连接的复合式轨道梁型式，利用腹板外倾的预应力混凝土箱梁作为承重构件，将长定子、支承滑行板和侧向导向板组成一体式的轨道功能件。箱梁按土建精度施工制作，小体量的轨道功能件预先通过机械加工完成，两者依靠预埋于两侧上翼缘的、易加工的连接件来进行连接。连接之前，在精密测量控制下用机械加工的方式对预埋连接件进行切削加工，以保证最后混凝土梁与功能件的连接精度。

1）连接件和功能件

上海磁浮线建设时，对轨道梁连接件和功能件的受力、连接和结构性能进行了全面的构件试验，确保结构安全可靠。运营至今，尚未发现连接件和功能件出现结构性损伤的情况。功能件上表面（滑行面）和侧面（导向面）时常产生擦痕，该类擦痕系列车运行时偶发的滑橇下落或者导向磁铁与导向面轻微擦碰所致，不影响结构安全，但需要及时补漆以保证功能件的耐久性。

2）预应力混凝土轨道梁外观

检查发现，上海磁浮线少数混凝土梁底部有混凝土剥落甚至露出内部钢筋的情况，钢筋暴露在空气和雨水中会慢慢腐蚀生锈，长期发展可能影响混凝土梁的耐久性。2015年8月底，GR0337轨道梁支座处发现有体积较大的混凝土块剥落情况（图9-45），经分析认为此处无外力撞击可能，亦不具备局部承压破坏的特征。该梁与相邻的轨道梁所承荷载并无大的差别，为非典型性伤损，分析是出厂时局部修补的混凝土在长期运营期间的剥落。总体上，上海磁浮线混凝土轨道梁外观质量较好。少数混凝土剥落缺陷对磁浮列车

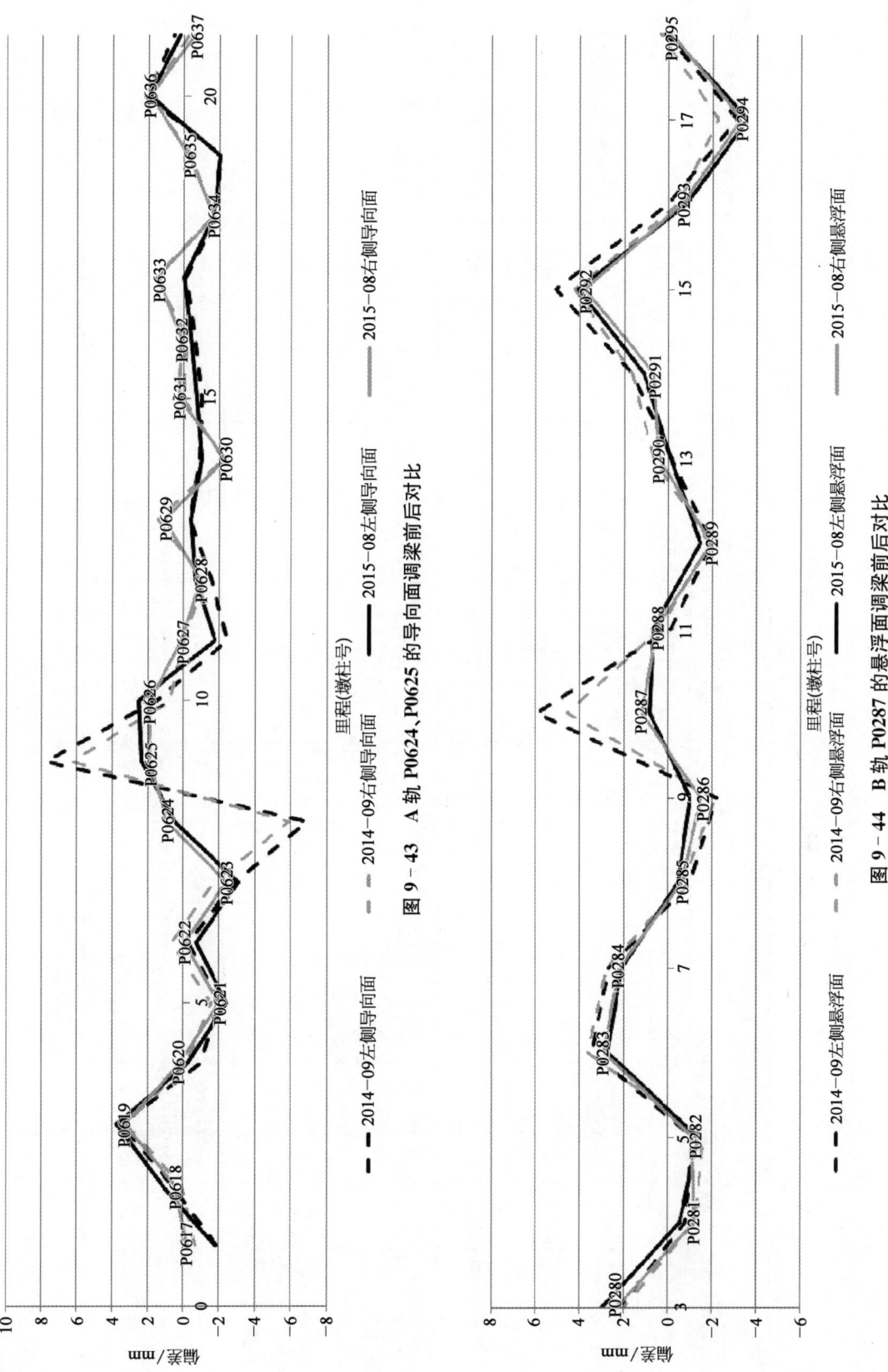

图 9-43 A 轨 P0624、P0625 的导向面调梁前后对比

图 9-44 B 轨 P0287 的悬浮面调梁前后对比

表9-4 WP103号梁定子面手工测量短波数据调梁前后对比

调梁前后	墩号	梁号	定子面 左侧读数 表1	表2	表3	表4	右侧读数 表1	表2	表3	表4	OFFSET L	R	NGK L	R
调梁前	WP101	垛梁	2.54	3.2	2.7	2.03	2.23	2.81	2.95	2.01	0.4975	—	—	2.204
	WP102	GWP102	2.15	1.73	2.05	2.12	2.05	1.71	1.35	2.06	—	0.23	1.9285	1.5225
	WP103	GWP102	2.55	4.05	—	1.35	2.16	3.93	—	1.76	0.4075	0.4525	0.7105	0.1305
		GWP103			0.2				0.1		5.0125	4.9375	0.0725	1.972
	WP104	GWP103	2.35	2.08	1.36	2.01	2.1	1.53	1.12	1.91	0.815	0.465	1.334	0
		GWP104									0	0	0	0.551
		GWP105												
调梁后	WP101	垛梁	2.15	2.15	2.52	2.19	1.93	1.86	1.73	2.04	0.4525	0.19	0.4785	0.696
	WP102	GWP102	2.23	2.47	2.18	1.9	1.94	2.38	2.24	2.2	0.28	0.24	0.754	0.4785
	WP103	GWP103	2.1	2.25	1.6	1.72	1.81	1.94	1.75	2.21	0.7175	0.3375	—	—
	WP104	GWP103											0.0435	
		GWP104												

的正常运行无影响。

3) 预应力混凝土复合式轨道梁结构性能

上海磁浮线建成后,中德双方曾于2003年12月在GL0976轨道梁上联合进行了车轨相互作用的测试,德方提交的最终测试结果给出了轨道梁的整体动力系数、定子铁心的局部动力系数、墩柱变形等结果,均满足系统技术要求。

图9-45 GR0337轨道梁混凝土块剥落

2006年,基于中德合作的需求,中方组织对四根有代表性的轨道梁(GR0473、GL0673、GR0673和GR0976)开展了动态响应测试。测试结果表明,复合式轨道梁静载变形满足设计要求(简支梁为$L/4\,000$,连续梁为$L/4\,800$),自振频率满足$1.1V/L$的控制要求,整体动力系数在设计要求规定的范围内。

4) 钢梁结构性能

上海磁浮线正线上的钢梁主要包括三处:川杨河跨河钢梁(跨度为23.22 m+34.056 m+23.22 m=80.496 m)、浦东运河跨河钢梁(跨度为26.832 m+45.408 m+26.832 m=99.072 m)以及GL0473双跨连续钢梁(跨度为50 m)。前两者是为了跨越河道而设置的三跨连续钢梁,钢梁上翼缘安装有6.192 m复合式轨道板;后者则是为了与双跨连续混凝土梁对比研究而设置。为了评估正线钢梁在正常使用状态下的结构性能,2012年10—12月组织了对浦东运河钢梁、川杨河钢梁和GL0473双跨连续钢梁的竖向挠度测试,测试结果见表9-5。

表9-5 磁浮正线钢梁竖向动态挠度结果汇总

位置	工况号	估计速度/(km·h^{-1})	方　向	测站处背景振动描述	最大挠度/mm	平均挠度/mm	冲击系数
浦东运河钢梁	1	389	LYR-PIA	有大车	3.26	2.71	1.20
	2	389	LYR-PIA	无大车	3.03	2.60	1.17
	3	389	PIA-LYR	无车	3.15	2.92	1.08
	4	300	LYR-PIA	无大车	3.06	2.66	1.15
	5	300	PIA-LYR	无大车	3.17	2.87	1.10
	平均	—			3.13	2.75	1.14
	静载挠度计算结果					2.94	—
川杨河钢梁	1	233.6	PIA-LYR	电瓶车/船	1.7	1.62	1.05
	2	259.4	LYR-PIA	无车	1.86	1.6	1.16
	3	233.6	PIA-LYR	无车/有风	1.69	1.38	1.23

(续表)

位置	工况号	估计速度/(km·h^{-1})	方向	测站处背景振动描述	最大挠度/mm	平均挠度/mm	冲击系数
川杨河钢梁	4	259.4	LYR-PIA	无车/微风	1.75	1.53	1.15
	5	233.6	PIA-LYR	摩托车/微风	1.67	1.48	1.12
	6	259.4	LYR-PIA	三轮车/微风	1.92	1.65	1.16
	平均	—	—	—	1.77	1.54	1.14
	静载挠度计算结果					1.58	—
GL0473钢梁	1	300	PIA-LYR	制梁基地内	2.73	2.25	1.21
	2	300	LYR-PIA	制梁基地内	2.93	2.26	1.3
	3	300	PIA-LYR	制梁基地内	2.86	2.3	1.24
	4	300	LYR-PIA	制梁基地内	2.35	1.76	1.34
	平均	—	—	—	2.72	2.14	1.27
	静载挠度计算结果					1.81	—

注：静载挠度计算结果系按假定的 20 kN/m 均布荷载计算得到的结果。

测试和分析结果表明，上述三处钢梁结构性能总体正常，准静态挠度较小，满足设计要求，处于正常服役状态。

5) 钢梁焊缝无损检测、涂层和螺栓连接检查

(1) 钢梁焊缝。钢梁焊缝质量整体情况较好，浦东运河钢梁和川杨河钢梁的个别焊缝局部出现超标缺陷。结合该焊缝的焊接方法、缺陷出现位置及超声波的波形等特征，估判该缺陷为工厂制造过程中产生的未熔合，非运行过程中产生的缺陷，可持续观察，必要时再作修复。

(2) 钢梁防腐涂层。钢梁防腐涂层普遍出现粉化，在棱角部位涂层出现鼓包、锈蚀、脱落等缺陷。高强度螺栓连接处、现场焊缝处，出现大量龟裂和锈蚀。浦东运河钢梁内部 H 型钢连接螺栓未涂漆，大量锈蚀；箱内连接处拼接板及螺栓未按箱内涂装体系进行施工，目前已有锈蚀现象；川杨河钢梁相对较好。

(3) 高强螺栓连接。高强度螺栓连接施工质量整体较好，仅在川杨河钢梁发现个别螺栓松动但不影响安全，在浦东运河 A 轨钢梁底板发现螺栓长度不足但均已拧紧。总体上，钢梁焊缝、涂层和螺栓连接等存在少量缺陷但尚不影响列车正常运营。

6) 对轨道梁状态的评估

总体上，上海磁浮线的轨道梁状态良好，经多年运行后仍能满足系统规格书要求。对于极个别地方的外观缺陷以及钢梁焊缝和涂层等缺陷，应予以密切跟踪、定期检查和维护。

9.2.2.2 支座

支座是连接梁与其下部基础的构件，承担传力、定位、调整等多种作用。为消除轨道梁和下部结构的施工误差和可能的工后沉降差，上海磁浮线采用了一种无级可调的专用支座，其调整幅值为 z 向 20 mm/−10 mm，y 向 ±20 mm，采用特殊材质的螺柱、平面摩擦副和转角摩擦副，抗压强度高，摩擦系数小，磨耗率低，且可长期免维护(图 9-46)。通过调

节支座,不仅可便捷地消除沉降引起的轨道移位或错位,同时也解决了轨道梁在施工安装时精确定位调整问题。

磁浮正线共有 1 203 个墩柱。根据历年来的维护记录,支座情况良好,基本无故障记录。在线形维护所需的调梁过程中,有个别支座达到调整量上限而进行整体更换。运营单位每年组织维护的支座数量为 300 个墩柱(每个墩柱上 4 个支座),平均每 4 年完成全部支座维护工作,主要包括支座除锈、打磨、清洁打扫、维护等。这些措施有助于确保支座长期稳定工作。

图 9-46 无级可调的专用支座

9.2.2.3 支墩

根据上海磁浮线总体布置,在龙阳路车站以及维修基地的部分轨道梁跨径采用 12.384 m,其余路段主要采用 24.768 m,以上两种标准跨径轨道梁的支墩均采用标准双柱式桥墩(图 9-47)。

线路局部地段斜交跨越地面道路时,为避免轨道梁结构设置特大跨径,下部结构采用门式墩骑跨地面道路,门式墩跨径及净空满足地面道路净空要求。

在部分受地面构造物限制的位置采用独柱墩,车辆维修基地出入线为单线,也采用独柱墩。

盖梁采用 C40 混凝土,墩身采用 C30 混凝土,墩身及盖梁断面均采用矩形截面。作为防止落梁措施,盖梁顶轨道梁支座两侧设置挡块。

根据运维记录和现场抽查,上海磁浮线的混凝土支墩状况良好。上海磁浮线运营初期,曾结合长波检测结果发现 P0424 号支墩出现了异常倾斜,后来研究表明系此处地质条件突变所致,通过支座调节予以纠偏,目前运营正常。

图 9-47 上海磁浮线双柱墩

图 9-48 钢门式墩

上海磁浮线主线共 31 座跨道路钢门墩(图 9-48)。通过对门墩焊缝外观检查及无损抽检结果表明，门墩钢梁表面漆层基本完好，无掉漆、起皮、脱层等缺陷。漆层平均厚度为200 μm，符合钢梁表面油漆涂层规范要求。检测中发现腹板与底板对接焊缝及腹板与顶底板熔透角焊缝存在较多缺陷，缺陷位置以焊缝坡口根部为主。判断该类型缺陷为工厂制作过程中所产生的未焊透缺陷。门墩钢梁的各项力学性能指标合格，工作状态总体良好。

9.2.2.4 桩基础

上海磁浮线的桩基主要采用可快速施工、标准化制作的预制钢筋混凝土方桩、PHC管桩。局部路段由于距离既有构筑物较近、对既有构筑物影响和打桩桩架无法设置等因素而采用钻孔灌注桩。桩基布置满足以下原则：

（1）平面布置采用外密内疏的形式，增加桩基础水平抗弯刚度。

（2）除钻孔灌注桩外，打入桩采用斜桩，斜度1∶8，增加基桩抗水平荷载能力。承台根据基桩平面布置，采用矩形布置，C30混凝土。

根据目前监测情况，桩基和承台状态总体正常，但发现有部分新建或改建市政道路侵入磁浮承台范围，甚至直接压在承台上，目前尚未对磁浮列车正常运行造成影响，但存在潜在的风险。

9.3 线形维护与调整

在系统运行过程中，由于外部施工、地层自然沉降、地下水位变化等因素都会造成基础变位，导致墩柱发生水平和竖向位移，从而影响线路的平顺性，主要体现在相邻轨道梁功能区之间的错位和折角。

9.3.1 轨道调整量的计算

由于上海磁浮线的轨道梁采用了整体机加工工艺，梁内的线形精度主要在制造环节保证，故线形的维护主要集中于轨道梁端部，通过调整支座实现。

通过对上海磁浮线历史数据的分析和线形调整经验的总结，采用主要基于长波不平顺的梁端允许幅值控制方法对轨道各功能面的调整量进行计算。

以定子面为例，根据轨道梁端部长波不平顺的实测值，选取需要调整的位置；确定调梁区段范围，利用二次拟合方法计算该区段的轨道计划长波拟合线，据此计算区段内各梁端调整量。

对于某一根长波超过允许幅值的轨道梁，设调整范围包含前后各 N 根梁，则调梁范围内共包含 $2N+1$ 根轨道梁，提取各梁端位置轨道的长波不平顺数据，剔除该范围内长波不平顺超过允许幅值的值，利用二次拟合的方法计算得到调梁后计划长波拟合线，然后计算各梁端轨道在计划长波拟合线上的值，作为该位置轨道在调梁后的位置，计算当前长波测量线与计划长波拟合线二者的差值，即为轨道调整量。

导向面与定子面的方法相同。值得注意的是，在确定调梁范围时，需要同时考虑轨道梁左、右两侧的定子面和导向面。

轨道梁调整方案计算软件界面如图 9-49 所示。

图 9-49　轨道梁调整方案计算软件界面

9.3.2　支座调整量的计算

轨道的几何精度体现在功能区，但轨道的调整却是在支座，为了实现轨道的调整，必须给出支座的调整量。在实际操作中，根据对线形进行调整，计算出支座三个方向的调整量，现场通过小型液压装置调整轨道梁支座来实现功能区的调整（图 9-50）。

图 9-50　轨道梁支座调整

磁浮线路的监测和维护通常需要检测轨道悬浮面和导向面的长波偏差和局部偏差。长波偏差和局部偏差的检测可以通过光学静态检测、车载动态检测等方法实现；考虑到车载动态检测的便利性和科学性，上海磁浮线近年来已经基于全局的车载动态检测与基于人工测量的局部偏差测量所获取的数据相结合开展线形维护工作。

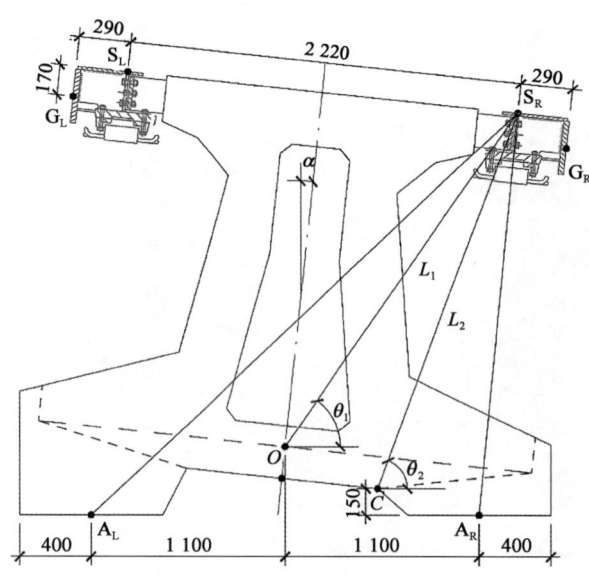

图 9-51 复合式轨道梁功能件与支座位移之间的关系（横坡角为正）

如前所述，线路状态的检测对象是轨道悬浮面和导向面的长波、局部偏差，而线形维护则是通过调整轨道梁支座（图 9-51 中的 A_L、A_R）实现。将轨道悬浮面和导向面所需的调整量换算到支座位置是线路维护的重要环节，以下以上海磁浮线复合式轨道梁为例加以说明。

轨道导向面和悬浮面左、右的测点均分别布设在如图 9-51 所示的 G_L 和 G_R、S_L 和 S_R 位置。

上海磁浮线的复合式轨道梁分为直线梁和曲线梁，其中曲线梁轨面设有横坡。无论是直线梁还是曲线梁，均具有以下特点：

（1）轨道梁标准断面的形状和尺寸完全一致，区别仅在于横坡角度及梁端两侧支腿尺寸。

（2）轨道梁两支腿外边缘距离均为 3 000 mm，梁端支腿底边宽度均为 801 mm，梁端支座中心点距离支腿外边缘距离均为 400 mm。

（3）轨道梁标准断面底板的最低点 C 到梁端支腿底面的距离均为 150 mm。

（4）轨道梁标准断面下翼缘与对称轴的交点 O 始终在梁端支腿的中心线上。

根据上述轨道梁的特点，取右侧滑行面测点 S_R 到点 O、点 C 分别为 L_1、L_2，在横坡角 α 已知的条件下，L_1、L_2 与水平线的夹角分别为 θ_1、θ_2。任意轨道梁 L_1、L_2 和 θ_1、θ_2 的取值见表 9-6。

表 9-6 轨道梁 L_1、L_2 和 θ_1、θ_2 的取值

横坡角 α	L_1/mm	θ_1/(°)	L_2/mm	θ_2/(°)
顺时针（0°～12°）	2 304.01	61.199－α	2 270.40	75.694－α
逆时针（－12°～0°）			2 755.41	52.980－α

取滑行面右侧测点 S_R 到左侧支座 A_L、右侧支座 A_R 的连线长度分别为 $L_{S_R-A_L}$ 和 $L_{S_R-A_R}$，连线与水平线的夹角 $\theta_{S_R-A_L}$ 和 $\theta_{S_R-A_R}$。$L_{S_R-A_L}$、$L_{S_R-A_R}$、$\theta_{S_R-A_L}$ 和 $\theta_{S_R-A_R}$ 可以用 L_1、L_2、θ_1 和 θ_2 表示：

$$L_{S_R-A_L} = \sqrt{(L_1\cos\theta_1 + 1\,100)^2 + (L_2\sin\theta_2 + 150)^2}$$

$$L_{S_R-A_R} = \sqrt{(L_1\cos\theta_1 - 1\,100)^2 + (L_2\sin\theta_2 + 150)^2}$$

$$\theta_{S_R-A_L} = \arctan\left(\frac{L_2\sin\theta_2 + 150}{L_1\cos\theta_1 + 1\,100}\right)$$

$$\theta_{S_R-A_R} = \arctan\left(\frac{L_2\sin\theta_2 + 150}{L_1\cos\theta_1 - 1\,100}\right)$$

1) 轨道梁变位分析

轨道梁变位时，在 y-z 平面内发生"平移"或者"平移+转动"。由于支座 S_L 和 S_R 在 y 向变位一致，在 z 向的变位可能不一致，轨道梁在 y-z 平面内的转动是由支座 A_L 和 A_R 的 z 向变位差异导致的。

（1）沿导向面法向平移 Dy 引起的支座变位如图 9-52 所示。

（2）沿滑行面法向平移 Dz 引起的支座变位（取 $Dz_{S_R}=Dz$）如图 9-53 所示。

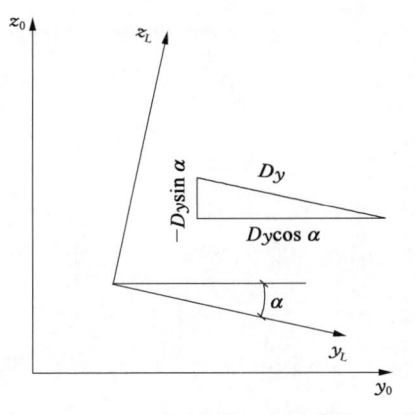

图 9-52 平动 Dy 引起的支座变位（$\alpha>0$）

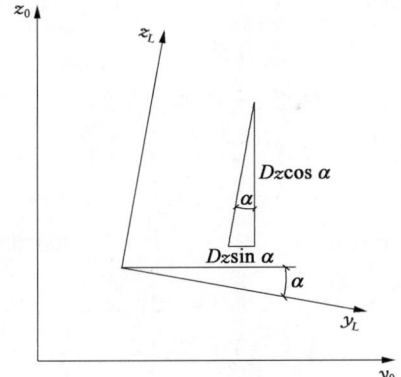

图 9-53 平动 Dz 引起的支座变位（$\alpha>0$）

（3）绕 S_R 转动产生的支座变位（$Dz_L = Dz_{S_L} - Dz_{S_R}$）如图 9-54 所示。

由图 9-54 可知，对任意长度 L，与 x 轴正向逆时针夹角 θ 的线，旋转 $d\theta$ 角度时，发生的末端坐标变化为

$$Dx = -2L\sin(0.5d\theta)\sin(\theta + 0.5d\theta) \quad \theta \in (0°\sim 360°)$$

$$Dy = 2L\sin(0.5d\theta)\cos(\theta + 0.5d\theta) \quad \theta \in (0°\sim 360°)$$

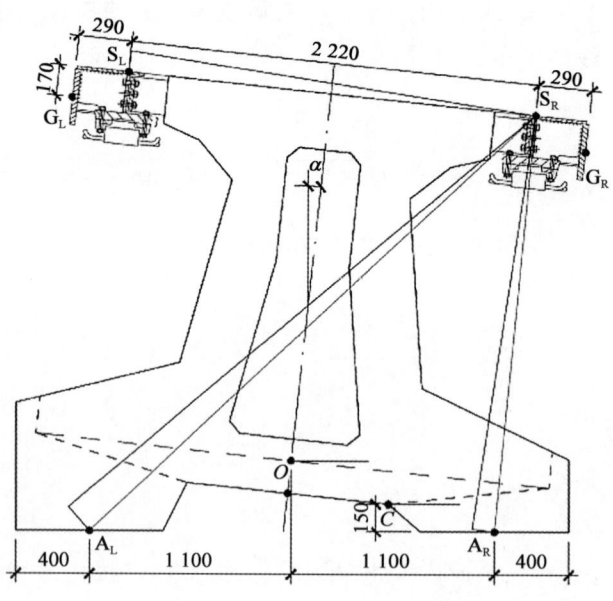

图 9-54 直线绕点旋转示意图

当保持右侧滑行面测点不动、左侧滑行面测点发生 Dz_L 时,绕右侧滑行面测点发生的旋转角度为

$$d\theta = -\arctan(Dz_L/2\ 220)$$

2) 支座调整量计算步骤

根据上述分析,支座调整量计算过程如下:

(1) 获得功能面需要的调整量 Dy_G、Dz_{S_L}、Dz_{S_R}。

(2) 分析平动和转动对应的变量。取左右滑行面高差变化量 $Dz_D = Dz_{S_L} - Dz_{S_R}$,记 $d\theta = -\arctan(Dz_D/2\ 220)$。左右滑行面高差变化引起的左侧导线面坐标变化为

$$Dy_2 = -2L\sin(0.5d\theta)\sin(\theta + 0.5d\theta)$$
$$= 2 \times 2\ 515.750\ 385\ 07 \times \sin(0.5d\theta) \times \sin(183.874\ 673\ 20° - 0.5d\theta)$$

因此,导向面调整量 $Dy_0 = Dy_G - Dy_2$。

根据 Dy_0、$Dz_0 (= Dz_{S_R})$、Dz_D,分别计算对应的支座调整量:

Dy_0 作用下,两个支座调整量一致,均为

$$Dy_A^{Dy_0} = Dy_0 \cos\alpha, \quad Dz_A^{Dy_0} = -Dy_0 \sin\alpha$$

Dz_0 作用下,两个支座调整量一致,均为

$$Dy_A^{Dz_0} = Dz_0 \cos\alpha, \quad Dz_A^{Dz_0} = Dz_0 \sin\alpha$$

Dz_D 调整下,左侧支座调整量公式为

$$Dy_{A_L}^{Dz_D} = -2L\sin(0.5d\theta)\sin(\theta + 0.5d\theta)$$
$$= -2L_{S_R-A_L} \times \sin(0.5d\theta)\sin(\theta_{S_R-A_L} + 0.5d\theta)$$

$$Dz_{A_L}^{Dz_D} = 2L\sin(0.5d\theta)\cos(\theta + 0.5d\theta)$$
$$= 2L_{S_R-A_L} \times \sin(0.5d\theta) \times \cos(\theta_{S_R-A_L} + 0.5d\theta)$$

Dz_D 调整下,右侧支座调整量公式为

$$Dy_{A_R}^{Dz_D} = L\cos\theta - L\cos(\theta - d\theta)$$
$$= 2L_{S_R-A_R} \times \sin(0.5d\theta) \times \cos(\theta_{S_R-A_R} - 0.5d\theta)$$

$$Dz_{A_R}^{Dz_D} = 2L\sin(0.5d\theta)\cos(\theta - 0.5d\theta)$$
$$= 2L_{S_R-A_R} \times \sin(0.5d\theta) \times \cos(\theta_{S_R-A_R} - 0.5d\theta)$$

(3) 叠加平移和转动导致的支座调整量。叠加平移和转动引起的支座调整量即为支座最终调整量:

$$Dy_{A_L} = Dy_A^{Dy_0} + Dy^{Dz_0} + Dy_{A_L}^{Dz_D}$$
$$Dz_{A_L} = Dz_A^{Dy_0} + Dz^{Dz_0} + Dz_{A_L}^{Dz_D}$$
$$Dy_{A_R} = Dy_A^{Dy_0} + Dy^{Dz_0} + Dy_{A_R}^{Dz_D}$$
$$Dz_{A_R} = Dz_A^{Dy_0} + Dz^{Dz_0} + Dz_{A_R}^{Dz_D}$$

9.3.3 现场实施

1) 实施步骤

经过多年来的维护实践,逐步形成了一整套轨道梁现场调整的操作流程。现场调梁步骤如下:① 凿混凝土挡块,将轨道梁两侧橡胶块取出,支座各部位清洁;② 进行平面、高程测量定点,准备实时观测;③ 安装专用夹具和顶升装置、三维液压可调装置;④ 顶升轨道梁;⑤ 按要求进行调整;⑥ 落下轨道梁;⑦ 紧固螺栓,复测验收;⑧ 拆除专用夹具和顶升装置、三维液压可调装置;⑨ 局部偏差检测;⑩ 安装橡胶块,修复混凝土挡块。

支座平面示意如图 9-55 所示。

2) 施工过程中的定位技术

(1) 水平定位(图 9-56)。可采用经纬仪进行定位测量控制,测出梁端侧向导轨面测点引至盖梁上做好原始标记,调整时加(或减)调整量即可。原始标记保存完好,可作为复测依据。轨道梁平面位移测量利用支座上、下钢板中心线为参照物(做好原始偏差数值),上、下钢板的相对位移值即是调整数值。以相邻梁端侧向导轨面为参照物,辅以直尺测出

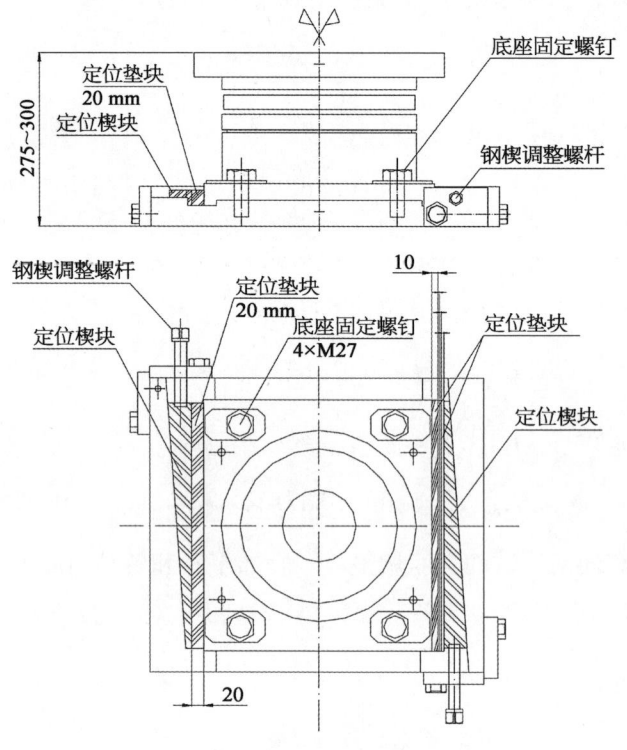

图 9-55 支座平面示意图

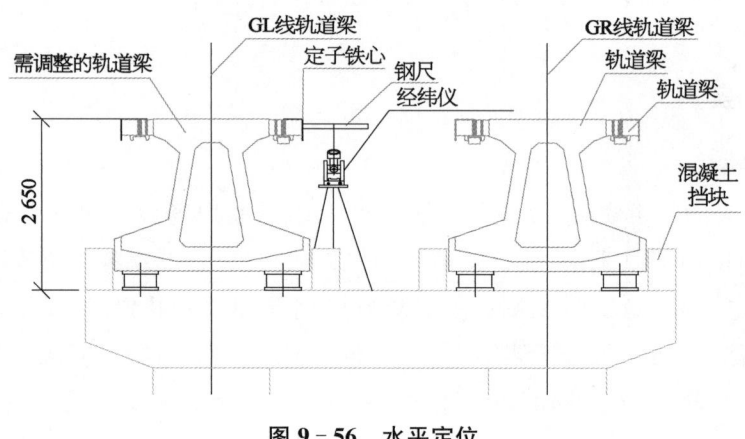

图 9-56 水平定位

数值,待梁移动后的两差值即为调整量。

(2) 竖向定位(图 9-57)。轨道梁高程测量采用水准仪测量控制,以 L 线和 R 线一侧轨道梁梁端功能件的定子底面为基准,进行轨道梁高程测量控制。以相邻梁端定子底面为参照物,辅以直尺测出数值,梁调整前、后的差值就是所需调整值。两相邻梁端各部偏差数值必须符合原精调时的要求精度,测量方法、工具同精调方案。

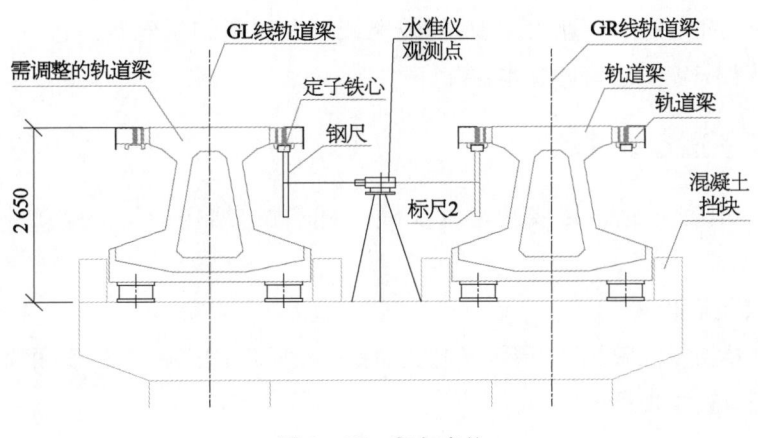

图 9-57 竖向定位

3）验收放行

调梁施工完成后，由运营单位利用手工测量设备进行局部偏差（OFFSET 和 NGK）测量，包括支座调整的轨道梁端和未调整的梁端，验收合格后方可放行。图 9-58 为导向面偏差测量的情况。

图 9-58 调梁后的局部偏差测量

9.4 磁浮轨道智能运维

轨道结构是磁浮交通系统的主要基础设施，直接承受和传递列车荷载，轨道结构的状态对列车的安全和平稳运行至关重要,对线路线形和轨道结构的状态进行实时监测和维护是高速磁浮系统安全运营的基本保障。

9.4.1 磁浮轨道运维现状

如前所述,根据上海磁浮线的运营实践,当前轨道结构的运行维护主要包括三类工作。

1) 现场巡视和检查

主要针对异物侵入限界、附属设备缺失、保护区内施工情况、结构表面损伤等,目前尚只能通过人工检查实现。

2) 轨道结构服役性能检测

磁浮列车正常无接触运行时,轨道和车辆走行部之间的间隙较小,因此需要求严格控制轨道梁的刚度和精度,以免影响车辆的悬浮控制。同时,为避免高速运行时磁浮列车与轨道结构发生共振,通常需要限制轨道结构的自振频率。因此,轨道结构的振动性能成为衡量服役性能的重要指标。日常维护中,通常采用临时检测的方式,利用夜间天窗时间人工上梁布设传感器,在白天列车正常运营期间测量其振动位移、加速度、梁端转角等,离线评估其服役性能。这种检测方式往往临时在现场有大量的布线工作,费时费力。若传感器或线缆等设备出现问题,难以及时发现,需要等到下一个天窗期才能作业更换,效率偏低。

3) 静态和动态线形检测

磁浮线路的几何形位和公差是影响列车运行安全性和舒适性的重要因素。在上海磁浮线上,通常通过静态轨检尺和动态车载轨检设备来检查线形。前者需要人工在夜间天窗时间上梁实测,操作难度高且受环境影响大;后者可结合正常运营时段的数据采集来进行,自成体系,需要专用设备,且只能离线分析和评估。线形检测结果需要人工导入其他分析系统后,方可编制下一步维护方案。现场维护的主要手段是调整支座,同样需要在夜间天窗时间人工实施。

上述对磁浮轨道结构运维实践的总结表明,现行的磁浮轨道结构运维尚处于以人工维护为主的阶段,离系统化、智能化有一定距离;样本获取有限,不能满足全天候监测需要,无法实现对磁浮轨道结构的智慧监测以及实时维护决策。为此,有必要结合磁浮特点,利用结构健康监测技术,构建智慧监测系统,最终达到智能运维的目的。

9.4.2 磁浮轨道结构智慧监测系统

智能运维的基石是轨道结构系统及部件信息的智慧监测。结构健康监测(SHM)技术需要在结构上布设大规模的传感器,实时采集荷载作用与结构响应等信息,然后通过有线或无线的方式将其传输到监控中心,监控中心配置大型服务器实时地分析结构的性能波动规律、损伤演化过程和抗力衰减特征,从而实现在线状态评估、寿命预测和安全预警。

磁浮轨道智慧监测系统借鉴传统结构健康监测系统的架构,结合物联网技术的三大特征（全面感知、可靠数据传输和智能处理）进行改进,保证监测数据达到磁浮轨道精度、抗电磁干扰能力强、适用于全天候工作、多物理量集成采集、实时传输数据、在线展示与评估、长期稳定监测等要求。

针对这一监测系统,需要解决的关键问题有以下几点。

1) 传感器选型

相较于其他工程结构类型,磁浮轨道结构具有形式复杂、服役环境恶劣、车轨耦合振动强烈、悬浮间隙控制精度要求高等特点。利用感知技术获取物理及环境数据,是磁浮智能运维系统的基础,通过物理、化学及生物效应感受结构的状态和特征信息,并转换成可利用信号,以表征结构的特征信息,采集与转换过程根据应用场景的需要涉及传感器的选型问题。

传感器是将各种非电量按一定的规律转换成便于处理和传输的另一种物理量（一般为电量）的装置。传感器一般由敏感元件、转换元件和测量电路三部分组成。传感器的输入量可分为静态量和动态量两类。静态量指稳定状态的信号或变化极其缓慢的信号（准静态）。动态量通常指周期信号、瞬变信号或随机信号。无论对动态量或静态量,传感器输出电量都应当不失真地复现输入量的变化。这主要取决于传感器的静态特性和动态特性。传感器的静态特性指在被测量的各个值处于稳定状态时,输出量和输入量之间的关系。主要的指标有线性度（非线性误差）、灵敏度、精确度（精度）、最小检测量和分辨力、迟滞、重复性、零漂、温漂。动态特性指传感器对于随时间变化的输入量的响应特性。传感器所检测的非电量信号大多数是时间的函数。为了使传感器输出信号和输入信号随时间的变化曲线一致或相近,一般要求传感器不仅应有良好的静态特性,而且还应具有良好的动态特性。传感器的动态特性是传感器的输出值能够真实再现变化着的输入量能力的反映。由于磁浮轨道结构对变形的精度要求高,因此要求传感器的灵敏度、精度、抗零漂、抗温漂、抗电磁干扰等静态特性要好。传感器的灵敏度指达到稳定工作状态时输出变化量与引起此变化的输入变化量之比;零漂指传感器无输入（或某一输入值不变）时,每隔一段时间进行读数,其输出偏离零值（或原指示值）的程度;温漂表示温度变化时,传感器输出值的偏离程度。磁浮轨道的变形精度要求要达到毫米级,若灵敏度不够高则无法在传感器的输出量中反映,若抗零漂、温漂性能不好,则会造成很大的误差,引起误判甚至安全隐患。此外还要求传感器尺寸小巧,安装后不影响线路正常安全运行,元器件和线缆通用性高,方便后期升级维护,抗电磁干扰能力强,可全天候工作等。

2) 数据传输

在磁浮智慧监测系统中,数据传输层负责将现场监测数据传输到云端,从而能被用户查看。保证监测数据传输的实时性和可靠性是一个磁浮智能运维系统实现智能化的关键问题。物联网通信按连接方式可以分为有线连接和无线连接。在磁浮智慧监测系统的监测现场，传感器端到数据采集仪可使用有线或者无线通信，从数据采集仪到云端，直至能被远程的用户访问，使用的是无线通信。

常用的有线通信技术包括串口、并口、USB、以太网。串口是一种非常通用的通信接口，被广泛用于设备以及仪器仪表之间的通信。常见的串口有半双工的 RS-485 接口、全双工的 RS-232 与 RS-422 接口等。串口通信的最大优点是普及率高，大部分工业设备都有串口，其缺点在于组网能力差，虽然通常情况比无线稳定，但串口的通信速度和以太网比起来还有很大差距，一般来讲只适合低速率和小数据量的通信。并口即并行接口，指采用并行传输方式来传输数据的接口标准，缺点是并行传送的线路长度受到限制，因为长度增加干扰就会增加。USB 作为一种高速串行总线，其极高的传输速度可以满足高速数据传输的应用环境要求，且该总线还兼有供电简单、安装配置便捷、扩展端口简易、传输方式多样化、兼容性良好等优点。以太网是一种局域通信技术，使用双绞线作为传输媒介，在没有中继的情况下，最远可以覆盖 200 m 的范围。最普及的以太网数据传输速率为 100 Mb/s。

无线通信技术包括短距离无线通信与长距离无线通信。短距离无线通信可有效减少磁浮智能运维系统监测现场的线缆数量，便于维护，提高安装及工作效率。

常见的短距离无线通信有无线编解码芯片、无线数传芯片、IrDA、RFID、蓝牙、ZigBee、UWB、Wi-Fi。IrDA 使用红外线进行通信成本较低，但其对传输路径的要求比较高（不能遮挡），抗干扰性差，传输距离收发角度都受到限制。RFID 技术具有读取方便、识别速度快等优点。蓝牙技术具有通信速率快、功耗低成本低的优点，缺点是常应用于点对点通信，组网能力差。ZigBee 具有低功耗低成本高容量等优点，但是速率较低。Wi-Fi 的通信吞吐率很高，且与现存的网络设备具有较好的兼容性，其缺点是通信距离有限，稳定性差，功耗较大，组网能力差。

常见的长距离无线通信包括 NB-IoT、LoRa、4G、5G 等，NB-IoT 系统功耗低、成本低、连接能力强、覆盖能力强，特别适合远距离、多终端智能设备的物联网通信，但其速率较低。LoRa 相较于 NB-IoT，其更容易以较低功耗远距离通信，它的信号波长较长决定了它的穿透力与避障能力，LoRa 也可以使用电池供电或者其他能量收集的方式供电。4G、5G 的信号传输速率很快，但其功耗较大且基于运营商，成本较高。

3）数据融合

当系统把传感器的数据实时稳定地传输到云端后，如何对这些数据进行分析处理就成了关键。在以往对磁浮轨道结构测试数据的处理中，一般局限于对单个物理量的单独分析，如通过对加速度数据进行时频转换，选取自由振动段，得出结构的固有频率，以此判断结构的状态是否发生改变，对位移数据进行提取最大值，判断是否超过现行规范的限值。这样的分析并没有充分挖掘不同位置、不同物理量间传感器数据的关联性，得出的判断有局限性，因而有必要将多种传感器获得的数据进行综合分析，以便对磁浮轨道结构状态进行更为准确的评估。

磁浮智慧监测系统的传感器信息涉及加速度、位移、倾角、应变、温度等，具有多源异构的特点。考虑到磁浮轨道结构的特点，系统首要目标是得到对轨道结构运行状态和故障状态，尤其是刚度信息的实时评价。为此，需要研究多传感器数据融合技术，力图以高效率低成本的方式对冗余信息进行综合，分析多源异构信息特征，在时间维度下采用去噪、剔除冗余的算法，空间维度下采用分类、聚类等方法。

当前常用的数据融合算法有贝叶斯理论、卡尔曼滤波、D-S理论、模糊逻辑、神经网络等。卡尔曼滤波是一种利用线性系统状态方程，通过系统输入、输出观测数据，对系统状态进行最优估计的算法，是使用状态递推实现数据估计的评估方法。卡尔曼滤波通过预测与更新两个阶段，会得出一个更精确的新的估计值，多次更新后，系统状态会趋于稳定，契合磁浮轨道结构的监测数据精度要求高的问题。机器学习作为人工智能领域的一个重要分支，近几年发展迅速，尤其是在结构状态评估领域表现出了很大的潜能。其中神经网络模型因其泛化能力强，良好的自学、自适应能力，鲁棒性强的优点，成为研究的热点。神经网络的一大特点是可以实现特征融合及状态评估决策的一体化，可以作为数据融合的重要手段。

4) 云端管理平台

云平台是磁浮轨道结构智慧监测系统的控制展示层级，用户可以通过云平台展示的现场监测数据直观地了解磁浮轨道结构的状态如何。云端管理平台要研究的问题有很多，云端架构可以选择 B/S 或 C/S；云平台基本的功能设计如数据查询、历史趋势、简单的统计量分析、下载数据、控制命令下发、增加或修改设备信息；大屏展示界面应合理布局以便让决策者快速捕捉到结构的关键信息，监测数据的实时动态可视化。此外，还可以结合建筑信息模型（BIM）技术，构建磁浮轨道结构系统的三维数字场景，为下一阶段实现智能运维打下良好基础。

9.4.3 初步探索与实践

轨道结构的运维是一项长期工作。本书作者所在团队始终把轨道结构的评估、维护技术作为重点研究方向，以同济大学嘉定校区 1.5 km 磁浮试验线为对象，已针对磁浮轨道结构智慧监测系统的研究做了一些初步探索。

1) 系统架构

初步搭建的系统可以分为物理实体层、感知层、数据传输层、数据驱动层、决策评估层这几个层级，其总体架构如图 9-59 所示，物理实体层是磁浮轨道结构的物理实体，是智慧监测系统的主要对象和基础。感知层是现场实测数据接入的窗口，通过传感器等前端设备，采集到模拟量信号并由线缆传输到数据采集仪。数据传输层负责将感知层的数据传送到数据驱动层，是智慧监测系统正常运行的关键。数据格式有两种，一种是 ASCII 码的配置文件，一种是二进制数据流的实测数据文件，都以 JSON 格式上传到 Kafka 服务器，云平台接收到二进制数据后解析后存储到数据库中。数据驱动层是智慧监测系统的核心,一方面负责对实测结构响应做出分析展示,另一方面通过离线数据载入 BIM 三维数字底座,完成磁浮轨道结构响应的三维可视化,实现云端到物端的虚实映射。决策评估层是智慧监测系统面向用户的展示界面,实现对磁浮轨道结构的健康状态评估,让用户迅速了解轨道结构的实时状态,制定维护策略。

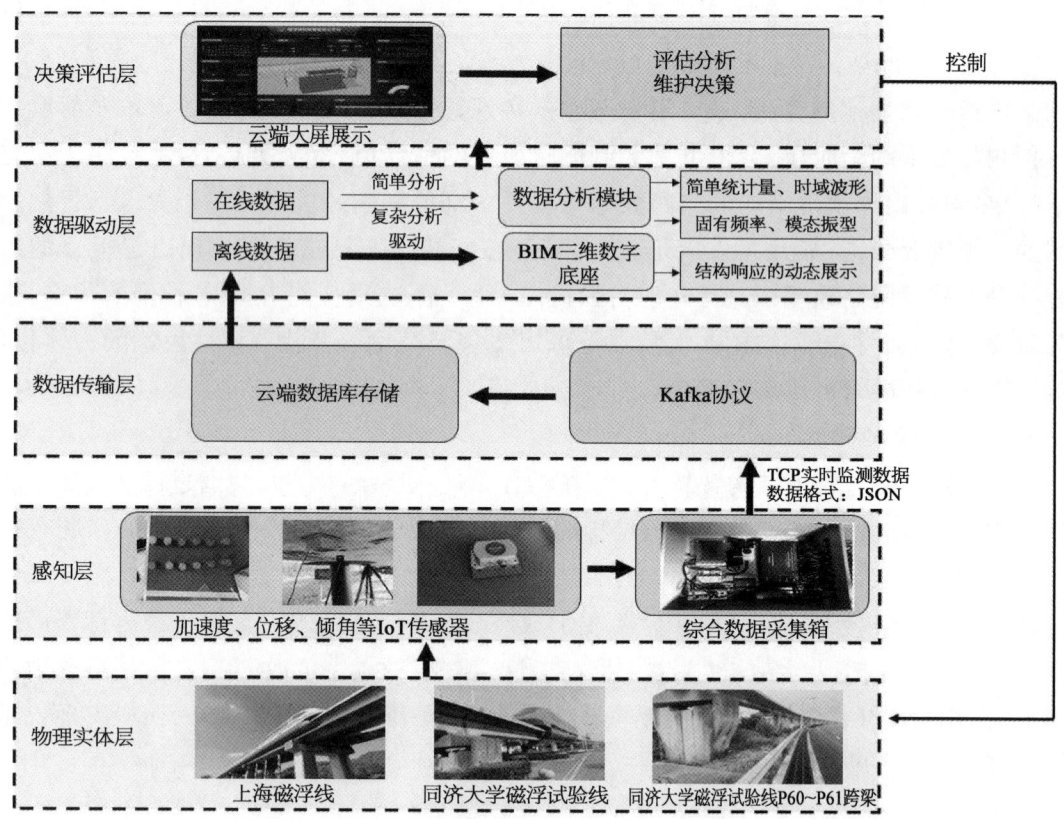

图 9-59 磁浮轨道智慧监测系统架构

嘉定试验线磁浮某跨轨道梁待测物理量和传感器布设情况见表 9-7。

表 9-7 待测物理量和传感器布设情况

待测物理量	传 感 器		
	布 设 位 置	名 称	数 量
振动加速度	1/4、3/4 跨和跨中	加速度计	3
位移	跨中梁底	激光位移计	1
倾角	梁端底面	定制	1
应变	1/4、3/4 跨和跨中	应变片	4

(续表)

待测物理量	传感器		
	布设位置	名称	数量
温度	跨中梁顶和梁底	铂电阻	6
气动力	梁端顶面	定制	1
噪声	附近地面	定制	1

系统布置如图9-60所示。不同物理量的传感器测点用不同的颜色表示，传感器通过线缆将采集到的数据传输到位于墩顶的综合数采箱，再由无线路由器上传到云平台。该系统有两种供电方式：一种是太阳能供电，另一种是220 V电源，从轨旁开关站接出，作为备用电源。该施工方案图是各参与方高效协同工作的基础，可作为BIM模型全生命周期施工阶段的数据继承。

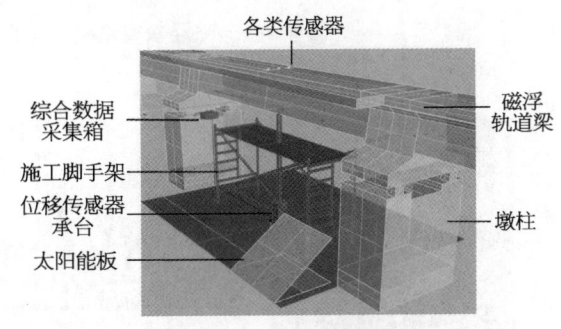

图9-60 磁浮轨道梁智慧监测系统布置示意图

2) 数据传输

数据传输层需要重点解决的问题是数据格式、通信协议及云平台如何解析数据。采样数据由JSON段和二进制数据段组成。JSON是一种轻量级数据交换格式，JSON段中包含了本次传输数据的基本信息，包括本次传输数据点数、每个数据点包含的通道、数据类型、采样频率、时间戳等，云平台按这些信息解析传感器现场实测得到的二进制数据。

数据采集仪和云平台的连接主要依赖Kafka服务器进行通信，Kafka有利于处理大规模消息，工作流程如下：数据采集仪上电连接Kafka并上传本地配置信息；服务器通过广播消费实现设置的更改和命令的下发；数据采集仪收到开始命令后不断向Kafka发送实时采样数据；云平台接收到数据后对其进行解析以及存储。

3) 云平台

初步设计的磁浮智慧监测系统云平台管理软件与大屏展示界面如图9-61和图9-62所示。

9.4.4 后续工作展望

磁浮智能运维系统当前还处于初步探索阶段，未来要与国家战略接轨，实现基础设施数字化赋能，可在以下方面进一步开展研究工作。

1) 无线化部署和边缘计算

考虑到数据传输稳定性，当前主流的传感器还是带线缆的有线传感器。但是它不便于现场维护，受环境影响较大，容易损坏。目前无线传感器网络已经逐步渗透到物联网的

图 9-61　磁浮轨道结构智慧监测系统云平台管理软件界面

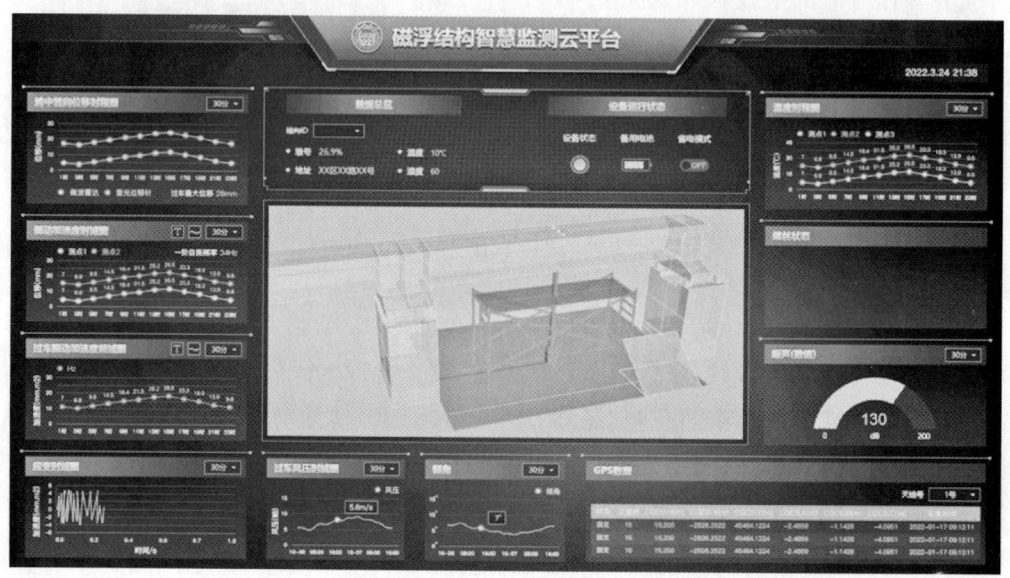

图 9-62　磁浮轨道结构智慧监测系统大屏展示界面示例

大概念范畴,现代的物联网设备可使用带有操作系统的微型单板机,将其连接上多种类型的传感器小模块便可进行数据采集,使用 C、Python 等高级语言编程,烧录后进行控制,功能强大且开发周期短。典型例子是 MEMS 传感器,可以集微型传感器、执行器、机械结构和信号处理和控制电路、通信和电源等于一体。

未来轨道结构智慧监测系统很可能同时部署于多根轨道梁上,此时多点并发的大规模数据采集将会迅速增加服务器端的处理压力。为此,可考虑在传感器端和数据采集设备端进行边缘计算,分担服务器压力。

2) 拓展应用功能

目前磁浮轨道结构的状态监测还停留在结构性能、对外界的振动和噪声影响等范畴,但从运维的需求角度而言,限界、附属设备的完备性、表观质量、支座状态等都是刚性需求。未来将引入机器学习和计算机视觉处理技术,统一纳入健康监测系统中,拓展应用范围,提高结构管养决策的可靠性和可用度。在一些需要无接触测量技术的环境下,计算机视觉技术还可用于静力变形识别与测量以及结构振动识别与测量。

3) 增加维护管理功能,提高智能化水平

目前的云平台管理软件只能实现数据的上传、存储、分析和管理阶段,具体的维护策略仍然需要完全人工干预。未来可在此基础上加载维护管理功能,实现诸如工单生成和派发、工效评估、管理信息维护等功能,持续改进,提升用户体验度。

利用虚拟现实(VR)技术,结合监测现场设施的物联网硬件,可将设备运行的数据实时在VR场景中可视化,这也是目前桥梁健康监测系统的重要发展方向之一。传统意义上结构信息的获取都是通过平面图纸,获取信息的过程复杂、耗时较长且可视化较长无法传达细节部分,而VR技术则使得监测对象变得三维立体、直观可视化,使工程师能快速定位病害发生的位置并做出决策。VR技术应用于磁浮智能运维中,可以协助工程师快速熟悉磁浮结构的基本信息,再结合现场获取的数据进行有效的管养决策。

4) 数字孪生技术

数字孪生是将物理实体对象的数字模型,通过实测、仿真和数据分析来实时感知、诊断、预测物理实体对象的状态,通过优化和指令来调控物理实体对象的行为,通过相关数字模型间的相互学习来进化自身,同时改进利益相关方在物理实体对象生命周期内的决策。未来有望通过建模获得磁浮轨道结构的数字孪生模型,使监测数据能够在模型中可视化动态展示,对故障进行模拟;如能与结构分析模型或者车-轨相互作用仿真模型相结合,则可以更好地实现虚拟与现实的映射,对磁浮智能运维系统意义重大。

参 考 文 献

[1] 中铁养马河工程股份有限公司.混凝土轨道梁生产和模板系统设计与制造[R]. 2002.
[2] 磁浮交通轨道梁功能件结构优化设计研究报告[R].2003.
[3] 上海市政工程设计研究院.轨道梁设计理论研究[R].2003.
[4] 同济大学.高速磁浮预应力轨道梁温度效应及优化研究报告[R].2003.
[5] 国家磁浮交通工程技术研究中心,上海磁浮交通发展有限公司.轨道梁机加工、总装和测量技术[R].2004.
[6] 上海迈祥工程技术咨询有限公司.磁浮线路轨道梁优化方案研究[R].2004.
[7] 上海市建筑科学研究院(集团)有限公司.24 m 整体式轨道梁试验(不上线)报告[R].2008.
[8] 上海市建筑科学研究院(集团)有限公司.24 m 整体式轨道梁试验(上线)报告[R]. 2008.
[9] 上海建工(集团)总公司.磁浮 24.768 m 整体式轨道梁试制研究终期报告[R].2008.
[10] 上海建工(集团)总公司,上海市建筑构件制品有限公司.24 m 整体式轨道梁模板技术[R].2009.
[11] 同济大学.高速磁浮混凝土轨道梁的温差梯度设计参数研究[R].2010.
[12] 上海市建筑科学研究院(集团)有限公司.2♯梁动态响应测试及长期在线监测报告[R].2010.
[13] 上海建工(集团)总公司.磁浮新型轨道结构方案及试制研究[R].2010.
[14] 同济大学.高速磁浮系统新型轨道结构分析研究[R].2010.
[15] 上海市政工程设计研究院,上海磁浮交通发展有限公司.高速磁浮桥上梁轨道系统方案研究报告[R].2010.
[16] 同济大学.高速磁浮线路线形维护与管理软件的开发研究报告[R].2016.
[17] 吴祥明.磁浮列车[M].上海:上海科学技术出版社,2003.
[18] 蒂森磁悬浮铁路系统有限公司.线路设计计算基础[R].上海,1999.
[19] 连级三.磁浮列车原理及技术特征[J].电力机车技术,2001,24(3):4.
[20] 国家高技术研究发展计划高速磁浮交通技术重大专项"高速磁浮交通施工成套技术研究"轨道梁机加工、总装和测量技术[R].北京,2004.
[21] 曾国锋,等.国产高速磁浮道岔研制[R]."十一五"国家科技支撑计划"高速磁浮交通技术创新及产业化研究"项目面向工程应用的高速磁浮交通系统设备国产化研制报告,2010.

[22] 翟婉明. 车辆-轨道耦合动力学[M]. 3 版. 北京：科学出版社，2007.

[23] GOTTZEIN E, LANGE B. Magnetic suspensions control system for the MBB high-speed train[J]. Automatic, 1975, 11(6)：271 – 284.

[24] GOTTZEIN E, MEISINGER R, MILLER L. The "magnetic wheel" in the suspension of high-speed ground transportation vehicle[J]. IEEE Transactions on Vehicular Technology, 1980, VT – 29：17 – 23.

[25] JAYAWANT B V, SINHA P K. Low-speed vehicle dynamics and ride quality using controlled D. C. electromagnets[J]. Automatica, 1977, 13(8)：605 – 610.

[26] KORTUM W, WORMLEY D N. Dynamic interactions between traveling vehicles and guideway systems[J]. Vehicle System Dynamics, 1981, 10：285 – 317.

[27] SINHA P K. Electromagnetic suspension dynamics & control[R]. Peter Peregrinus Ltd, 1987.

[28] 李云钢,常文森. 磁浮列车悬浮系统的串级控制[J]. 自动化学报,1999,25(2)：247 – 251.

[29] 蒋启龙,张昆仑,李熹. 单磁铁悬浮系统的数字控制[J]. 铁道学报,1999(A5)：45 – 48.

[30] 龙志强,洪华杰,周晓兵. 磁浮列车的非线性控制问题研究[J]. 控制理论与应用,2003,20(3)：399 – 402.

[31] 刘恒坤,常文森,施晓红. 磁悬浮系统车轨耦合振动研究[J]. 计算机仿真,2006,23(9)：256 – 267.

[32] 刘恒坤,郝阿明,常文森. 弹性轨道上的磁悬浮系统控制方法研究[J]. 控制工程,2008,15(4)：392 – 415.

[33] 施晓红. 常导高速磁浮列车车轨耦合非线性动力学问题研究[D]. 长沙：国防科学技术大学,2005.

[34] 梁鑫. 磁浮列车车轨耦合振动分析及试验研究[D]. 成都：西南交通大学,2015.

[35] XU J Q, CHEN C, GAO D G, et al. Nonlinear dynamic analysis on maglev train system with flexible guideway and double time-delay feedback control[J]. Journal of Vibroengineering, 2017, 19(8)：6346 – 6362.

[36] 王洪坡. EMS 型低速磁浮列车/轨道系统的动力相互作用问题研究[D]. 长沙：国防科学技术大学,2007.

[37] LI J H, LI J, ZHOU D F, et al. Self-excited vibration problems of maglev vehicle-bridge interaction system[J]. Journal of Central South University, 2014, 21(11)：4184 – 4192.

[38] 吴晗,曾晓辉,史禾慕. 考虑间隙反馈控制时滞的磁浮车辆稳定性研究[J]. 力学学报,2019,51(2)：550 – 557.

[39] 罗世辉,等. TR08 车辆系统（含轨道）动力学建模与仿真研究[R]. 国家高技术研究发展计划高速磁浮交通技术重大专项"高速磁浮交通系统技术国产化与创新"研究报告. 成都：西南交通大学.

[40] 朴明伟,王建一,梁世宽,等. 高速磁浮车辆车桥耦合机制的探讨[J]. 铁道机车车辆,

2007,27(5):9-13.

[41] CAI Y, CHEN S S, ROTE D M. Vehicle/guideway interaction for high speed vehicles on a flexible guideway[J]. Journal of Sound and Vibration,1994,175: 625-646.

[42] 谢云德,常文森.电磁型(EMS)磁悬浮列车系统铅垂方向的建模与仿真[J].铁道学报,1996,18(4):48-54.

[43] 曾佑文,王少华,张昆仑.EMS磁浮列车-轨道垂向耦合动力学研究[J].铁道学报,1999,21(2):21-25.

[44] 曾佑文,王少华.磁浮列车车辆-轨道耦合振动及悬挂参数研究[J].西南交通大学学报,1999,34(2):168-173.

[45] 赵春发,翟婉明,蔡成标.磁浮车辆/高架桥垂向耦合动力学研究[J].铁道学报,2001,23(5):27-33.

[46] 赵春发.磁悬浮车辆系统动力学研究[D].成都:西南交通大学,2002.

[47] 时瑾,魏庆朝.常导磁悬浮铁路磁轨关系研究[J].北京交通大学学报,2004,28(4):41-44.

[48] 时瑾,魏庆朝.线路不平顺对高速磁浮铁路动力响应特性的影响[J].工程力学,2006,23(1):86,154-159.

[49] 滕延锋.高速磁浮轨道梁在车辆荷载作用下的振动研究[D].上海:上海交通大学,2008.

[50] 林科文,佘龙华.磁悬浮列车经过轨道台阶问题研究[J].兵工自动化,2010,29(10):56-59.

[51] 任晓博.中低速磁浮车辆-轨道-桥梁耦合振动仿真分析[D].成都:西南交通大学,2018.

[52] 蔡文涛.基于车桥耦合振动分析高速磁浮轨道梁体系的动力特性研究[D].上海:上海交通大学,2020.

[53] FICHTNER K, PICHLMEIER F. The transrapid guideway switch-test and verification[C]//Maglev 2004 Proceedings, 18th International Conference on Magnetically Levitated Systems and Linear Drives. Shanghai,2004:624-631.

[54] DIGNATH F, LIU X F, ZHENG Q H. Dynamic behavior of guideway switch beams[C]. Proceedings of the Maglev 2006,2006.

[55] 殷月俊,罗汉中,黄醒春.高速磁浮道岔振动响应的原位实测[J].上海交通大学学报,2007,41(4):658-663.

[56] 顾行涛,赵春发,翟婉明.磁浮道岔梁自振特性及瞬态响应分析[J].交通运输工程与信息学报,2009,7(4):56-62.

[57] 肖舟.磁浮道岔梁结构动应力及疲劳寿命分析[D].成都:西南交通大学,2011.

[58] 杨奇科,程雄.磁浮车辆-道岔振动特征分析[J].电力机车与城轨车辆,2016,39(5):63-66.

致　　谢

（排名不分先后）

国家磁浮交通工程技术研究中心
上海市政工程设计研究总院(集团)有限公司
上海市政工程设计科学研究所有限公司
上海市建筑科学研究院有限公司
上海市隧道工程轨道交通设计研究院
中铁宝桥集团有限公司
上海迈祥工程技术咨询有限公司
宝山钢铁股份有限公司
上海建工集团股份有限公司
中铁二十三局集团有限公司
同济大学
上海交通大学
西南交通大学
北京交通大学